영어 구성 방식

THE WAY ENGLISH WORDS ARE
ARRANGED TO FORM A SENTENCE

영어 구성 방식

THE WAY ENGLISH WORDS ARE
ARRANGED TO FORM A SENTENCE

박윤기 지음

프로방스

머 리 말

영어교육에 몸을 담아 살아온 사람의 일원으로 영어 교육에 대한 찬사가 있을 때와 비난이 있을 때 그를 받아들이는 감정의 기복은 하늘에 떴을 때와 땅에 쳐 박혔을 때 기분이라고 하면 과장된 표현이라고 할는지.

영어를 배워야 하는 노력의 이유는 한국어와 영어가 다르기 때문이다. 영어 학습의 과제를 해결한다는 것은 양 언어 간에 다른 차이들을 극복하는 것을 말하는 것이다. 영어와 한국어 간에 가장 특별한 차이는 어구를 구성하는 방식에 있다는 것이다. 영어가 어구의 의미를 구성하는 데는 조직체계가 있는데 그 체계에 의해서 어구의 의미가 구성된다. 영어에 의미를 구성하는 체계는 '낱말이 놓이는 차례' 즉 '어순(語順)'에다 문법적 기능을 부여해서 그 기능을 통해 어구를 구성하는 것이다. 그래서 어떤 낱말이 자연 상태의 단어로 있을 때와 특정 어순에 들어가 있을 때 그 어휘의 의미가 달랐다는 것이다. 어떤 어휘가 문장 밖에 자연 상태로 있을 때는 사전이 일러 주는 사전적 의미뿐이지만 문장 안에 특정 어순에 들어가게 되면 사전으로는 설명이 되지 않는 어순기능이 주는 문법적 의미까지 첨가해서 가지는 어구가 된다는 것이다. 따라서 영어에서 낱말의 차례를 바꾼다는 것은 그 어구의 의미를 송두리째 바꾸는 것이 된다. 한국어에 비견해서 말하면 영어에서 어순을 바꾼다는 것은 한국어에서 격조사('~은', '~는', '~이', '~가' 또는 '~을', '~에게')를 바꾸어 붙인다는 것과 같은 것이다. 영어에서 어순의 기능은 어구를 배열하는 단순히 공간을 제공하는 것에 그치는 것이 아니고 문장의 내용을 조직하는 문법의 기능을 제공하는 것이다.

영어의 이런 구성방식 체제를 'syntax'라고 일컫는다. 롱맨(LONGMAN) 영영사전에서 syntax를 찾아보면 『문장이나 어구를 구성하기 위해서 낱말이 배열되는 방식(방법)이나 또는 이것을 관장하는 문법규칙(the way words are arranged to form sentences or phrases, or the rules of grammar which control this.)』이라고 설명하고 있다.

영어 습득과제에서 학습의 골격은 syntax를 해득하는 것이라고 생각한다. 이 책은 영어 연구의 어떤 과제일지라도 연구 체제에 얽매어서 설명하는 것이 아니고 영어의 근본 모습을 이해하는 데에 초점을 맞추어 풀어서 설명하고 있다. 초보 학습자의 입장에서 일지라도 영어구성방식의 내용에 대한 전반적 규모 이해를 돕기 위해서 학습할 전 내용을 제1편에서 제8편으로 나누어 편성하고 있다.

이 적은 노력이 햇빛을 보기까지 마무리를 전담해서 정리한 박종기 박사, 원초적 자료 정돈을 도와준 장덕현 박사, 출판을 적극 권유한 정원도 박사, 출판사 조현수 대표님과 관계자 여러분의 수고에 고마움을 잊을 수 없다. 영어교육에 몸담아 살다가 은퇴한 교육자의 이 작은 노력이 영어교육에 티끌만 한 밑거름이라도 되기를 바라는 마음 간절하다.

2022년 12월
저자 박윤기(朴潤基) 드림

차 례

제6편 │ 어순 변이 방식

제7편 | 영어의 의미 구사 방식

THE WAY ENGLISH WORDS ARE ARRANGED TO FORM A SENTENCE

제1편

영어 구성 방식 훑어보기

말의 의미 단위를 살펴보면 낱말이 하나의 의미 단위가 되기도 하고 여러 개의 낱말이 결합해서 통일된 의미가 있는 어구가 의미의 단위가 되는 것도 있다. 낱개의 말이 의미의 단위가 되어있는 것을 낱말이라고 하고 복수의 낱말이 결합해서 통일된 의미를 구성하고 있는 의미의 단위를 문장이나 구라고 한다. 일반적으로 영어를 모른다고 말하는 것은 한마디로 말하면 영어단어를 모른다는 뜻뿐만 아니라 단어를 포함해서 영어의 구성법을 몰라서 영어를 해석할 능력이 없고 영문을 작성할 능력도 없다는 것을 의미한다. 그 해결책은 영어의 낱말은 물론이고 구성방법을 잘 터득해서 체득하는 것이다. 영어구성법 문제를 해결하기 위해서 영어와 한국어의 구성방법을 비교 관찰하는 것에서 첫걸음을 시작하기로 한다.

1. 영어와 한국어의 어구 구성 방식 비교

「아빠는 딸을 좋아한다.」라는 예문을 들어서 양쪽 언어가 이 예문을 구성하는 방식에서 어구 구성방법의 차이를 찾아보기로 한다.

가. 한국어의 어구 구성 방식

【예문】「아빠는 딸을 좋아한다.」

1) 예문의 분해

가) 어구별 분해 ⇒ 아빠는/ 딸을/ 좋아한다.

나) 형태소별 분해 ⇒ 아빠//는/ 딸//을/ 좋아한다.

※ 참고: ① 어구 = 말의 마디나 구절, ② 형태소 = 뜻을 가진 말의 최소 의미 단위

2) 분석

위의 예문 「아빠는 딸을 좋아한다.」라는 문장의 구성 어절을 형태소별로 분석해서 분리하면 다음과 같이 실질형태소와 형식형태소가 나타난다.

※ 참고: 어절 = 문장을 구성하는 각 마디

가) 실질형태소:

실질형태소는 구체적인 대상을 의미하는 말의 최소 의미 단위를 말한다. 아빠// 딸// 좋아하다./

나) 형식형태소:

형식형태소는 말과 말 사이에 문법적 관계를 나타내는 말의 최소단위를 말한다.

(가) "~는(~은,~이~가)": 주격조사/, "~를(~을)": 목적격조사/

(나) 「좋아한다」 '좋다'라는 형용사와 '하다'라는 접미사가 결합된 형태로, 이대로 형태소로 취급하기로 한다.

다) 한국어 구성의 요체

「(아빠+는)+(딸+을)+좋아한다.」라는 문장의 어구별 분석을 요약식으로 만들면 「(낱말+격조사)n+종결어미」라는 요체가 된다.

나. 영어의 어구 구성 방식

【예문】「Daddy likes daughter. (아빠는 딸을 좋아한다.)」

1) 예문의 해체

가) 어휘: Daddy, daughter, like.

나) 구성 방식: 학교 문법(전통 문법)에 따른 제 3형식(주어+동사+목적어)

2) 분석

가) 실질형태소: Daddy, daughter, like

나) 구성 방식: 3형식 (주어+동사+목적어)

3) 영어 문장 구성의 요체

어휘+전통문법에 따른 제 3형식 ⇒ 어휘+형식

다. 한국어와 영어의 구성 방식 비교

한국어는 「(낱말+격조사)n+(종결어미)」와 같은 표준방식을 빌어서 구성되는 것이며 영어는 「어휘+형식」과 같은 표준방식을 빌어서 구성되는 것을 알 수 있다.

라. 결론:

앞서 한국어와 영어의 의미 구성 방식을 비교해 보는 것에서 양 언어가 어구를 구성 방식에서는 전혀 다르다는 것을 알 수 있다.

2. 영어 구성 방식 체계

영어는 오랜 관습적인 언어생활을 통해서 문법적 기능을 하는 어순이 정해지게 되었고 이 어순에 어휘나 어구를 배정해서 의미가 생성된 문장이나 어구를 구성하는 방식이 발생한 것이다. 영어는 이런 방식으로 구성되는데 이 방식의 개념을 syntax(방식)라고 한다. 원어민 아동은 성장하면서 자기도 모르는 사이에 영어 생활에서 이 방식이 체득되고 영어 구성의 문리(文理)가 체질이 되는 것이다.

가. 영어의 구성 체계 표

「방식(syntax)」이라는 말은 구체적인 대상을 지칭하는 것이 아니고 추상적인 개념이다. 이 개념을 일사불란한 체계에 따라 하나하나씩 구체적인 항목으로 일목요연한 체계 표를 만들면 다음과 같다.

표 1. 영어 구성 방식 체계

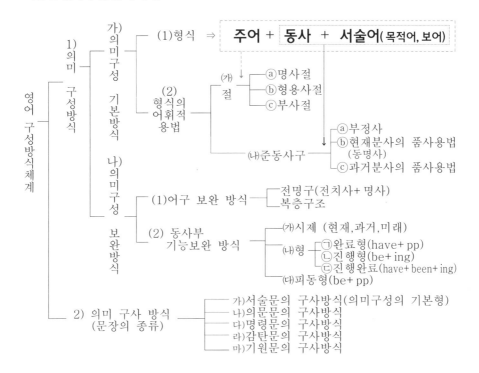

나. 영어 구성 체계의 개괄

위의 영어 구성 체계를 풀이한다는 것은 전체 영어의 구성 방식을 개괄해 보는 것으로 영어 구성 학습에 흔들리지 않는 기반을 닦아 줄 것이다. 어구의 의미를 조직하는 1) 의미 구성(構成) 방식과 의미 구성 방식에 의해서 구성된 어구에 자기 의사를 구사하는 2) 의미 구사(驅使) 방식으로 양분하여 시작해 볼 수 있다.

1) 의미 구성 방식

영어라는 언어에는 의미를 구성하는 원리가 있는데 그 원리가 의미 구성 방식이라는 것이다. 이 방식에 의하지 않고는 영어가 의미를 지닌 어구로 구성할 수 없다는 것이 절대 원칙이다. 의미 구성 방식은 영어가 어구의 의미를 구성하는 근본적 원칙이다. 근본적으로 영어의 의미를 구성하는 것에는 가) 의미 구성 기본 방식과 또 기본적 의미 구성 방식과는 관계없지만, 영어 어구의 의미 구성을 도와주는 나) 보완 구성 방식이 있다.

가) 의미 구성 기본 방식

syntax라는 단어를 영한사전에서는 '통어(법)' 또는 '구문(론)'이라고 정의하고 있다. '통어'와 '통역'을 각기 한국어 사전에서는 통어는 '통역'이라고 풀이하고 있으며, '구문(론)'은 '글의 짜임'이라고 풀이하고 있다. syntax라는 단어를 「롱맨(longman) 영영사전」에서는 '낱말들이 문장이나 구를 구성하기 위해서 배열되는 방식, 또는 그걸 관장하는 문법 규칙(the way words are arranged to form sentences or phrases, or the rules of grammar which control this.)'이라고 정의하고 있다. 영영 사전이 설명하는 '문법 규칙에 따라 문장 구성을 위한 낱말의 배열 방식'이라는 말은 한국어 사전이 설명하는 '통역'이나 '글의 짜임'이라는 말과는 의미가 다르다. 따라서 syntax라는 말은 영어나 영어와 같은 어족(語族)이 '문장이나 구를 구성하기 위한 낱말의 배열 방식(방법)과 그것을 위한 규칙'을 말하는 것으로 이 말은 영어는 어떤 방식에 의해서 구성된다는 것을 말하고 있다. 즉, syntax는 영어 어구를 구성하기 위해서 낱말을 배열하는 어순 방식이라는 것과 그 방식을 위한 규칙을 말한다는 것이다. 이를 다시 요약하면 '영어 문장이나 어구를 구성하기 위한 낱말 배열 방식'이라는 말이다.

(1) 형식

형식은 국어사전에서는 '사물의 겉모양'이라고 말한다. 그렇지만 여기서 말하는 형식이라는 말의 의미는 영어 문장이 구성되는 구조의 방식을 지칭하는 것이다. 영어 문장을 구성하고 있는 틀을 형식이라고 한다. "형식"은 영어 문법에서 말할 때 '사물의 겉모양'이라는 의미가 아니고 영어 문장을 짜는 방식을 말하는 것으로 영어 구성의 방식을 지칭하는 전문 용어이다. 형식은 같은 유형의 영어 문장에서 도출된 문장 구성 형태를 말하는 것으로 영어 구성의 원리이다. 형식의 요체는 두 가지다. 첫째는 어순이 고정되어 있다는 것이고, 둘째는 그 어순이 문법적 기능을 수행한다는 것이다.

(가) 형식 어순의 역할 규명

영어의 어순이 문장 구성에 이바지하는 기능을 규명하기 위해서는 어순이 가지고 있는 문법적 역할을 도출하는 것에서 시작할 수 있을 것이다. 먼저 의미가 같은 두 개의 문장을 한국어와 영어로 각각 작성한다. 이 두 개의 문장은 의미가 같으므로 의미의 측면에서 등식을 수립해도 무방할 것이다. 수립된 등식을 정리해 나가보면 각 변의 항목별 기능들을 대비해 볼 수 있을 것이다.

【같은 의미의 한국어와 영어로 된 문장의 등식 수립과 정리】

앞서 이미 활용해 본 한국어와 영어로 된 같은 의미의 「Daddy likes daughter.」과 「아빠는 딸을 좋아한다.」라는 두 문장을 등식으로 수립한다.

① 예문의 등식 수립

「아빠는 딸을 좋아한다.」 = 「Daddy likes daughter.」

② 등식의 양변을 형태소별 분해

(아빠+는)+(딸+을)+(좋아한다) = (Daddy+첫 어순)+(likes+둘째 어순)+(daughter+셋째 어순)

③ 등식의 양변을 같은 요소별로 정돈

요소별 \ 어별	한국어 : 영어
주 어	아빠+는 = Daddy+첫 번째 어순
목 적 어	딸+을 = daughter+세 번째 어순
동 사	좋아하다 = likes+두 번째 어순

※ "아빠"+"는"에서 "아빠"는 체언이고 "~는"은 격조사이다. 체언은 한국어 문법에서 격조사와 결합하는 명사나 대명사를 일컫는 말이다. 영어에는 어순에 드는 말은 체언에 해당하고 형식의 어순 기능은 격조사에 해당하기 때문에 체언과 어순을 분리해서 이해해야 한다.

④ 같은 요소별로 정돈된 양변의 맞줄임 등식의 양변에서 사전적 의미가 같은 요소를 맞줄임한다.

	한국어	영어
주　　　어	~~아빠~~+"는" =	~~Daddy~~+첫 어순
목 적 어	딸+"을" =	~~daughter~~+셋째 어순
동　　　사	~~좋아하다~~ =	~~likes~~+둘째 어순

※ 주어에 아빠+"는"은 '아빠'는 'daddy'이므로 맞줄임하고 나면 "~는" 과 첫 어순이 같다는 것이 된다. 목적어에 딸+"을"에서는 '딸'과 'daughter'는 같음으로 맞줄임하고 "~을"과 셋째 어순이 같다는 것이 된다. 동사에는 양변을 맞줄임하면 영어 변에 '둘째 어순'만 남는데 두 번째 자리는 동사의 자리로 해석하면 되는 것이다.

⑤ 맞줄임하고 양변에 남은 요소

주　　　어	"는" =	첫 어순
목 적 어	"을" =	셋째 어순
동　　　사	x =	x+둘째 어순

※ 동사의 자리에는 아무것도 없으니 임의의 대수 x를 넣어 설명한다.

⑥ 어순 기능의 정리

등식의 양변을 맞줄임하고 남는 「한국어의 주격조사 "~는"」과 「영어의 첫 어순」이 같고 「한국어의 목적격 조사 "~을"」과 「영어의 세 번째 어순」이 같은 것으로 나타난다. 이와 같은 등식의 정리는 영어의 첫 번째 어순은 한국어의 주격조사 기능을 하며, 「like(좋아하다)」라는 동사에서 세 번째 어순은 한국어의 목적격 조사의 기능을 하는 것임을 나타내고 있다. 영어의 첫 번째나 세 번째 어순이라는 차례는 모든 문장에서 한 개뿐이다. 그런데 한국어에서 격조사는 격마다 조사가 여러 개씩 있기도 하다. 예를 들면 주격조사로는 「"~은", "~는", "~이", "~가"」 등이 있고 목적격 조사로는 「"~을", "~를"」 등과 같이 복수의 조사가 있다. 따라서 영어의 어순 기능은 그 격에 해당하는 한국어의 모든 격조사 기능의 역할을 통합적으로 수행하는 것이 된다. 어쨌든 영어 형식의 어순 기능이라는 것은 단순히 말이 놓인 순서가 아니고 한국어의 격조사와 같다는 것임을 알 수 있다. 한편 동사는 두 번째 어순이라는 것이 된다.

(나) 형식의 종류

모든 영어의 문장이 예문과 같은 것뿐만 아니라 수많은 문장이 있는데 그 문장들을 일정한 기준으로, 형태의 유형별로 나누면 몇 가지로 분류된다. 그것이 형식의 종류가 된다. 영어에는 문법을 학설에 따라서 분류하는데 대표적인 것으로는 5형식 분류(학교 문법: p.46)와 변형생성 문법(p.46)으로 대별된다. 전통문법에서는 5형식으로 확정해서 모든 영문법을 설명하는데 변형생성 문법에서는 학자에 따라서 분류 기준을 달리하는 경우가 있어서 기준에 따라 나누는 형식의 수가 다르다. 변형 문법에서는 형식의 종류를 일정하게 확정해서 설명할 수 없으므로 이 책에서는 5형식 분류 기준으로 설명하기로 한다.

① 영어의 5형식

5형식은 영어 문장을 다섯 가지 유형으로 분류한 형식의 종류를 말한다.

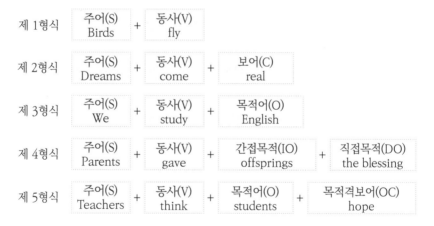

② 5형식 어순의 격조사적인 기능

5형식의 어순 기능을 한국어의 격조사적 기능을 적용해서 5형식의 어순자리에 적용하면 대개 다음과 같다.

【표 2. 5형식 어순의 한국어적인 격 기능 적용】

(형식)	(주어 어순)	(동사 어순)		
제 1형식	"~은, ~는, ~이, ~가"	+ "~하(있)다"		
제 2형식	"~은, ~는, ~이, ~가"	+ "~하(이)다"	+ (주격보어어순) ☆	
제 3형식	"~은, ~는, ~이, ~가"	+ "~하다"	+ (목적어어순) "~을, ~를"	
제 4형식	"~은, ~는, ~이, ~가"	+ "~하다"	+ (간접목적어순) "~에게"	+ (직접목적어순) "~을, ~를"
제 5형식	"~은, ~는, ~이, ~가"	+ "~하다"	+ (목적어어순) ☆	+ (목적격보어어순) ☆

※ 별(☆)표는 대체할 마땅한 격조사가 없어 임의의 격조사적인 기능을 표시한 것이다.

(다) 형식 어순의 불변성

영어 형식의 어순은 낱말 간에 문법 기능을 형성하는 근간으로 변동이 있으면 문법 기능이 변동되기 때문에 정해진 규정에 따르지 않고는 변동될 수 없는 절대 규칙이다. 형식 어순의 불변성 사유는 다음과 같다.

① 형태적인 불변성

형식은 어순이 고정된 것을 말하는데 어순을 바꾸면 다른 형식이 되는 것이기 때문에 의미가 바뀐 다른 문장이 된다.

② 관습적인 불변성

형식의 어순은 원어민들이 언어생활로 습득한 체질적 문법인데 이를 파기하면 어휘 간에 의미 연결고리가 파괴되어 언어 소통이 상실된다.

(라) 주요소와 종요소

영어에는 어순에 들어가는 말도 있고 어순에 들지 않고도 문장에 쓰이는 말들도 있는데 어순에 해당하지 않고 문장에 쓰인 말이 오히려 더 많다. 형식의 어순에 들어가 어순의 기능에서 문법적 역할을 얻어서 문장 구성을 주도하는 말은 주요소라고 하고 어순에 해당하지 않으면서 주요소를 수식하는 말을 종요소라고 한다. 주요소와 종요소는 어느 것이 더 중요하거나 덜 중요한 문제가 아니고 서로 다른 역할을 한다. 주요소는 기본적으로 문장 의미 구성의 성립 역할을 하는 것이고 종요소는 문장의 내용을 더 자세하게 하거나, 분명하게 하거나, 정확하게 전달하는 역할을 하는 것이다.

① 주요소

주요소는 모두가 형식의 어순 기능에서 격조사적인 기능을 받는 어휘들을 말한다. 첫째 어순인 주어와 둘째 어순인 동사와 보격이나 목적격 어순에 해당하는 어휘들이 주요소이다. 제 3형식의 예로 주요소를 살펴보면 다음과 같다.

제 3형식　　 주어(S)　+　동사(V)　+　목적어(O)
【예문】　　 Daddy　　　 loves　　　 mom.　(아빠는 엄마를 사랑한다.)

② 종요소

종요소는 문장 구성에 필수적인 말은 아니지만 문장을 구성하고 있는 주요소를 수식해서 문장이 표현하고자 하는 의미를 더 명확하게 하거나 자세하게 하거나 묘사를 더 확실하게 하는 데 쓰이는 말이다.

【예문】　　 My daddy　　 really loves　　 good mom.
　　　　　　 (주어)　　　　 (동사)　　　　 (목적어)

종요소　　 My　 daddy　 really　 loves　 good　 mom.
　　　　　 나의　 아빠는　 진정으로　 사랑한다　 좋은　 엄마
　　　　　 (나의 아빠는 좋은 엄마를 진정으로 사랑한다.)

※ 풀이: 예문에서 daddy, loves, mom이라는 어휘가 없으면 온전한 문장의 의미가 구성되지 않는데 점선인 my, really, good 등이 없으면 문장의 의미 구성은 되지만 자세하지 않음을 알 수 있다.

(2) 형식의 어휘적 활용

형식의 어휘적 활용이라는 말은 형식의 구조를 갖추고 있어서 의미 구성이 온전한 어구가 독자적 문장으로 쓰이지 않고 다른 형식 구조에 한 어구의 단위로서 마치 한 개의 낱말처럼 어순에 들어가 주요소가 되든지 다른 어휘를 수식해서 종요소로 쓰이는 역할을 하는 것을 말한다. 이러한 형식 구조의 어휘적인 활용에는 「절(節)」이라는 문장 형태로 쓰이는 것과 「준동사(準動詞)」라는 어구 구조의 형태로 쓰이는 어구들이 있다.

(가) 절(clause)

절(節)은 주어, 동사는 물론이고 그 외에 서술부를 가져 형식의 모든 구조를 그대로 가지고 있으면서 하나의 자립문장으로 쓰이지 않고 하나의 낱말처럼 어구의 단위가 되어 주요소나 종요소로 쓰인다. 이렇게 쓰이는 절에는 명사처럼 쓰여서 더 큰 형식 구조에서 어순에 들어가 주요소가 되는 것과 명사를 수식해서 형용사처럼 쓰이는 것이나 동사를 수식해서 부사처럼 쓰여 종요소가 되는 것들이 있다.

① 주요소로 쓰인 절

하나의 문장이 주요소로 쓰인다는 것은 형식의 구조를 모두 갖추고 있는 온전한 문장이 한 개의 어구 단위가 되어서 범위가 더 큰 다른 형식 구조의 어순 하나를 차지하고 마치 낱말처럼 어순에서 격조사적인 기능을 받는다. 이러한 절에는 주어 어순을 차지하고 주어가 되는 절, 목적어 어순을 차지하고 목적어가 되는 절과 보어 어순을 차지하고 보어가 되는 절 등이 있는데 예문으로 주어가 되는 절과 목적어가 된 절의 문장 구성 형태를 살펴보기로 한다.

㉮ 주어로 쓰인 절의 예문과 그 구성 형태의 모형

【예문】That boys meet girls is news.

　　　　(소년들이 소녀들을 만난다는 것은 뉴스다.)

【예문의 구성 형태 모형】

㉠ 예문의 구성 모형

주 어(S)	동사(V)	보어(C)
That boys meet girls	is	news

※ 풀이: "( ) is news"라는 문장의 주어 어순에 that boys meet girls라는 점선 안의 문장이 주어가 되어 들어있음을 알 수 있다.

㉡ 예문 구성의 상세 분해도

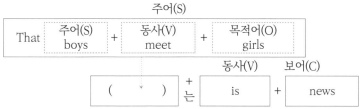

※ 풀이: That boys meet girls 절 전체가 단어처럼 큰 문장의 주어 어순에 들어가 주어 어순 기능에서 격조사 "~는"의 의미를 받는다.

㉴ 목적어로 쓰인 절의 예문과 그 구성 형태의 모형

【예문】Boys know that it is news.

　　　　　(소년들은 그것이 새로운 소식이라는 것을 안다.)

㉠ 예문의 구성 모형

주 어(S)	서술 동사(V)	목 적 어(O)
Boys	know	that it is news

※ 풀이: Boys know ( )라는 문장의 목적어 자리에 that it is news라는 문장이 목적어로 들어가 있음을 알 수 있다.

ⓛ 예문 구성의 상세 분해도

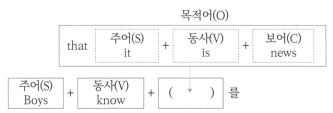

※ 풀이: that it is news라는 절이 Boys know ( )라는 문장에 목적어로 들어가 있는데 그 문장 전체가 목적어 어순에서 목적격 조사 "~를"의 기능을 받는다.

② 종요소로 쓰인 절

절이 명사를 수식해서 형용사절이 된 것과 절이 동사를 수식해서 부사절이 되어 종요소로 쓰이는 문장의 구성 형태를 살펴보기로 한다.

㉮ 형용사절

명사를 수식하는 형용사절에는 관계대명사가 이끄는 형용사절과 관계부사가 이끄는 형용사절이 있는데 이들 문장의 구문 형태를 살펴보기로 한다.

㉠ 관계대명사가 이끄는 형용사절

관계대명사가 이끄는 형용사절(p.245)은 다양하지만, 그 예로 who가 이끄는 형용사절의 구성문으로 관계대명사가 이끄는 형용사절이 있는 구성문의 형태를 파악하기로 한다.

【예문】 The students who like the girl know the news.

　　　　(그 소녀를 좋아하는 학생들은 그 소식을 안다.)

【예문 구성의 모형】

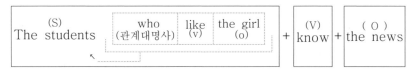

【예문 구성의 상세 분해도】

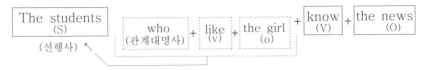

④ 부사절

부사 어휘가 동사를 수식하듯이 부사절은 동사를 수식하는데 부사절에는 많은 종류가 있다. 그러나 부사절의 구성 형태만은 모두 같아서 대표적 형태를 파악하면 모두를 잘 알 수 있다. 부사절(p.210)이 동사를 수식하는 구성문 형태의 예를 위해서 접속사 because와 접속사 after가 이끄는 2개의 예문으로 부사절의 구성 형태 설명을 갈음하기로 한다.

㉠ 접속사 because가 이끄는 부사절이 있는 문장의 구조와 형태

【예문】All students know the news because a girl said it.

(모든 학생은 어떤 소녀가 그것을 말했기 때문에 그 소식을 안다.)

【예문의 구성 모형】

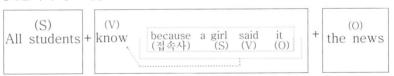

【예문 구성의 상세 분해도】

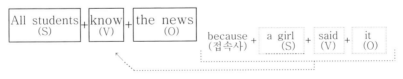

㉡ 접속사 after가 이끄는 부사절이 있는 구성문의 형태

【예문】We felt sorrow after the woman went away.

(우리는 그 부인이 가버린 후에 슬픔을 느꼈다.)

【예문의 구성 모형】

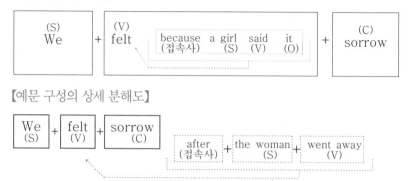

【예문 구성의 상세 분해도】

(나) 준동사(verbal)구

준동사구는 부정사, 분사(동명사)를 지칭하는 말이다. 형식 구조에서 주어부만 없애버리고 동사를 변개해서 부정사도 되고 분사도 된다. 동명사는 현재분사인데 현재분사가 명사적으로 쓰일 때를 지칭하는 말이다. 준동사는 형식 구조에서 주어부만 없앤 구조이기 때문에 동사에 따라서 그 동사가 가지고 있는 요소(보어, 또는 목적어)나 부속 어구들은 그대로 가진 채로 다른 품사로도 쓰인다. 그렇기 때문에 준동사의 특징은 외형이 동사에서 왔다는 것과 성질은 동사가 가지는 서술부를 그대로 가진 채로 한 개의 독자적인 어구 단위로 한 개의 낱말처럼 쓰인다는 것이다. 어구의 단위로 쓰이니 물론 주요소로 쓰일 때도 있고 종요소로 쓰일 때도 있다. 이를 준동사의 종류별로 나누어서 고찰한다.

① 부정사의 용법(p.304)

㉮ 부정사의 주요소적 용법의 문장 구조 형태의 모형

㉠ 부정사가 주어인 문장 구조 형태

【예문】 To meet a girl pleases boys.

　　　　(소녀를 만나는 것은 소년들을 즐겁게 한다.)

【예문의 구성 모형】

【예문 구성의 상세 분해도】

직역: "소녀를 만나다"는 소년들을 즐겁게 한다.
의역: "소녀를 만나는 것"은 소년들을 즐겁게 한다.

※ 직역에서는 부정사구를 그대로 번역했고 의역에서는 한국어 어법에 맞게 번역한 것이다.

ⓒ 부정사가 목적어인 문장 구조 형태

【예문】 Boys like to know a girl.

【예문의 구성 모형】

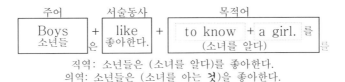

직역: 소년들은 (소녀를 알다)를 좋아한다.
의역: 소년들은 (소녀를 아는 것)을 좋아한다.

【예문 구성의 상세 분해도】

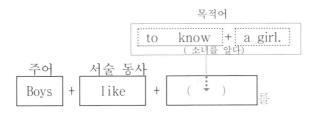

④ 부정사의 종요소적 용법의 문장 구조 형태의 모형

부정사는 형용사나 부사의 역할을 해서 다른 말을 수식하는 종요소가 되기도 한다. 준동사의 종요소적 용법을 설명하기 위해서 부정사가 명사를 수식하는 경우와 부정사가 동사를 수식하는 구문의 예를 하나씩 들어서 준동사 구의 구조 형태를 파악하기로 한다.

㉠ 부정사가 동사를 수식하는 문장 구조 형태

부정사가 부사적으로 쓰여서 동사를 수식하는 경우이다.

【예문】Boys go there to meet a girl.

(소년들은 한 소녀를 만나기 위해서 거기 간다.)

【예문의 구성 모형】

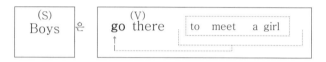

【예문 구성의 상세 분해도】

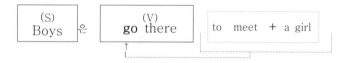

㉡ 부정사가 명사를 수식하는 문장 구조 형태

부정사가 형용사처럼 쓰여서 명사를 수식한다.

【예문】The boys to like a girl know the news.

(소녀를 좋아하는 소년들은 그 소식을 안다.)

【예문의 구성 모형】

【예문 구성의 상세 분해도】

② 분사의 용법

분사는 동사의 변형으로 현재분사와 과거분사가 있다. 과거분사는 have동사와 결합해서 완료형을 만들고 be동사와 결합해서 피동형을 만들며 현재분사는 be동사와 결합해서 진행형을 만든다. 이처럼 have나 be동사와 결합해서 동사구의 형태로 동사의 기능을 보완하는 역할을 한다. 그런데 이와는 다르게 분사가 자주적 용법으로 쓰여서 독자적 어구인 준동사구로서 주요소나 종요소로 쓰는 일을 하기도 한다.

㉑ 현재분사의 품사적 용법

㉠ 주요소적 용법

현재분사가 명사적으로 쓰일 때 동명사라는 별칭을 가진다. 동명사는 형식어순에 들어가 형식의 어순에서 격조사의 기능을 얻어 주어, 보어, 목적어 등이 되기도 한다. 동명사(p.358)가 주요소가 되는 예문으로는 주어가 되는 경우와 목적어가 되는 경우로 문장 구조 형태를 각각 예를 들어 보기로 한다.

ⓐ 주어인 동명사

【예문】Meeting a girl pleases boys.

(소녀를 만나는 것은 소년들을 즐겁게 한다.)

【예문의 구성 모형】

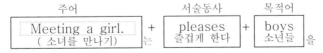

【예문 구성의 상세 분해도】

※ 직역에서는 동명사를 그대로 주어로 번역한 것이고 의역에서는 한국어 어법에 맞게 번역한 것이다.

ⓑ 목적어인 동명사

동명사가 목적어가 되는 구문 형태

【예문】 Boys like knowing a girl.

(소년들은 소녀를 알기를 좋아한다.)

【예문의 구성 모형】

【예문 구성의 상세 분해도】

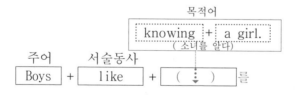

ⓒ 종요소적 용법

현재분사는 형용사처럼 명사를 수식하는 용법으로 쓰기도 한다. 현재분사가 명사를 수식하는 구조 형태를 예문을 들어 살펴보기로 한다.

【예문】All students liking the girl know the news.

(그 소녀를 좋아하는 모든 학생들은 그 소식을 안다.)

【예문의 구성 모형】

【예문 구성의 상세 분해도】

㉴ 과거분사의 품사적 용법

과거분사가 자립적인 용법으로 형용사적으로 쓰이기도 하는데 과거분사가
형용사적으로 쓰일 때 중요소로 보어가 되거나 명사를 수식하기도 한다.

㉠ 과거분사의 주요소적 용법

과거분사가 형용사처럼 쓰일 때 주요소로 쓰여서 보어가 되기도 한다.
gone(go의 과거분사형) tired(tire의 과거분사형) 등이 흔하게 형용사처럼 보
어로 쓰인다.

ⓐ 과거분사 보어

과거분사가 보어가 되어 주요소가 된 예문과 그 모형은 다음과 같다.

【예문】1. The winter was gone. (그 겨울이 지나가 버렸다.)

2. They feel tired. (그들은 피곤을 느낀다.)

【예문 1의 구성 모형】

※ 위에 예문에서 was gone은 피동형이 아니다. be+pp의 형태이긴 하지만 go 동사는 타동사가 아니
기 때문이다.

ⓑ 현재분사 보어

현재분사가 형용사적으로 쓰여서 보어가 되어 주요소로 쓰인 예문과 모형을
살펴보기로 한다.

【예문】The tourists see monkeys barking.

(관광객들이 원숭이가 짖는 것을 본다.)

【예문 구성 모형】

ⓒ 과거분사의 종요소적 용법

ⓐ 과거분사의 형용사적 용법

과거분사가 형용사처럼 명사를 수식하기도 하는데 그 예문을 들어서 구조의
모형과 상세 구조를 살펴보기로 한다.

【예문】1. The explorer met the discovered lions.

(그 탐험가는 발견되었던 사자들은 만났다.)

2. The tired army slept already.

(피곤한 군인들은 이미 잠들었다.)

【예문의 구성 모형】

【예문 구성의 상세 분해도】

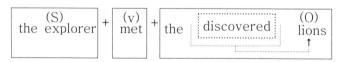

나) 의미 구성 보완 방식

영어는 의미 구성의 기본적 틀인 형식 구조로 의미가 조직되는 언어이기 때문에 형식이라는 틀을 벗어나면 의미를 구성할 수 없는 제약에 속박되어 제약의 한계를 보완하는 보완방식이 있게 된다. 이런 보완방식들에는 어구 구성을 보완하는 방식인 전명구와 동사의 기능을 보완하는 방식이 있다.

(1) 어구 보완 방식(전명구〈p.106참조〉)

영어의 어구는 형식의 어순 기능에 의해서 구성되는 것이 원칙인데 전명구는 형식의 구조와는 전혀 관련이 없다. 전명구는 독특하게 전치사와 명사가 결합해서 자립적인 어구를 구성한다. 전명구는 자립 어구로서 주요소가 되기도 하고 다른 어휘를 수식해서 종요소로도 쓰이기도 한다.

(가) 주요소로 쓰인 전명구

전명구는 형용사처럼 보어로 쓰여서 주요소가 되기도 한다. 제 2형식과 제 5형식에서 보어가 되기도 한다.

① 전명구가 2형식 주격 보어인 문장 구조의 형태

【예문】Parachutes caught in the forest. (낙하산들이 숲에 걸렸다.)

【예문의 구성 모형】

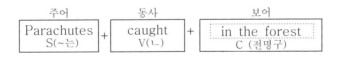

【예문 전명구의 상세 분해도】

② 전명구가 5형식 목적격 보어인 문장 구조의 형태

【예문】The guide showed the guests in an exhibition hall.

(가이드는 손님들을 전시장 안으로 안내했다.)

【예문의 구성 모형】

【예문 구성의 상세 분해도】

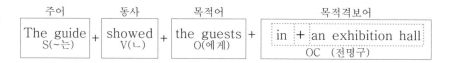

(나) 종요소로 쓰인 전명구

전명구는 종요소로 아주 흔하게 요긴하게 쓰인다. 전명구는 대부분의 영어 문장에서 쓰일 정도로 그 쓰임의 빈도가 잦다. 전명구가 종요소로 쓰일 때 동사를 수식하기도 하고 명사를 수식하기도 한다.

① 종요소로 쓰여 동사를 수식하는 구조의 형태

【예문】The children play in the ground. (아이들이 운동장에서 논다.)

【예문의 구성 모형】

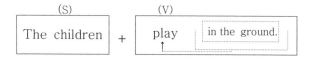

【예문 구성의 상세 분해도】

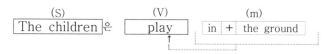

② 종요소로 쓰여 명사를 수식하는 구조의 형태

전명구가 명사를 수식할 때는 수식하는 명사 바로 뒤에 붙어서 수식한다. 명사를 수식하는 예문을 들어 살펴보기로 한다.

【예문】Students at the square sing. (학생들이 그 광장에서 노래 부른다.)

【예문의 구성 모형】

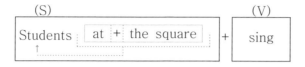

【예문 전명구의 상세 분해도】

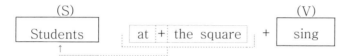

※ 동일한 전명구가 쓰임새에 따라 동사를 수식도 하고 명사를 수식하기도 한다.

(2) 동사의 기능 보완방식

동사의 기능 보완방식에 대해서는 본문(p.397 참조)에서 자세하게 풀이해서 설명하고 있다. 여기서 윤곽만 소개하기로 한다.

(가) 시제 (시간 표현방식)

영어는 문장 내용의 발생 시점을 중시해서 발생 시간을 현재, 과거, 미래로 구분해서 표현하는 문법 규칙이 있는데 이를 시제라고 한다.

① 현재: 현재 시점을 기준으로 일어나는 사태의 표현에 쓴다.

(I study every day morning.)

② 과거: 과거 어느 시점을 기준으로 종료된 동작을 나타낼 때 쓴다.

(I studied every day morning.)

③ 미래: 미래에 나타날 일에 대한 것을 표현하는 데 쓴다.

(I will study every day morning.)

(나) 동작의 완성 기준의 표현방식

    ① 완료형: 어느 시점에 동작은 완성되고 동작의 결과가 어느 시점까지 지속

        하는 것을 나타내는 표현을 할 때 쓴다.

    (I've written a letter to my nephew.)

    ② 진행형: 진행 중인 상황을 표현할 때 쓴다.

    (I am writing a letter to my nephew.)

    ③ 완료 진행: 완료와 진행 양상이 같은 동사에서 연관되어 일어날 때 쓴다.

    (I've been writing a letter to my nephew.)

(다) 피동형

    문장에서 일어나는 동작이 주어가 집행한 것인지 주어가 동작에 피습된 것
인지를 분간해서 서술하는 표현방식이다. 피동형 만들기 모형과 예문을 관찰
한다. 피동은 목적이 있는 문형에서만 일어난다. (p.407 참조)

【피동형의 변개 모형】

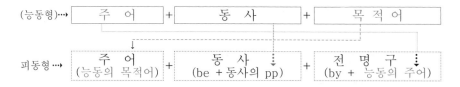

2) 의미 구사 방식(p.461 참조)

영어의 의미 구성은 근본적으로 형식이라는 방식에 의해서 구성되기 때문에 모든
의사의 구사는 형식을 벗어나서는 있을 수 없다. 따라서 주제에 대한 자기 정의를
표현하는 것도 방식이 있어서 그 방식에 맞춰서 써야 한다. 이 방식에는 화자가 주제
를 서술하는 문장 형태, 주제에 대한 의문을 표현하는 문장 형태, 주제의 내용을 지
시 명령하는 문장 형태, 주제를 감탄하는 문장 형태, 주제를 기원하는 문장 형태 등
으로 표현하는 방식이 각기 다르다. 이를 본문에서 자세하게 설명하고 있으며 이 문

단에서는 모형별로 간단하게 개괄해 보기로 한다.

가) 서술문의 구사 방식

화자가 나타난 상황을 진술하는 형식의 문형으로 일반적으로 서술문, 또는 평서문이라고 하며 흔하게 쓰이는 문장 형태이다. 5형식 어순으로 표준이 되는 문형이다. 예문과 어순의 모형으로 서술 문형에 대한 개괄을 갈음하기로 한다.

【예문】 She knows me. (그는 나를 안다.)

【모형】

주어	+	동사	+	기타 어순
(She		knows		me.)

나) 의문문의 구사 방식

의문문은 주제를 청자에게 물을 때 쓰이는 문형을 말한다. 의문문은 ① be(영국 영어에서는 have 포함) 동사의 문장과 ② 일반 동사의 의문문을 예로 들어 설명한다. 여기서는 의문문도 의문을 구사하는 방식에 의해서 구성된다는 것을 제시하고 자세한 것은 본문(p.468 참조)에서 학습하기로 한다.

① be와 have 동사의 의문문형

be동사의 의문형 주어와 동사의 어순을 바꿔 놓는다.

【예문】 The stick is very thin. (그 막대기는 아주 가늘다.)

【모형】

동사	+	주어	+	기타 어순	?
(Is		the stick		very thin?)	

② 일반 동사의 의문문

일반 동사의 의문문은 문장의 첫머리에 do 동사를 놓는다.

【예문】 A baby plays in the garden. (아기가 정원에서 논다.)

【모형】

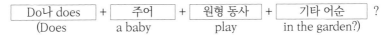

Do나 does	+	주어	+	원형 동사	+	기타 어순	?
(Does		a baby		play		in the garden?)	

③ 조동사가 있는 의문문

조동사가 있는 의문문은 다른 어순은 변함이 없지만 조동사를 문장의 첫머리에 가져다 놓아서 의문문을 만든다.

【예문】 The girl may walk in the dangerous valley.

(그 소녀는 위험한 골짜기를 산책해도 좋다.)

【모형】

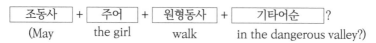

| 조동사 | + | 주어 | + | 원형동사 | + | 기타어순 | ? |

(May　　　the girl　　　walk　　　in the dangerous valley?)

다) 명령문의 구사 방식

명령문(p.479 참조)은 충고나 지도를 하거나 요구나 명령을 표현하는 문장의 형태를 말한다. 명령문에는 직접 명령과 간접 명령이 있는데 이를 나눠서 설명하는 것으로 명령문에도 방식이 있다는 것을 인지해 두기로 한다.

(1) 직접명령문의 방식

화자가 청자에게 직접 내리는 명령의 방식을 직접 명령이라 한다. 직접 명령에서는 주어를 생략하고 동사를 원형으로 쓴다.

【예문】 서술문 ⇒ The child runs down the stair.

(그 아이가 계단 아래로 달려간다.)

직접명령문 ⇒ Run down the stair.

【모형】

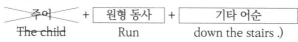

| ~~주어~~ | + | 원형 동사 | + | 기타 어순 |

~~The child~~　　　Run　　　down the stairs .)

(2) 간접 명령의 방식

화자가 청자를 통해서 화자 자신이나 다른 제3자에게 시키도록 내리는 명령을 간접 명령이라고 한다.

【예문】

서술문 ⇒ I let him go there. (내가 그를 거기 가게 시킨다.)

(제 3인칭에게 간접 명령) ⇒ Let him go there. (그를 거기 가게 해라.)

서술문 ⇒ They let me go there. (그들이 나를 거기 가게 시킨다.)

(제 1인칭에게 간접 명령) ⇒ Let me go there. (나를 거기 가게 해라.)

【모형】

| Let | + | 1, 3인칭의 목적격 | + | 동사의 원형 | + | 그 외 술부 부분 |

라) 감탄문의 구사 방식(p.485 참조)

감탄문은 예기치 않은 사태에 놀라는 감정을 표현하는 문장 형태이다. 놀람의 원인이 형용사나 부사적인 대상이 될 수도 있고 명사가 될 수도 있다. 원인이 형용사적인 것이나 부사적인 수식일 때는 how를 써서 표현하며, 대상이 명사일 때 what을 써서 감탄의 문형을 표현한다. 감탄문의 문미에는 감탄사(!)로 끝을 맺는다.

(1) how로 시작하는 감탄문 형태

수식적인 상태가 감탄의 대상이 되는 형용사나 부사일 때는 how를 앞세워서 수식어까지 문장의 맨 앞에 가져다놓으며 다른 어순에 변화는 없다.

【모형】

| How | + | 수식어(명사) | + | 문장의 남은 부분 | !

【예문】

《평서문》　　　　　　　　《How로 시작하는 감탄문》

① He walks very fast.　→　How fast he walks!

　(그는 대단히 빨리 걷는다.)　(어찌나 그가 빨리 걷는지!)

② She is very beautiful.　→　How beautiful she is!

　(그녀는 대단히 예쁘다.)　(어찌나 그녀가 예쁜지!)

(2) what으로 시작하는 감탄문 형태

① He can write really good poems. → What good poems he can write !

(그는 정말로 좋은 시를 쓸 수 있다.)　　(그는 어찌 그리 좋은 시를 쓸 수 있는지!)

(3) 평서문형의 감탄 형태

감탄문의 형식에 의하지 않고 평서문처럼 감탄을 표현하기도 한다.

《평서문》		《평범한 감탄문 예문》
They love each other.	→	Oh! They love each other!
(그들은 서로 좋아한다.)		(오! 그들은 서로 좋아하는구나!)

마) 기원문의 구사 방식(p.489 참조)

기원문은 기원하는 의사를 직접적으로 표현하는 문장 형태이다. 기원문에는 현재나 미래에 관한 기원을 하는 것과 과거 일에 대해서 바라고 기원한 것을 가정해 보는 형식의 문장이 있다. 문장은 대개 감탄 부호로 끝을 맺는 것이 일반적이다.

(1) 현재나 미래에 대한 기원형태

현재나 미래에 대해 기원하는 문장 형태에는 「May+주어+원형 동사+기타」로 구성되는 형식과 「강조 부분+동사의 원형+주어」로 구성되는 형식이 있다. 나눠서 살펴본다.

(가) 「May+주어+원형 동사+기타」 형태의 문형

【모형】

| May | + | 주어 | + | 동사의 원형 | + | 문장의 남은 부분 | ! |

【예문】

《평서문》		《"May+주어+동사"로 되는 기원문》
① God blesses us.	→	May God bless us!
(하나님이 우리를 축복한다.)		(하나님 우리를 축복하소서!)

② Thy kingdom comes. → May thy kingdom come.

（당신의 나라가 옵니다.） （당신의 나라가 오소서!）

(나)「강조 부분+동사의 원형+주어」 문형

【모형】

| 강조 부분 | + | 동사의 원형 | + | 주어 | + | 남은 부분 |

【예문】

① He rests in peace. → In peace rest he!

（그는 평안히 쉽니다.） （평안히 그가 쉬소서!）

② The day is remembered → Forever be remembered the day.
forever.

（그날이 영원히 기억되어 진다.） （그날이 영원히 기억되소서!）

다. 어순의 시작과 종결 표시

어순은 말의 시작과 끝이라는 범위 안에서 정해지는 차례의 질서를 말한다. 차례가 성립되려면 반드시 시작점과 종료점이 있어야 한다. 말할 때는 시작점은 초성(初聲)이 되고 종료점은 종성(終聲)으로 정해진다. 그러나 문자로 쓸 때 문장의 시작하는 지점과 종결되는 지점의 표시가 없으면 문장의 단위 경계가 없어서 어순을 정할 수 없다. 어순이 정해지지 않으면 어순의 문법 기능을 적용할 범위가 없어져 문장이 성립될 수 없다. 영어에서는 말의 시작과 종결을 표시하는 기호는 문법에 해당하는 중요성이 있게 된다. 예를 들면 한국어에서는 「~다」처럼 문장의 종결을 나타내는 종결어미가 있어서 별도의 기호 없이도 문장의 종결을 알 수 있다. 영어에서는 문장의 시작을 표시하는 기호와 종료를 표시하는 기호는 또 다른 하나의 문법에 비견된다.

1) 문장의 시작 표시 기호

영문의 첫 글자는 반드시 대문자로 써서 문장 시작의 표시로 쓴다. 첫 자는 그 문장에 어순 문법 적용의 시작점임을 표시하는 신호표이기 때문이다. 시(詩)에서 한 행의 첫 글자의 첫 철자나 고유명사는 예외적인 것이다.

2) 문장의 종결 표시 기호

문장 종결 표시 기호는 한 어구에 적용되는 어순 문법 적용의 종결점을 나타내는 것이고 다음 문장의 어순 문법의 시작을 미리 예시하는 구획점이기 때문에 아주 중요하다. 문장의 종결을 나타내는 기호는 다음과 같다.

문장의 종류	종결 "기호" (명칭)	비고
서술문(predicative sentence)	"." (period)	마침표(.)는 서술문과 명령문에, 의문표(?)는 의문문에, 느낌표(!)는 감탄문과 기원문의 종결 표시로 쓴다.
의문문(interrogative sentence)	"?"(question mark)	
명령문(imperative sentence)	"." (period)	
감탄문(exclamative sentence)	"!"(exclamation mark)	
기원문(optative sentence)	"!"(exclamation mark)	

3) 어구 구분 기호

영어에는 문장의 종결을 나타내는 기호 외에도 어구를 구분하기 위해서 쓰는 기호로 comma(,), colon(:), semicolon(;) 등이 있다. comma는 짧은 쉼이나 전후를 구분하는 표시에 쓰이는 기호이고, colon은 설명, 예, 또는 인용을 소개하기 위해서 쓰이는 기호이며, semicolon은 다른 부분임을 분리 표시하는 기호이다.

제2편

영어의 의미 구성 방식

1. 의미 구성의 기본 방식

영어의 구성 원리는 구체적인 대상을 의미하는 어휘를 문법적인 기능을 하는 어순에 조합해서 일련의 통일된 의미를 지니는 어구를 형성하는 것이다. 이러한 방식에는 몇 가지 모형이 정해지는데 동사의 성질별로 분류하는 학교 문법식의 모형 형태와 또 어순에 들어가는 어휘의 성격별로 분류하는 변형생성 문법식의 모형 형태가 있다. 이 두 가지 영어 구성 방식에 의해서 정해지는 모형 형태는 각기 분류 기준을 달리하기 때문에 모형의 숫자도 각기 다르기 마련이다. 학교 문법(전통 문법) 기준으로 정해지는 모형의 수는 모두 5개로 정해서 5형식이라고 한다. 그러나 변형생성 문법으로 정리하는 모형은 어휘들의 성격을 분류하는 학자의 기준 방법에 따라 분류가 다를 수 있어서 모형의 숫자도 다양해서 7형식으로 분류하는 방식도 있고 10형식으로 분류하는 학자도 있다. 어쨌든 영어의 구성법과는 언어 구성 방식을 전혀 달리하고 있는 한국어가 모국어인 한국인 영어 학도에게 중요한 것은 영어는 구체성의 어휘를 문법 기능을 하는 어순에 조합해서 어구를 형성한다는 원리를 명심하는 일이다. 이 중요한 요체만 잊지 않으면 형식의 수가 얼마이든 상관없는 일이다. 그 이유는 똑같은 문장을 두고 시각을 달리해서 구성 방식을 풀이하는 것뿐이기 때문이다. 따라서 한국인 학도에게는 형식의 숫자는 적으면 적을수록 학습량이 적어지기 때문에 학습하기가 쉽고 단출하다. 따라서 이 책에서는 처음부터 끝까지 5형식을 유일한 표준으로 설정해서 설명하기로 한다.

※ 참고: syntax문법체제의 형식 분류에는 Charles Talbut Onions(1873~1965 문법학자, the Oxford사전 제4대 편집자)가 5형식 분류해서 학교문법에서 많이 활용하고 있다. 다른 편으로 Randolph Quick, Sindney Greenbaum, Geoffrey Leech, Jan Svartvik 등이 공동 집필한 "A Comprehensive Grammar of English Language"에서는 7형식으로 구분하기도 하고, Cindy L. Vitto가 쓴"Grammar by Diagram"에서는 10형식으로 분류하기도 한다. 한국어적으로 말하면 어순 기능을 더 많이 분류하는 것은 격조사를 더 세분화한다는 말로 한국어가 모국어인 학습자가 구문을 학습하는 데는 5형식 분류가 더 효율적이다. 5형식을 확실하게 학습해두면 7형식이든 10형식이든 저절로 모두 이해하게 된다.

가. 기본 5형식

영어로 표현한다는 것은 어휘를 정해진 형식의 어순 형태에 짜 맞추는 것을 말한다. 학교 문법에서는 영어의 구성 방식을 5가지로 분류하는데 이것을 5형식이라고 한다. 5형식의 어순은 어순마다 각기 문법적 특성이 있어서 어순의 특성을 일일이 철저하게 터득해 두지 않으면 확실한 영어를 할 수 없게 된다.

1) 기본 제 1형식

낱말이 문장으로 구성되는 데에는 필수적인 어순이 있는데 첫 번째 어순과 두 번째 어순이다. 첫 번째 어순은 주어의 어순이며 두 번째 어순은 서술 동사의 어순이다. 이 어순들은 문장 구성에 필수적인 어순이다. 모든 형식은 주어와 동사들부터 시작하는 것이기 때문에 주어와 동사의 어순은 형식을 학습하는데 필연적인 어순이다. 형식 가운데 주어와 동사만으로 구성되는 문형도 있다. 주어와 동사만으로 구성되는 문형을 제 1형식이라고 한다.

가) 기본 제 1형식의 어순과 구조

(1) 기본 제 1형식의 모형

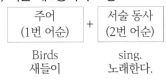

| 주어
(1번 어순) | + | 서술 동사
(2번 어순) |

Birds   sing.
새들이   노래한다.

(2) 기본 제 1형식의 구성요소

기본 제 1형식 문장을 구성하는 주요소는 주어와 동사로 2개이다.

(가) 제 1형식의 주어

주어는 문장의 내용을 주도하는 주관자(主管者)인데 모든 형식에서 첫 번째 어순이 주어의 자리이다. 주어가 되는 품사는 명사나 대명사이다. 주어의 어순은 그 어순에 앉는 명사(대명사)는 체언(體言)일 뿐이고 어순이 그 체언에 주격을 부여해서 한국어의 주격조사 "~은, ~는, ~이, ~가"의 의미가 접합된다.

(나) 제1형식의 동사

모든 형식의 2번째 어순은 동사가 들어가는 자리로 동사의 기능을 하는 어휘가 이 어순에 앉으며 시제와 동사의 문법적 활용을 표현하게 된다. 제1형식 동사는 동사가 행사하는 동작의 영향이 다른 요소에 미치지 않고 주어 자신에 한정되어 완성되는 동사들이다. 제1형식 동사는 주어의 행동이 다른 대상에 영향을 주지 않는다고 해서 자동사라고 하고 자신의 처신을 서술하는 것으로 표현이 완성되는 동사라고 해서 완전자동사라고 한다.

나) 기본 제1형식의 도해

문장의 구조를 그림으로 풀어서 설명하는 것을 도해(diagram)라고 한다. 도해는 영어 문장의 어순구조를 이해하는 데에 최고의 학습 방식이다. 영어 형식의 어순 기능은 한국어의 격조사적 기능인데 도해는 이 기능을 터득하는 방법으로 최선의 방식이 될 수 있다.

(1) 도해와 도식

영어는 낱말의 순서가 곧 문법이다. 낱말의 순서설명은 말로 하기보다는 도면에 그려서 설명하면 시각적이기 때문에 더 명료하게 이해가 된다. 이때 그려서 하는 설명법을 도해라 하고 그리는 방식을 도식이라 한다.

【제1형식의 도식】

(주어의 자리)	(서술 동사의 자리)

※ 그리는 요령: 제1형식 도식은 수평선을 하나를 긋고 그 수평선의 가운데 부분을 관통하는 수직선을 내린다.

(2) 도해 방법

도해는 문장의 구조를 해체해서 풀어 보는 것인데, 수평선 위에다 주어와 동사를 구분하는 수직 관통 선을 그어내려 주어와 동사의 순서로 놓는다.
예문을 도해해 보기로 한다.

【예문】

Birds sing. (새들이 노래한다.)

【도해】

Birds	sing

※ 일러두기: diagram 도해법은 1868년에 the Polytechnic Institute이라는 교육기관에서 여러 학자가 영어의 구조와 어순의 형태소적 기능을 교육하기 위해서 완성한 것이다. Alonzo Reed와 Brainerd Kellogg 교수가 1889년에 뉴욕에서 출판한 "Elementary English Grammar"라는 책에서 처음 발표한 것이다. 우리나라에서는 60여 년 전에 서울대학교 유진(柳津) 교수가 "영어구문론"이라는 책으로 도해법을 처음으로 보급했다. 근래에 언어학에서 tree diagram이라는 도해법이 창안되어 언어학 학습에 쓰고 있다. 기존의 diagram에 새로운 tree diagram 도해법이 하나 더 나타남으로 영어를 수업하는 학습자들에게 두 개의 다른 도해법이 학습에 주는 효과에 대한 의아심을 가지게 한다. tree diagram은 원래 영어의 형식 형태소적인 의미구조를 설명을 위해서 창안한 것이 아니고 언어학에 문장 구성을 분석 연구하기 위해서 개발된 도해법이다. tree diagram으로는 영문을 해체하는 것이나 한국어를 해체하는 것이나 같은 모양으로 도해할 수 있다. 그러나 tree diagram으로는 diagram이 목적하는 영어 어순의 격 기능에 대한 의미표현을 교육할 수 없다. diagram은 사전이 설명하지 못하고 있는 영어 어순의 격 기능을 설명하도록 개발된 유일한 도해법이다. 그래서 영어의 형식과 어순의 형태소적 특이한 기능에 대한 명확한 교육을 위해서 미국에 Cindy L. Vitto 교수는 "Grammar by Diagram"라는 책으로 Marye Hefty, Sallie Ortiz, Sara Nelson 교수 등은 "Sentence Diagramming"이라는 책으로 현재도 diagram 도해법을 활용하고 있다.

(3) 번역

영문을 한역할 때는 영어 어순이 가지는 격조사적인 문법 기능의 특성상 어순 배열에 기준점이 되는 주어 자리를 찾는 것과 어순 구성의 틀을 제시하는 서술 동사의 성질을 파악하는 것이 관건이 된다.

(가) 번역 요령

① 첫 번째 자리

영어 형식에 첫 번째 자리는 주어의 자리이며 주어 어순의 기능은 국어의 주격조사와 같은 격(格) 기능을 하는데 주어를 번역할 때는 이 격 문법을 철저하게 적용해서 번역해야 한다. 체언이 첫 번째 자리에 들어가면 그 체언은 주어의 자리로부터 주격조사의 기능을 얻어서 주어가 된다. 주어는 주격조사의 의미가 결합한 것이기 때문에 주어를 번역할 때는 사전에 찾아도 나오지 않는 주격조사의 의미를 반드시 결합해서 번역해야 한다. 예문에 주격 체언에 해당하는 『Birds』는 주어 어순에 들어앉은 때부터 주어 어순의 기능이 제공하는 주격조사의 의미를 얻게 된다. 그래서 『새(bird)들』이라는 체언에 주격 조사 "~이(~은)"가 접합이 된 "새들이(~은)"라는 의미가 되는 것이다.

【예문】Birds sing.

※ 주어 Bird에 대한 풀이

구분 / 단어	사전의 의미	어순 기능	주어의 의미	비고
bird	새	~가	새가	주격, 목적격, 보어격 등의 격조사는 영어에는 단어로 존재하지 않아서 영어 사전에는 없다.

② 두 번째 자리

영어의 기본 형식에서 두 번째 어순은 서술 동사의 자리로 동사의 역할을 하는 어휘가 두 번째 어순에 들어가야 한다. 영어에는 같은 낱말이 여러 가지 품사의 의미로 쓰이는 어휘가 허다하다. 여러 가지 품사의 용도로 쓰이는 낱말일지라도 두 번째 어순에 앉게 되면 두 번째 어순은 서술 동사의 자리이므로 동사의 용법으로 쓰는 말이다. 한국어의 동사는 아예 원형(~하다)과 현재형(~한다)이 각기 다른 형태이다. 그런데 영어의 동사는 원형(~하다)과 현재형(~한다)을 공동으로 쓰고 있어서 동사의 원형이 두 번째 어순에 들게 되면 "~하다"라는 원형이 현재시제로 쓰는 것으로 제한되어 "한다"가 되는 것이다. 단, be 동사는 원형과 현재형이 달라서 원형과 현재형이 따로 있다. be 동사에 대한 설명은 다른 문단(p.400 참조)에서 상세히 설명한다.

【예문】 Birds sing. (새들이 노래한다.)

※ 동사의 원형과 현재형의 번역(sing의 예)

구분 단어	원형(사전)	서술 동사	비고
sing	노래하다	노래한다.	원형이 서술 동사로 쓰이면 현재시제를 나타내는 것이다.

(나) 번역

번역은 영문을 한국어의 의미로 한국어의 순서에 맞게 배열하는 것을 말한다. 번역의 차례는 단순한 문장에서는 문제 될 것이 없으나 문장이 복잡해지면 요긴하게 된다.

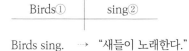

Birds sing. ⋯→ "새들이 노래한다."

다) 기본 제 1형식 문장의 도해 연습

열거한 예문을 예시한 도해와 같이 연습해 보기로 한다.

① Boys study.

Boys | study

(소년들이 공부한다.)

② Roads start. (길이 시작한다.)

③ She appears. (그녀가 나타난다.)

④ Flowers bloom. (꽃들이 핀다.)

⑤ Angels disappear.

Angels | disappear

(천사들이 사라진다.)

⑥ He lives. (그가 산다.)

⑦ Students bow. (학생들이 절한다.)

⑧ Boys run. (소년들이 달린다.)

⑨ Prices rise. (물가가 오른다.)

⑩ Buildings stand.

Buildings	stand

(건물들이 서 있다.)

2) 기본 제 2형식

제 2형식은 주어와 동사와 보어로 구성 되어 주요소가 3개로 구성되는 문형이다. 제 2형식의 어순에는 보어가 있는데 보어는 주어의 신분, 직위, 상태, 성질이나 모양 을 표현한다.

가) 기본 제 2형식의 어순과 구조

(1) 기본 제 2형식의 모형

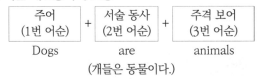

Dogs   are   animals

(개들은 동물이다.)

(2) 기본 제 2형식의 주요소

제 2형식을 구성하는 동사나 보어는 한국어와는 아주 다른 특이한 기능을 하고 있다.

(가) 제 2형식 주어

제 2형식 주어의 특징은 다른 형식의 주어처럼 주어가 동작이나 행위를 행사 하는 동작의 시행자가 아니고 보어가 묘사하는 신원이나 성상을 묘사를 받 는 피사체(被寫體)적인 배역을 맡은 입장이다.

【예문】

Dogs①   +   are②   +   animals.③
(주어)   (동사)   (보어)

(나) 제 2형식 동사

　제 2형식 동사는 제 1형식 동사처럼 주어의 동작이나 작용이 동사만의 서술로 완성되는 동사가 아니고 보어의 도움을 받아야 서술묘사가 완성되는 동사이다. 제 2형식 동사는 동사의 영향이 다른 대상에 미치지 않는 자동사이지만 보어의 도움을 받아야 서술이 완성되기 때문에 불완전하다고 해서 불완전 자동사라고 한다. 제 2형식 동사는 동작 동사가 아니거나 동작 동사일 경우에는 직설적으로 동작을 표현하는 것이 아니고 보어의 성질이나 상태가 동사의 동작에 개연성이 있도록 묘사하게 되는 동사이다. 제 2형식 내의 동사를 계사(繫辭)라고도 한다. 계사는 (1) 보어가 주어를 묘사하는 표현을 나타낸다는 것을 표시하는 일을 하고 (2) 보어가 묘사하는 주어의 직임이나 모양이나 성상에다 동사 원래 자기의 의미를 가미해서 묘사하게 된다. 계사가 존재를 표현하는 동사이면 존재에 대한 개연성을 표현하게 되고, 동작을 표현하는 동사이면 동작의 변환, 진화에 대한 표현을 가미하게 된다. 이 두 가지를 예문을 들어 설명해 보기로 한다.

【예문 1】존재를 나타내는 be 동사의 예

　　　Dogs (주어①)　＋　are (동사②)　＋　animals (보어③).
　　　　(개들)　　　　　　(있다)　　　　　　(동물)

첫째: 계사는 보어의 묘사가 주어에 대한 표현이라는 것을 표시하는 기능으로 주어와 보어의 동일성을 나타내는 것이다.

　　　Dogs (주어①)　＝　animals (보어③).　→　개는 동물
　　　　(개들)　　　　　　(동물)

둘째: 계사는 주어의 직임, 모양, 성상을 묘사하는 보어에다 계사인 be동사의 원래 의미인 "존재"의 의미를 가미한 표현을 한다.

　　　are (동사②)　＋　animals (보어③).　→　동물인 신분(상태)으로 있다.
　　　(있다)　　　　　(동물)

셋째: 주어 "개"가 보어 "동물"이라는 표현에 be 동사의 본래 의미인 "있다"라는 의미를 가미하면 "개가 동물인 상태로 있다"라는 의미에 대한 상황의 표현이다. 한국어 어법에 가장 가깝고 간편하게 표현해서 "개는 동물이다."로 번역하게 되는 것이다.

Dogs (주어①)   +   are (동사②)   +   animals (보어③).
  (개들은)   (이다)   (동물)

※ 일러두기: are의 한국어 번역은 "이다"인데 "이다"는 한국어에서는 서술격 조사이고 동사는 아니다. 엄격히 말하면 이 문장에서 be동사를 "이다"라고 번역한 것에는 be동사가 계사일 때 be동사가 가진 존재의 의미가 배제된 셈이다.

【예문 2】동작 동사인 go의 계사적인 용법 예

Dogs (주어①)   +   go (동사②)   +   mad. (보어③)
  (개들)   (간다.)   (미친)

첫째: 보어는 주어에 대한 묘사이므로 주어가 보어의 상태임을 나타내는 것이다.

Dogs①   _   mad.③   …→   개가 미친
(주어)   =   (보어)

둘째: 보어가 묘사하는 "미친(mad)"이라는 보어의 상태 쪽으로 "가다(go)"의 동작적인 의미를 가미하게 된다.

go②   +   mad.③   …→   "미친"이라는 상태가 "가다"라는 동작처럼 진화한다.
(가다)   (미친)

셋째: Dogs(개)의 mad(미친) 상태가 go(가다)라는 동작과 같이 진화하는 묘사이니까 Dogs go mad는 "개의 미친 상태가 가는(go) 쪽으로 진화한다."라는 의미인데 우리말로는 "개들이 미쳐 버린다." 또는 "개들이 미친다."라는 말로 번역하게 된다.

(다) 제 2형식의 보어

제 2형식에서 보어는 세 번째 어순으로 동사 뒤에 배치되는 명사(대명사)나 형용사이다. 명사가 보어가 되면 주어의 신분을 표현하므로 한국어로도 번역이 깔끔하게 되는데 형용사가 보어가 되면 주어의 성질과 상태 등을 서술하는 것이 되어 번역할 때 적절한 언어 선택이 필요하게 된다.

【예문】

Dogs① are② animals.③ ⟶ 개는 동물이다. ※ 명사 보어는 주어의 신분을
(주어) (동사) (명사 보어)   묘사한다.

Dogs① are② mad.③ ⟶ 개가 미쳤다. ※ 형용사 보어는 주어의 성상을
(주어) (동사) (형용사 보어)   묘사한다.

나) 기본 제 2형식의 도해

(1) 도식

동사 자리 뒤로 수평선을 연장해서 보어의 자리를 만든다. 보어 자리는 동사 뒤에 수평 선상에서 앞쪽으로 비스듬히 상향하는 사선을 올려 긋는다.

(주어①) | (동사②) \ (보어③)

(2) 예문 도해

【예문】 Dogs are animals.

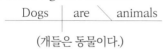

Dogs | are \ animals

(개들은 동물이다.)

(3) 번역

(가) 번역 요령

① 『Dogs(개들)』이라는 단어가 주어의 어순에 들어가므로 주격 체언이 되었고 주어 어순의 기능에서 주격조사 『~은, ~는, ~이, ~가』의 의미가 첨가됐다. 그래서 『Dogs(개들)』라는 체언에 『~은』이라는 주격 조사가 접합되어 "개들은"

이라는 주어가 된 것이다.

② 보어는 보격 체언인 『animal(동물)』이라는 단어가 보어 어순에 들어가므로 보어 어순의 기능에서 보격 조사의 의미를 얻는다. 한국어로 『있다』라는 be 동사 의미를 계사적으로 번역하기가 마땅하지 않아서 『~이다』라는 서술격 조사로 번역하게 된다.

※ 일러두기: 보격의 번역은 일정한 보격조사를 확정해두고 그 조사만 적용하기가 어려운 격이다.

(나) 번역의 순서

번호의 순서대로 번역하는 습관을 들이면 된다. 번역의 차례는 한국어의 관습적인 어순에 맞게 정돈해 놓는 것이다. 일반적으로 ❶주어 ❷보어(또는 그 외 어순) ❸서술 동사의 차례이다.

① 번역의 차례

Dogs❶ | are❸ \ animals❷

② 번역

Dogs are animals. ⋯→ "개는 동물이다."

다) 기본 제 2형식 문장의 도해 연습

기본 제 2형식을 be동사와 일반 동사로 나누어 학습한다. be동사는 존재를 나타내는 동사인데 계사적인 용법으로 쓰일 때 우리말로 번역하는 것이 마땅하지 않아서 동사가 아닌 서술격조사 『~이다』로 번역하게 된다. 보어에 대해서는 품사별로 명사 보어와 형용사 보어로 나누어 설명한다.

(1) be동사가 제 2형식 동사가 되는 예문 연습

be동사가 제 2형식의 동사로서 계사로 쓰이게 되면 보어가 주어의 신분이나 상태를 나타내는데 번역이 투명하게 떨어진다.

① Time is money.

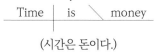

(시간은 돈이다.)

② Silence is gold. (침묵은 금이다.)

③ That is rock. (저것은 바위이다.)

④ They are supporters. (그들은 지지자들이다.)

⑤ Books are power.

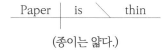

(책은 힘이다.)

⑥ Ants are small. (개미들은 작다.)

⑦ Cats are flexible. (고양이는 유연하다.)

⑧ Autumn is beautiful. (가을은 아름답다.)

⑨ Students were happy. (학생들은 행복했다.)

⑩ Paper is thin.

(종이는 얇다.)

(2) 일반 동사가 제 2형식 동사가 되는 예문

일반 동사 중에도 제 2형식 동사로서 계사로 쓰이는 동사가 더러 있다. 일반 동사가 계사로 쓰이는 경우 주어를 묘사하는 보어의 표현에다가 그 동사가 일반 동사로서 원래 가지고 있는 중심적인 의미를 가미해서 보어의 표현과 동사의 의미가 배합된 의미를 나타내게 된다.

① Spaghetti tastes good.

| Spaghetti | tastes | good |

(스파게티는 좋은 맛이 난다.)

② Food smells delicious. (음식이 맛있는 냄새다.)

> ※ 일러두기: smell이 제 2형식에 계사적 의미로 쓰여서 주어 Food의 성상이 delicious라는 것을 묘사한다. 또 smell 동사는 원래 자기의 중심적인 의미인 「냄새나다」인데 이 「냄새나다」를 Food가 「delicious하다」에 첨가해주면 "음식이 달콤한 냄새가 난다."로 번역하게 된다.

③ He remained faithful. (그가 성실하게 남았다.)

④ They stayed silent. (그들은 조용하게 체류했다.)

⑤ Mother grew old. (어머니는 늙어 갔다.)

⑥ They seems themselves.

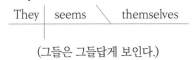

    (그들은 그들답게 보인다.)

> ※ 일러두기: 직역은 "그들이 그들 자신으로 보인다"인데 의역하면 "그들답다"가 된다.

⑦ Both became brothers. (양자는 형제가 되었다.)

⑧ Soldiers return friends. (군인들이 친구들이 되어 돌아왔다.)

⑨ She appeared pretty. (그녀는 예쁘게 나타났다.)

⑩ We parted enemies.

    (우리는 적으로 헤어졌다.)

(3) 제 2형식에서 be동사와 일반 동사의 계사적 역할의 차이 비교

같은 내용의 제 2형식 문장이 be동사가 계사일 때와 일반 동사가 계사일 때의 차이를 비교해 보기로 한다. be동사는 존재를 표현하는 동사이므로 be동사의 자기의미를 가미한다고 해도 존재 여부에 대한 표현이 가미될 뿐인데 일반 동사는 동작 동사이기 때문에 동사의 동작적인 의미가 가미됨으로 의미가 가변적인 진화를 묘사한다. be동사와 일반 동사 간에 보어에 의한 양태(樣態)에 대한 진화 현상(現狀)의 묘사는 다음과 같이 비교된다.

【예문 풀이. 1】

구분＼동사	be동사 적용 예문	일반 동사 적용 예문
예문	The dog was mad. (그 개가 미쳤다.)	The dog went mad. (그 개가 미쳐버렸다.)
비교 풀이	"개"라는 주어가 "미친"이라는 보어의 상태로 존치에 관련되는 것이며 양태의 진화는 없다.	개가 미친 상태라는 점에는 같지만, go(went)는 동작 동사로 원래 중심적 의미는 "가다"인데 그 "가다"라는 의미가 개가 미친 상태에 가미되어 "미친" 상태의 가변적인 진화를 표현한다.

【예문 풀이. 2】

구분＼동사	be동사 적용 예문	일반 동사 appear의 적용 예문
예문	Her face is pale. (그 여자의 얼굴이 창백하다.)	Her face appears pale. (그 여자의 얼굴이 창백하게 드러난다.)
비교 풀이	"얼굴이", "창백한"이라는 말에 존재를 나타내는 be동사의 원 의미가 가미되는 것으로 존재 여부를 나타내는 의미가 가미된 것일 뿐 의미에 가변성이 없다.	"그 여자의 얼굴이 창백하다"라는 점에서는 의미가 같은데 "나타나다"라는 appear 동사의 중심의미가 창백한 의미에 가미가 되어 "창백한" 것이 현상(現像)이 되는 표현인 "드러난다"라는 의미가 된다.

(4) 제 2형식에서 보어가 되는 품사

제 2형식의 보어는 명사가 되는 경우와 형용사가 되는 경우가 있는데, 명사가 보어가 되면 주어의 신원(身元)에 관한 것을 서술하고 형용사가 보어가 되면 주어의 성상(性狀) 등에 관한 것을 묘사한다.

(가) 명사가 제 2형식의 보어가 되는 예

명사가 보어가 되면 주어의 신원이나 직위를 나타낸다.

① Nuns live singles.

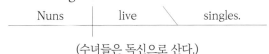

| Nuns | live | singles. |

(수녀들은 독신으로 산다.)

② Fishes fell baits. (생선들은 미끼로 전락했다.)

③ Students stayed roommates. (학생들은 룸메이트로 체류했다.)

④ Participants look girls. (참가자들은 소녀들로 보인다.)

⑤ Daughter makes mother.

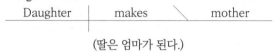

（딸은 엄마가 된다.)

(나) 형용사가 제 2형식 보어가 되는 예

형용사는 명사를 수식하는 일을 하는데 서술적으로 쓰여서 제 2형식에서 보어가 되어 주어의 성질이나 상태를 나타내기도 한다. 형용사가 명사를 수식할 때와 보어로 쓰일 때를 구분하기 위해서 보어로 쓰인 형용사는 서술 형용사라고 부른다.

① Babies grew reasonable.

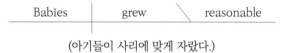

（아기들이 사리에 맞게 자랐다.)

② They married old. (그들은 만혼했다.)

③ They appeared young. (그들은 젊게 나타났다.)

④ He grew wise. (그는 슬기롭게 성장했다.)

⑤ Children get tired. (아이들이 지친다.)

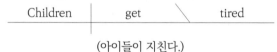

（아이들이 지친다.)

⑥ They feel comfortable. (그들은 평안을 느낀다.)

⑦ She remained beautiful. (그녀는 아름다움을 지녔다.)

⑧ We stayed sufficient. (우리는 만족스럽게 체류했다.)

3) 기본 제 3형식

제 3형식은 주어가 동작이나 행위를 행사하고 그렇게 행사된 동작이나 행위의 영향이 목적어에 도달하는 상황을 표현하는 형태의 문장 형식이다.

가) 기본 제 3형식의 어순과 구조

(1) 기본 제 3형식의 어순

제 3형식의 어순은 주어, 동사, 목적어 차례로 된다.

주어 (1번 어순)	+	서술 동사 (2번 어순))	+	목적어 (3번 어순)
Girls		love		flowers

(소녀들은 꽃들을 좋아한다.)

(2) 기본 제 3형식의 주요소

제 3형식을 구성하는 문장의 주요소는 주어, 동사, 목적어로 된 3개이다.

(가) 제 3형식의 주어

제 3형식에서 주어는 자기가 행사하는 행위의 결과나 영향을 목적어에 시행하는 행위자이다.

【예문】

Girls① + love② + flowers③.
(주어) (동사) (목적어)

(나) 제 3형식의 동사

제 3형식 동사는 주어가 목적어에 행사하는 동작이나 행위를 서술한다. 제 3형식 동사는 동사의 결과나 영향이 목적어에 행사하는 동사이다. 이처럼 주어의 동작이나 행위의 결과가 다른 대상인 목적어에 행사하는 동사라고 해서 타동사라 한다. 제 3형식 동사는 그 영향이 목적어로 완결된다고 해서 완전타동사라고 한다.

【예문】

Girls① + love② + flowers.③
(주어)　　　(동사)　　　(목적어)

(다) 제 3형식의 목적어

제 3형식에서 목적어는 주어와 동사 다음의 3번째 어순인데 목적어는 주어
가 행사하는 동작이나 동작의 결과나 영향이 도달되는 대상이다. 목적어는
목적격 체언에 목적어 어순의 기능이 부여하는 목적격 조사 "~을, ~를, ~에
게"의 의미가 첨부된다.

【예문】

Girls① + love② + flowers.③
(주어)　　　(동사)　　　(목적어)

※ 목적어 분석

단어 ＼ 구분	사전의미	어순 기능	목적어
flower	꽃	~을	꽃을

※ 풀이: 목적어 "꽃을"은 사전의 의미는 "꽃"인데 거리가 어순의 기능인 "~을"을 결합한 어구이
며 사전의 의미인 "꽃"은 목적격 조사가 결합하기 전인 체언의 상태이다. 체언은 국어 문법의 용
어인데 명사(대)가 격조사와 결합하기 전의 상태를 말한다.

나) 기본 제 3형식 도해

(1) 도식

동사자리 뒤에 수평선 위에서 수직선을 그어 올려 목적어 자리를 마련한다.

(주어①)　|　(동사②)　|　(목적어③)

※ 일러두기: 주어와 동사를 구별하는 선은 수평선을 관통해서 내려가는데 목적어와
동사를 구별하는 도해 선은 수평선을 관통해 내려가지 않고 수직선 상에서 끝난다. 그
의미는 주어와 동사는 별개로 구획되는 것이고 목적어는 서술 동사부에 소속한다는
것을 의미하는 것이다.

(2) 예문 도해

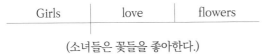

(소녀들은 꽃들을 좋아한다.)

(3) 번역

(가) 번역 요령

(ㄱ) 주격 체언인 "Girls(소녀들)"라는 단어가 주어 어순에 들어감으로 주어 어순 기능인 주격조사 "~은"의 의미를 부여받아서 "소녀들은"이라는 주어가 된다.

(ㄴ) 목적격 체언인 "flowers(꽃들)"라는 단어가 목적격 어순에 배치됨으로 목적어 어순에서 목적격 조사인 "~을"의 의미를 부여받아서 "꽃들"이라는 의미가 "꽃들을"이라는 의미의 목적어가 된다.

(나) 예문 번역

① 번역의 차례

(소녀들은❶ 꽃들을❷ 좋아한다❸.)

② 번역내용

Girls love flowers. ⋯→ "소녀들은 꽃들을 좋아한다."

다) 기본 제 3형식 문장의 도해 연습

① Edison invented electricity.

(에디슨은 전기를 발명했다.)

② They have strength. (그들은 힘을 가지고 있다.)

③ Action means courage. (실행은 용기를 의미한다.)

④ Women mind beauty. (부인들은 아름다움에 유의한다.)

⑤ They loved neighbours.

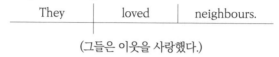

(그들은 이웃을 사랑했다.)

⑥ They liked soldiers. (그들은 군인들을 좋아했다.)

⑦ She brought shoes. (그녀는 신발을 가져왔다.)

⑧ I refused money. (나는 돈을 거절했다.)

⑨ People accepted proposals. (사람들은 제안들을 수락했다.)

⑩ Personality shows colour.

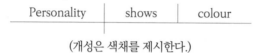

(개성은 색채를 제시한다.)

라) 기본 제 2형식과 제 3형식의 차이점

제 2형식과 제 3형식은 모두 문장을 구성하는 주요소가 3개씩이기 때문에 확실하게 구분해 두지 않으면 혼란스러울 수 있다.

형식 주요소	제 2형식	제 3형식
주 어	제 2형식 주어는 보어가 표현하는 신분이나 성상이 현상(現像)되는 피사체적인 입장이다.	제 3형식의 주어는 동사의 동작을 행사하는 동작의 시행자이다.
동 사	제 2형식 동사는 계사로 보어가 주어를 묘사하는 보어의 표현에 자기의 본디 의미를 가미한다.	주어가 행사하는 동작을 서술한다.
셋째 어순	보어(제 2형식)는 주어의 신원이나 성상을 묘사하는 어구이다.	목적어(제 3형식)는 동사의 동작 영향이 미치는 대상이다.

4) 기본 제 4형식

영어에는 "~을, ~를"이라는 대상물을 "~에게"라는 수령자에게 전달하는 행위를 하는 동사들이 있는데 이런 유형의 동사를 따로 모아 제 4형식이라는 한 문형을 이루고 있다. 주어가 전달하는 "~을"이라는 전달물을 "~에게"라는 수령자에게 전달하는 형식의 문장 형태인데 전달물은 직접목적이라고 하고 전달물의 도달점을 간접목적이라 한다. 영어에는 "~을, ~를"이라는 목적격 조사는 아예 단어로는 존재하지 않고 직접목적격의 어순 기능을 활용하며 제 4형식 문장 류(類)의 표현에 "~에게"라는 부사격 조사는 단어로 표현하지 않고 간접목적격의 어순 기능으로 나타낸다.

가) 기본 제 4형식의 어순과 구조

(1) 기본 4형식의 어순

제 4형식에서는 어순이 「주어+동사+간접목적+직접목적」으로 되어 주요소가 4개가 된다.

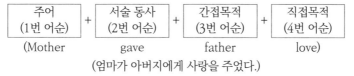

주어 (1번 어순)	+	서술 동사 (2번 어순)	+	간접목적 (3번 어순)	+	직접목적 (4번 어순)
(Mother		gave		father		love)

(엄마가 아버지에게 사랑을 주었다.)

(2) 기본 제 4형식의 주요소

제 4형식은 "주어①"가 "무엇④"을 "누구③"에게 "수여하다②"라는 순서로 주어가 시행하는 전달 행위에 대한 일련의 동작 과정을 표현하는 형태의 문장 형식이다. 4형식의 주요소는 주어, 동사, 간접목적, 직접목적의 4개로 되어 있다.

(가) 제 4형식의 주어

제 4형식의 주어①는 직접목적인 수여물(授與物)④을 간접목적인 수령자(受領者)③에게 수여하는 행위를 집행하는 수여자이다.

주어①	+	동사②	+	간접목적어③	+	직접목적어④
(Mother		gave		father		love)

(나) 제 4형식의 동사

4형식 동사②는 주어가 "직접목적"을 "간접목적"에 수여하는 과정의 행위를 표현하는 말이다. 수여하는 행위를 표현하는 동사라고 해서 수여동사(受與動詞) 또는 여격동사(與格動詞)라고 한다.

주어① + 동사② + 간접목적어③ + 직접목적어④
(Mother   gave   father   love)

(다) 제 4형식의 간접목적어

제 4형식에서 간접목적은 3번째 어순이며 주어가 주는 수여물을 받는 수령자이다. 간접목적인 명사(대명사)는 체언이며 간접목적의 어순 기능이 그 체언에다 "~에게"라는 부사격 격조사의 의미를 부여해서 간접목적어의 의미가 성립된다.

주어① + 동사② + 간접목적어③ + 직접목적어④
(Mother   gave   father   love)

(라) 제 4형식의 직접목적어

제 4형식에서 직접목적은 4번째 어순이며 직접목적은 주어가 간접목적에 주는 수여물을 말한다. 직접목적 어순을 차지하는 말은 체언이며 직접목적 어순의 기능이 부여하는 "~을" 또는 "~를"이라는 목적격 조사의 의미를 얻어 직접목적어가 된다.

주어① + 동사② + 간접목적어③ + 직접목적어④
(Mother   gave   father   love)

나) 제 4형식의 도해

제 4형식의 도식에서는 간접목적어 자리의 도식형태가 특이하다. 간접목적격의 도식은 "ㄴ"자(字)의 모양을 하고 동사의 자리 아래에 놓는다. 그 이유는 간접목적은 수여물이 도달되는 도달점이다. 도달점은 장소를 뜻하는 것으로 문장 의미의 구조상으로 동사를 수식하는 장소 부사적인 역할이라는 것을 나타내기 위해서이다.

간접목적의 어순 기능이 부여하는 "~에게"는 부사격 조사의 기능이기 때문에 부사적 기능을 표시하기 위해서 동사 아래 부사처럼 도해한다.

(1) 도식

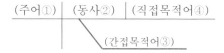

(2) 예문 도해

(엄마가 아버지에게 사랑을 주었다.)

(3) 번역

(가) 번역의 요령

① 주격 체언인 "Mother(엄마)"가 주어의 어순 기능으로부터 주격조사인 "~는"의 의미를 얻게 되어 "엄마는"이 된다.

② 직접목적격 체언인 "love(사랑)"는 직접목적격 어순의 기능으로부터 직접목적격 조사인 "~을"의 의미를 얻어서 "사랑을"이 된다.

③ 간접목적격 체언인 "father(아버지)"는 간접목적격 어순의 기능으로부터 부사격 격조사인 "~에게"의 의미를 얻어 "아버지에게"가 된다.

④ 이런 주요소에다 동사 "gave(주었다)"의 의미가 결합한다.

(나) 예문 번역

(엄마는① 아버지에게② 사랑을③ 주었다.④)

다) 기본 제 4형식 문장의 도해 연습

제 4형식의 3번째 어순과 4번째 어순은 한국어로 보면 모두 체언만으로 구성되는데 체언이 3번째 어순과 4번째 어순이 바뀌기라도 하면 3번 어순의 격조사와 4번 어순의 격조사를 바꿔 달고 나오는 것이 되어 의미가 다르게 된다. 특히 제 4형식이 잘 이해되지 않을 때는 직역(直譯)과 의역(意譯)으로 둘로 나눠 번역해 보면 이해하기가 쉽다.

① Light gives anything brightness.

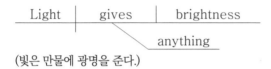

(빛은 만물에 광명을 준다.)

② Teachers awarded students prizes. (선생님들은 학생들에게 상을 수여했다.)

③ Salesmen showed them products. (판매원이 그들에게 생산품을 보여 주었다.)

④ Ladies deny him nothing.

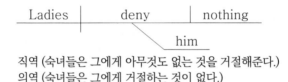

직역 (숙녀들은 그에게 아무것도 없는 것을 거절해준다.)
의역 (숙녀들은 그에게 거절하는 것이 없다.)

⑤ Idleness loses everybody success. (게으름은 누구에게서나 성공을 잃게 한다.)

⑥ Diligency wins them richness. (근면은 그들에게 풍요를 얻게 해 주었다.)

⑦ She envies neighbors property.

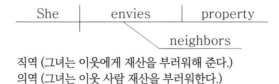

직역 (그녀는 이웃에게 재산을 부러워해 준다.)
의역 (그녀는 이웃 사람 재산을 부러워한다.)

⑧ She left me love. (그녀는 나에게 사랑을 남겨 주었다.)

⑨ University handed students incentive. (대학은 학생들에게 장려금을 주었다.)

⑩ He wishes me happiness.

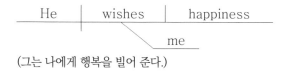

(그는 나에게 행복을 빌어 준다.)

5) 기본 제 5형식

제 5형식은 주어, 동사, 목적어, 보어 등의 4개의 주요소로 구성된다. 제 5형식 문장을 구성하는 동사는 다양하다. 주어 어순의 기능에 해당하는 주격조사 "~은, ~는, ~이, ~가"는 모든 형식에 걸쳐서 확정된 것이고 제 3형식, 제 4형식 목적어 어순 기능은 격조사 "~을, ~를"이나 "~에게"의 의미로 적용하지만 제 5형식 목적어 어순에는 고정해두고 적용할 마땅한 격조사가 없어서 한국어식으로 이해하기 쉽지 않다. 그래서 제 5형식에서는 동사의 종류에 따라 적절하게 격조사를 선정해서 사용할 수밖에 없는데, 이런 경우는 제 5형식 동사를 많이 연습해서 경험을 통해서 터득할 수밖에 없다. 더욱이 4번째 어순인 목적 보어에는 해당하는 격조사를 적용하는 일 자체가 불안정하다. 제 5형식에서 주어와 동사의 역할은 앞서 있었던 1, 2, 3, 4형식에서 주어와 동사의 역할과 같지만 목적어와 보어의 어순 기능에서는 전혀 다르다. 제 5형식의 구조는 주어와 술부를 구분해서 주어는 행위자나 통솔자가 되고 동사는 목적어를 목적 보어로 인지하거나 호칭하거나 목적어의 행위를 서술한다. 목적 보어가 명사(대명사)나 형용사일 때는 목적 보어는 목적어의 신분이나 성상을 묘사하는 것이 되고 목적 보어가 준동사가 되면 목적어를 서술하는 형태의 문형이 된다. 구성법의 첫 단계를 수습하고 있는 이번 문단에서 제 5형식의 학습을 단번에 완성하려는 것은 무리한 욕심이다. 이 단원에서는 제 5형식의 윤곽만 이해하고 영어 구성법에 대한 일반적인 기초가 완성된 뒤 구성법을 통합하고 정리하듯이 5형식을 복습해야 확실하게 터득할 수 있게 된다. 제 5형식을 더 명확하게 이해하기 위해서는 전반적인 구성법에 산

재해 있는 문법규정을 적용해야 하는 부분들도 있기 때문이다. 그렇더라도 제 5형식도 일단 한번 훑으면서 학습해두기로 한다.

가) 기본 5형식의 어순과 구조

(1) 제 5형식의 어순

제 5형식 문장의 어순은 「주어+동사+목적어+보어」로 구성된다.

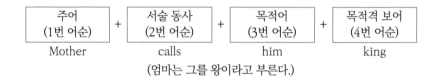

주어 (1번 어순)	+	서술 동사 (2번 어순)	+	목적어 (3번 어순)	+	목적격 보어 (4번 어순)
Mother		calls		him		king

(엄마는 그를 왕이라고 부른다.)

(2) 제 5형식의 주요소

(가) 제 5형식의 주어

제 5형식에서 주어의 역할은 행위자가 되기도 하지만 어떤 면에서 문장을 통솔하는 통솔자 역할의 위치가 되기도 한다.

<u>주어</u>　　+　　서술 동사　　+　　목적어　　+　　목적격 보어
<u>Mother</u>　　　　calls　　　　　him　　　　　king
(엄마는 그를 왕이라고 부른다.)

(나) 제 5형식의 동사

제 5형식 동사는 주어가 목적어를 보어의 상태인 것으로 인식(認識), 공포(公布), 호칭하거나 목적어가 보어의 상태가 되도록 관련짓게 하는 동사들이다. 제 5형식을 구성하는 동사는 두 가지로 나눠서 생각할 수 있다. 일반 동사가 5형식을 구성하는 경우와 사역(使役)이나 지각과 감각(感覺) 동사가 제 5형식을 구성하는 경우다. 이번 문단에서는 일반 동사가 제 5형식을 구성하는 문형에 한해서 학습한다. 사역동사나 지감각 동사가 구성하는 제 5형식 문형에 대해서는 부정사(p.300 참조)를 먼저 터득해야 시작할 수 있기에 부정사를 학습한 뒤로 미루기로 한다.

【호칭에 해당하는 예문】

주어	+	서술 동사	+	목적어	+	목적격 보어
Mother		calls		him		king

(엄마는 그를 왕이라고 부른다.)

【인식에 해당하는 예문】

주어	+	서술 동사	+	목적어	+	목적격 보어
Teachers		think		students		honest

(교사들은 학생들을 정직하다고 생각한다.)

(다) 제 5형식의 목적어

제 5형식 목적어는 목적격으로 쓰는데 보어는 목적어의 신원이나 성상을 묘사하거나 서술하는 것이다.

주어	+	서술 동사	+	목적어	+	목적격 보어
Mother		calls		him		king

(엄마는 그를 왕이라고 부른다.)

(라) 제 5형식의 보어

제 5형식의 보어는 단순한 명사나 형용사가 되기도 한다. 보어가 단순한 명사나 형용사일 때 목적어와 보어의 관계는 마치 제 2형식에서 주어가 보어의 묘사를 받는 것과 같은 관계처럼 목적어가 목적 보어의 묘사를 받는다. 제 2형식의 보어는 주격 보어라고 하며 5형식의 보어는 목적어를 묘사한다고 해서 목적격 보어라고 한다.

주어	+	서술 동사	+	목적어	+	목적격 보어
Mother		calls		him		king

(엄마는 그를 왕이라고 부른다.)

나) 제 5형식의 도해

제 5형식 도해의 핵심은 목적어와 보어의 관계를 부각하는 것에 주안점을 두고 있는데 목적어와 보어의 관계는 제 2형식의 보어가 주어를 묘사하는 것처럼 보어가 목적어를 묘사하고 있다는 것을 잘 이해할 수 있도록 한다. 그래서 목적어와 보어의 관계를 도해하는 것이 제 2형식 도식과 같은 모양으로 되어 있다. 전체적인 제 5형식 도식의 형태를 보면 제 3형식 도식의 목적어 자리에 제 2형식의 도식 하나를 더 올려놓은 모양이라는 것을 알 수 있다.

(1) 제 5형식의 도식

(2) 예문 도해

【예문】 Mother calls him king.

【도해】

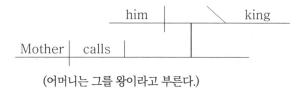

(어머니는 그를 왕이라고 부른다.)

※ 도해 설명: 위 예문의 도해를 보면 Mother calls는 제 3형식의 주어와 동사처럼 도해했고 him과 king이 제 2형식과 같이 도해하고 있다. Mother calls라는 3형식 문형이 목적어로 「him이 king이다」라는 제 2형식 구조를 목적어로 갖는 모양이다. 5형식 요소의 성분 간 성격을 잘 나타내는 도해이다.

(3) 번역

(가) 번역 요령

① 주격 체언에 해당하는 "Mother(어머니)"는 주어 어순 기능에서 주격조사

인 "~는"의 의미를 부여받아서 "어머니는"이 된다.

② 목적격 체언에 해당하는 "him(he의 목적격)"은 목적어 어순 기능으로부터 목적격 조사인 "~를"의 의미를 부여받아서 "그를"이 된다.

③ 보격 체언에 해당하는 "king(왕)"은 보격 어순에서 보격 격조사의 기능을 받는다. 보격은 일정한 격조사를 정해놓고 적용하기가 마땅치 않아서 경우에 맞게 선정해서 쓸 수밖에 없는데 여기서는 "~이라고"라는 보조사를 쓴다.

④ 끝으로 서술 동사 "calls"와 결합이 된다.

(나) 예문 번역

① 번역 차례

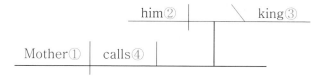

② 번역

Mother calls him king, ┄→ "엄마는 그를 왕이라고 부른다."

다) 기본 제 5형식 도해 연습

일반 동사가 서술 동사인 경우, 제 5형식에서도 제 2형식과 마찬가지로 보어는 명사나 형용사가 되는데 보어가 명사인 경우와 형용사인 경우로 나누어서 학습하기로 한다.

(1) 명사 보어

명사가 보어가 되면 목적어의 신분이나 직위를 나타낸다.

① She appointed William minister. (그녀는 윌리엄을 장관으로 임명했다.)

② Monks christened her Hannah. (수사들은 그녀에게 한나라고 세례명을 붙여 주었다.)

※ christen [krísn] vt. 세례명을 붙여 주다.

③ They made orphans students.

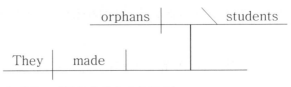

(그들은 고아들을 학생이 되게 했다.)

④ Teacher entitles classes "Paradise". (교사는 반을 "낙원"이라고 부른다.)

⑤ People crowned her queen. (백성은 그녀를 여왕의 자리에 앉혔다.)

⑥ She nicknamed him "Bull".

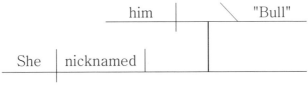

(그녀는 그를 "황소"라는 별명으로 불렀다.)

(2) 형용사 보어

형용사가 보어가 되면 보어가 목적어의 성질이나 상태를 묘사하게 된다.

① Children leave doors open.

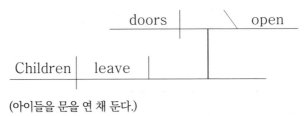

(아이들을 문을 연 채 둔다.)

② Navy painted warships gray. (해군은 군함들을 회색으로 칠했다.)

③ She cut envelops open. (그녀는 봉투들이 개봉되게 잘랐다.)

④ They thought it wonderful. (그들은 그것을 놀라운 것으로 생각했다.)

⑤ He shoots animals dead.

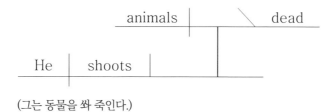

(그는 동물을 쏴 죽인다.)

⑥ They found her tired. (그들은 그녀가 피로하다는 것을 알아내었다.)

⑦ He made the dog gentle. (그는 그 개를 얌전하게 만들었다.)

⑧ A hooligan pushed her back. (그 폭력배는 그녀의 등을 밀쳤다.)

⑨ We saw the sea calm. (우리들은 바다가 잔잔한 것을 보았다.)

⑩ She fancies herself beautiful.

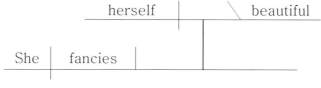

(그녀는 그 자신을 아름답다고 환상한다.)

6) 기본 형식에 대한 정리

가) 기본 형식의 성격

형식은 격의 기능을 어순으로 정리하는 문법을 정비한 체계이다. 각 형식이 가진 어순은 주요소를 나타내는 격의 실행 단위이고 격 기능의 시행자이다. 어순이 나타내는 격 기능으로는 주격, 동사격, 목적격, 보격 등이며 어순은 격 기능을 나타내는 첫째가 되는 영어 구성법 체계의 근간이다.

나) 기본 형식의 어순

어순은 격 기능의 구체적인 실행자인데 주어 어순의 기능은 주격조사(~은, ~는, ~이, ~가)와 일치하며 목적어 어순의 기능은 목적격 조사(~을, ~를)와 일치한다. 보격 어순은 의미의 형태가 너무 다양해서 주격이나 목적격처럼 특정 조사를 고정해놓고 적용하기가 마땅하지 않으며 보격 기능을 시행하는 자리로 인식할 수밖에 없다. 동사의 어순은 한 낱말이 여러 가지 품사로 쓰일 때 서술 동사로만 쓰이게 제한하는 기능을 한다.

다) 기본 형식의 주요소

5형식의 주요소는 각 형식의 어순에서 격 기능을 제공받아서 문장을 구성하는 어휘로 주어, 서술 동사, 목적어, 보어 등을 말한다.

(1) 주어

주어는 첫 번째 어순이며 술부의 동작을 실행하거나 연출하는 문장 내용의 주연자이다.

(2) 서술 동사

동사는 주어의 행동이나 상태를 서술하는데 자기가 하든지 자기의 묘사로 부족하면 보어나 목적어의 역할을 빌려서 주어의 동태를 서술하는 주요소이다. 동사의 성질은 영어를 구성하는 어순 설정의 근거가 되는 요소이다.

(3) 목적어

목적어는 동사의 동작이 행사되는 대상으로 명사나 대명사, 또는 그에 해당하는 어구가 된다. 목적어는 어순 기능에서 목적격 조사의 의미를 제공받는다. 간접목적어는 한국어의 부사격 조사 "~에게"의 의미를 갖는다.

(4) 보어

제 2형식의 주격 보어는 주어의 신분이나 성상을 묘사하고 제 5형식의 목적격 보어는 목적어의 신분이나 성상을 묘사하거나 거동을 묘사한다.

라) 주부(主部)와 술부(述部)

영어 문장 내용을 큰 테두리에서 구획해 보면 문장의 내용을 행사(行使)하거나 주체가 되는 주연자의 부문과 주연자의 동태의 내용을 설명하는 서술 부분으로 구성되어 있다. 이러한 문장의 구성을 구분에서 주연자인 주어 부분을 주부라고 하고, 그 주연자의 동태를 동사가 설명하는 동사 이하의 부분을 술부라고 한다.

(1) 주부

주부는 주어의 부분이라는 말인데, 주어와 주어를 수식하거나 주어가 대동하는 모든 어구를 통틀어서 부를 때 쓰는 말이다.

(2) 술부

술부라는 말은 설명하는 부분이라는 뜻인데 주어의 동태에 관한 내용을 설명하는 부분이라는 말이다. 동사가 주어의 거동을 독자적으로 서술을 완성하든지 또는 보어나 목적어의 역할을 빌려서 표현하는 동사 이하의 부분을 술부라 한다. 주어를 제외한 서술 동사 어순 이하의 모든 요소를 통틀어 술부라고 한다.

마) 형식별 동사 모음 표

형식에 어순은 동사의 성질에 의해서 구성이 되는데 많은 예문에서 동사를 형식별로 발췌해서 모음 표를 만든 것이다. 영어의 동사는 여러 형식에 걸쳐서 사용되는 것이 많은데 특히 주목해야 할 형식에 해당하는 것을 예로 들었다. 영어 문장에는 제 3형식이 많지만, 제 3형식과 제 1형식은 해석이 쉽고 2, 4, 5형식은 한국어의 어법과 차이가 크기 때문에 2, 4, 5형식에 해당하는 동사의 예를 많이 들었다.

형식별 동사 모음 예시 표

1형식 동사	2형식 동사	3형식 동사	4형식 동사		5형식 동사	
bark	appear	address	administer	sell	admit	perceive
be	be	answer	advance	send	advise	permit
begin	become	approach	afford	show	allow	proclaim
bloom	blow	attend	allot	sing	ask	profess
bow	come	break	allow	spare	beat	prove
climb	continue	build	ask	teach	call	push
come	die	buy	assign	tell	cause	put
disappear	fall	call	award	throw	choose	render
end	feel	carry	bear	win	command	request
exist	fly	catch	begrudge	write	compel	require
fly	get	charge	bid		consider	see
gain	go	command	bring		continue	select
gamble	grow	create	build		create	send
get	hold	declare	buy		crown	serve
go	keep	discover	cast		declare	set
grow	lie	discuss	cost		drive	show
jump	live	do	create		dye	strike
learn	look	enter	deny		elect	style
lie	make	face	drop		enable	suppose
live	marry	fear	earn		entitle	take
meet	prove	feel	envy		expect	tell
open	remain	gather	excuse		fancy	think
pause	run	hate	fetch		feel	train
perish	seem	have	forgive		find	vote
play	sit	love	get		forbid	watch
rise	smell	marry	give		force	
run	sound	mean	grant		get	
scream	stand	meet	guarantee		hate	
set	stay	mind	hand		have	
settle	swing	obey	leave		hear	
shine	taste	obtain	lend		help	
sing	turn	provide	lose		hold	
sleep	wear	put	make		imagine	
spring		quote	occasion		keep	
stand		raise	offer		lay	
stay		reach	order		leave	
study		refuse	owe		let	
swim		resemble	pass		make	
vary		shoot	pay		mean	
walk		survive	promise		name	
work		tender	read		notice	
		take	refuse		ordain	
			remind		paint	

나. 수식어가 있는 5형식

문장의 구성은 주요소로 구성되지만 종요소인 수식어는 구성된 문장의 내용을 명확하게 또는 자세하게 한정하는 역할에 쓰는 말이다. 수식어로 쓰이는 품사에는 형용사와 부사가 있는데 형용사는 명사와 대명사를 수식하고 부사는 동사, 형용사와 다른 부사를 수식한다. 문장에서 수식어를 모두 제외한 것이 문장의 뼈대이므로 수식어를 완전히 파악한다는 것은 문장의 구조를 완전히 파악한다는 말과 같다.

1) 단순한 수식과 도해

가) 제 1형식과 단순한 수식

제 1형식에서 형용사가 수식하는 예문과 부사가 수식하는 예문을 학습한다.

(1) 제 1형식에서 형용사의 수식

【도식】

제 1형식의 주어를 수식하는 형용사의 도식은 아래 그림처럼 수식하는 선은 수식을 받는 어휘 밑에서 뒤 방향으로 사선을 내려 수식 관계를 표시한다.

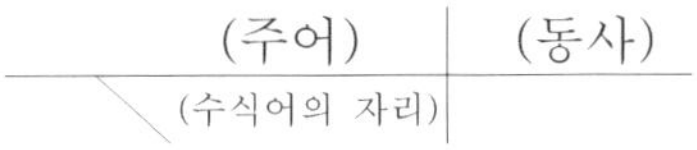

$$\underline{\qquad\text{(주어)}\qquad\big|\qquad\text{(동사)}\qquad}$$
$$\diagdown\ \text{(수식어의 자리)}$$

※ 일러두기: 도식에서 수평선의 위쪽은 주요소들을 그려 넣는 자리이며, 수평선의 아래쪽은 종요소를 놓는 자리이다.

【예문 연습】

형용사가 주어를 수식하는 예문과 도해 연습

① The schoolboy works.

$$\underline{\qquad\text{schoolboy}\qquad\big|\qquad\text{works}\qquad}$$
$$\diagdown\ \text{The}$$

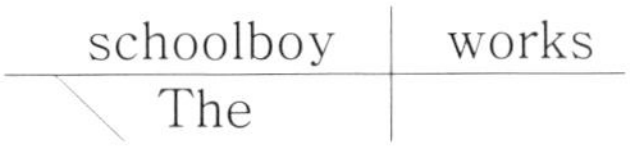

(그 학생이 일한다.)

※ 일러두기: 예문에 주어인 명사 schoolboy 앞에 the는 정관사이며 명사를 수식하는 형용사의 일종이다.

② Two cats go. (두 마리 고양이가 간다.)

③ Hot water springs. (더운물이 솟는다.)

④ Black dogs come. (검은 개들이 온다.)

⑤ Her babies grow.

(그녀의 아기들이 자란다.)

※ 일러두기: Her는 인칭대명사 she의 소유격인데 소유격은 형용사에 해당한다.

(2) 제 1형식에서 부사의 수식

부사는 동사를 수식하고 형용사를 수식하고 또 부사가 다른 부사를 수식하는데 제 1형식에서 동사를 수식하는 경우를 연습하기로 한다.

(가) 부사가 동사를 수식한다.

부사가 동사를 수식하는데, 수식하는 동사 바로 밑 사선을 뒤쪽으로 그어 내려 수식 부사 자리로 한다.

【도식】

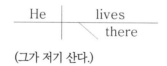

【예문 연습】

① He lives there.

```
     He    │    lives
           │       there
```

(그가 저기 산다.)

② She went there. (그녀가 거기 갔다.)

③ They stayed safely. (그들이 안전하게 거주했다.)

④ People walked then. (사람들은 그때 걸었다.)

⑤ Militaries moved quickly.

(군인들이 빠르게 이동했다.)

(나) 부사가 형용사를 수식한다.

제 1형식 문장에는 명사가 주어뿐이기 때문에 수식하는 형용사가 있다는 것은 주어를 수식하는 형용사가 있다는 것을 말한다. 제 1형식 문장에서 부사가 형용사를 수식한다는 말은 주어를 수식하고 있는 그 형용사를 부사가 다시 수식하는 것을 말한다. 이를 도식과 예문으로 연습한다.

【도식】

주어를 수식하는 형용사를 표시하는 사선은 이미 있는데 이 사선에 "ㄴ"자 모양을 그려서 다시 부사가 형용사를 수식한다는 것을 도식하게 된다.

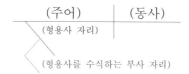

【예문 연습】

① Very beautiful girls walk.

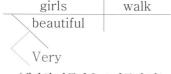

(대단히 아름다운 소녀들이 걷는다.)

※ 일러두기: 주어인 명사girls를 수식하는 형용사beautiful의 사선에다 다시 수식을 표시하는 선을 그리려고 하니 "ㄴ"자 형으로 그릴 수밖에 없어서 "ㄴ"자 형을 그려서 Very가 beautiful을 수식하는 것을 표시하게 된다.

② Extremely long beach ended. (아주 긴 해안이 끝났다.)

③ Quite noisy girls scream. (아주 시끄러운 소녀들이 소리 지른다.)

④ So good dog recovered. (아주 착한 개가 회복됐다.)

(다) 부사가 다른 부사를 수식한다.

부사는 동사나 형용사를 수식하는 일을 하는데, 부사가 다른 부사를 수식한다는 것은 이미 동사나 형용사를 수식하고 있는 부사를 다시 다른 부사가 수식하는 경우를 말하는 것이다.

(1) 동사를 수식하는 부사를 다른 부사가 수식한다.

【도식】

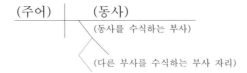

【예문 연습】

① The ghosts disappeared just then.

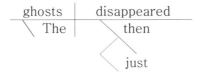

(유령들은 바로 그때 사라졌다.)

※ 일러두기: 부사 then이 동사 disappeared를 수식하고 있는데 그 then을 다른 부사 just가 수식하고 있다.

② Flags rise too fast. (깃발들이 너무 빨리 올라간다.)

③ Birds fly incredibly low. (새들이 믿을 수 없이 낮게 난다.)

④ She returned so happily. (그녀는 아주 행복하게 돌아왔다.)

⑤ Trees grow amazingly slowly.

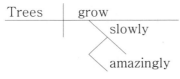

(나무들은 놀랍게 천천히 자란다.)

(2) 형용사를 수식하는 부사를 다시 다른 부사가 수식한다.

【도식】

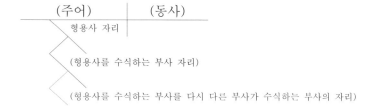

【예문 연습】

① Not very bright sun rises.

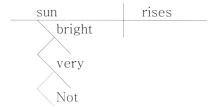

(대단치 않게 찬란한 태양이 돋는다.)

※ 일러두기: 부사 very가 형용사 bright를 수식하고 있는데 부사 not이 다시 very를 수식한다.

② Too extremely ripe fruits fall. (너무 극히 익은 열매는 떨어진다.)

③ So truly big store opened. (아주 정말 큰 상점이 개업했다.)

나) 제 2형식과 단순한 수식

(1) 제 2형식에서 형용사의 수식

2형식에서 형용사가 명사나 대명사를 수식하는 경우를 연습한다.

(가) 형용사가 주어를 수식하는 예문

① A brother lives married.

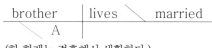

(한 형제는 결혼해서 생활한다.)

② New notebooks were useful. (새 공책들은 쓸모 있었다.)

③ Many cats went crazy. (많은 고양이들이 미쳐버렸다.)

④ The elder sister grew tall. (손위 자매가 크게 자랐다.)

⑤ Smooth cloth feels warm.

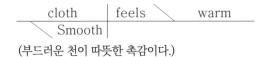

(부드러운 천이 따뜻한 촉감이다.)

(나) 형용사가 명사 보어를 수식하는 예문

형용사가 명사 보어를 수식한다. 형용사가 명사 보어를 수식하는 도식은 다음 그림과 같다.

【도식】

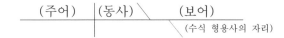

【예문 연습】

① Vegetables are another vitamin.

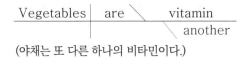

(야채는 또 다른 하나의 비타민이다.)

② She was a good student. (그녀는 좋은 학생이었다.)

③ It was a funny game. (그것은 재미있는 게임이었다.)

④ They are standard students. (그들은 모범 학생이다.)

⑤ Then was the very time.

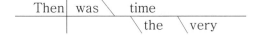

(당시가 바로 그 시간이었다.)

(2) 제 2형식에서 부사의 수식

부사가 수식하는 도해는 제 1형식에서 부사가 수식하는 도해들과 같다.

(가) 부사가 동사를 수식하는 예문

① She lives forever single.

(그녀는 영구히 독신으로 산다.)

② The door flew open suddenly. (문이 열려 갑자기 날아갔다.)

③ The law holds true yet. (그 법이 여전히 적용된다.)

④ We stayed roommates then.

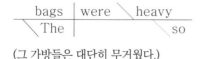

(우리는 그때 룸메이트로 살았다.)

(나) 부사가 서술 형용사를 수식하는 예문

※ 서술 형용사는 수식어로 쓰인 것이 아니고 보어로 쓰인 형용사를 말한다. 이때 서술(predicative)
의 의미는 동사가 대동하고 와서 어순에서 격의 기능을 받는 것을 말한다.

① The bags were so heavy.

```
     bags | were  \ heavy
   \ The  |          \ so
```

(그 가방들은 대단히 무거웠다.)

② He felt quite uncomfortable. (그는 아주 거북함을 느꼈다.)

③ She felt absolutely sleepy. (그녀는 정말로 잠이 들었다.)

④ We married very old.

(우리는 아주 늙어서 결혼했다.)

(다) 부사가 다른 부사를 수식하는 예문

① The children were well very recently.

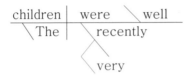

(아이들은 아주 최근에 건강했다.)

② She was beautiful ever afterwards.

(그녀는 그 후로 늘 아름다웠다.)

③ The stream runs clear only gradually.

(그 시내는 맑게 오직 점진적으로만 흐른다.)

④ The music sounds good not now.

(그 음악은 지금은 좋게 들리게 아니다.)

⑤ The boys grew comfortable quite fast.

(소년들은 아주 빠르게 편안해졌다.)

다) 제 3형식과 단순한 수식

(1) 제 3형식에서 형용사가 주어를 수식하는 예문

① The president met people.

```
president │ met │ people
    ╲ The     │
```

(그 대통령은 국민을 만났다.)

② My brothers enjoy games. (나의 형제들은 게임을 즐긴다.)

③ Emotional Paul harvested grains. (다감한 폴은 곡식을 거뒀다.)

④ The unkind doctor spilled the medicine. (불친절한 의사는 약을 엎질렀다.)

⑤ No girl understands news.

```
girl │ knows │ news
 ╲ No│
```

직역: 하나도 없는 소녀가 뉴스를 안다.

의역: 뉴스를 아는 소녀는 없다.

※ 일러두기: no는 "한 사람도 ~없는 또는 않는"이라는 뜻으로 명사를 수식하는 형용사이다.

(2) 제 3형식에서 형용사가 목적어를 수식하는 예문

① They have that desk.

```
They │ have │   desk
      │       ╲ that
```

(그들은 저 책상을 가지고 있다.)

② Neither has the small car. (양쪽의 아무 쪽도 그 작은 차를 갖고 있지 않다.)

③ They discovered the high mountain. (그들은 그 높은 산을 발견했다.)

④ He enjoyed your presentation. (그는 너의 발표를 즐겼다.)

⑤ Neither has the good bicycle.

```
Neither │ has │  bicycle
        │      ╲ the ╲ good
```

(양쪽 아무도 그 좋은 자전거를 가지고 있지 않다.)

(3) 제 3형식에서 부사의 수식

(가) 제 3형식에서 부사가 동사를 수식하는 예문

① She accepted her mistake willingly.

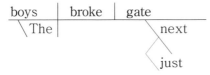

(그녀는 그녀의 실수를 기꺼이 감수했다.)

② I like you very much. (나는 당신을 대단히 좋아한다.)

③ Hannah bore babies later. (한나는 늦게 아기들을 낳았다.)

④ They praised themselves afterwards.

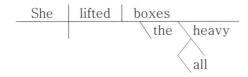

(그들은 그 후로 자신들을 자찬했다.)

(나) 제 3형식에서 부사가 형용사를 수식하는 예문

① The boys broke just next gate.

(그 소년들은 바로 다음 문을 부쉈다.)

② She should solve the very difficult question. (그녀는 그 대단히 어려운 문제를 풀어야 한다.)

③ People met quite familiar neighbors. (사람들은 아주 친절한 이웃들을 만났다.)

④ She lifted all the heavy boxes.

(그녀는 그 아주 무거운 상자들을 들어 올렸다.)

(다) 제 3형식에서 부사가 다른 부사를 수식하는 예문

① The mayor refused his opinion too soon.

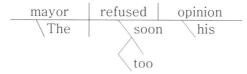

(시장은 너무 즉시 그의 의견을 거부했다.)

② Children resemble their parents very similarly. (아이들은 부모를 아주 비슷하게 닮는다.)

③ Soldiers shoot guns extremely loudly. (군인들은 몹시 큰 소리 나게 대포를 쏜다.)

④ She left a letter very early.

(그녀는 한 편지를 아주 일찍이 남겼다.)

라) 제 4형식과 단순한 수식

(1) 제 4형식에서 형용사의 수식

(가) 제 4형식에서 형용사가 주어를 수식하는 예문

① The wonderful ideas offered us honor.

(그 놀라운 생각이 우리에게 명예를 제공해 주었다.)

② The familiar boy gives the girl a smile.

(그 낯익은 소년이 그 소녀에게 미소를 보낸다.)

③ The wonderful gentleman does her a kindness.

(훌륭한 신사가 그녀에게 친절을 베푼다.)

④ The stubborn merchant sells customers all goods.

(그 구두쇠 상인은 고객에게 모든 상품을 판다.)

(가) 제 4형식에서 형용사가 간접목적어를 수식하는 예문

① The performance won her son an Oscar.

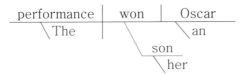

(그 연기는 그녀의 아들에게 오스카상을 얻게 했다.)

② They do poor children good.

(그들은 불쌍한 아이들에게 선을 베푼다.)

③ She gives any customer greetings.

(그녀는 어느 손님에게나 인사한다.)

④ The mistakes lost the king his kingdom.

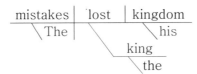

(그 실수들은 그 왕에게 그의 왕국을 잃게 했다.)

(나) 제 4형식에서 형용사가 직접목적어를 수식하는 예문

① Mother offers me some money.

(어머니는 나에게 약간의 돈을 준다.)

② Waitresses fetched us the clean cups.

(여종업원들은 우리에게 깨끗한 컵을 갖다 주었다.)

③ Passengers handed the guide a large envelope.

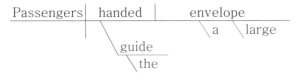

(승객들이 안내인에게 하나의 커다란 봉투를 주었다.)

(2) 제 4형식에서 부사의 수식

(가) 제 4형식에서 부사가 동사를 수식하는 예문

① She always pays them her respects.

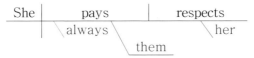

(그녀는 그들에게 항상 그녀의 존경을 표한다.)

※ 일러두기: always와 them이 동사 밑에 부사 자리에 있는데 간접목적격은 부사격 조사의 기능
을 한다는 점을 감안해야 할 것이다.

② He played her a dirty trick then.

(그는 그때 그녀에게 저속한 장난질을 했다.)

③ She always gives losers her deepest sympathy.

(그녀는 항상 패자에게 깊은 동정을 베푼다.)

④ The boys showed us pictures secretly.

(소년들은 우리에게 그림들을 비밀히 보여줬다.)

⑤ She denied herself comfort easily.

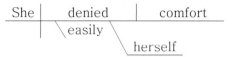

직역: 그녀는 안락을 자기 자신에게 쉽게 거절해 준다.
의역: 그는 자신의 안락생활을 쉽게 거부한다.

(나) 제 4형식에서 부사가 형용사를 수식하는 예문

① She gave me very big pots.

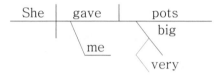

(그녀는 나에게 대단히 큰 항아리들을 주었다.)

② The law gains him quite safe permission.

(그 법은 그에게 아주 안전한 허가를 받게 해 주었다.)

③ Uncle teaches me quite easy words.

(아저씨는 나에게 아주 쉬운 말을 가르쳐주었다.)

④ He told us a very bad word loudly.

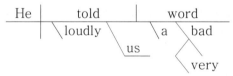

(그가 우리에게 큰 소리로 아주 나쁜 말을 했다.)

(다) 제 4형식에서 부사가 다른 부사를 수식 예문

① That sign gains passengers an entry so certainly.

직역: 저 신호는 통행자들에게 입장을 아주 확실하게 가져다준다.
의역: 저 신호에는 통행자들이 입장을 아주 확실히 하게 한다.

② My mother made us new bread very quickly.

(나의 엄마는 우리에게 새 빵을 매우 빨리 만들어 주었다.)

③ My laziness often lost me a big opportunity too easily.

(나의 게으름은 종종 나에게 큰 기회를 너무 쉽게 놓치게 했다.)

④ The old uncle asked me not very difficult questions.

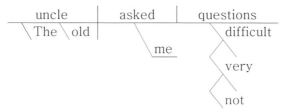

(늙은 아저씨는 나에게 그다지 어렵지 않은 질문들을 물었다.)

마) 제 5형식과 단순한 수식

(1) 제 5형식에서 형용사의 수식

(가) 제 5형식에서 형용사가 주어를 수식하는 예문

① Their kindness struck us dumb.

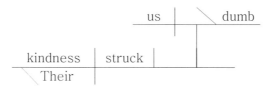

(그들의 친절은 우리를 말문이 막히게 충격을 주었다.)

② All the panel declared her guilty.

(전 심사단은 그녀를 유죄라고 선고했다.)

③ A strong fist knocked him senseless.

(강력한 주먹 한 방이 그를 기절시켰다.)

④ Her clear eyes found him faithful.

(그녀의 맑은 눈은 그가 성실함을 알았다.)

⑤ My aunt's book made her a celebrity.

(아주머니의 책은 그녀를 명사로 만들었다.)

(나) 제 5형식에서 형용사가 목적어 수식하는 예문

① He pushed the big gate open.

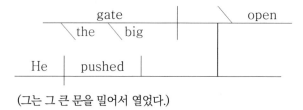

(그는 그 큰 문을 밀어서 열었다.)

② She entitles her new project "Honesty".

(그녀는 그녀의 새 계획을 "정직"이라고 이름 붙였다.)

③ I drink my morning milk cold.

(나는 아침 우유를 차게 마신다.)

④ They found the foolish man innocent.

(그들은 그 어리석은 남자가 결백함을 알았다.)

⑤ She painted her new house white.

(그녀는 그녀의 새집을 흰색으로 도색했다.)

(다) 제 5형식에서 형용사가 명사 보어를 수식하는 예문

① The dean named her an honored student.

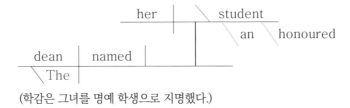

(학감은 그녀를 명예 학생으로 지명했다.)

② She thought herself a real Protestant.

(그녀는 자신이 실제 청교도라고 생각했다.)

③ He named the cat cute "Honey".

(그는 그 고양이를 귀여운 "하니"라고 불렀다.)

④ The writer entitled the book "A wonderful love".

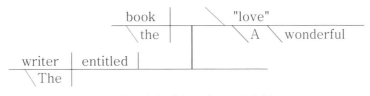

(그 작가는 그 책을 "놀라운 사랑"이라고 제목을 붙였다.)

(2) 제 5형식에서 부사의 수식

(가) 제 5형식에서 부사가 동사를 수식하는 예문

① Sometimes they ate themselves sick.

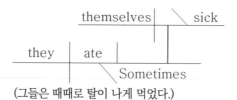

(그들은 때때로 탈이 나게 먹었다.)

② We chose him president then.

　(우리는 그를 회장으로 그때 선출했다.)

③ Integrity always keeps her ill.

　(결백은 그녀에게 항상 병을 달고 있게 한다.)

④ She probably considered him smart.

　(그녀는 아마 그를 현명하다고 간주했다.)

⑤ He really drives her mad.

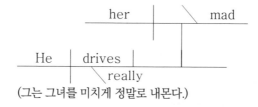

(그는 그녀를 미치게 정말로 내몬다.)

(나) 제 5형식에서 부사가 형용사 보어를 수식하는 예문

① Most students consider these books quite cheap.

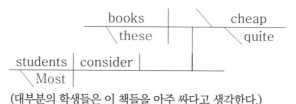

(대부분의 학생들은 이 책들을 아주 싸다고 생각한다.)

② Teachers found him too reasonable.

　(교사들은 그가 매우 사리에 밝다고 알았다.)

③ The boy fancies himself very strong.

    (그 소년은 자신을 대단히 강하다고 상상한다.)

④ People thought the girl so beautiful.

    (사람들은 그 소녀를 아주 아름답다고 생각했다.)

⑤ The chairman declared the project started perfectly.

    (의장은 그 계획이 완벽하게 시작되었다고 선언했다.)

(다) 제 5형식에서 부사가 다른 부사를 수식하는 예문

  ① I would too cruelly beat my only son blue.

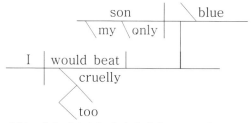

    (나는 나의 외아들을 퍼렇게 멍이 들도록 너무 잔인하게 매질하곤 했다.)

② They pushed the door open very lightly.

    (그들은 문이 열리게 아주 가볍게 밀었다.)

③ Her blow knocked him almost senseless so exactly.

    (그녀의 강타는 그를 거의 실신하게 아주 정확하게 쳤다.)

④ The government set the prisoners free all publicly.

    (정부는 죄수들을 아주 공개적으로 풀어주었다.)

⑤ The servant swept the sand clear very quickly.

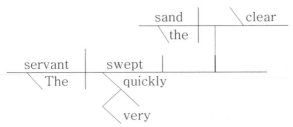

(그 종은 그 모래를 깨끗하게 매우 빨리 청소했다.)

2) 수식어와 기본 5형식의 정리

가) 종요소

주요소를 수식하는 말을 주요소와 대조해서 부를 때 종요소라고 부른다.

나) 주요소와 종요소의 역할

주요소는 어순에서 격 기능을 받아서 문장 구성에 필수적인 요소인데 종요소는 주요소를 수식하는 요소이다. 따라서 주요소는 문장 구성에 충족 요건이기 때문에 문장의 성립 여부를 좌우하지만 종요소는 주요소를 꾸미는 말이기 때문에 문장의 성립 여부와는 관계없다. 종요소의 역할은 문장의 내용을 더 자세하게 표현하느냐 덜 자세하게 표현하느냐의 문제와 관련된다.

다) 종요소가 되는 품사

종요소가 되는 품사는 형용사와 부사가 있는데 형용사는 명사(대명사)를 수식하고 형용사가 수식하지 못하는 그 외에 동사, 형용사와 부사 등을 수식하는 품사를 통틀어 부사라 한다. 간혹 형용사는 서술적으로 쓰여서 제 2형식이나 제 5형식에서 보어로 쓰일 때가 있다. 이렇게 쓰일 때는 그 형용사는 주요소가 되는 것이다.

다. 기본 5형식과 복합적 수식어 복습

형식별로 수식어들이 복합적으로 수식을 하는 다양한 예문들을 연습해 보기로 한다.

1) 수식어가 복합적인 제 1형식

① The very handsome boys came just then.

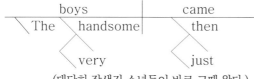

(대단히 잘생긴 소년들이 바로 그때 왔다.)

② The extremely tired officer slept quite long.

(그 극히 피곤한 장교는 아주 오래 잠들었다.)

③ The poor widow lives so happily.

(그 가난한 과부는 아주 행복하게 산다.)

④ The really smart people did not go there.

(정말 영리한 사람들은 거기 가지 않았다.)

⑤ There was no more there.

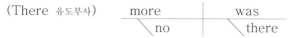

(직역: 더 없는 것이 거기에 있었다.)
(의역: 거기에 더는 없었다.)

※ 일러두기: "There+be동사+주어"로 되는 관용적 문형이다. 의미는 "~가 있다"인데 이때 there
는 자기의 의미는 없이 관용적으로 문장을 이끌어 나오는 역할을 한다고 해서 유도부사라고
부른다. 도해를 할 때는 의미가 없어서 도해 상에 들어갈 별도의 도해 자리 없이 괄호로 묶어
서 표시한다. 그러나 뒤에 there는 "거기에"라는 장소부사이다. more는 대명사로써 주어이며
no는 대명사 주어인 more를 수식하는 부정형용사이다.

2) 수식어가 복합적인 제 2형식

① The baby was not well yesterday.

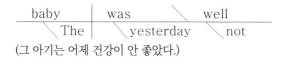

(그 아기는 어제 건강이 안 좋았다.)

② The yellow hair girl keeps quite silent.

(그 노랑머리 소녀는 아주 침묵을 지킨다.)

③ This colorful food smells very delicious.

(이 색이 좋은 음식은 아주 맛좋은 냄새이다.)

④ The best friend often becomes the worst friend.

(가장 좋은 친구가 종종 가장 나쁜 친구가 된다.)

⑤ Riverside darkness sits still foggy night.

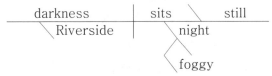

(강가의 어둠은 안개 낀 밤에 가만히 앉아 있다.)

※ 시의 한 구절이다. night은 부사로 처리하고 foggy는 night를 수식한다.

3) 수식어가 복합적인 제 3형식

여러 모양의 수식어를 가진 제 3형식 문형들을 학습한다.

가) 복합적인 수식어들과 3형식

① He wants some more cold water just now.

(그는 바로 지금 더 차가운 물 조금을 원한다.)

② She really bought a shirt then.

(그녀는 그때 셔츠 하나를 실제로 샀다.)

③ War only begets more disaster.

(전쟁은 다만 더 많은 참사를 낳는다.)

④ Almost all teachers disliked a dirty classroom.

(거의 모든 교사는 더러운 교실을 싫어했다.)

⑤ Some plants want no sunlight surprisingly enough.

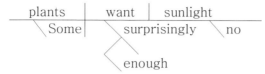

직역: 몇몇 식물들은 없는 태양빛을 아주 놀랍게 필요로 한다.
의역: 몇몇 식물들은 태양빛을 아주 놀랍게 필요로 하지 않는다.

나) 조심할 제 3형식

(1) 목적어가 『~을』, 『~를』로 번역되지 않는 3형식 동사들

제 3형식 가운데 다음 동사들에서는 목적어를 번역할 때 목적격 조사 『~을』,
『~를』로 번역하기가 부적절해서 적당한 말을 찾아 번역하게 된다. 영어에서
이런 예문들을 3형식으로 처리한다는 것을 알아두고 영역이나 번역에 적용
하면 될 것이다.

① She addressed the small audience yesterday.

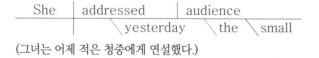

(그녀는 어제 적은 청중에게 연설했다.)

② His brothers resemble their father perfectly.

(그의 형제들은 그들의 아버지를 완전히 닮았다.)

③ The long refugee train finally reached Busan station.

(그 긴 피난민 열차는 마침내 부산역에 도착했다.)

④ Hand in hand they face the difficulties bravely.

※ hand in hand 손을 맞잡고, 제휴하여: 협력하여

They		face		difficulties
	Hand in hand		bravely	the

※ 일러두기: hand in hand는 『손을 맞잡고』라는 뜻으로 쓰이는 관용구로 한 개의 부사로 처리한다.

(2) 자동사가 동의 목적어를 가지고 타동사로 쓰는 예

① The short monkey dreamt a strange dream.

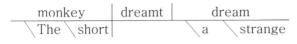

(그 작은 원숭이는 이상한 꿈을 꾸었다.)

② The handsome gentleman laughed a hearty laugh.

(그 멋진 신사는 호탕하게 웃었다.)

③ Little orphans lived miserable lives.

(어린 고아들은 비참한 삶을 산다.)

④ The motionless patient breathed his deep breath first.

```
         patient     | breathed | breath
   \ The \ motionless|   \ first |   his  \ deep
```

(그 부동의 환자는 처음으로 깊은 숨을 내쉬었다.)

(3) 동사구

복수의 어휘가 결합하여 한 개의 동사의 기능을 할 때 동사구라고 한다. 동사구는 대게 동사와 전치사가 결합해서 구성된다. 어구가 동사구로 되는 것도 더러 있다. 동사구는 모든 형식에 걸쳐서 있는데 3형식에 동사구가 많아서 동사구의 설명을 이 문단에 편성해서 설명하기로 한다.

(가) 자동사+전치사로 되는 타동사 구

① All students laughed at her directly.

```
      students    | laughed at |  her
   \ All          |  \ directly |
```

(모든 학생이 그녀를 직접적으로 비웃었다.)

※ 동사와 전치사가 합해서 타동사의 역할을 해서 도해에서도 동사 자리에 함께 앉는다.

② She made up her mind. (그녀는 작심했다.)

③ We look for the wrong pages. (우리는 틀린 페이지들을 찾는다.)

④ He took after his mother. (그는 엄마를 본받았다.)

⑤ My grandfather threw away my father's shoes.

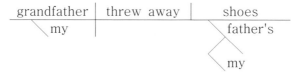

(나의 할아버지는 나의 아버지의 구두를 던져버렸다.)

⑥ Women seek out true love. (여자들은 진실한 사랑을 추구한다.)

⑦ Mother put on a sweater. (엄마는 스웨터를 입었다.)

⑧ He thinks over the issue. (그는 그 문제를 심사숙고한다.)

⑨ Success depends on one's effort.

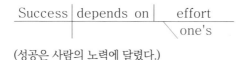

(성공은 사람의 노력에 달렸다.)

(나) 그 외 타동사 구 사례

① Vice speaks ill of others easily.

※ speak ill of ~: ~를 험담하다

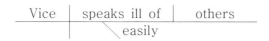

(나쁜 버릇은 다른 사람을 쉽게 험담한다.)

② The daughter takes care of his father. (그 딸이 아버지를 돌본다.)

③ The sentences give a picture of the beautiful scene.

(문장들이 아름다운 장면을 묘사한다.)

4) 수식어가 복합적인 제 4형식

① He does not always envy Mary her beauty.

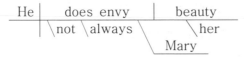

(그는 마리아의 미모를 항상 부러워하지 않는다.)

② This notebook spares many students a lot of effort.

(이 노트북은 많은 학생에게 큰 수고를 덜어준다.)

③ He will buy her very delicious cookies frequently.

(그는 그녀에게 아주 맛있는 쿠키를 자주 살 것이다.)

④ Heavenly father forgave us our sins forever.

(하나님은 우리에게 죄를 영원히 사해 주었다.)

⑤ The good computer easily saves many teachers very much trouble.

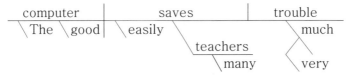

(좋은 컴퓨터는 많은 교사에게 대단히 많은 수고를 쉽게 덜어준다.)

5) 수식어가 복합적인 제 5형식

① Our classmates indeed made her a good student.

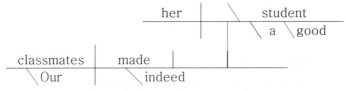

(우리의 반 친구들은 그녀를 좋은 학생으로 정말로 만들었다.)

② The rough robber then threw the door open.

(그때 난폭한 강도가 문을 열어젖혔다.)

③ Her friends must prove her right very soon.

(그녀의 친구들은 그녀를 정당하다고 곧 증명해야 한다.)

④ The community people really believe him a great politician.

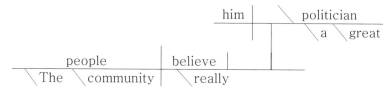

(그 지역 사람들은 그를 대단한 정치가로 정말로 생각한다.)

2. 의미 구성의 보완 방식

　　형식의 어순 기능에 의하지 않고 어구의 의미를 보완해주는 역할을 하는 방식을 의미 구성의 보완 방식으로 설정했다. 이러한 방식에는 어구의 의미를 자세하게 도와주는 전명구와 문장의 구조를 도와서 어구의 의미를 풍성하게 하는 복층구조가 있다. 전명구는 독자적 의미를 구성하며 복층구조는 구조를 겹으로 해서 새로운 의미를 조성한다. 전명구와 복층구조를 각기 나누어서 설명한다.

가. 전명구

　　전명구는 전치사와 명사(대명사)가 구성하는 어구로 형식 구조와는 전혀 관계가 없는 독자적인 구조이다. 영어는 형식과 전명구만 알면 모든 표현을 할 수 있다고 말할 수 있을 만큼 전명구의 활용은 빈번하고 요긴하다.

1) 전치사의 용도별 종류

　　전치사에는 여러 종류가 있는데 그 종류는 전치사의 성질에 따라 분류한다. 전치사는 목적어를 가질 때 장소, 방법, 시간, 이유 등과 같이 목적어가 되는 명사의 성질을 구분해서 전치사의 의미에 부합하는 성격의 목적어를 받는다.

【전명구 예문에 쓰일 전치사의 용도별 종류 구분표】

용도	종　류
장소	above, across, after, along, among, around, at, before, behind, below, beneath, beside, between, beyond, by, down, from, in, in front of, inside, into, near, off, on, over, out of, past, through, throughout, to, toward, under, up,
시간	after, at, before, by, during, for, from, in, near, on, over, past, since, to, throughout, until, within,

이유 (원인)	as, because of, for, since,
목적	after, for,
방법	about, according to, against, besides, but, by, except, excepting, instead of, regarding, through, with, without,
양보	despite, despite of, in spite of
비교	as, like, than
결과	into, to,

※ 일러두기: 동일한 전치사가 여러 가지 의미로 쓰이기 때문에 항목별로 중복되는 것이 흔하게 있다. 중복이 많을수록 용도가 다양하고 활용 빈도가 잦은 것들이므로 주요한 전치사에 해당한다.

2) 전명구의 구조

한국어의 격조사들이 독자적으로는 쓰이지 못하고 체언과 결합해서 쓰이듯이 영어에는 전치사가 문장에 혼자서 독자적으로 쓰이는 일은 없고 반드시 명사(대명사)와 결합해서 전명구가 되어서 쓰인다. 이때 전치사와 결합하는 명사를 전치사의 목적어라고 부른다. 전치사는 명사와 더불어 전명구를 구성해서 쓰이기 때문에 전명구는 전치사가 문장에 실제적으로 쓰이는 방식이 된다. 전명구는 전치사라는 말에서 "전"과 명사라는 말에서 "명"을 따서 전명구라 한다. 전치사는 독자적으로 쓰이지 못하고 전명구를 구성해서 어구 단위로 쓰이는 특이한 용법의 품사이다. 전치사로 쓰이는 말이 목적어 없이 쓰여 있으면 부사로 쓴 것이다.

가) 전명구의 구성 모형

전치사	+	명사(대) (목적격)	=	전명구
예: (after)		(supper)	-->	after supper

나) 전명구의 구성 의미

　한국어의 조사는 체언 뒤에 결합하는데 전명구에서는 전치사가 체언에 해당하는 목적어 앞에 온다. 따라서 전명구를 번역할 때 번역의 순서는 번호의 차례처럼 전치사의 목적❶부터 먼저 하고, 후에 전치사❷의 의미를 결부하게 된다.

　【예문】after supper (저녁 식사 후에, 저녁 식사 후에 있는)

(1) 번역순서

　한국어의 격조사는 체언 뒤에 결합하는데 전명구에서는 전치사가 체언 앞에 오는 셈이다. 따라서 전명구를 번역할 때 번역의 순서는 전치사의 목적❶부터 먼저 번역하고, 전치사❷의 의미를 결부하게 된다.

　【예문 번역】

예문:	after❷ (전치사)	supper❶ (전치사의 목적)
번역:	❶저녁식사	❷후에 (또는 후에 있는)

(2) 요령

　전명구는 부사적인 용법의 의미와 형용사적인 용법의 의미가 함께 공존하고 있으므로 번역할 때는 용법을 명심해 두었다가 경우에 맞게 적용해야 한다.

3) 전명구의 용법 대별

　전명구의 용법은 두 가지로 대별할 수 있는데, 첫째는 전명구는 대체적으로 수식적인 용법으로 많이 쓰이고, 둘째는 서술적으로 보어로 더러 쓰인다. 수식적 용법으로 쓰이면 그 전명구는 부사적으로 쓰이거나 형용사적으로 쓰이게 된다. 서술적 용법으로 보어로는 제 2형식과 제 5형식의 보어가 되기도 한다.

가) 전명구의 수식적 용법

　전명구가 수식용법으로 쓰일 때는 주요소나 종요소나 문장을 구성하는 모든 요소를 수식할 수 있다. 전명구가 수식적인 용도로 쓰일 때 전명구의 위치는 반드시 수식하는 말 바로 뒤에 붙어서 수식한다. 다만 동사를 수식하는 전명구는 동사가 대동하는 목적어나 보어 때문에 일반적으로 문장의 맨 뒤에 배치되지만, 강조하는 의미로 쓰게 되면 문두에 두기도 한다. 한 개의 전명구가 수식적으로 쓰여 부사적이나 형용사적 용법으로 쓰인다는 것은 한국어가 모국어인 학습자에게는 생소하다.

영어와 한국어의 차이점 중 하나는 영어에는 같은 단어가 품사를 달리해서 쓰는 말들이 흔하다는 것이다. 예를 들면 friendly라는 단어는 사전번역에 의하면 "a.친한, 우호적인"이라는 의미의 형용사이기도 하고 같은 단어가 "ad.친구처럼, 친절하게"라는 부사이기도 하다. 한국어에서는 "친한"과 "친구처럼"이라는 말이 같은 말일 수 없다. 그런데 영어의 friendly라는 한 단어가 형용사적으로 쓰기도 하고 부사적으로 쓰기도 해서 명사를 수식할 때는 "친한"이라는 말로 번역하고 동사를 수식할 때는 "친구처럼"이라는 말로도 번역한다는 것이다. 말을 바꾸면 "용법"이라는 말은 그런 의미로 쓴다는 말과 같은 의미로 쓴다. 앞서 예로 든 after supper는 after(~의 뒤에, ~후에) 라는 말과 supper(저녁 식사, 만찬)라는 중심의미인 말이 구성한 전명구인데 쓰일 때는 형용사의 의미가 되기도 하고 부사의 의미가 되기도 한다는 것이다. "after supper"의 원래 어근에 해당하는 의미는 "저녁 식사+후"인데 용법이 형용사적이 되거나 부사적이 되면 용법에 따르는 의미를 알맞게 적용하게 된다. 형용사적인 용법으로는 "저녁 식사+후"라는 전명구의 어근의 의미에 명사를 수식할 수 있게 "저녁 식사 후 있는"으로 번역하게 되고 또 부사적인 용법으로는 "저녁 식사+후"라는 의미에 동사를 수식할 수 있게 번역하자니 "저녁 식사 후에"로 라는 의미가 되는 것이다.

(1) 부사적 용법

전명구의 부사적 용법은 흔하게 쓰는 용법으로 동사, 형용사, 다른 부사를 수식한다.

(가) 동사를 수식

수식어의 위치는 기본적으로 수식하는 말 앞에 있는 것이 원칙인데 수식하는 말이 자기의 구조를 가지고 있어서 수식하는 말이 길어지면 문장의 구조 파악이 어려워지기 때문에 수식을 받는 말 뒤에 놓게 된다. 전명구가 동사를 수식하게 되면 수식하는 동사 바로 뒤에 놓아야 하지만, 이 경우에는 서술적 어순 요소들인 목적어나 보어는 동사의 의미 완성에 일부를 담당하는 것들로 문장 구성의 성패를 좌우하는 중요한 요소이기 때문에 수식어인 전명구보다 더 우선적으로 제자리를 먼저 차지하고 수식 어구인 전명구는 그들보다 덜 중요하기 때문에 그 뒤로 밀려나 문미로 가게 된다. 그래서 목적어나 보어가 있는 문장에서 동사를 수식하는 전명구는 주요소인 목적어나 보어가 먼저 제자리를 잡아야하고 동사를 수식하는 전명구는 문미 쪽으로 가게 된다.

【예문】 The tourists read a magazine on the bus.

　　　　　　(관광객들은 버스에서 잡지를 읽는다.)

※ 풀이: on the bus는 전명구로 동사를 수식하지마는 magazine이라는 서술 어순인 목적어가 있어서 목적어는 제자리를 확보하고 있고 전명구가 뒤에 문미로 가게 된 것이다.

(나) 형용사를 수식

전명구가 부사적인 용법으로 쓰여서 형용사를 수식할 수도 있는데, 형용사를 꾸미는 전명구는 꾸밈을 받는 형용사 바로 뒤에 붙는다. 수식을 받는 형용사가 서술 보어로 쓰여서 단출하면 전명구를 형용사 뒤에 놓아서 간단한데 수식을 받는 형용사가 명사를 수식하고 있는 경우에는 그 형용사는 전명구를 가진 채로 꾸미는 명사 뒤에 가서 명사를 수식하게 된다.

【예문】

① I am tired of the work.

　　(나는 그 일로 피곤하다.)

※ 예문 풀이: of the work는 전명구인데 부사적으로 쓰여서 tired라는 서술 형용사를 수식하고 있다.

② There is a man tired of his job.

　　　(그의 일로 피곤한 사람이 있다.)

※ 예문 풀이: of your job은 전명구인데 부사적으로 쓰여서 tired라는 형용사를 수식하기 때문에 형용사 tired는 자기를 수식하는 전명구를 이끌고 수식을 하는 명사 뒤에 붙는다.

(다) 다른 부사를 수식

부사를 수식하는 전명구는 수식하는 부사 바로 뒤에 붙여 놓는다.

① He slept enough for the other game.

　　　(그는 다른 게임을 위해서 충분히 잤다.)

② He slept early enough for the other game.

　　　(그는 다른 게임을 위해서 충분하게 일찍 잤다.)

(2) 형용사적 용법

전명구가 형용사적으로 쓰여서 명사나 대명사를 수식할 때는 반드시 수식하는 명사 바로 뒤에 붙여 놓아야 한다.

(가) 주어를 수식

주어를 수식하는 전명구는 주어 뒤에 놓는다.

【예문】 The poet in him moved.

　　　　　(그 사람 안에 있는 시인이 작용했다.)

(나) 목적어를 수식

전명구는 수식하는 목적어 바로 뒤에 놓여서 수식한다.

【예문】 We made our way to New York.

　　　　　(우리는 뉴욕으로 가는 우리의 길을 열었다.)

※ 예문 풀이: to New York은 전명구로 way 바로 뒤에서 수식한다.

(다) 명사 보어를 수식

　　보어를 수식하는 전명구는 수식하는 보어인 명사 바로 뒤에 놓는다.

　　【예문】They are the players of the game.

　　　　　(그들은 그 게임의 선수들이다.)

나) 전명구의 서술적 용법

　　전명구가 형용사적으로 쓰인다는 것은 전명구는 형용사가 할 수 있는 역할을 한
다는 의미의 말이다. 형용사는 서술적으로 쓰여 보어가 될 수도 있는데 전명구가
형용사적으로 쓰인다는 말은 전명구가 보어가 될 수 있다는 말이 된다. 전명구는
서술적 형용사로 쓰여 제 2형식과 제 5형식에서 보어가 되기도 한다. 제 2형식이나
제 5형식을 구성하는 동사가 서술 동사로 쓰인 문장에서 보어가 될 만한 다른 말
없이 보어 자리에 전명구가 있으면 그 전명구는 일단 서술적용법에 보어로 쓰인
것으로 짐작하면 일반적으로 맞다.

　(1) 주격 보어

　　전명구는 제 2형식의 주격 보어가 되기도 한다.

　　【예문】Health is above wealth.

　　　　　(건강은 재물보다 상위이다.)

　(2) 목적격 보어

　　전명구는 제 5형식의 목적격 보어가 되기도 한다.

　　【예문】We will leave you in peace.

　　　　　(우리는 너를 평안히 놓아 줄것이다.)

4) 전명구의 도해

가) 전명구의 도식

전명구의 도식은 "ㄴ"자의 수직선이 바깥쪽으로 기울어진 "ㄴ"자와 같은 모양으로 그린다. 제 4형식의 간접목적격을 도해할 때 쓰였던 도식과 같은데 간접목적격에서는 사선이 비워져 있었는데 전명구의 도식에서는 사선에 전치사를 두고 수평선에는 전치사의 목적어를 놓는 점이 다르다.

【전명구의 예】 after   supper
            (전치사)   (전치사의 목적)

【전명구의 도식】

```
  after ←(전치사의 자리)

    supper (명사의 자리)
```

나) 전명구의 용법별 도해

(1) 수식적 용법별 도해 연습

(가) 부사적 용법 도해

전명구가 부사적으로 쓰여서 동사, 형용사나 다른 부사를 수식한다.

① 동사 수식

【예문】

We met her at the meeting.

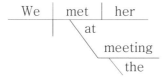

(우리들은 그녀를 그 회의에서 만났다.)

※ 일러두기: 동사를 수식하는 전명구 at the meeting은 예문에는 문미에 있다.

② 형용사 수식

전명구는 부사적으로 쓰여서 형용사를 수식하는데 꾸밈을 받는 형용사 바로 뒤에 붙여 놓는다.

【예문】

I am tired of the work.

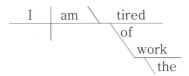

(나는 그 일로 피곤하다.)

※ 일러두기: tired는 보어이고 전명구 of the work가 보어인 형용사 tired를 수식한다.

③ 다른 부사를 수식

전명구가 부사적으로 쓰여서 다른 부사를 수식하는데 수식을 받는 부사 바로 뒤에 붙여 놓는다.

【예문】

He slept enough for the other game.

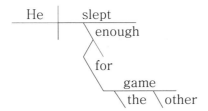

(그는 다른 경기를 위해서 충분히 잤다.)

(나) 형용사적 용법 도해

전명구가 형용사적으로 쓰여서 명사나 대명사를 수식한다. 명사는 문장에서 어떤 용법으로 쓰였는가에 관계없이 전명구의 수식을 받을 수 있다. 명사를 수식하는 전명구는 항상 수식하는 명사 바로 뒤에 붙여 놓는다.

① 주어를 수식

【예문】

The poet in him moved.

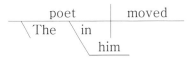

(그 사람 안에 있는 시인이 활약했다.)

② 목적어를 수식

목적어를 수식하는 전명구는 규칙에 따라 언제라도 수식하는 명사 바로 뒤에 놓는다.

【예문】

They made their way to New York.

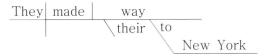

(그들은 뉴욕으로 가는 길을 열었다.)

③ 보어를 수식

명사 보어를 수식하는 전명구는 언제라도 수식하는 명사 보어 바로 뒤에 놓는다.

【예문과 도해】

They are the players of the games.

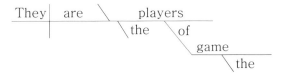

(그들은 그 경기의 선수들이다.)

(2) 서술적 용법 도해

전명구의 서술적 용법이라는 말은 전명구가 보어가 되는 것을 말한다.

(가) 주격 보어

전명구는 제 2형식의 주격 보어가 되기도 한다.

【예문】

Health is above wealth.

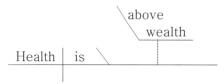

(건강은 재물보다 상위이다.)

※ 일러두기: 전명구가 서술 보어일 때 도해는 보어 자리 위에 전명구 도식을 그대로 받쳐 놓는다.

(나) 목적격 보어

전명구는 제 5형식의 목적격 보어가 되기도 한다.

【예문】

We will leave you in joy.

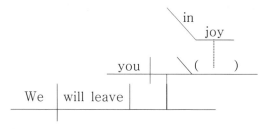

(우리는 너를 기껍게 놓아줄 것이다.)

5) 전명구가 있는 예문의 형식별 도해 연습

형식에 따라 전명구가 용법별로 쓰이는 예문들의 구문을 도해로 학습하기로 한다.

가) 전명구가 있는 제 1형식 도해 연습

제 1형식에서 전명구가 주요소를 수식하는 경우를 학습해 본다.

(1) 제 1형식에서 전명구의 부사적인 수식 예문

전명구가 제 1형식에서 동사를 수식하는 예문을 학습한다.

① Miss Park went to Boston yesterday.

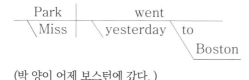

(박 양이 어제 보스턴에 갔다.)

② The plant is in the woods. (그 식물은 숲속에 있다.)

③ The church stood on the hill. (교회는 언덕 위에 서 있었다.)

④ A deer passed by his farm. (한 사슴이 농장 옆을 지나갔다.)

⑤ The beautiful flower blooms during the daytime.

(그 아름다운 꽃은 낮 동안에 핀다.)

⑥ She jumped over her barriers.

(그녀는 그녀의 장벽들을 뛰어넘었다.)

⑦ The house stands under the mountain.

(그 집은 산 아래 서 있다.)

⑧ My brother sits beside my desk.

(나의 형제가 나의 책상 옆에 앉는다.)

⑨ They hop by Northwest. (그들은 노스웨스트 편으로 여행한다.)

⑩ The young artists walk along the long palm woods.

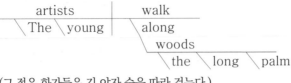

(그 젊은 화가들은 긴 야자 숲을 따라 걷는다.)

(2) 제 1형식에서 전명구의 형용사적 수식 예문

① Our study in the classroom was yesterday.

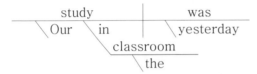

(그 교실에서 우리의 수업이 어제 있었다.)

② The boy in bed dreamt fantastically.

(자는 소년은 환상적이게 꿈을 꾸었다.)

③ Her voice from the room sounds clearly.

(방에서 나오는 그녀의 음성이 똑똑히 소리 난다.)

④ The old poet with a good idea returned home.

(좋은 생각을 가진 나이 든 시인이 집으로 돌아갔다.)

⑤ The sun above the horizon smiles.

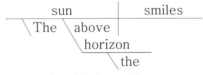

(지평선 위에 태양이 웃는다.)

⑥ The boy on bicycle comes along.

(자전거를 타는 소년이 내내 따라온다.)

⑦ The shaman with a stick departed yesterday.

(지팡이를 가진 무당이 어제 떠났다.)

⑧ A gentleman behind her husband came forward.

(그녀 남편 뒤에 있던 신사가 앞으로 나왔다.)

⑨ There aren't enough seats for us.

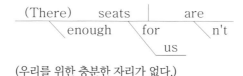

(우리를 위한 충분한 자리가 없다.)

(3) 제 1형식에서 전명구의 복합적 수식 예문

전명구가 복합적으로 수식적 용법 쓰인 예문을 학습한다.

① The policeman quietly passed along the edge of the road.

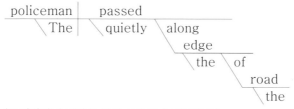

(그 경찰관이 길가를 따라 조용하게 지나갔다.)

② Quietly the burglar crept along the ledge of the balcony. (그 밤도둑은 발코니의 난간을 따라 조용하게 기었다.)

③ The game starts at a quarter after one.

(그 경기는 1시 25분에 시작한다.)

※ 도해 풀이: 위의 도해에서 전명구 at quarter는 부사구로 동사 start를 수식한다. 전명구 after one 은 형용사구로 쓰여서 전명구 at quarter에 전치사 at의 목적어인 명사 quarter를 수식하고 있다.

④ They study for the science midterm on Friday.

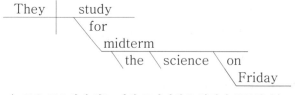

(그들은 금요일에 있는 과학 중간시험을 위해서 공부한다.)

나) 전명구가 있는 제 2형식 도해 연습

제 2형식에서 전명구는 (1)수식적인 용법으로 쓰이기도 하고 (2)서술적으로 쓰여서 보어가 되기도 한다. 수식적용법과 서술적용법으로 나눠서 예문을 설명하기로 한다.

(1) 제 2형식에서 전명구의 수식적 용법 예문

(가) 제 2형식에서 부사적 용법

(ㄱ) 동사 수식 예문

전명구가 동사를 수식하면 그 전명구는 보어보다 뒤로 문미에 간다. 전명구의 수식적인 용법을 전치사의 종류별로 장소, 시간, 방법 또 수단 등으로 분류해서 예문을 정리한다.

(장소)

① She lay asleep on the sofa.

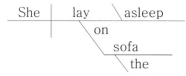

(그녀는 잠들어 소파 위에 누워 있다.)

② The hill seems white from here. (그 언덕이 여기서 희게 보인다.)

③ She fell prey to the violent criminal.

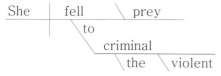

(그녀는 광폭한 범인의 먹이로 전락했다.)

④ She stood firm in her argument.

(그녀는 자기의 주장이 확고했다.)

⑤ Everything comes right in the end. (매사가 끝에는 옳게 된다.)

⑥ The cat lies right in the middle of the garden.

【도해】❶

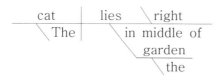

(그 고양이는 정원의 중앙에 곧게 누워있다.)

※ 일러두기: 위의 도해에서 in the middle of는 전치사구로 봐서 in the middle of 전체를 하나의 전치
사처럼 전치사 자리에 함께 처리하고 있다.

【도해】❷

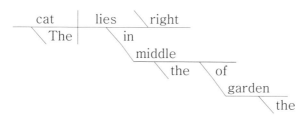

(그 고양이는 정원의 중앙에 곧게 누워있다.)

※ 일러두기: 【도해】❷ 에서는 【도해】❶에서 전치사구로 처리한 in the middle도 전명구로 봐서 해체
해서 도해를 한 것으로 의미에는 영향이 없다.

(시간)

① He returned a teacher at last.

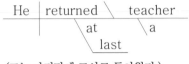

(그는 마지막에 교사로 돌아왔다.)

② They stayed friends for ten years. (그들은 10년 친구였다.)

③ It gets colder until January. (기후가 정월까지 더 추워진다.)

④ David is not himself at night. (다윗은 밤에 딴사람이다.)

⑤ My early life seemed a dark shadow for seventeen years.

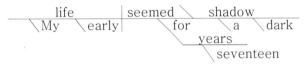

(나의 초기인생은 17년 동안 어두운 그림자 같았다.)

⑥ The permission holds good for two more years.

(그 허가는 2년 더 유효하다.)

⑦ Bees are a nuisance during a climb. (벌들은 등산할 때에 성가시다.)

⑧ The regulation holds true in every case.

(그 규칙은 모든 경우에 적용된다.)

⑨ The building remained empty for a long time.

(그 건물은 오랫동안 빈 채로 있었다.)

⑩ In 1945, our country became totally independent.

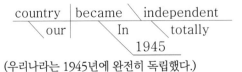

(우리나라는 1945년에 완전히 독립했다.)

(그 외 기타 전치사구)

① For all her knowledge, she is not satisfied.

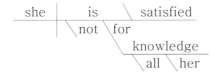

(모든 그녀의 지식에도 불구하고 그녀는 만족하지 못한다.)

※ 일러두기: 위의 문장에서 전명구 For all his knowledge는 for all이라는 형태의 관용적인 용법
으로 양보 부사구로 전명구의 의미를 강조하기 위해서 문두에 나와 있다.

② Except the gentleman, they are present.

(그 신사를 제외하고 모두 참석한다.)

(ㄴ) 형용사 수식 예문

전명구는 부사구가 되어 형용사를 수식하기도 한다.

① He looks very handsome in his dark suit.

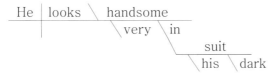

(그는 짙은 색 옷을 입어서 대단히 멋져 보인다.)

② He is still dependent on his son.

(그는 여전히 그의 아들에 의존한다.)

③ They can be independent of their parents.

(그들은 부모에게서 자립할 수 있다.)

④ We are very interested in it.

(우리는 그것에 대단히 흥미롭다.)

⑤ Hemingway's early life is fascinating to readers.

(fascinating [fǽsənèitiŋ] a. 홀리는, 매혹적인)

```
   life              is  \ fascinating
      \ early                \ to
       \ Hemingway's          \ readers
```

(헤밍웨이의 초기 생애는 독자들에게 매혹적이다.)

※ 일러두기: 소유격은 형용사이며 Hemingway's는 형용사적으로 썼다.

⑥ They were pleased with Kirk's news.

(그들은 커크씨 소식에 기뻤다.)

⑦ The man went crazy with anger.

(그 사람은 성나서 미쳐버렸다.)

⑧ She is tired of her work.

(그녀는 자기의 일로 지쳤다.)

⑨ All people shall be equal before the law.

(만인은 법 앞에 평등하다.)

⑩ She is sick with a cold.

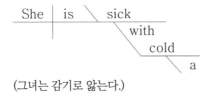

(그녀는 감기로 앓는다.)

(ㄷ) 다른 부사 수식 예문

전명구는 부사적으로 쓰일 때 다른 부사를 수식하기도 한다.

① Her blood pressure ran low very slowly after thirty minutes.

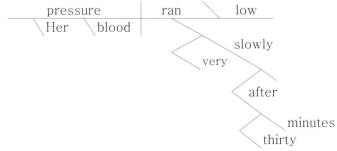

(그녀의 혈압은 30분 후에 아주 천천히 내렸다.)

② The soldiers appeared brutal there near the battle area.

(그 군인들은 전쟁터 부근에 거기에서 사납게 나타났다.)

③ The town lies waste long after the war.

(그 마을은 전쟁 후 오래 황폐하게 놓여 있다.)

(나) 제 2형식에서 형용사적 수식용법

전명구가 형용사적으로 쓰여서 명사를 수식한다.

(ㄱ) 주어 수식

전명구가 형용사적으로 쓰일 때 주어도 수식한다.

① The post of the secretary is open now.

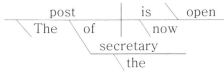

(비서의 자리가 지금 공석이다.)

② The referee of the competition played fair.

(그 시합의 심판은 공정하게 봤다.)

③ Neither of them is a coward. (그 둘 중에 아무도 어리석지 않다.)

④ Our chat in the classroom was exciting.

(교실에서 우리의 잡담은 재미있었다.)

⑤ The notebook on the desk was old.

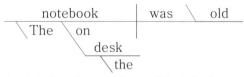

(그 책상 위에 있는 노트북은 오래된 것이다.)

(ㄴ) 명사 보어 수식

전명구가 형용사적으로 쓰일 때 명사로 된 보어도 수식한다.

① Jesus is the son of a carpenter.

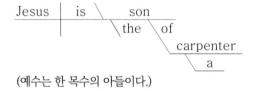

(예수는 한 목수의 아들이다.)

② You are the light of the world. (너희는 세상의 빛이다.)

③ That is a statue in clay. (저것은 흙으로 된 조각상이다.)

④ They are students of this school.

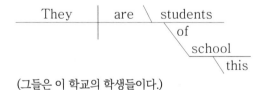

(그들은 이 학교의 학생들이다.)

(2) 제 2형식에서 전명구의 서술적용법

전명구는 제 2형식에 주격 보어로 서술적으로 쓰기도 한다. 제 2형식으로 쓰이는 동사 뒤에 보어가 보이지 않는데, 전명구가 있으면 그 전명구는 일단 주격 보어로 짐작해두고 구문의 형태를 봐서 옳지 않으면 다른 용법으로 보는 것도 좋은 방법이 된다.

① He is at table.

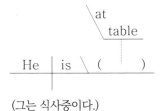

(그는 식사중이다.)

※ 일러두기: 위의 도해를 보면 전명구가 한 개의 단어처럼 보어 어순자리를 온통 차지했다.

② She is from the U.S.A. (그녀는 미국 출신이다.)

③ Children keep off the grass. (아이들은 풀밭에 금지다.)

④ They went on a trip. (그들은 여행 갔었다.)

⑤ The farm is for sale. (그 농장은 매물이다.)

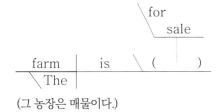

(그 농장은 매물이다.)

⑥ He is against the law. (그는 그 법에 저촉이다.)

⑦ A parachute caught in the tree.

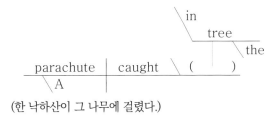

(한 낙하산이 그 나무에 걸렸다.)

⑧ My school grade is below your cousin's.

　(나의 학년은 너의 사촌의 학년보다 낮다.)

⑨ The hill flames with azaleas. (언덕은 진달래로 불타는 듯하다.)

⑩ Entrance was by special invitation only.

　(입장은 단지 특별 초대로 된다.)

⑪ The project is beyond my capability.

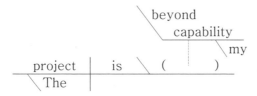

　(그 계획은 나의 능력 밖이다.)

⑫ The tiger is quite out of sight. (그 호랑이는 시야 아주 밖이다.)

⑬ That agenda flashed into her mind.

　(그 의제가 그녀의 생각 속에 번쩍했다.)

⑭ That dictionary proved of use. (저 사전은 유용함이 입증되었다.)

⑮ It tasted too much of salt.

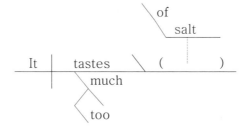

　(그것은 소금 맛이 너무 많이 난다.)

(3) 제 2형식에 전명구 용법의 종합적 연습 예문

　전명구는 흔히 수식적으로 쓰이지마는 서술적으로 쓰이기도 하는데 이러한 전명구가 복합적으로 쓰여 있는 예문을 학습해 보기로 한다.

(가) 복합적인 수식용법의 예문

① After a couple minutes, Mary's face grew white in agony.

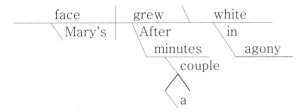

(수 분이 지나서 마리의 얼굴이 고뇌로 창백해졌다.)

※ 일러두기: After a couple minutes 전명구는 시간을 나타내며 부사적으로 쓰였는데 문두에 나와 있다. in agony 전명구는 형용사 white를 수식하는 부사적 용법의 전명구이다.

② Shipping to the peninsula is by cruise.

(그 반도로 배를 타고 가는 것은 선박 여행이다.)

③ The storms of life come strong from no direction.

(삶에 폭풍들은 정해진 방향 없이 강대하게 불어 닥친다.)

④ The clock on the wall is out of order.

(벽에 걸린 시계는 고장이다.)

⑤ His favorite picture from the vacation in San Francisco is a snapshot of the Golden Gate Bridge.

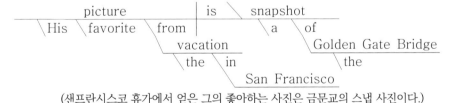

(샌프란시스코 휴가에서 얻은 그의 좋아하는 사진은 금문교의 스냅 사진이다.)

⑥ No one in the classroom sits still for five minutes.

(교실에 있는 사람은 아무도 5분을 조용히 앉아있지 않는다.)

⑦ The height of this plant is over five feet.

(이 식물의 키는 5피트가 넘는다.)

⑧ The true nature of her overseas life is beyond our reach.

(그녀의 해외 생활의 실제 모습은 우리와는 동떨어진다.)

⑨ Their exercise for tennis became a comedy of errors.

(그들의 테니스 연습은 실수로 웃음거리가 되었다.)

⑩ The degree of acceptance of a single standard of taxation throughout the country, across a multiplicity of economic and social situations, is a truly advanced phenomenon.

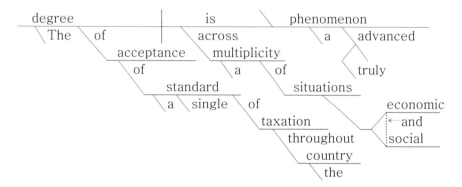

(그 나라 전역을 통해서 과세의 단일 표준 수락의 정도가 경제 사회 체제의 다양성에 걸쳐서 확실히 진일보한 현상이다.)

(나) 제 2형식에 수식용법과 서술용법의 복합적 예문

① You are like salt for all mankind. (Mt.5:13)

(너희는 모든 인류를 위한 소금과 같다.) -마태5:13

② The girl is in want of assistance.

(그 소녀는 도움이 필요하다.)

③ The reference remained out of tune with other details of Hemingway's life.

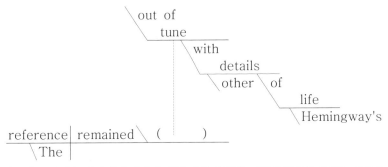

(그 참고 문헌은 헤밍웨이 생애에 대한 다른 상세한 기록과 일치하지 않는 것으로 남았다.)

④ They stand in need of money.

(그들은 돈이 필요한 형편이다.)

⑤ The equipment on the first floor is in good order.

(일층에 설비는 정상 가동이다.)

⑥ The bad prices of this year's vegetables are because of the harsh weather.

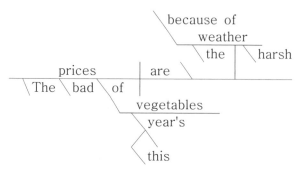

(금년 채소의 나쁜 가격은 혹독한 기후 때문이다.)

※ 일러두기: because of 는 전치사구로 한 개의 전치사로 봐서 도해하면 된다.

(4) 제 1형식과 제 2형식에 쓰인 주의해야 할 전명구 예

같은 행태의 전명구가 전치사의 목적어인 명사에 정관사 the가 있는 것과 없는 것에 따라서 제 1형식을 구성하거나 제 2형식을 구성하게 되어 문장의 의미가 아주 달라지는 것이 있다. 전명구의 목적어에 정관사가 있으면 전치사의 기능과 더불어 장소를 나타내게 되어, 장소부사로 쓰여서 제 1형식이 되고 정관사가 없으면 구체적인 물건을 의미하는 것이 아니고, 추상적 의미를 나타내게 되어 서술적으로 쓰여서 제 2형식의 보어가 된 예이다. 문장 형태는 같은 것 같지마는 형식이 달라졌기 때문에 그 의미가 전혀 다른 문장이 된다.

【예문】

제 1형식		제 2형식
① He is at the table.		He is at table.
(그가 그 식탁 에 앉아 있다)	≠	(그는 식사중이다)
② She went to the bed.		She went to bed.
(그녀는 침대로 갔다)	≠	(그녀는 잠자러 갔다)

【예문의 도해】

제 1형식과 2형식 간에 의미의 차이는 도해해서 비교해 보면 명확해진다.

제 1형식

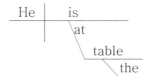

(그가 식탁에 앉아 있다.)

제 1형식 도해 설명:

제 1형식 도해에서는 전명구 at the table이 장소 부사구로서 동사를 꾸미고 있다. 정관사 the가 들어있어서 the가 그 table이라는 장소를 지정하고 있다. 그래서 table이라는 장소에 앉아 있는 의미가 된다.

제 2형식

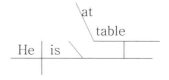

(그가 식사를 한다.)

제 2형식 도해 설명:

제 2형식 도해를 보면 전명구 at table이 형용사구로서 서술적으로 쓰여서 보어가 되어 있다. at table은 어떤 지정된 장소인 식탁이 아니고 추상적인 밥을 먹는 그런 일을 하는 table이라는 의미로서 『식사하느라 식탁에 있는』이라는 의미가 된다.

다) 전명구가 있는 제 3형식 도해 연습

전명구는 제 3형식에서 주요소들을 수식해서 (1)주어를 수식하고 (2)동사를 수식하고 (3)목적어를 수식한다.

(1) 제 3형식에서 주어를 수식

명사를 수식하는 전명구는 수식하는 명사 뒤에 꼭 붙여 놓는다. 주어를 수식하는 전명구는 주어 뒤에 꼭 붙여 놓는다.

① Each of the three girls has a notebook.

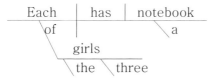

(그 세 소녀의 각자는 노트북을 가지고 있다.)

② Pesky mosquitoes in the garden always bother me.

(정원에 있는 성가신 모기들은 항상 나를 괴롭힌다.)

③ The gentleman from the country bought a car.

(그 나라에서 온 그 신사는 차를 샀다.)

④ The fisherman above the rough waters pulled his line.

(거친 파도 위에 있는 어부는 낚싯줄을 건졌다.)

⑤ No astrologer in the house can know your future. (astrologer n. 점성가).

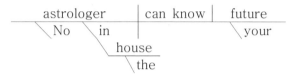

(직역: 그 집에 있지 않은 점성가가 당신의 미래를 알 수 있다.)
(의역: 그 집에 있는 점성가는 당신의 미래를 알 수 없다.)

(2) 제 3형식에서 목적어를 수식

① He never minds the loss of money.

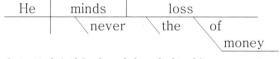

(그는 돈의 손실을 결코 신경 쓰지 않는다.)

② The morning fog covered the house by the pond completely.

(아침 안개가 연못가에 있는 집을 완전히 덮었다.)

③ I have a question regarding the issue.

(나는 그 문제에 관한 의문을 가지고 있다.)

④ He welcomed his only son from the foreign country.

(그는 외국에서 오는 외아들을 환영했다.)

⑤ I know little about it.

(직역: 나는 그것에 대해서 거의 모르다시피 조금 안다.)

(의역: 나는 그것에 대해서 아는 것이 거의 없다.)

※ 일러두기: little의 용법에는 여러 가지가 있지만 위 예문에서는 "부정적 의미의 조금"이며 대명사로 쓰여서 know 동사의 목적어가 되어 있는 점에 유의해야 한다.

(3) 제 3형식에서 동사를 수식

긴 수식 어구는 수식을 받는 어구 뒤에 바로 붙는 것이 원칙이다. 그런데 전명구가 동사를 수식하는 경우에는 동사는 무엇보다 중요한 서술 어순을 가지고 있어서 서술 어순이 파괴되지 않게 지키는 것이 최우선이다. 만약 어순의 질서가 파괴되면 격의 기능이 파괴되고 격의 기능이 파괴되면 문장의 구조가 파괴되기 때문이다. 그래서 동사를 수식하는 전명구는 문장의 서술 어순보다 뒤에 가게 되는데 선명하게 또는 강조하기 위해서 더러 문두에 가기도 한다.

(장소)

① Mrs. Kennedy met her son on the way.

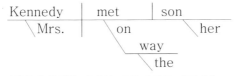

(케네디 부인은 길에서 그의 아들을 만났다.)

② He left it just inside the room.

(그는 그것을 그 방 바로 안쪽에 놔두었다.)

③ We never abandoned our civil duties in fair tax.

(우리는 정당한 세금인 우리 시민의 의무를 결코 버리지 않았다.)

④ The waiter showed the conference room to the customers.

(그 웨이터는 고객들에게 회의실을 보여 주었다.)

⑤ The slim woman dragged the big package across the courtyard.

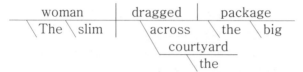

(그 호리호리한 부인이 그 큰 짐 꾸러미를 마당을 가로질러 끌었다.)

⑥ The woman built her fortune from trash.

(그 부인은 쓰레기에서 그녀의 재산을 이뤘다.)

⑦ The soccer team beat its long time rival in the game.

(그 축구팀은 그 경기에서 그의 오랜 경쟁자를 이겼다.)

⑧ She hit me on my back. (그녀는 나의 등을 때렸다.)

⑨ He anchored his boat off the shore.

(그는 해안에서 떨어져 그의 배에 닻을 내렸다.)

⑩ His comment stood us in good stead.

※ stead [sted] n. 도움, 이익: stand a person in good stead, 아무에게 크게 도움[이익]이 되다.

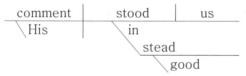

(직역: 그의 논평은 우리를 좋은 도움에 세워놓았다.)
(의역: 그의 논평은 우리에게 크게 도움이 되었다.)

⑪ The astronaut disconnected the shuttle from the space station.

(그 우주비행사는 우주정거장에서 우주선을 분리했다.)

⑫ He cast a lovely look at his grandson.

(그는 손자에게 사랑스러운 눈빛을 던졌다.)

⑬ We give our seats to the elderly.

(우리는 나이 든 사람에게 자리를 양보한다.)

⑭ God gathered all the seas into one place.

(하나님은 모든 바다를 한곳에 모았다.)

⑮ The violent worker rents his contract in front of his boss.

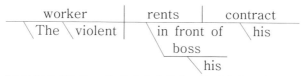

(그 난폭한 일꾼은 그의 책임자 앞에서 그의 계약서를 찢는다.)

※ 위의 도해에서 in front of는 전치사구이기 때문에 전치사 자리에 함께 처리하고 있다.

(방법)

① The students often mistake me for a Canadian teacher.

(학생들은 나를 캐나다인 선생으로 종종 오인한다.)

② She named the baby after her grandfather.

(그녀는 그 아기를 그녀의 할아버지 이름을 따서 불렀다.)

③ They got it for ten dollars.

(그들은 10달러를 지불하고 그것을 샀다.)

④ She shook my hand with her hand. (그녀는 나와 악수했다.)

⑤ He has no books besides these.

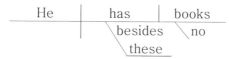

(그는 이것들 제외하고는 책을 가지고 있지 않다.)

⑥ Your sister brought nice cookies for dessert.

(당신의 자매가 후식으로 좋은 쿠키를 가져왔다.)

⑦ God created the earth by his command.

(하나님은 명령으로 땅을 지었다.)

⑧ Personality takes colour from its mood.

(인격은 분위기에 개성을 나타낸다.)

⑨ My father called him instead of me yesterday.

(나의 아버지는 어제 나 대신 그를 불렀다.)

⑩ He illustrated the story with watercolor pictures.

※ illustrate [íləstrèit, ilʌ́streit] vt. (실례, 도해 따위로) 설명하다
※ watercolor [wɔ́:təːrkʌ̀ləːr] n. 수채화

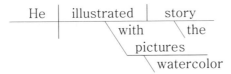

(그는 그 이야기를 수채화 삽화로 그렸다.)

(시간)

① Shakespeare married Anne Hathaway in 1582.

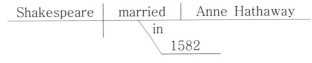

(셰익스피어는 1582년에 앤 해서웨이와 결혼했다.)

② You should enter the office before the beginning of daily work.

(당신은 일과 시작 전에 사무실에 들어가야 한다.)

③ The assistant misspent the company's money on a vacation.

(그 보좌역은 휴가에서 회삿돈을 남용했다.)

④ The long KTX reaches Busan station at four o'clock.

(그 긴 KTX는 4시에 부산역에 도착한다.)

※ 일러두기: 위의 도해에서는 아라비아 숫자 "4"가 O'clock을 수식하는 형용사로 쓰이고 있다.

⑤ The community discusses the crucial issue deeply for a long time.

(그 공동체는 결정적인 쟁점을 오래 동안 깊이 토론한다.)

⑥ You should really get a haircut before Christmas.

(너는 실제로 성탄절 전까지 이발해야 한다.)

⑦ She called upon him during his absence.

(그녀는 그가 없는 동안에 그를 방문했다.)

⑧ He often dreams of the future in his free time.

(그는 한가한 시간에 종종 장래를 꿈꾼다.)

⑨ The boys hung Christmas decorations everywhere for the event.

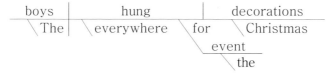

(그 소년들은 행사를 위해서 크리스마스 장식을 어디에나 걸었다.)

(목적)

① The woman breeds high-class cats for a hobby.

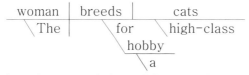

(그 부인은 고급 고양이들을 취미로 기른다.)

② We carry the packages for you.

　(우리는 당신을 위해서 그 짐을 운반한다.)

③ She took my advice for her health.

　(그녀는 건강을 위해서 나의 충고를 받아들였다.)

④ The brothers fought the enemy for their country.

　(그 형제들은 나라를 위해서 적군과 싸웠다.)

(원인, 이유)

① She did it with jealousy.

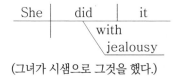

(그녀가 시샘으로 그것을 했다.)

② We find an answer for homework.

　(우리는 숙제를 위해서 답을 찾는다.)

③ The teacher met the mother because of her son.

　(그 교사는 그녀의 아들 때문에 엄마를 만났다.)

(비교)

① I prefer tea to juice.

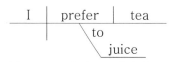

(나는 주스보다 차를 좋아한다.)

　※ prefer ～ to － : '–보다 ~를 좋아하다.' 라는 관용구이다.

② I should prefer honesty to money.

(나는 돈보다 정직을 좋아해야 한다.)

③ People prefer peace to struggle.

(사람들은 다툼보다 평화를 좋아한다.)

④ They choose honor before wealth.

(그들은 재물보다 명예를 택한다.)

(결과)

① Mr. Kim translates the Korean poem into English.

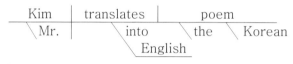

(김 선생은 그 한국어 시를 영어로 번역한다.)

② She turned her traveller's checks into cash.

(그녀는 그녀의 여행자수표를 현금으로 바꿨다.)

③ He has little tendency to failure. (그가 실패할 추세는 거의 없다.)

④ She left the rest to our imagination.

(그녀는 우리의 상상에 여지를 남겼다.)

(4) 제 3형식에서 전명구의 종합적 연습

① The sea of blue depths shut up the island in the middle of the Pacific.

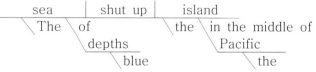

(푸른 깊이의 바다는 그 섬을 태평양 가운데 가두었다.)

② They give food to the hungry for Christmas.

(그들은 성탄절에 굶주린 사람에게 음식을 준다.)

③ Last week she received the flowers for St. Valentine's Day.

(지난주에 그녀는 성 발렌타인 날 꽃을 받았다.)

④ You informed me of the matter by telephone.

(당신은 나에게 전화로 그 일을 알려 주었다.)

⑤ The shuttle carries people from the domestic terminal to the international terminal.

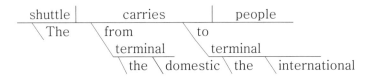

(왕복운행 버스가 국내선 종점에서 국제선 종점까지 사람들을 나른다.)

⑥ The lunch precedes the address in celebration of the winning.

(그날 점심은 승리축하 연설에 앞서 있었다.)

⑦ Hemingway spent some of his adult life in the nature world of Cuba. (헤밍웨이는 성년의 삶 일부를 쿠바의 자연 세계 속에서 보냈다.)

⑧ The protestors cause many problems at the site of a meeting.

(그 항의자들은 회합 장에서 많은 문제를 야기한다.)

⑨ Our walk in the forest saved us from boredom.

(우리의 숲속 산책은 우리를 권태에서 구출했다.)

⑩ We got the wind of the rumor from one of my colleagues in the office.

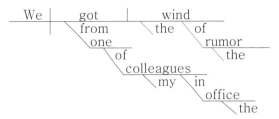

(우리는 그 사무실에 있는 나의 동료 한 사람으로부터 그 소문의 낌새를 얻었다.)

라) 전명구가 있는 제 4형식 도해 연습

(1) 제 4형식에서 형용사적 용법

제 4형식에서 전명구가 형용사적으로 쓰이는 예문을 학습한다.

① He lent me the English novels from his father.

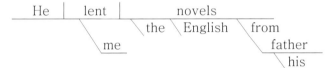

(그는 그의 아버지에게서 물려받은 그 영문 소설들을 나에게 빌려주었다.)

② The teacher reads me the letter in Chinese characters.

(그 교사는 나에게 한자로 쓴 편지를 읽어 주었다.)

③ This decision gains you permission by a full guarantee.

(이 결정은 완벽한 보장으로 당신에게 승인을 얻게 해 준다.)

④ The musician sent me a ticket to the amazing concert.

(그 음악가는 나에게 그 놀라운 음악회 표를 보내 주었다.)

⑤ His will left Anne nothing except their second-best bed.

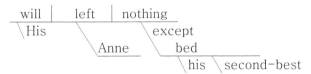

(그의 뜻은 안네에게 그의 차선 급의 침대를 제외하고 아무것도 남기지 않았다.)

⑥ Grandfather told us the story about the Korean War.

(할아버지는 우리에게 한국전쟁에 관한 이야기를 해 주었다.)

⑦ The father rendered his daughter good advice with his whole heart.

(아버지는 그의 딸에게 충심 어린 좋은 충고를 해 주었다.)

⑧ We all wish you a merry Christmas with impressive remembrance.

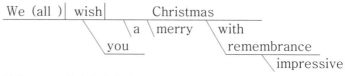

(우리 모두는 너에게 감명 깊은 기억으로 남을 즐거운 성탄을 기원한다.)

(2) 제 4형식에서 부사적인 용법

(장소)

① The stupid robber denies a girl nothing before her face.

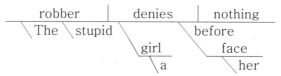

(그 바보 같은 강도는 소녀 면전에서 아무것도 거절하지 못한다.)

② She paid me the money at the airport.

(그녀는 공항에서 나에게 그 돈을 지불했다.)

③ The novel won her a great fame through the whole country immediately.

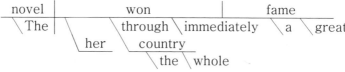

(그 소설은 그녀에게 당장 전국으로 대단한 명성을 얻어 주었다.)

④ One's laziness sometimes lost oneself the chance at any job.

   (사람의 게으름은 자주 그에게서 일거리의 기회를 잃게 한다.)

⑤ Reading always gives us useful knowledge in any difficult situation.

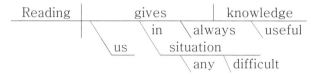

   (독서는 우리에게 어떤 어려운 상황에서 항상 유용한 지식을 준다.)

(방법)

① My mother made me a new jacket instead of an old one.

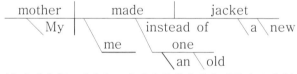

   (나의 어머니는 나에게 구식 대신에 새 웃옷을 만들어 주었다.)

② He denied his daughter nothing in any case. (그는 그의 딸에게는 어떤 경우에도 거절하지 않았다.)

③ She gave me her camera for my new computer. (그녀는 나에게 나의 새 컴퓨터 값으로 그녀의 카메라를 주었다.)

(시간)

① This book saves the teacher very much trouble for the term.

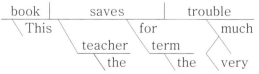

   (이 책은 그 선생님에게 그 학기 동안 대단히 많은 근심을 덜어준다.)

② He has bought his friends many gifts over the weekend.

(그는 주말을 지나면서 그의 친구에게 많은 선물을 사주었다.)

③ Grandmother left her granddaughter a large fortune near her last day. (할머니는 마지막 날이 가까워 손녀에게 큰 재산을 남겨주었다.)

④ My grandmother knitted me a sweater during this Christmas.

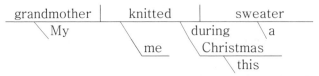

(나의 할머니는 이번 크리스마스 동안에 나에게 스웨터 하나를 짜주었다.)

⑤ He bought me the perfume during his first trip.

(그는 첫 여행 동안 나에게 향수를 사주었다.)

⑥ On the weekend, he bought his friend many souvenirs.

(그는 주말에 그의 친구에게 많은 기념품을 사주었다.)

⑦ Mother ordered me a new suit before the new entrance to the school.

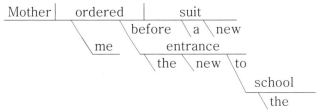

(어머니는 나에게 학교에 입학하기 전에 새로운 옷 한 벌을 주문해 주었다.)

마) 전명구가 있는 제 5형식 도해 연습

전명구는 제 5형식에서도 제 2형식에서처럼 서술적 용법으로도 쓰이는데, 서술적 용법으로 쓰이면 목적격 보어가 된다. 제 5형식 구문에서 전명구의 수식적 용법과 서술적 용법으로 나눠서 연습하기로 한다.

(1) 제 5형식에서 전명구의 수식적 용법

(가) 제 5형식에서 전명구의 부사적 수식용법

제 5형식에서도 부사가 하는 수식적인 모든 기능을 한다.

① She dyed her white shirt pink for some reason.

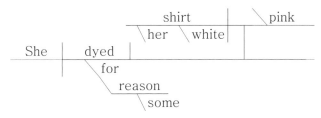

(그 여자는 그녀의 흰색 셔츠를 어떤 이유로 분홍색으로 염색했다.)

② The hunter should shoot the wild pig dead without any fear.

(그 사냥꾼은 아무 두려움 없이 그 멧돼지를 죽게 쏴야 한다.)

③ He fancies himself an artist in his dream.

(그는 꿈에서 자신을 예술가로 환상한다.)

④ He gets the students awful beside the wall of the school gym.

(그는 학교체육관 벽 옆에서 학생들을 무섭게 한다.)

⑤ The children made the animal harmful at the zoo.

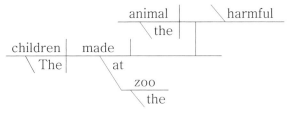

(그 아이들은 그 동물원에서 그 동물을 해롭게 했다.)

(나) 제 5형식에서 전명구의 형용사적 수식용법

전명구가 문장에서 형용사적으로 쓰이면 명사를 여러 면에서 수식하게 되는

데 명사를 수식하는 전명구는 수식하는 명사 바로 뒤에 붙어서 수식하는 역할을 한다.

① The traffic accident in the sidewalk rendered me very cautious.

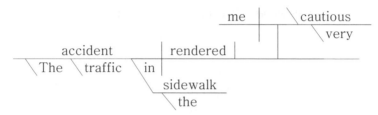

(보행로에서 있은 그 교통사고는 나를 대단히 조심스럽게 만들었다.)

② The tyrant of Kingdom set the slaves free.

   (왕국의 폭군은 노예들을 자유롭게 풀었다.)

③ You will find him a very pleasant companion for your journey.

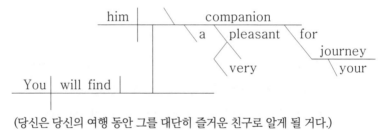

(당신은 당신의 여행 동안 그를 대단히 즐거운 친구로 알게 될 거다.)

④ The labors of color dept. painted our boat lightly white.

   (도색 부서의 노무자들은 우리의 보트를 연한 흰색으로 도색했다.)

⑤ Another sleepless night in this hot summer drives me mad.

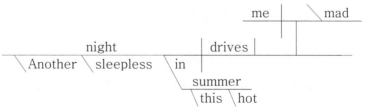

(이번 더운 여름의 또 다른 잠 못 이루는 밤은 나를 미치게 몰아간다.)

(다) 전명구의 부사적 수식용법과 형용사적 수식용법에 대한 예문 비교

같은 전명구가 형용사적 용법으로 쓰일 때와 부사적인 용법으로 쓰일 때의 차이를 구분해서 학습하기로 한다. 전명구 용법 설명의 효과를 위해서 구조가 가장 단순한 제 1형식을 예문으로 들어서 설명하기로 한다. 문장을 구성하는 다른 요소는 같은데, 그 전명구가 형용사적인 용법으로 쓰일 때와 부사적으로 쓰일 때 용법을 구분해 보기로 한다. 형용사적인 용법과 부사적인 용법은 어순을 봐서 구별할 수 있는데 이런 경우들을 도해로 익히면 더 분명해진다. 문형ⓐ는 전명구가 형용사적 용법으로 쓰이고, 문형ⓑ는 전명구가 부사적인 용법으로 쓰이는 것으로 짝을 지어 두었다. 형용사적으로 쓰인 전명구의 도해 선은 명사 아래 부사적인 도해 선은 다른 요소 아래 그어서 같은 모양의 전명구가 용법에 따라서 종속되는 위치가 어떻게 변경되는가를 비교하도록 해 두었다.

「문제 ①의 예문과 도해 연습」

ⓐ The halfmoon over the west river sets.

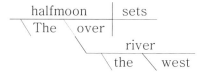

(서편 강 너머 있는 반달이 진다.)

※ 일러두기: over the west river 전명구는 halfmoon 이라는 명사를 수식하는 형용사구이다.

ⓑ The halfmoon sets over the west river.

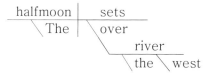

(반달이 서편 강 너머로 진다.)

※ 일러두기: over the west river 전명구는 sets라는 동사를 수식하는 부사구이다.

「문제 ②의 예문과 도해 연습」

ⓐ My sister beside the stove sits. (스토브 옆에 있는 나의 누이는 앉아있다.)

ⓑ My sister sits beside the stove. (나의 누이가 스토브 옆에 앉아 있다.)

「문제 ③의 예문과 도해 연습」

ⓐ He without a television sleeps. (텔레비전이 없는 그는 잠을 잔다.)

ⓑ He sleeps without a television. (그는 텔레비전 없이 잠을 잔다.)

「문제 ④의 예문과 도해 연습」

ⓐ The militaries in the mountain drill.

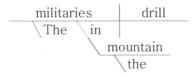

(산에 있는 군인들이 훈련한다.)

ⓑ The militaries drill in the mountain.

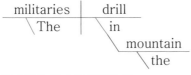

(군인들은 산에서 훈련한다.)

「문제 ⑤의 예문과 도해 연습」

ⓐ His families in the kitchen laughed loudly.

   (부엌에 있는 그의 가족들이 큰 소리로 웃었다.)

ⓑ His families laughed in the kitchen loudly.

   (그의 가족들이 부엌에서 큰 소리로 웃었다.)

「문제 ⑥의 예문과 도해 연습」

ⓐ Roads at the beach ended. (해변에 있는 길들이 끝났다.)

ⓑ Roads ended at the beach. (길들은 해변에서 끝났다.)

「문제 ⑦의 예문과 도해 연습」

ⓐ The tiny birds in the bushes sing very cheerfully.

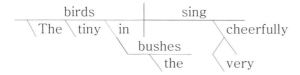

(수풀 안에 있는 작은 새들이 대단히 즐겁게 노래한다.)

ⓑ The tiny birds sing very cheerfully in the bushes.

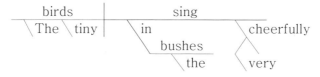

(작은 새들이 수풀 안에서 대단히 즐겁게 노래한다.)

「문제 ⑧의 예문과 도해 연습」

ⓐ The moon on the woods has shined brightly.

　　(숲 위에 있는 달이 밝게 빛났다.)

ⓑ The moon has shined brightly on the woods.

　　(달이 숲 위에서 밝게 빛났다.)

「문제 ⑨의 예문과 도해 연습」

ⓐ The ghost in a black dress appeared before the boy.

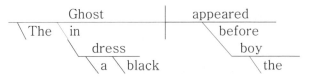

(검은 옷을 입은 그 유령이 그 소년 앞에 나타났다.)

ⓑ The ghost appeared before the boy in a black dress.

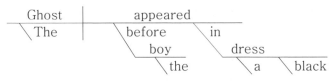

(그 유령이 그 소년 앞에 검은 옷을 입고 나타났다.)

(2) 제 5형식에서 전명구의 서술적 용법

전명구는 서술적 용법으로 쓰여서 제 5형식에서 목적격 보어가 되기도 한다. 전명구가 목적격 보어가 되면 제 5형식의 어순에 따라 4번째 어순에 들게 되는데, 이 경우에 제 3형식에서 전명구가 어미에 있는 것과 혼동이 생길 수 있다. 이럴 때는 동사가 몇 형식 동사인가를 봐서 풀어야 하는데, 동사가 제 5형식에 쓰이는 동사일 경우에는 먼저 그 전명구는 목적격 보어로 보고 풀면 어렵지 않다. 제 5형식에 전명구의 서술용법은 제 2형식에 전명구의 서술적 용법을 복습하고 이 문단을 학습하면 한결 수월하게 이해할 수 있을 것이다.

① The saint regarded his enemy as his benefactor.

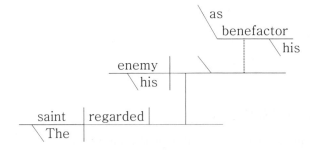

(그 성자는 그의 적을 그의 은인으로 생각했다.)

② They recognized her as their captain.

(그들은 그녀를 그들의 두령으로 알았다.)

③ We took all of this story for truth.

(우리는 이 이야기 전부를 사실로 생각했다.)

④ I consider myself out of step with reality.

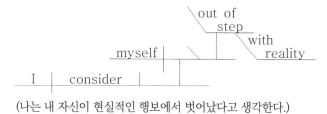

(나는 내 자신이 현실적인 행보에서 벗어났다고 생각한다.)

⑤ His contemporaries appreciated him as a brilliant playwright.

(그의 동시대 사람들은 그를 뛰어난 극작가로 평가했다.)

⑥ He found the queen in good humor.

(그는 여왕이 기분이 좋음을 알았다.)

⑦ Her contemporaries appreciated her as a prominent artist.

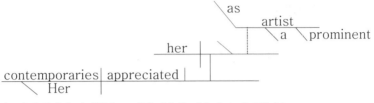

(그녀의 동시대 사람들은 그녀를 걸출한 예술가로 평가했다.)

⑧ We found the bakery out of business.

(우리는 그 제과점이 휴업임을 알았다.)

⑨ Joan mistook him for my brother.

(조앤은 그를 나의 형제로 오인했다.)

⑩ The citizens of our town elected John as mayor.

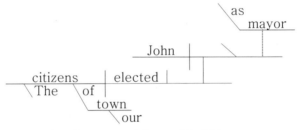

(우리 시의 시민들은 존을 시장으로 선출했다.)

⑪ The committee selected welfare as its top priority for the following year. (위원회는 복지를 내년의 최우선으로 선정했다.)

⑫ The committee appointed her as chairman.

(위원회는 그녀를 의장으로 지명했다.)

⑬ People perceive all political parties as corrupt.

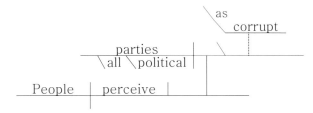

(국민들은 모든 정당들이 부패하다는 것을 감지한다.)

⑭ The student took the remark as a compliment.

(학생들은 그 비평이 칭찬할만한 것으로 생각했다.)

⑮ Many people acknowledge him as their spiritual leader.

(많은 사람이 그를 정신적 지도자로 인정한다.)

⑯ A local committee named Joshua as the most creative student in his block.

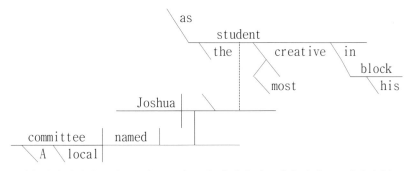

(한 지역 위원회는 여호수아를 그의 구역 내 가장 창조적인 학생으로 지명했다.)

6) 특이한 전명구

가) 전명구의 도치

도치는 위치를 바꾼다는 말이다. 한국어에서 어순은 문법적인 기능이 영어의 어순과 같지 않기 때문에 어휘가 놓이는 순서에 대해서는 대수롭지 않게 된다. 영어는 어순이 격을 나타내기 때문에 영어의 어순은 절대 문법이다. 영어에 어순을 바꾸는 일은 문장의 구조를 바꾸는 일과 관련되기 때문에 아주 중요하다. 동사를 수식하는 전명구는 문미에 있는 게 보통인데 전명구의 의미에 더 강세를 두기 위해서 문두에 나가는 경우가 흔하게 있다.

① At Thanksgiving, most Americans eat a lot of turkey.

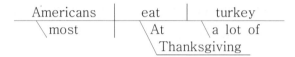

(감사절에 대부분의 미국사람은 많은 양의 칠면조 고기를 먹는다.)

② After my nap, I go short climbing every afternoon.

(나는 낮잠 잔 뒤 매일 오후에 짧은 등산을 한다.)

③ During the springtime, her dog sheds hair all over the garden.

(봄철에는 그녀의 개는 온 정원에 털갈이를 한다.)

④ Despite his misery, William maintained the appearance of a satisfied life.

(그의 불행에도 불구하고 윌리암은 만족한 삶의 모습을 유지했다.)

⑤ By the light of stars, soldiers found a dim motionless figure behind the tree.

(군인들이 별빛으로 그 나무 뒤에 움직이지 않는 희미한 형체를 발견했다.)

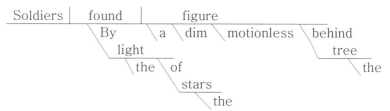

(군인들이 별빛으로 그 나무 뒤에 있는 움직이지 않는 희미한 어떤 형체를 발견했다.)

나) 전치사가 생략된 전명구

전명구는 전치사와 명사가 결합해서 형성된 어구이다. 만약 전명구에서 전치사가 생략되면 그 문장에는 전명구의 목적어인 명사(대명사) 하나만 남아 있게 돼서 구문 판별에 혼란이 야기된다. 영어에서는 시간, 공간, 방법 등을 나타내는 전명구에서는 전치사를 생략하고 쓰는 게 대세이다. 이를 두고 부사용 대격이라고 해서 명사가 부사적으로 쓰인 것이라고 설명하는 학자도 있다.

(1) 시간을 나타내는 전치사가 생략된 예문

① We had snow last night.

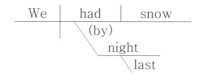

(지난 밤새 눈이 왔다.)

※ last night은 by last night에서 관용적으로 by를 생략하고 쓴 것이다.

② They attend a conference next Sunday. (on next Saturday에 on의 생략)

(그들은 다음 일요일에 회의에 참석한다.)

③ She really outdoes herself this time. (at this time에서 at의 생략)

(그녀는 실제로 이럴 때 자신의 능력을 능가하게 한다.)

④ This watch will last the owner a lifetime. (during a lifetime에서 during

의 생략) (이 시계는 소유자와 평생을 갈 것이다.)

⑤ They have lived here these three years. (for these three years에서 for의 생략) (그들은 여기서 근래 3년을 살아온다.)

(2) 공간을 나타내는 전치사가 생략된 예문

① They walked ten miles. (for ten miles에 for가 생략)

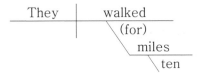

(그들은 10마일을 걸었다.)

※ ten miles는 for ten miles에서 관용적으로 for를 생략하고 쓴 것이다.

② We drove nine kilometers. (for nine kilometers에서 for의 생략)

(우리는 9km를 드라이브했다.)

③ I came this way. (in this way에서 in을 생략) (나는 이 길로 왔다.)

④ They live next door. (at next door에 at의 생략)

(그들은 이웃집에 산다.)

(3) 방법을 나타내는 전치사가 생략된 예문

① She will do it this way. (in this way에 in의 생략)

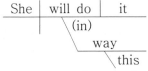

(그 여자는 이 방법으로 그 일을 할 것이다.)

※ this way는 in this way에서 관용적으로 in을 생략하고 쓴 것이다.

② We walked arm in arm. (with arm in arm에 with의 생략)

(우리는 팔에 팔을 끼고 걸었다.)

③ It is raining cats and dogs. (like cats and dogs에 like의 생략)

(비가 억수 같이 쏟아진다.)

다) 전명구의 독립적 용법

전명구는 극히 드물게 수식어나 문장의 서술어가 되지도 않고 독자적으로 전체 문장의 의미를 도와주는 경우도 있는데, 이렇게 쓰인 전명구를 전명구의 독립적 용법이라고 한다.

【예문】

With all his faults, he is a great man.

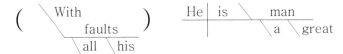

(그의 모든 결점을 가진 채, 그는 한 위인이다.)

※ 일러두기: 위의 도해를 보면 전명구가 문두에 별도로 나와서 ( )속에 처리해 두고 있다. 이것은 전명구가 수식적인 용법이나 서술적인 용법이 아닌 독립적 용법으로 문장 구조에 종속된 중요소가 아닌 독립적 요소로 쓰이고 있는 것을 표시한다.

나. 복층구조

등위접속사는 복수의 대상을 대등하게 연결하는 역할을 하는데 그 역할을 구조에도 적용할 수 있어서 복수의 구조를 대등하게 연결하게 되면 그 구조가 복층적인 현상을 가지는 형태가 된다.

1) 복층구조를 만드는 등위접속사

등위접속사는 문장의 구성요소 중에서 서로 대등한 조건인 것들끼리만 서로 연결하는 일을 하는 접속사를 말한다. 등위접속사 중에 특히 복층 문장 구조에 많이 쓰이는 것으로는 and, or, but 등을 들 수 있다.

2) 등위접속사와 구성법

주요소들이 등위접속사로 연결되어 있는 문장의 구조는 얼핏 보면 어순 변형이 된 것 같이 보여서 이런 문장의 구조나 어순을 파악하는 것은 아주 중요하다. 가령 등위접속사가 들어가서 주어와 주어를 연결하게 되면 그 문장에서는 다른 주요소는 한 개씩인데 유독 주어만 두 개로 되어있어서 주어가 두 개인 쌍둥이 주어가 된 모양의 문장 구조가 된다. 또 동사가 두 개여서 등위접속사가 동사와 동사를 연결하게 되면 주어는 한 개인데 두 개의 동사가 주어 하나를 받치고 있는 쌍둥이 동사의 문장이 된다. 이같이 등위접속사가 들어가서 문장의 주요소끼리 접속하게 되면 주요소가 복층이 된 부분은 문장의 구조가 복층 모양새의 구조가 된다. 이러한 복층 구조는 구성여건에서 생각하면 구성에 보완역할을 하는 것이기 때문에 이 문항에서 취급하는 것이다.

3) 등위접속사 만드는 복층구조에 대한 형식별 연습

가) 제 1형식에서 등위접속사가 만드는 복층구조

제 1형식에서 등위접속사의 역할과 문장의 구조를 학습한다.

(1) 등위접속사가 주어와 주어를 연결하는 문장

등위접속사가 주어와 주어를 접속하게 되면 동사는 한 개인데 주어가 두 개인 문장 구조의 형태가 된다.

① The boys and girls ran fast.

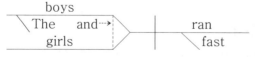

(소년들과 소녀들이 빨리 달렸다.)

※ 일러두기: 도해에 보면 첫 번째 주어 Boys와 두 번째 주어 girls를 등위접속사 and가 연결해서

두 개의 주어가 동사 ran의 공동 주어로 되었다.

② The king and queen lived. (왕과 왕비가 살았다.)

③ Father and mother smiled silently.

　(아버지와 엄마는 조용히 웃었다.)

(2) 등위접속사가 서술 동사와 서술 동사를 연결하는 문장

한 개의 주어가 and로 연결한 두 개의 동사를 받게 되면 문장의 구조는 주어 한 개가 두 개의 동사를 거느리는 형태가 된다.

① Boys work and play.

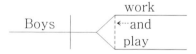

(소년들은 공부하고 놀기도 한다.)

※ 일러두기: 등위접속사 and가 동사 work와 동사 play를 대등하게 연결해서 한 개 주어인 Boys 가 동사를 "work"와 "play"라는 2개로 공동 동사로 가지고 있다.

② The sun rises and sets. (태양은 뜨고 진다.)

③ The baby sometimes cried and sometimes smiled.

　(애기는 때때로 울고 때때로 웃는다.)

나) 제 2형식에서 등위접속사가 만드는 복층구조

(1) 등위접속사가 2형식 주어와 주어를 연결하는 문장의 구조

① The sun and the moon are the planets.

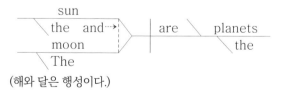

(해와 달은 행성이다.)

② The sea and the sky are blue. (바다와 하늘은 푸르다.)

③ He and she became students.

　　(그 남자와 그 여자는 학생이 되었다.)

(2) 등위접속사가 2형식 서술 동사와 서술 동사를 연결하는 문장의 구조

① The baby fell completely asleep and looked very peaceful.

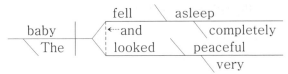

（그 아기는 완전히 잠에 떨어져 대단히 평화롭게 보인다.）

② They returned lovers back and soon became husband and wife.

　　(그들은 도로 연인이 되어서 곧 남편과 아내가 되었다.)

③ The many soldiers of either side became friends and went back home. (양편의 많은 군인이 친구가 되어서 집으로 돌아갔다.)

(3) 등위접속사가 2형식의 보어와 보어를 연결하는 문장의 구조

보어와 보어가 등위접속사로 연결이 되어서 보어가 두 개인 구조이다.

① They are friends and rivals.

（그들은 친구이자 경쟁자들이다.）

　　※ 일러두기: 위 도해에서 보어 friends와 rivals는 동등한 보어로 동사 are는 보어를 두 개 가진 문장이다.

② The photograph color turned out black and white.

　　(사진 색이 희고 검게 나타났다.)

③ The sea is blue and wide. (바다는 푸르고 넓다.)

다) 제 3형식에서 등위접속사가 만드는 복층구조

(1) 등위접속사가 3형식 주어와 주어를 연결하는 문장의 구조

① Time and tide wait for no man.

(직역: 시간과 풍조는 아무도 없는 사람을 기다린다.)

(의역: 시간과 풍조는 사람을 기다리지 않는다.)

※ 일러두기: wait for는 타동사구다.

② Boys or girls like their friends.

(소년들이나 소녀들은 그들의 친구들을 좋아한다.)

③ She and her two sisters once owned a shop.

(그녀와 그녀의 두 자매는 한때 점포 하나를 소유했다.)

(2) 등위접속사가 3형식 서술 동사와 서술 동사를 연결하는 문장의 구조

① Generosity costs nothing and gains many friends.

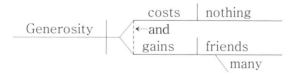

(직역: 관대함은 아무것도 없는 것을 쓰고 많은 친구를 얻는다.)

(의역: 관대함은 비용 없이 많은 친구를 얻는다.)

② The hunter shot his target and killed the bird.

(사냥꾼은 표적을 쏴서 그 새를 죽였다.)

③ He met her before, but never saw her again.

(그는 전에 그녀를 만났으나 다시 그녀를 보지 못했다.)

(3) 등위접속사가 3형식 목적어와 목적어를 연결하는 문장의 구조

다른 주요소는 한 개씩인데 등위접속사가 목적어와 목적어를 접속하고 있기 때문에 목적어는 2개로 된 구조이다.

① My daughter studied French and music.

(나의 딸은 불어와 음악을 공부했다.)

※ 일러두기: 동사 studied의 목적어가 French와 music으로 목적어가 공동으로 2개이다.

② A good girl puts waste bottles and papers.

(착한 소녀는 헌 병과 종이를 내려놓는다.)

③ They have beautiful minds and high spirits.

(그들은 아름다운 마음과 고상한 정신을 가지고 있다.)

라) 제 4형식에서 등위접속사가 만드는 복층구조

(1) 등위접속사가 제 4형식 주어와 주어를 연결하는 문장의 구조

① My mother and sisters make me tasty tea everyday.

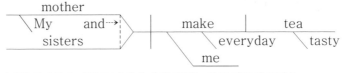

(나의 엄마와 누이들은 나에게 매일 맛있는 차를 만들어 준다.)

② She and her son bought me a hat. (그녀와 그녀의 아들이 나에게 모자를 사주었다.)

③ My brothers and sisters gave me a car. (나의 형제와 자매가 나에게 차를 주었다.)

(2) 등위접속사가 제 4형식 서술 동사와 서술 동사를 연결하는 문장의 구조

① Catholic sisters heard it and did the orphans a kindness.

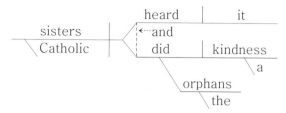

(가톨릭 수녀들은 그것을 듣고 그 고아들에게 친절을 베풀었다.)

② Joshua went there and bought himself balls.

(여호수아는 거기 가서 자기의 공들을 샀다.)

③ She gets trouble but does not make it expressed.

(그녀는 근심이 되나 나타내지는 않는다.)

(3) 등위접속사가 제 4형식 간접목적과 간접목적을 연결하는 문장의 구조

등위접속사가 간접목적어 두 개를 대등하게 연결하고 있기 때문에 간접목적
어가 두 개인 구조이다.

① We sold him and his wife the store.

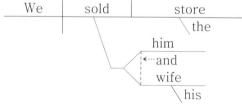

(우리들은 그와 그의 아내에게 그 상점을 팔았다.)

※ 일러두기: 동사 sold의 간접목적어가 him과 wife로 두 개의 간접목적을 가졌다.

② She brought my mother and me some coffee.

(그녀는 나의 엄마와 나에게 약간의 커피를 가져다주었다.)

③ He builds his son and his grandson a new house.

(그는 그의 아들과 손자에게 새집을 지어 준다.)

(4) 등위접속사가 4형식 직접목적어 둘을 연결하는 문장의 구조

등위접속사가 두 개의 대등한 직접목적어를 연결함으로 직접목적어가 두 개
인 문장 구조이다.

① The captain handed everyone a greeting card and a small gift.

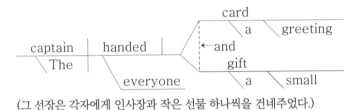

(그 선장은 각자에게 인사장과 작은 선물 하나씩을 건네주었다.)

② We all really wish you a happy birthday and your big success.

(우리 모두는 당신에게 행복한 생일과 큰 성취를 진심으로 기원한다.)

③ He offered her a bonus and a small car.

(그는 그녀에게 보너스와 작은 차 한 대를 제공했다.)

마) 제 5형식에서 등위접속사가 만드는 복층구조

(1) 등위접속사가 제 5형식 주어와 주어를 연결하는 문장의 구조

① He and his neighbors nicknamed her "Rabbit".

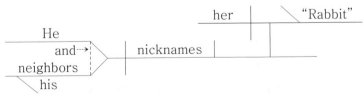

(그와 그의 이웃들은 그 여자를 "토끼"라는 별명으로 불렀다.)

② Her family and friends imagine her not guilty.

(그녀의 가족과 친구들은 그녀를 죄가 없다고 생각한다.)

③ She and her husband called me a doll.

(그녀와 그녀의 남편은 나를 인형이라고 불렀다.)

(2) 등위접속사가 제 5형식 서술 동사와 서술 동사를 연결하는 문장의 구조

① He came today and painted the wall blue.

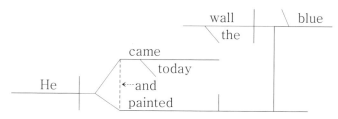

(그는 오늘 와서 그 벽을 파랗게 칠했다.)

※ 일러두기: 첫 번째 서술 동사 came의 문장은 제 1형식이고 두 번째 서술 동사 painted의 문장
이 5형식이다.

② The jurymen discussed long and declared him innocent.

(배심원들이 오래 토론하고 그가 무죄라고 판결했다.)

(3) 등위접속사가 제 5형식 목적어와 목적어를 연결하는 문장의 구조

① The neighbors leave the gate and window closed.

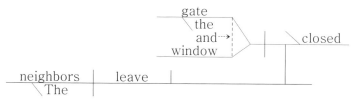

(이웃들은 문과 창문을 닫아 놔둔다.)

※ 일러두기: 목적어가 gate와 window로 두 개이고 목적 보어가 closed 하나인 문장이다.

② They found her and her daughter asleep.

　　(그들은 그녀와 그녀의 딸이 잠든 것을 알았다.)

③ The girl felt this note and pencil necessary.

　　(그 소녀는 이 공책과 연필이 필요하다고 느꼈다.)

(4) 등위접속사가 제 5형식의 목적 보어와 목적 보어를 연결하는 문장의 구조

　① I beat my only son black and blue.

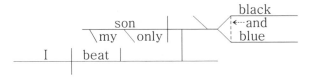

　(나는 나의 외동아들을 검푸르게 되도록 때렸다.)

　　※ 일러두기: 동사 beat는 목적어로는 son 하나를 가지고 목적 보어는 black과 blue의 두 개인
　　　목적 보어로 가지고 있다.

　② They considered the house small and cute.

　　(그들은 그 집이 작고 멋지다고 생각했다.)

　③ They found the baby awake and silent.

　　(그들은 그 아기가 깨어서 조용히 있는 것을 알았다.)

바) 등위접속사가 수식어와 수식어를 연결하는 문장의 모양

　등위접속사가 수식어 2개를 연결함으로 2개의 수식어가 한꺼번에 한 개의 낱말을
수식하는 구조이다.

　① Fat and noisy pigs yell.

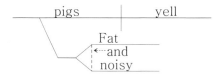

(살이 찌고 시끄러운 돼지들이 소리를 꽥꽥 지른다.)

※ 일러두기: 등위접속사로 연결된 두 개의 형용사 Fat와 noisy가 동시에 주어인 pigs를 수식하고 있다.

② The primitive and wide forest ended.

(원시적이고 넓은 숲이 끝났다.)

③ Your wonderful dream comes truly and hopefully real a day.

(당신의 놀라운 꿈이 어느 날 정말로 유망한 현실이 된다.)

④ We have a big and historical church building.

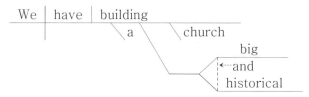

(우리들은 한 크고 역사적인 교회 건물을 가지고 있다.)

⑤ The teachers taught friendly and good students.

(교사들은 우호적이고 좋은 학생들을 가르쳤다.)

⑥ She refused wealth quickly and firmly.

(그녀는 곧 확고하게 재물을 거절했다.)

⑦ Women mind necessary and unforgettable love.

(여자들은 필연적이고 잊을 수 없는 사랑을 생각한다.)

⑧ The owner showed us the record easily and completely.

(주인은 그 기록을 우리에게 쉽고 완전하게 보여 주었다.)

⑨ Students there and then entitled the lesson "Paradise".

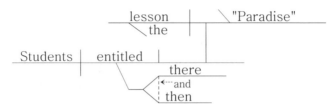

(학생들은 그 수업을 그때 거기서 "파라다이스(낙원)"이라고 이름을 붙였다.)

사) 등위접속사가 문장과 문장을 연결하는 형태의 문장 모양

등위접속사는 대등한 값끼리 연결하는 역할을 하는 것으로 문장과 문장 두 개를
서로 연결해 주기도 한다.

① Fireworks displayed and joyful shouts widely covered.

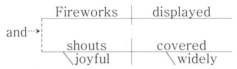

(불꽃놀이가 펼쳐졌고 환호성이 널리 뒤덮였다.)

※ 일러두기: 위에 예문에서는 and가 문장 Fireworks displayed와 joyful shouts widely covered
　　　문장을 대등하게 연결하고 있다.

② They smiled very silently and the girls looked at them.

(그들은 아주 조용하게 웃었고 소녀들은 그들을 바라봤다.)

③ The red sun rises beautifully and the tiny birds sing very cheerfully.

(붉은 태양은 아름답게 솟아오르고 작은 새들은 아주 즐겁게 지저귄다.)

④ The daughter came home but the son went out.

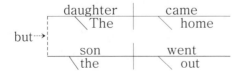

(딸은 집에 왔으나 아들은 외출했다.)

※ 일러두기: 위에 예문에서 접속사 but은 문장과 문장을 서로 연결하고 있다.

⑤ She lived peacefully and good times flew very fast.

(그녀는 평온하게 살았고 좋은 세월은 매우 빨리 지났다.)

⑥ It may sound strange, and yet it is true.

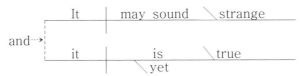

(그것이 이상하게 들릴지도 모르나 그것은 여전히 사실이다.)

⑦ Life is short: but footprint is long.

(인생은 짧으나 발자취는 오래 간다.)

⑧ The wind blows very gently and the white smoke rises beautifully.

(바람은 아주 부드럽게 불고 흰 연기는 아름답게 피어오른다.)

⑨ She dislikes this dancing, but she likes music.

(그녀는 이 춤을 좋아하지 않으나 그녀는 음악을 좋아한다.)

아) 전명구와 등위접속사가 있는 구조의 5형식 예문

한 문장 안에 전명구와 등위접속사가 함께 쓰이고 있는 문장 구조에 대한 예문들을 연습하기로 한다.

(1) 전명구와 전명구를 연결하는 등위접속사가 있는 제 1형식

(가) 제 1형식에서 형용사적인 용법의 전명구와 등위접속사

① The stores in downtown and on the street close at week's end.

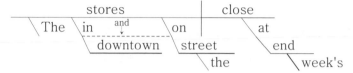

(중심가와 거리에 있는 상점들이 주말에는 문을 닫는다.)

※ 일러두기: 등위접속사 and가 형용사적으로 쓰인 전명구 in town과 on the street를 연결해서 이 두 개의 형용사적으로 쓰인 전명구가 stores를 수식한다.

② Flowers in the garden and around my house bloom in this spring.

(정원과 나의 집 주위에 있는 꽃들은 금년 봄에 핀다.)

③ The castle by the lake and the beautiful valley still stands.

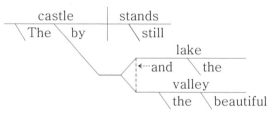

(그 호수와 아름다운 계곡 근처에 있는 그 성은 여전히 서 있다.)

※ 일러두기: 등위접속사 and가 lake와 valley라는 두 개의 명사를 연결해서 전치사 by의 목적어로 결합하고 있다. 전치사 by는 lake과 valley라는 두 개의 목적어를 동시에 가진 전명구로 castle을 수식하는 형용사구이다.

④ The students in the classroom or under the big tree learn hard.

(교실과 큰 나무 아래 있는 학생들은 열심히 배운다.)

⑤ Boys and girls in the football ground run together.

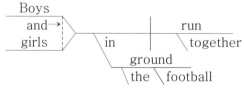

(축구장에 있는 소년과 소녀들은 함께 달린다.)

⑥ The houses up and down the street stand calmly in the darkness.

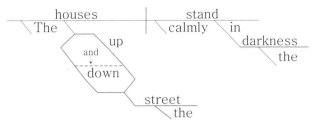

(거리의 아래위로 있는 집들이 어둠 속에 조용히 서 있다.)

※ 일러두기: 등위접속사 and는 up과 down이라는 두 개의 전치사를 연결해서 두 전치사는 street이라는 목적어를 공동으로 쓰고 있는 구문 형태이다.

(나) 제 1형식에서 부사적 용법의 전명구와 등위접속사

① The same birds are in a cage and on a tree.

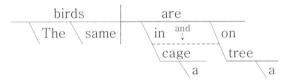

(같은 새들이 새장과 나무 위에 있다.)

② I hop through East and South Asia.

(나는 동남아시아를 단기 여행한다.)

③ He suffered from hunger and fever.

(그는 굶주림과 열로 고통스러웠다.)

④ They shivered with cold and fear.

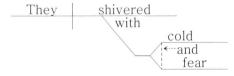

(그들은 추위와 공포로 떨었다.)

⑤ She overcame her irritation and doubt.

(그녀는 그녀의 초조와 의구심을 극복했다.)

⑥ They started for Seoul and other cities.

(그들은 서울과 다른 도시를 향해서 출발했다.)

⑦ The wolves passed by my house and my friend's.

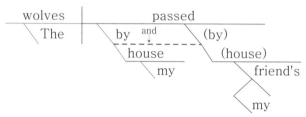

(그 늑대들은 나와 친구의 집 곁으로 지나갔다.)

※ 일러두기: 이번 도해에서는 (by)와 (house)가 생략 된 것으로 봐서 다른 방법으로 복원해 놓아
본 것이다.

⑧ They followed close behind me and my classmate.

(그들은 나와 나의 반 친구들을 가깝게 뒤따랐다.)

⑨ He studies at daybreak and midnight.

(그는 새벽녘과 한밤에 공부한다.)

⑩ Students bow to the teachers and the adults anytime.

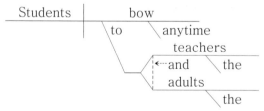

(학생들은 선생님들과 어른에게 언제나 머리 숙여 절을 한다.)

⑪ His home is seven thousand miles away from his job and lodgment.

(그의 가정은 그의 일터와 숙소에서 7천 마일 떨어져 있다.)

⑫ The little dog always barks noisily at the late night or early morning.

    (그 작은 개는 항상 늦은 밤이나 이른 아침에 시끄럽게 짖는다.)

⑬ All our children get up in the early morning on Monday or Friday.

    (모든 우리 아이들은 월요일이나 금요일에 이른 아침에 일어난다.)

⑭ Grandsons grew in their grandfather's and aunt's house after the arrival at Busan.

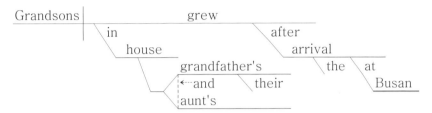

    (손자들은 부산에 도착 후에 그의 할아버지와 아주머니의 집에서 자랐다.)

    ※ 일러두기: 등위접속사 and는 grandfather's라는 소유격으로 된 형용어구와 동등한 aunt's라는 형용사구 어구를 연결해서 전명구의 목적어 house를 수식하고 있다.

(2) 전명구를 받는 어구를 등위접속사가 연결하는 제 2형식

(가) 주어를 수식하는 등위접속사로 결합한 전명구

① The secretary and typist in my office is Miss Lee.

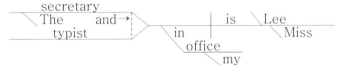

    (나의 사무실에 사무원 겸 타자수는 이양이다.)

② The editor and publisher of this magazine is an able man.

    (이 잡지의 편집인이고 발행인은 능력 있는 동일인이다.)

③ A bat and the whale in the sea are animal.

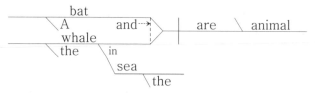

(박쥐와 바다에 있는 고래는 동물이다.)

④ The sun and the moon in the night sky are the stars like the earth.

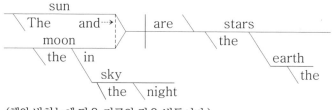

(해와 밤하늘에 달은 지구와 같은 별들이다.)

(나) 등위접속사로 연결된 동사를 수식하는 전명구

① She felt and looked very happy this morning.

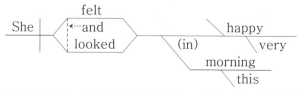

(그 여자는 오늘 아침에 매우 행복하게 느끼기도 했고 행복하게도 보였다.)

※ 일러두기: 동사 부분을 다이아몬드 모양으로 그린 것은 등위접속사 and로 연결되는 두 개의
서술 동사가 같은 주어와 같은 보어를 함께 받는 것을 나타내게 하자니 이렇게 그려진 것이다.

② They went together and became the good couples through the tour.

(그들은 함께 가서 여행을 통해서 좋은 짝이 되었다.)

③ She lived and died a woman saint during her life.

(그녀는 생애 동안 성녀로 살다가 죽었다.)

(다) 전명구가 있는 제 2형식에 등위접속사로 연결된 보어

① The sea appeared blue and immeasurable before her.

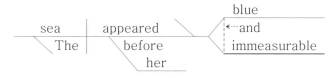

(바다가 그녀 앞에 푸르고 끝이 보이지 않게 나타났다.)

② It is nice and kind of her.

(그것은 그녀의 훌륭함과 친절이다.)

③ The seeds of the flowers in the soil grow pretty or ugly lately.

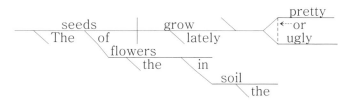

(땅에 꽃의 씨앗들은 늦게 예쁘거나 모양 없게 자란다.)

④ She is rich in beauty and proud of her beauty.

(그녀는 아름다움에 풍요롭고 그녀의 아름다움에 자만한다.)

⑤ The houses on either side were high and large.

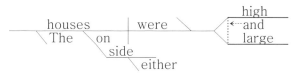

(이쪽저쪽 각 쪽에 있는 집들이 높고 컸다.)

⑥ I am poor and hungry for knowledge.

$$\underline{\text{I}} \mid \text{am} \diagdown \begin{array}{c} \text{poor} \\ \leftarrow\cdots\text{and} \\ \text{hungry} \end{array} \diagup \begin{array}{c} \text{for} \\ \text{knowledge} \end{array}$$

(나는 지식에 가난하고 굶주려 있다.)

※ 일러두기: 주어와 동사는 한 개인데 등위접속사로 연결한 보어가 두 개인 문장이다. 전명구가 두 개의 보어를 동시에 수식하고 있다.

⑦ The area of the office is wide and long by thirty feet.

(사무실의 면적은 너비와 길이가 30피트이다.)

⑧ The boys at play on the playground are friends and enemies in an examination.

(운동장에서 놀고 있는 소년들은 시험에는 친구이고 경쟁 상대이다.)

(라) 보어로 쓰인 전명구에 전치사의 목적이 등위접속사로 연결

① Water consists of hydrogen and oxygen.

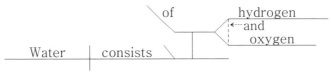

(물은 수소와 산소로 구성되어 있다.)

② Man consists of a physical body, an intelligent spirit, and a holy soul.

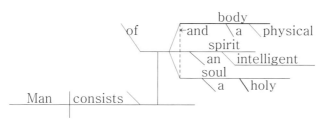

(사람은 한 물질적인 육신과 지적인 정신과 거룩한 영혼으로 구성되어 있다.)

※ 일러두기: 전치사 of의 목적어는 body와 spirit과 soul로 되는 3개의 명사가 공통으로 되어 있다.

③ Infamous zoo can be without the tallest giraffe, the biggest elephant, or the fiercest lion of animals.

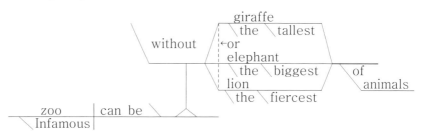

(헛소문 동물원은 동물 중에서 가장 키가 큰 기린이나 가장 덩치가 큰 코끼리나 가장 용맹스러운 사자가 없을 수도 있다.)

※ 일러두기: 위의 도해에서는 전치사 without의 목적이 giraffe와 elephant와 lion으로 3개인데 등위접속사 or가 접속하고 있고 또 이 전명구들은 공통으로 of animal이라는 전명구의 수식을 받아서 can be동사의 주격 보어가 되고 있다.

(마) 2형식에서 등위접속사로 연결이 되는 전명구의 예문

① The girls at work or at play are pretty children.

(공부하거나 장난을 치는 소녀들은 예쁜 어린 아이들이다.)

※ 일러두기: 위의 도해에서 or의 위치는 점선 자리인데 역할은 전명구 at work와 at play를 대등하게 연결하여 주고 있다.

② His work was a sculpture of love, not only to the living, but to the dead.

(그의 작품은 삶뿐만 아니라 죽음에 이르는 사랑의 조각이다.)

③ He is a handsome, gentle, and good man.

(그는 멋지고 점잖고 선한 사람이다.)

④ Koreans are most people thorough and painstaking in their undertakings.

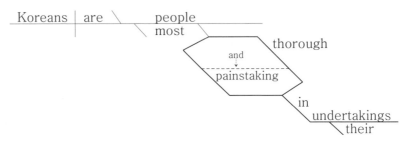

(한국인은 거의가 그들이 맡은 일에 철저하고 근면한 사람들이다.)

(3) 전명구가 있는 3형식에서 등위접속사

(가) 등위접속사가 동사와 동사를 접속

① He has returned from his long tour and is holding a big banquet.

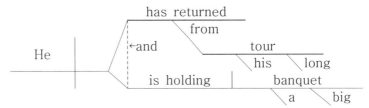

(그는 그의 오랜 여행에서 돌아와 큰 축하연을 베풀고 있는 중이다.)

② The military have ousted the ruling party and taken control.

(군대가 여당을 축출하고 통치권을 장악했다.)

③ They took her as the family and treated her as one.

(그들은 그녀를 가족으로 생각하고 가족의 일원으로 대접했다.)

(나) 등위접속사가 목적어와 목적어를 접속

① A good boy puts waste paper and bottles in the waste basket.

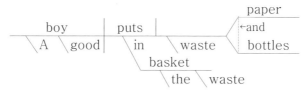

(한 착한 소년이 쓰레기통에 폐지와 폐병을 넣는다.)

② We meet our friends and entire family this Saturday.

(우리는 친구들과 전 가족을 이번 토요일에 만난다.)

③ You find Seoul station on the right and Mt. Namsan on the left.

(당신은 오른편에 서울역을 왼편에 남산을 본다.)

④ The policeman found a television, a book, and a hair dryer in the used car. (경찰관은 중고차 안에서 텔레비전 한 대, 책 한 권, 헤어드라이어 한 대를 발견했다.)

⑤ She knows something of everything, and everything of something.

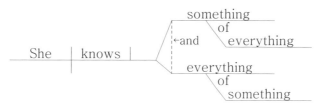

(그녀는 어떤 것이라도 조금씩은 알고 약간에 대해서는 모든 것을 안다.)

(다) 등위접속사가 전치사의 목적과 전치사의 목적을 연결

① The snow on the mountain changes the emotions of tourists and their children.

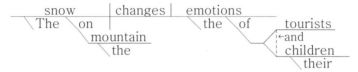

(산 위에 있는 눈은 관광객과 그들의 아이들의 감동을 일으킨다.)

② The little boat made a poor fight against the wind and tide.

(그 작은 배는 바람과 조류에 대항해서 가엾은 싸움을 싸웠다.)

③ Tall trees around the library deprive it of sunshine and wind.

(도서관을 둘러싼 키 큰 나무들이 햇빛과 바람을 막는다.)

④ They dreamed images of mountains, rivers, and castles.

(그들은 산맥과 강들과 성들의 영상을 꿈꿨다.)

⑤ His grandmother willed the entire estate to him and his family.

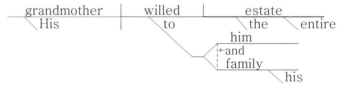

(그의 할머니는 그와 그의 가족들에게 전 재산을 물려주려고 했다.)

(라) 등위접속사가 전치사와 전치사를 연결

① The staffs discuss the agenda noisily in and out of their office.

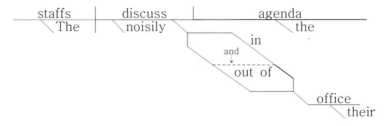

(그 참모들은 그들의 사무실 밖과 안에서 그 의제를 시끄럽게 토의 한다.)

※ 일러두기: 위의 도해에서는 두 개의 전치사 in과 out of가 전치사의 목적어로 office를 공유하고 있다.

② I don't think over bad things at or out of my home.

(나는 집안이나 집 밖에서 있는 나쁜 일은 되씹어 생각지 않는다.)

(4) 전명구가 있는 4형식에서 등위접속사

(가) 등위접속사가 전명구와 전명구의 연결

① A wrong swing costs the player the golf championship before his girlfriend and before his teammates.

(한 번의 잘못된 스윙은 그 경기자에게 그의 여자 친구와 동료들 앞에서 골프선수권을 잃게 해 주었다.)

※ 일러두기: 전명구 before friend와 before teammates를 and가 연결해서 동사 costs를 수식 한다.

② The tall boy by his father and at table gives me a fork. (그의 아버지 옆에서 식사하는 키 큰 소년이 나에게 포크 한 개를 준다.)

(나) 등위접속사가 전치사의 목적과 목적을 연결

① She sent me a very beautiful necktie with colors and mystery.

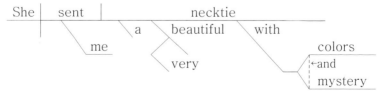

(그녀는 채색이 되고 신비스러운 대단히 아름다운 넥타이를 나에게 보내 주었다.)

② Our parents forgive us our sins completely in the past or the future.

(우리의 부모는 과거나 미래에 우리의 잘못을 완전히 용서해 준다.)

③ He left his son a large fortune before his lawyer and relatives.

(그는 그의 아들에게 변호사와 친척들 앞에서 많은 재산을 남겼다.)

(다) 동사가 전치사와 더불어 4형식과 같은 문형을 형성하는 모형들

① My reverence informed me of new life.

(나의 신부님은 나에게 새로운 생명을 알려 주었다.)

※ inform ... with ~, ...에게 ~를 불어넣다

② They informed him about her address.

(그들은 그에게 그녀의 주소를 말했다.)

※ inform ... about~~~ ...에게 ~~~를 말하다.)

③ She reminds me of my mother.

(그녀는 나에게 나의 어머니를 생각나게 한다.)

※ remind ... of~~~ ...에게 ~~~를 생각나게 하다.

(5) 전명구가 있는 5형식에서 등위접속사

(가) 서술적 용법으로 쓰인 전명구에 등위접속사

① People recognized her as their chief and friend.

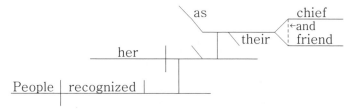

(사람들은 그녀를 그들의 우두머리이자 친구로 생각했다.)

② We took all of the story as truth and reality.

(우리들은 그 이야기의 모두를 진실이고 사실이라고 생각했다.)

③ The girl fancies herself as an actress and a player.

(그 소녀는 자기가 배우이고 연주자로 상상한다.)

④ He finds the queen in good or bad humor.

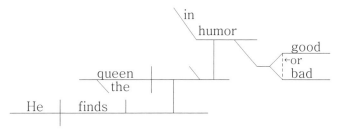

(그는 여왕이 기분이 좋은지 나쁜지를 알아낸다.)

※ 일러두기: 전치사의 목적어인 humor를 수식하는 형용사 good과 bad가 접속사 or로 접속되어 있다.

(나) 수식적 용법으로 쓰인 전명구와 등위접속사

(a) 부사적인 용법으로 쓰인 전명구와 등위접속사

① They consider the hill beautiful under the moonlight and at sunset.

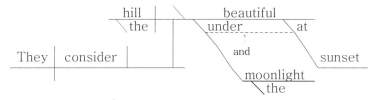

(그들은 달빛 아래서 그리고 해 질 녘에 그 언덕이 아름답다고 생각한다.)

② He shoots the violent animal dead without any sympathy or forgiveness.

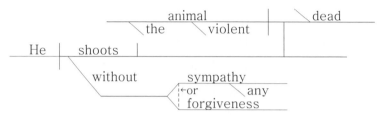

(그는 무슨 동정이나 용서 없이 그 광폭한 짐승이 죽게 쏜다.)

(b) 형용사적인 용법으로 쓰인 전명구와 등위접속사

① The leaders of America and the neighboring countries set the slaves free.

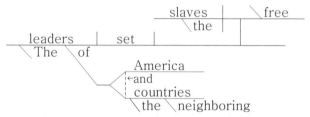

(미국과 이웃 나라들의 지도자들은 노예들을 자유롭게 놓아주었다.)

② The labors dept. of design and coloring painted the boat lightly white.

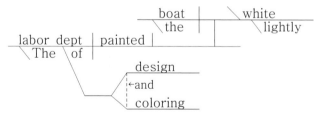

(설계와 도색 근로자 부서는 그 배를 연한 흰색으로 칠했다.)

③ I don't call the man of that kind or similar kind smart.

※ call [kɔːl] v. ~라고 생각하다, ~으로 간주하다

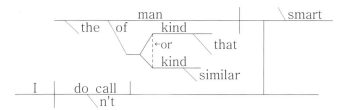

(나는 그런 종류나 그와 비슷한 종류의 사람을 영리하다고 생각하지는 않는다.)

④ The waiter swept the dirt on the floor and wall clean.

(사환은 바닥과 벽에 때를 깨끗하게 청소했다.)

⑤ She violently shook her hand free from his hand before his friends and rival in love.

※ rival [ráiv-əl] n. 경쟁자, a ~ in love 연적

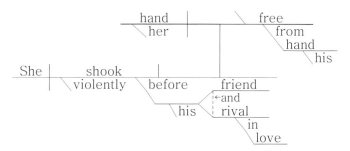

(그녀는 그 남자의 친구와 연적 앞에서 자기의 손을 그 남자의 손에서 자유롭게 거칠게 흔들었다.)

THE WAY ENGLISH WORDS ARE ARRANGED TO FORM A SENTENCE

제3편

의미 구성 방식과 절

주어, 동사 등의 주부와 술부의 형식을 완전히 갖춘 온전한 문장의 문법적인 관계를 설명하기 위해서 하나의 단위로 지칭할 때 그것을 절이라고 부른다. 격의 측면으로 말하면 문장이 단어처럼 어휘의 단위가 되어 격의 기능을 받을 수 있는 단위가 된 것을 말한다. 문장이 어휘 단위가 되어 쓰이게 되면 그 문장에는 이를 표지하는 접속어나 기호가 있기에 그런 접속어들을 잘 학습해두면 구문을 파악하기가 쉽다. 명사절의 경우에는 명사절을 이끄는 종속 접속사(p.614 참조), 부사절의 경우에는 부사절을 이끄는 종속 접속사(p.616 참조), 형용사절의 경우에는 형용사절을 이끄는 관계사(p.245 참조) 등을 철저히 학습해두면 이들의 이해는 저절로 된다.

1. 명사절

문장이 명사의 역할로 쓰이는 것을 명사절이라 한다. 명사는 문장에서 주어나 보어
나 목적어 등과 같은 주요소로 쓰이는데, 이처럼 절 전체가 문장 구조상에서 한 개의 명
사의 단위가 되어 체언의 단위로 주어나 목적어나 보어의 어순에 들어가 주요소가 되어
어순에서 격조사의 의미를 부여받는 문장을 말한다.

가. 명사절의 구성

문장이 하나의 단위가 되어서 명사절을 만드는 접속사와 결합하든지 명사절이라는
것을 표시하는 표지를 가져서 명사적으로 쓰이게 된다. 따라서 명사절이 된 문장의
의미는 원래 문장의 의미에다가 명사절을 만드는 접속사의 의미를 결합한 것이 된다.

【명사절의 모형】

| 명사절을 이끄는 접속사 | + | 문장 (각 종류의 형식) | ⇒ | 명사절 |

나. 명사절의 기능

명사절의 기능과 의미에 관해서 절이 접속사와 결합으로 구성되는 의미와 역할을 생
성과정을 통해서 살펴보기로 한다.

1) 명사절의 구성과 의미 분석

【접속사의 의미】 that(~하는 것), whether(~인지 어떤지), if(~인지)

【결합할 예문】 He is honest. (그가 정직하다.)

【명사절의 의미 구성】

예문과 위의 접속사와 결합하면 접속사별 결합한 문장의 의미는 다음 표의 내용과
같다.

접속사	명사절
that (~하는 것)	that he is honest. ('그 남자가 정직하다'는 것)
whether (~인지 어떤지)	whether he is honest. ('그 남자가 정직하다'인지 어떤지)
if (~인지)	if he is honest. ('그 남자가 정직하다' 인지)

※ 일러두기: 명사절의 번역 부분에 어색한 부분은 직역을 했기 때문인데 직역의 의미를 감안해서 합당하게 의역을 하면 된다.

2) 명사절과 어순의 의미 분석

명사절이 어순에 들어가면 그 명사절은 단어처럼 체언이 되어 각 어순의 기능으로부터 격조사의 의미를 부여받게 된다. 가령 "All we know+목적어"라는 예문 모형 하나를 들어 설명해 보기로 한다. "All we know+목적어"라는 모형 예문에 절이 목적어로 들어갈 경우 목적어로 체언이 된 명사절과 목적어 어순이 주는 목적격 조사의 의미를 살펴보기로 한다.

【모형】All we know+'명사절'

모형 예문	명사절	모형 예문에 들어간 명사절
All we know (우리 모두가 안다.)	that he is honest (그 남자가 정직하다는 것)	All we know that 'he is honest.' (우리는 모두 그가 정직하다는 것을 안다.)
All we know	if he is honest. (그 남자가 정직한지)	All we know if 'he is honest.' (우리는 모두 '그가 정직한 지'를 안다 .)

※ 주의: '~를'은 목적어 어순이 제공하는 격조사의 의미이다. that이나 if 접속사는 명사절로 쓰이는 것에 못지않게 다른 의미로 쓰이는 경우가 더 많은 단어이므로 그런 용법도 잘 익혀두고 구별해서 써야 한다.

3) 어순과 명사절

명사절은 문장에서 명사가 할 수 있는 주어, 보어, 목적어 등으로 쓰이는데, 주어가 명사절인 경우와 명사절이 보어나 목적어가 된 경우에 문장의 구조와 어순이 주는 격조사의 의미를 비교해서 살펴보기로 한다.

가) 명사절이 주어인 예문의 구조

　　【예문】 That she became honest is good.

　　　　　(그녀가 정직하게 되었다는 것은 좋다.)

　【명사절이 주어가 된 예문의 구조】

　　(1) 명사절이 주어인 예문의 모형

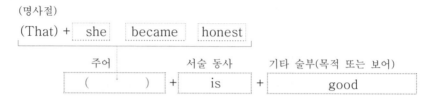

　　(2) 명사절이 주어인 예문 도해

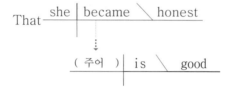

나) 명사절이 목적어인 예문의 구조

　　【예문】 They think that she became honest.

　　　　　(그들은 그녀가 정직하게 되었다고 생각한다.)

　【목적어인 예문의 구조】

　　(1) 명사절이 목적어인 예문의 모형

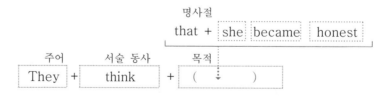

(2) 명사절이 목적어인 예문 도해

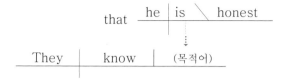

다) 명사절이 보어인 예문의 구조

【예문】His thought is that you passed the test.

(그의 생각은 당신이 그 시험에 합격했다는 것이다.)

【보어인 예문의 구조】

(1) 명사절이 보어인 예문의 모형

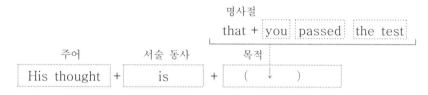

라) 단어가 주어인 문장과 명사절인 문장의 구조 비교

단어인 명사가 주어일 때와 명사절이 주어일 때 문장의 구조를 비교해서 그 차이점을 학습해 보기로 한다.

(1) 단어가 주어인 문장　　　　　(2) 명사절이 주어인 문장

【예문】Color is clear.　　　　　That you passed the test is clear.

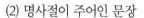

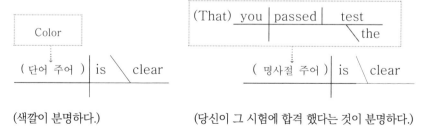

(색깔이 분명하다.)　　　　　(당신이 그 시험에 합격 했다는 것이 분명하다.)

마) 명사절이 있는 문장의 번역 순서

한국어에는 영어에서처럼 어순의 격 기능이 문법 규칙이 되어서 어기면 문장이
성립되지 않는 그러한 엄중한 어순규칙은 없다. 그러나 한국어 문장에도 어구 배
열에 대한 관습적인 순서는 있다. 그 순서는 언제나 주어, 기타(보어나 목적어), 서
술 동사의 순서가 된다. 명사절이나 형용사절이나 부사절 등 여러 개의 절이 복합
적으로 구성된 문장 번역을 할 때는 한국어의 관습적인 어구 배열의 차례를 따르
지 않으면 번역을 해 놓았을 때, 무슨 말을 번역하고 있는지 혼란스러운 결과를 가
져올 수 있다. 문장 번역의 순서는 간단한 문장에서는 별 것 아니지만, 문장이 많
은 절을 포함하고 있는 복합 구조가 되면 번역 순서가 문장을 제대로 번역하는 지
렛대가 된다. 주어가 명사절로 되어있으면 위에 명사절이 주어인 예문의 도해대로
주어를 번역할 차례에 명사절인 주어 문장을 번역하는 것이 첫 번째인데 주어가
된 명사절도 문장의 번역 차례를 적용해서 번역하면 쉽게 해결된다. 명사절이 목
적어나 보어가 되어있으면 목적어나 보어를 번역할 차례에 문장을 번역하는 차례
를 적용해서 번역하고 다음 차례로 넘어가면 된다. 주어가 된 절이나 목적어가 된
절도 문장이니까 언제나 문장을 번역하는 순서를 적용해서 번역하고 나서 다시
주절의 원 번역 차례에 돌아가서 하다 남은 차례의 번역을 계속하게 된다. 번역의
차례를 주절은 로마숫자 (Ⅰ), (Ⅱ), (Ⅲ)로 표시하고 종절인 명사절의 번역순서는 괄
호 속 아라비아 숫자 ①, ②, ③으로 표시하면 다음 도해와 같은 번역순서가 된다.

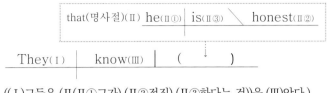

((Ⅰ)그들은 (Ⅱ(Ⅱ①그가) (Ⅱ②정직) (Ⅱ③하다는 것))을 (Ⅲ)안다.)

다. 접속사별 명사절 도해 연습

명사절을 이끄는 접속사별 예문을 각각 연습하기로 한다.

1) that이 이끄는 명사절

that에는 많은 용법이 있지만, 그런 용법 중에서 명사절을 이끌 때 예문을 연습한다.
that이 이끄는 명사절은 명사가 문장에서 하는 주요소의 역할을 하는데, 주어, 보어,
목적어의 역할을 한다.

가) 주어가 되는 that 명사절

that이 이끄는 절이 주어인 문장을 도해를 통해서 학습하기로 한다.

① That he is honest is clear.

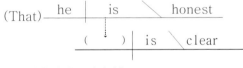

(그가 정직한 것이 분명하다.)

② That students should do such things is a scandal.

(학생들이 그런 것들을 해야만 한다는 것은 추문이다.)

③ That she differs with you is the problem.

(그녀가 너와 다르다는 것이 문제이다.)

④ That they should meet on Saturday is their opinion.

(그들이 토요일에 만나야만 하는 것은 그들의 의견이다.)

나) 보어가 되는 that 명사절

that이 이끄는 명사절이 보어가 된 경우를 도해로써 학습하기로 한다.

① Our belief is that he is honest.

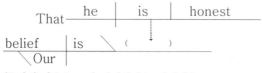

(우리의 믿음은 그가 정직하다는 것이다.)

② The best thing is that she totally answers our questions.

(가장 좋은 것은 그녀가 우리의 질문에 전체적으로 답하는 것이다.)

③ Their intention is that they will be able to get the best grade in the math lesson. (그들의 의도는 그들이 수학 수업에서 최고의 성적을 얻을 수 있을 거라는 것이다.)

다) 목적어가 되는 that 명사절

that이 이끄는 명사절이 목적어가 되는 문장을 도해를 통해서 학습해 보기로 한다.

① They know that the earth is rotating now.

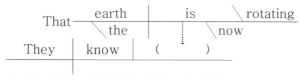

(그들은 지구가 지금 회전 중이라는 것을 안다.)

② She had realized that something was wrong.

(그녀는 무엇인가가 잘못되었다는 것을 깨달았다.)

③ He thinks that a black sofa might offset the white theme.

(그는 검은 소파가 하얀 테마를 상쇄해 버릴지도 모른다고 생각한다.)

④ The Bible has taught mankind that Jesus will come again soon.

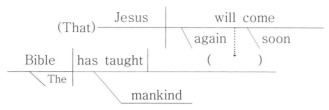

(성경은 예수가 곧 다시 올 것이라고 인류에게 가르쳐 온다.)

라) 동격어로 쓰인 that절

① The fact that you don't love her is evident.

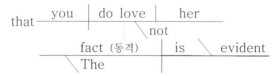

(네가 그녀를 좋아하지 않는다는 그 사실은 명백하다.)

> ※ 위의 문장에서 The fact와 that이 이끄는 you don't love her 문장은 둘 다 동등한 자격을 갖는
> 주어이다. 둘 다 같은 자격의 주어로 동격이다.

② The confidence that she would pass the test made her arrogant.

(시험에 통과할 것이라는 자신감은 그녀를 건방지게 만들었다.)

③ The fact that he successfully completed a master's degree is beyond the discussion. (그가 석사학위를 성공적으로 마쳤다는 사실은 논의 밖이다.)

마) 그 외 that 명사절

(1) 명사절을 이끄는 that의 생략

that이 명사절을 이끌 때 명사절을 이끄는 접속사 that을 생략하고 쓰는 경우도 있다.

① They thought it might be true.

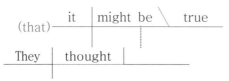

(그들은 그것이 사실일지도 모른다고 생각했다.)

※ 본문에는 that이 생략되어 없지만, 도해에서는 이해를 돕기 위해서 that을 복원해서 도해했다.

② I wish you can come. (당신이 올 수 있기를 바란다.)

③ Jeffery claimed he did not love Tracy.

(Jeffery는 그가 Tracy를 사랑하지 않았다고 주장했다.)

④ She said she had met him at the theater.

(그녀는 그를 극장에서 만났다고 말했다.)

⑤ She said I should have solutions tomorrow.

(그녀는 내가 내일 해결책을 갖고 있어야 한다고 말했다.)

(2) It~ that 용법에서 that 명사절

it~ that 용법이라는 것은 that 명사절이 문장을 구성하는 주요소로 있을 때, 그 that 절 어순에 that 절을 대신해서 it을 넣고 that 절은 문장의 맨 끝으로 갖다 두는 형태를 말한다. 이때 it은 자기의 의미는 전혀 없고 다만 that 절을 대신해서 형식적으로 넣어둔 것이므로 it을 번역하려고 할 필요는 없다. it를 번역하는 대신에 that 절을 번역해서 it 자리에 있는 것으로 하면 된다. it가 이렇게 쓰일 때 it의 용법은 it이 의미를 지니지 아니하고 형식적으로 쓰였다고 해서 「it의 형식 용법」이라고 하며 that 절이 진짜 요소가 된다. 이 용법은 많이 쓰이는 용법이므로 잘 익혀두어야 한다.

(가) 주어인 명사절에 적용한 it~that

주어가 명사절이 되어서 주어가 길어지면 문장의 어순이 산만해진다. 이렇게 산만해진 어순에 대해서 문장의 의미를 명료하게 부각하는 방법으로 주어인 명사절 대신에 it을 주어 자리에 넣어 주어를 명확하게 부각하고 원 주어인 명사절은 문장의 뒤에 갖다 놓게 된다. 이렇게 it이 주어 자리에 대신 들어가 있을 때는 it을 가주어(假主語)라 하고 문미로 옮겨간 that 절은 진주어(眞主語)라고 부른다. 예문에 it~that을 적용해서 it~that 용법을 연습해 본다.

【예문】 That they say so sounds good.

　　　　　(그들이 그렇게 말하는 것은 좋게 들린다.)

【it~that을 예문의 주어에 적용하는 과정】

it~ that 용법을 주어에 적용하면 원문에 없는 it을 빌려와서 주어 자리에 앉히고 it에게 주어 자리를 내어준 that 절은 문장의 끝으로 간다.

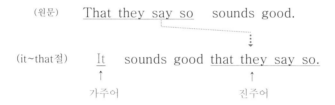

【주어가 It~ that 용법인 문장의 도해 연습】

① It sounds great that they do so.

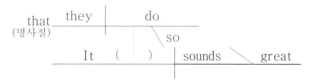

(그들이 그렇게 한다는 것은 대단하게 들린다.)

※ 위의 문장에서 It은 형식적인 주어로 주어 자리만 차지하고 있을 뿐 의미가 없다. that 명사절이 주어이기 때문에 주어를 번역하는 차례에 that 절을 번역해야 한다.

② It is exciting that they have reunited again.

　　(그들이 다시 연합하고 있다는 것은 흥분된 일이다.)

③ It is strange that he should behave so.

　　(그가 그렇게 행동해야만 한다는 것은 이상하다.)

④ It was my wish that he might pass.

　　(그가 통과할지도 모른다는 것은 나의 소망이었다.)

⑤ It is necessary that everyone should prepare for a rainy day.

　　(모든 사람이 비가 오는 날을 대비할 필요가 있다.)

(나) 목적어인 명사절에 적용한 it~that

목적어가 명사절로 되어있고 주절에 서술 동사를 수식하는 긴 부사구가 있으면, 주절의 서술 동사와 주절의 부사구 사이에 목적어인 명사절이 끼어들게 되어 주절의 부사구는 문장의 뒤로 밀려나게 된다. 이렇게 문미로 밀려난 긴 부사구는 주절의 부사구인지, 목적절의 부사구인지가 분명하지 않게 된다. 또 제 5형식의 경우에 목적어가 that 명사절이 되면 주절의 서술 동사와 주절의 목적 보어 사이에 목적절이 끼어들게 되어 목적 보어의 어순이 잘 구분되지 않게 된다. 제 3형식이나 제 5형식이 이렇게 되면 어순 파악에 생길 수 있는 혼동을 피해서 의미전달을 명쾌하게 하는 방법으로 it~that 용법을 활용한다.

【예문】 Nobody believes that the story is true since the event.

　　　　(그 사건 이후 아무도 그 이야기를 사실이라고 믿지 않는다.)

【 it~that이 예문의 목적어에 적용하는 과정 】

(원문)

Nobody believes that the story is true since the event.

(it~that)

Nobody believes it since the event that the story is true.

가목적어   진목적어

※ 일러두기: it~ that 용법을 적용하면서 원문에 없던 it이 목적어 자리에 새로 들어오게 되는데 이 it을 가목적어라 하고 목적어의 어순을 it에게 내어주고 문장의 끝에 옮겨 간 that 절을 진목적어라고 한다.

【목적어가 It~ that 용법인 문장의 도해 연습】

① They found it real that she was happy.

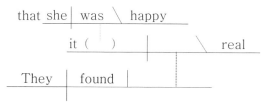

(그들은 그녀가 행복했다는 것이 사실임을 알았다.)

※ 일러두기: 위의 도해는 제 5형식에 목적어가 that 절인데 it~that 용법을 적용한 문장이다.

② We think it right that the workers are on time at their jobs.

(우리는 작업자들이 그들의 업무에 제시간에 도착하는 것이 옳다고 생각한다.)

③ The teacher made it clear that each student of the class should follow the instruction.

(선생님은 학급의 각 학생은 지시를 따라야 한다는 것을 분명하게 했다.)

④ The missionaries discussed it deeply for a long time that the Bible has delivered salvation messages in all generations.

(선교사들은 성경이 모든 세대에게 구원의 메시지를 전하고 있다는 것을 오랜 시간 심도 있게 토론했다.)

2) whether, whether~or, whether~or not 등이 이끄는 명사절

가) whether가 이끄는 명사절

wether는 "~인지 어떤지"라는 의미를 가지고 that과 마찬가지로 명사절을 인도한다. 도해는 명사절을 이끄는 that 접속사처럼 한다.

① Whether she came is not clear.

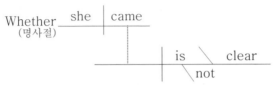

(그녀가 왔는지 어쩐지는 분명하지 않다.)

※ 명사절을 이끄는 whether는 명사절을 이끄는 접속사 that과 동일하게 처리하면 된다. 다만 that과 의미가 달라서 whether의 의미를 잘 파악해 두어야 한다.

② The concern is whether she will help us.

(관심은 그녀가 우리를 도울 것인지 어쩐지이다.)

③ Her answer is whether she can admit him to the conference.

(그녀의 답변은 그녀가 그를 그 회의에 참석하게 할 수 있는지 어쩐지이다.)

④ They don't know whether he is at office.

(그들은 그가 그 사무실에 다니는지 어떤지를 알지 못한다.)

⑤ No one knew whether the play would last.

(아무도 그 연극이 계속할 건지 어쩔 건지를 알지 못했다.)

나) whether~or가 이끄는 명사절

whether~or도 whether처럼 명사절을 이끄는데 whether가 이끄는 명사절과 whether~or가 이끄는 명사절의 차이점은 whether는 명사절을 하나만 이끄는데 whether~or는 "or 앞쪽인지 또는 or 뒤쪽인지"라는 의미의 두 개의 명사절을 이끌게 되는 것이 다르다. 연습문제를 통해서 학습해 보기로 한다.

① Whether she will come or send a substitute is important to them.

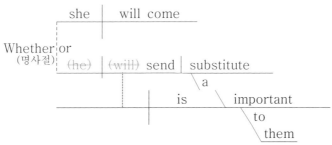

(그녀가 올 것인지 대리인을 보낼 것인지는 그들에 중요하다.)

※ 명사절을 이끄는 whether~or에서 or 이하에 (he)(will)은 본문에서 생략된 것이었는데 도해를
하면서 복원한 것이다.

② Our concern is whether he likes or dislikes the animal.

(우리의 관심은 그가 동물을 좋아하는지 아닌지이다.)

③ He asked me whether she was a Korean or a Japanese.

(그녀는 내가 한국인인지 일본인인지를 물었다.)

다) whether ~or not이 이끄는 명사절

whether~or not도 명사절을 이끄는데 whether~or not이 이끄는 명사절은 "or의
앞쪽인지, or의 뒤쪽이 아닌지"의 의미를 지닌다. or 앞쪽의 명사절에 대해서 or 뒤
쪽에는 동일한 문장에 대한 부정문으로 하나 더 갖는 것이다.

① Whether she is beautiful or not is so crucial.

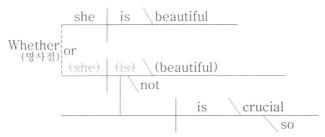

(그녀가 예쁜지 또는 예쁘지 않은지는 아주 결정적이다.)

* 명사절을 이끄는 whether~or not은 "~인지 아닌지"라는 의미를 지닌 접속사이다.

② His reply was whether they should arrive on time or not.

    (그의 답변은 그들이 제시간에 도착해야만 하는지 아닌지였다.)

③ The question in the minds of many people is whether the rain can stop or not.

    (많은 사람들의 마음속에 있는 의문은 비가 멈출 것인지 아닌지이다.)

④ The brochure should indicate whether the product contains lead or not. (그 안내 책자는 그 제품이 납을 포함하고 있는지 아닌지를 표시야 한다.)

⑤ None said whether the hero at the battlefield could have returned safely or not. (한 사람도 그 전장에 그 영웅이 안전하게 돌아올 수 있었는지 않았는지를 말하지 않았다.)

3) if가 이끄는 명사절

if는 ask, doubt, know, learn, see와 등과 같은 동사 뒤에서 whether처럼 불확실한 것에 의문을 나타내는 "~인지 어떤지"라는 의미의 명사절을 이끌기도 한다. if는 조건 부사절을 이끌 때가 많은데, 조건 부사절을 이끌 때 접속사의 의미와 명사절을 이끌 때 접속사의 의미가 전혀 다르니 주의해야 한다.

① She doesn't know if he can arrive on time.

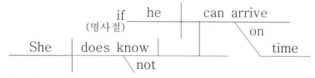

    (그녀는 그가 제시간에 도착할 수 있을지를 모른다.)

    ※ 위에 도해에서 if는 명사절을 이끄는 접속사로 "~인지"라는 의미이다.

② They shall soon learn if it is false.

    (그들은 그것이 거짓인지를 곧 배울 것이다.)

③ They ask him if he will leave tomorrow.

(그들은 그에게 내일 떠날 것인지 어쩔지를 묻는다.)

④ Nobody doubts if the rumor is true.

(아무도 그 소문이 사실인지 아닌지 의심하지 않는다.)

4) 의문사가 이끄는 명사절

의문사가 있는 절은 다른 어순에는 변화가 없이 의문사만 자기 문장의 맨 앞에 내세워 그 절이 의문의 의미를 지닌 절임을 표시하면서 명사절로서의 구실을 하게 한다.

가) 의문대명사가 이끄는 명사절

① They don't know who she is.

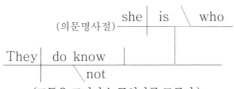

(그들은 그녀가 누구인가를 모른다.)

※ 의문절이 명사적인 용법으로 쓰여서 목적절의 역할을 한다.

② It does not matter who made it. (누가 그것을 만들었는가는 중요하지 않다.)

③ The question is who built it. (문제는 누가 그것을 지었냐는 것이다.)

④ Who did it is a concern to me. (누가 그것을 했냐가 나에게 관심사이다.)

⑤ They realized what had happened there.

(그들은 거기서 무엇이 일어났었나를 깨달았다.)

나) 의문형용사가 이끄는 명사절

의문형용사는 명사를 수식하는데, 의문형용사의 수식을 받는 명사는 의문형용사와 함께 문두에 나와서 명사절을 이끈다.

① We don't know what material he used.

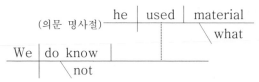

(우리는 그가 무슨 물질을 썼는가를 모른다.)

※ 의문형용사가 있는 이끄는 의문절이 명사적인 용법으로 쓰여 목적절로 쓰였다.

② She asked me what picture I had taken.

(그녀는 나에게 내가 무슨 사진을 찍었는가를 물었다.)

③ You told me which course he had chosen.

(당신은 나에게 그가 무슨 과목을 선택했는가를 말했다.)

④ He cannot tell whose movie she likes better.

(그는 그녀가 누구의 영화를 더 좋아하는가를 말할 수 없다.)

⑤ They heard what beverage the lady would drink at lunch.

(그들은 그 숙녀가 점심에 무슨 음료를 마실 건가를 들었다.)

다) 의문부사가 이끄는 명사절

① They said when you wanted money.

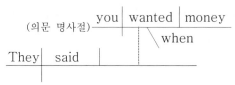

(그들은 당신이 돈을 언제 필요한가를 말했다.)

※ 의문부사가 있는 의문절이 명사적인 용법으로 쓰여서 문장의 목적절이 되었다.

② Nobody knows why the woman returned here.

(아무도 왜 그 부인이 여기에 돌아왔는가를 모른다.)

③ No one knows where Paul is.

(한 사람도 바울이 어디 있는가를 모른다.)

④ They know when it disappeared.

(그들은 그것이 언제 사라졌는가를 안다.)

5) 인용구 ("~")로 표시하는 명사절

화자의 말에 인용구를 씌워서 그 어구를 원형대로 명사적으로 써서 말을 전달하려는 방법으로 쓴다.

① They said, "We will do our best."

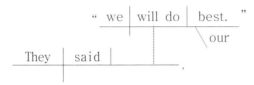

(그들은 "우리는 우리의 최선을 다하겠다"라고 말했다.)

※ 여기서 best는 『최선』이라는 의미의 명사임을 주의한다.

② She said, "I am studying now."

(그녀는 "나는 지금 공부하고 있어"라고 말했다.)

③ She asked, "Who's there?"

(그녀는 "누구 있어요?"라고 물었다.)

④ Karen's husband shouted, "I never pay attention to you!"

(카렌의 남편은 "나는 너에게 신경 안 써!"라고 소리쳤다.)

6) that 절이 아닌 명사절이 it~ that 용법을 원용하는 예들

it~ that의 형식에서 that 명사절을 대신해서 그 자리에 다른 명사절이 들어가서 it~ that 용법을 원용한 경우를 말한다. It~ that의 형식에서 that 절이 들어가야 할 자리에 that 절을 대신해서 whether가 이끄는 명사절이나 if가 이끄는 명사절이나 의문사가 이끄는 명사절 등이 쓰이는 경우가 있는데 이럴 경우라도 it~that의 용법처럼 it 는 형식상의 요소가 되고 뒤따르는 명사절은 진주어가 되는 것이다.

가) if가 이끄는 명사절의 it~ that 용법을 원용한 예문

① It is doubted if she is honest.

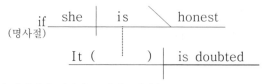

(그녀가 정직한지 어떤지는 의심스럽다.)

※ 위의 문장은 It~ that의 용법에서 that 절 대신에 if 명사절이 들어가 있다.

② It was not asked by any one if he returned or not.

(그가 돌아왔는지 아닌지는 아무에 의해서도 질문 받아지지 않았다.)

나) whether가 이끄는 명사절의 it~ that 용법을 원용한 예문

① They cannot find it easy whether the thought of his is different from her.

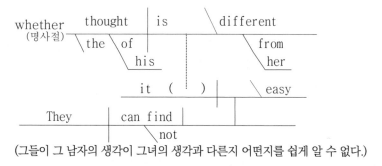

(그들이 그 남자의 생각이 그녀의 생각과 다른지 어떤지를 쉽게 알 수 없다.)

② It is not certain whether he will come.

(그가 올지 어쩔지는 확실하지 않다.)

③ It is not certain whether it will rain.

(비가 올지 어쩔지는 확실하지 않다.)

④ It is doubtful whether she will arrive on time.

(그녀가 제시간에 도착할지 어떨지는 의심스럽다.)

다) 의문사가 이끄는 명사절의 it~ that 용법을 원용한 예문

① It doesn't matter who did it.

(누가 그것을 했는가는 중요하지 않다.)

② It is amazing how Chinese characters overran east Asia.

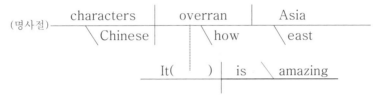

(한자가 어떻게 동아시아에 널리 퍼졌는가 하는 것이 놀랍다.)

※ 위의 문장은 It~ that의 용법에서 that 절 대신에 의문부사 how가 이끄는 절이 명사적으로 쓰여서 it~that 용법에 활용되고 있는 것을 볼 수 있다.

2. 부사절

동사를 수식하거나 부사가 수식할 수 있는 어구를 수식하는 문장을 부사절이라고 한다. 부사절은 부사절을 이끄는 종속 접속사(從屬接續詞)가 문두에서 문장과 접합해서 부사절을 구성한다. 부사절도 다른 부사구처럼 문장의 앞이나 뒤에 놓는데, 부사절이 문장의 앞에 놓이면 뒤에 놓을 때 보다 부사절의 의미를 더 강하게 나타내려는 것이 된다.

가. 부사절의 구성

부사절은 동사를 수식하는 것이 보통이지마는 부사가 수식하는 다른 어구를 수식하기도 한다. 부사절은 문장을 부사절을 이끄는 종속 접속사와 결합함으로 구성된다.

【부사절의 모형】

부사절을 이끄는 종속 접속사가 이끄는 부사절의 구성 모형은 다음과 같다.

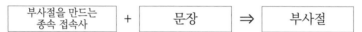

【부사절 구성 과정】

부사절을 이끄는 종속 접속사가 문장과 결합해서 부사절이 만들어지는 과정을 정리해 보면 전치사가 명사와 결합해서 전명구가 되었듯이 다음 표와 같이 부사절을 이끄는 종속 접속사가 문두에서 문장과 결합해서 부사절을 만들고 있음을 알 수 있다.

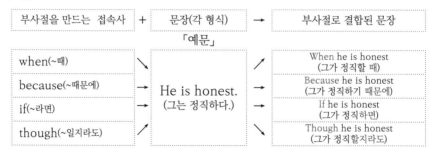

나. 부사절의 번역순서

부사절이 있는 문장을 번역하는 순서는 주요소를 번역하는 번역순서에 따라 차례대로 하는데, 부사절은 동사를 수식하기 때문에 동사의 번역 차례에서 부사절을 먼저 번역해서 동사를 수식하게 한다. 주요소의 번역 차례라는 것은 앞에서 언급한 대로 한국어의 어순대로를 말하는 것인데 주어I, 기타(목적어나 보어)II, 동사III의 순서이다. 따라서 위의 도해에 번역 차례를 매기면 다음과 같은 순번이 매겨진다.

【부사절 있는 예문의 번역 차례】

We like him because he is honest. (우리는 그를 그가 정직하기 때문에 좋아한다.)

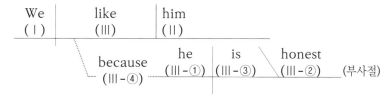

(우리(I)는 그를(II) 그(III-①)가 정직(III-②)하기(III-③) 때문에(III-④) 좋아한다.(III))

※ 번역의 순서를 보면 주절에서 주어(I) 목적어(II) 동사(III)의 순서인데 동사의 차례에서 부사절이 있으니 먼저 부사절로 가서 부사절의 번역순서대로 번역해서 동사를 수식하고 있다. 그러나 부사절이 길어지면 번역의 차례를 바꾸어 먼저 부사절을 완전히 마치고 주절의 주어로 들어가면 번역문을 쉽고 부드럽게 이해할 수 있다.

다. 부사절과 명사절

부사절을 만드는 종속 접속사는 종류도 많고 용도도 다양하다. 예문 하나를 들어 명사절과 부사절의 구문상 차이를 비교하면 다음과 같다.

(부사절 예문)
We like him because he is honest.

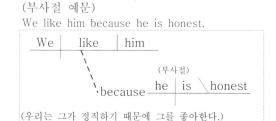

(우리는 그가 정직하기 때문에 그를 좋아한다.)

(명사절 예문)
We like that he is honest.

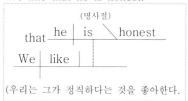

(우리는 그가 정직하다는 것을 좋아한다.)

※ 위 도해를 비교해 보면 because가 이끄는 부사절은 like 동사를 수식하고 that이 이끄는 명사절은 like의 목적어가 되어서 문장에 주요소가 되어있다.

라. 부사절을 만드는 접속사

부사절을 이끄는 접속사를 용도별로 정리해서 표를 만들면 다음 표와 같다.

구분 용도	종류	비고
(1) 시간	When:(~때), While:(~동안에, 그런데, 그러나), As:(~할 때), Before:(~전에), After:(~뒤에, ~후에), Until 또는 till:(~까지), Since:(~이래로, 이후로~할 때까지), Whenever:(~할 때 언제나), As soon as:(~하자마자 곧), once:(~하자마자).	as 접속사는 시간, 이유, 비교접속사에 걸쳐 쓰이므로 잘 숙지해 두어야 한다.
(2) 이유 (원인)	because:(~ 때문에), for:(때문에, 〈컴마가 있으면:~왜냐하면〉), As:(~때문에), Since:(~ 때문에), In as much as:(~ 때문에)	since는 이유, 시간 접속사에도 쓰이므로 잘 익혀두어야 한다.
(3) 목적	that, so that, in order that:(~하기 위해서), lest~`should:(~하지 않을까 봐서)	that의 용도가 다양하니 용도별로 철저히 숙지해 두어야 한다.
(4) 조건	if:(~한다면), Suppose, Supposing:(가령~라면), as far as, so far as:(~하는 한), Unless, but that, but:(~하지 않는다면), In case:(~경우에), But for:(~없으면), Provided, on condition that:(~조건하에)	if는 조건, 양보 부사절을 이끄는 접속사와 명사절을 이끄는 접속사로 쓰인다. suppose의 용법도 잘 익혀두어야 한다.
(5) 양보	though:(~하지만), although:(~함에도 불구하고), if, even if:~할지라도, whether~or:(~이든지 어떻든지 간에), as if, as though:(마치~인 것처럼), no matter what, no matter how:(~와 관계없이)	if나 whether는 양보 부사절을 이끄는 접속사로도 쓰이니 유념해 두어야 한다.
(6) 비교	as:(마치~처럼), as~as:(~만큼), more~than...:(...보다 더 ~하다), the more~, the more...:(~하면 할수록 더...하다)	
(7) 결과	so ~ that...:(~한 결과...하다), such~that...:(~한 결과...하다)	결과 부사절은 주절의 결과를 부사절에서 나타낸다.
(8) 장소	Where~:(~곳에)	

마. 부사절의 용도별 도해 연습

용도별로 분류한 부사절을 예문을 들어 도해 연습을 한다.

1) 시간 부사절

가) when (~할 때)

① When he comes she stays at the office.

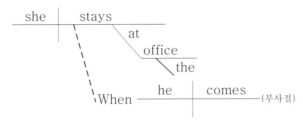

(그가 올 때 그녀는 사무실에 머문다.)

② He will meet you when he returns.

(그는 그가 돌아 올 때 너를 만날 것이다.)

③ When she saw me she yelled.

(그녀가 나를 보았을 때 그녀는 소리쳤다.)

④ They are satisfied when they are full of their affairs.

(그들은 그들의 일로 충만할 때 만족해진다.)

⑤ One feels happy when he is righteous.

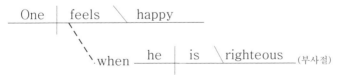

(인간은 그가 정의로울 때 행복을 느낀다.)

나) while (~ 동안에)

① While there is water, there can be something active.

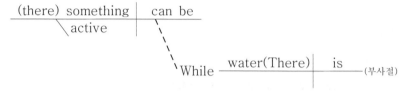

(물이 있는 한 생명체가 있을 수 있다.(직역: 물이 있는 동안 활동체가 있다.))

> ※ there+be의 형식은 「~있다」라는 의미의 독특한 문형으로 there+be 다음에 주어가 온다. There는
> there+be라는 문장의 형식을 구성하기 위해서 앞에 나와 있으며 의미는 없다.

② They make hay while the sun shines. (그들은 해가 비칠 동안 건초를 만든다.)

③ While he is reading a book, she can do something else.

(그가 책을 읽고 있을 동안, 그녀는 다른 것을 할 수 있다.)

④ He became an ambassador while his brother was a consul.

(그는 그의 형이 영사인 동안에 대사가 되었다.)

⑤ Jane saves her money while Kirk spends all his fortunes.

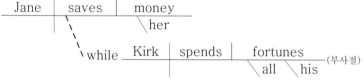

(커크가 그의 모든 재산을 쓰는 동안 제인은 그녀의 돈을 저축한다.)

다) as (~ 할 때)

① He whistles as he goes.

(그는 갈 때 휘파람을 분다.)

② She trembled as she wrote.

　(그녀는 글을 쓸 때 떨었다.)

③ As one becomes poor, he grows nervous.

　(사람은 가난해질 때, 그가 과민해진다.)

④ As he was coming here, he met my sister.

　(그는 여기 오고 있을 때, 그가 나의 누이를 만났다.)

⑤ She left home as he was arriving.

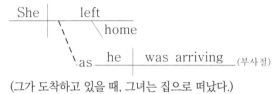

　(그가 도착하고 있을 때, 그녀는 집으로 떠났다.)

　　※ 위의 도해에서 home이 부사로 쓰였음에 유의해야 한다.

라) before (~ 하기 전에)

① He came before she left.

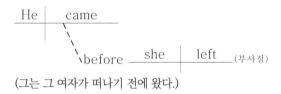

　(그는 그 여자가 떠나기 전에 왔다.)

② The bus left before they arrived.

　(버스는 그들이 도착하기 전에 떠났다.)

③ He had recovered long before she returned.

　(그는 그녀가 도착하기 오래전에 회복했다.)

④ They saw a monkey before they had passed through the jungle. (그들은 정글을 통과하기 전에 원숭이를 보았다.)

⑤ He had not waited long before she came.

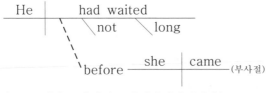

(그는 그녀가 오기 전에 오래 기다리지 않았다.)

마) after (~ 뒤에, 후에)

① He returned after she left.

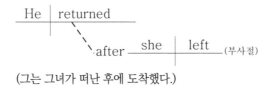

(그는 그녀가 떠난 후에 도착했다.)

② She stayed after the sun set.

(그녀는 해가 지고 난 이후에 머물렀다.)

③ He shall be very lonely after his wife is gone.

(그의 아내가 가고 나서 그는 아주 외로울 것이다.)

④ She returned home after he had done his job.

(그녀는 그가 일을 끝낸 후 집에 돌아왔다.)

⑤ After they found the boy, they took him to the police station.

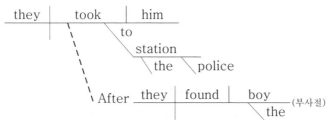

(그들은 그들이 소년을 발견한 뒤에 그를 경찰서로 데리고 갔다.)

바) until<till> (~할 때까지)

① The boy ran until she was out of sight.

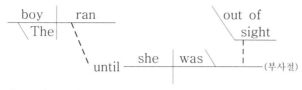

(그 소년은 그녀가 보이지 않을 때까지 달렸다.)

② They stayed on the hill until the moon rose.

(그들은 달이 떠오를 때까지 언덕 위에 있었다.)

③ We were waiting for thirty minutes until she returned.

(우리는 그녀가 돌아올 때까지 삼십 분을 기다리고 있었다.)

④ The girl grew even more scared until she looked in a mirror.

(그 소녀는 그녀가 거울을 볼 때까지 무서움이 더해졌다.)

⑤ The governor's house will be observed until the court order is over.

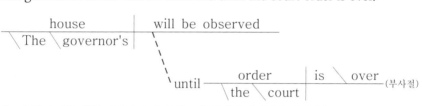

(그 총독의 집은 법원 명령의 효력이 완료될 때까지 감시받을 것이다.)

사) since (~이래로, ~이후로)

① Many things have changed since he met her.

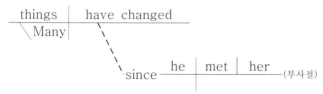

(그가 그녀를 만난 이후로 많은 것들이 변했다.)

② It was five years since she had come. (그녀가 온 지 오 년이 되었다.)

③ Since he had gone, she had not enjoyed the memories.

　(그가 떠난 이후, 그녀는 추억들을 즐기지 못했다.)

④ Since he last wrote to her, he had seen the ruins of Istanbul.

　(그가 마지막으로 그녀에게 편지를 쓴 후로 그는 이스탄불의 폐허를 봤다.)

⑤ There had been no arguments since they reunited.

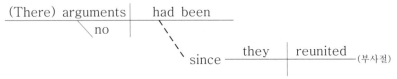

　(그들이 화해한 후에 논쟁은 없었다.)

아) whenever (~할 때 언제나)

① Whenever he returns home, he takes a KTX train.

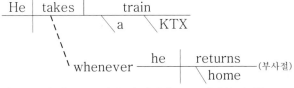

　(그는 그가 집으로 돌아올 때 언제나 KTX 열차를 탄다.)

② Whenever you talk, you should talk to everyone kindly.

　(당신은 말할 때 언제나 매 사람에게 친절하게 말해야 한다.)

자) As soon as (~하자마자 곧)

① As soon as Christians met I.M.F, they prayed to God.

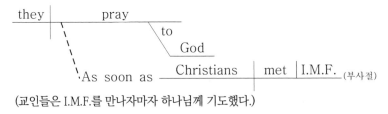

　(교인들은 I.M.F.를 만나자마자 하나님께 기도했다.)

② She left the room as soon as he entered it.

(그녀는 그가 방에 들어오자마자 방을 떠났다.)

③ As soon as she had the news, she left for the office.

(그녀는 뉴스를 접하자마자 그녀는 사무실을 떠났다.)

④ He always leaves as soon as they turn on the dancing movie.

(그는 항상 그들이 무용영화를 틀자마자 떠난다.)

⑤ As soon as she received the telegram, she left for the office.

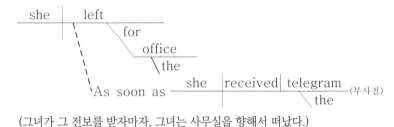

(그녀가 그 전보를 받자마자, 그녀는 사무실을 향해서 떠났다.)

차) once (~하자마자)

① Once he thinks over the problem more, he will have realized an answer.

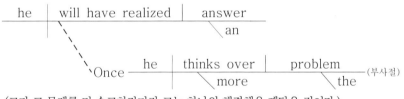

(그가 그 문제를 더 숙고하자마자 그는 하나의 해결책을 깨달을 것이다.)

② Once she knew her bad habits, she could succeed completely. (그녀는 자기의 나쁜 습관을 알자마자 그녀는 완전히 성공할 수 있었다.)

③ Once the prison gates were destroyed, all of the prisoners fled.

(감옥 문이 부서지자마자 모든 죄수가 도망갔다.)

④ Once we complete the project, you should begin it.

(우리가 그 설계를 완성하자마자 당신은 그것을 착수해야 한다.)

⑤ Once the gathering was over, the crowd dispersed.

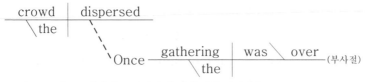

(군중들은 그 집회가 끝나자마자 뿔뿔이 흩어졌다.)

카) 그 외에도 "하자마자" 의미로 쓰이는 것들

  (1) immediately (~하자마자 <as soon as>)

    ① Immediately the button is clicked, the dynamites explode.

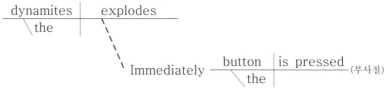

    (그 다이너마이트는 그 버튼이 눌리자마자 폭발한다.)

    ② She left the office immediately he saw her.

      (그녀는 그가 보자마자 사무실을 떠났다.)

    ③ Immediately we heard the accident, we hastened to the place.

      (우리가 사고 소식을 듣자마자, 우리는 그 장소로 서둘러 갔다.)

  (2) directly (~하자마자 <as soon as>)

    ① Directly she arrived, she mentioned the project.

      (그녀는 도착하자마자, 그 계획을 언급했다.)

    ② Directly his address ended, there was a deep silence.

      (그의 연설이 끝나자마자, 깊은 침묵이 있었다.)

    ③ Directly she uttered these words there occurred a thundering applaud.

(그녀가 이런 말들을 하자마자, 천둥 박수 소리가 일어났다.)

(3) the moment (~하자마자, 바로 그때)

the moment는 접속사 모양이 아닌데 접속사적으로 쓰이는 것이므로 잘 익혀둬야 한다.

① He was happy the moment she returned home.

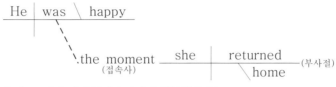

(그는 그녀가 집에 돌아오자마자 행복해졌다.)

② The moment he read and believe the Holy Bible, he received the Holy Spirit. (그가 성경을 읽고 믿는 순간에 그는 성령을 받았다.)

③ The moment we entered the room teachers left it.

(우리가 방에 도착하는 순간에 선생님들은 그곳을 떠났다.)

(4) every time (할 때마다, ~할 때는 언제나)

① Every time they come home, he cooks in the kitchen.

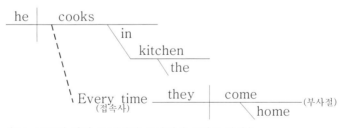

(그는 그들이 집에 올 때마다 부엌에서 요리를 한다.)

② Every time he runs, he sweats a lot.

(달릴 때 마다 그는 땀을 많이 흘린다.)

(5) no sooner~ than... (~하자마자…, 이 끝나기가 무섭게…, …한 순간에)

① He had no sooner heard the accident than he ran to the spot.

(그는 사고 소식을 듣자마자 그 장소로 달려갔다.)

　* No sooner had he heard the news than he ran to the spot.

② We had no sooner entered the office than she left it.

(우리가 사무실에 들어가자마자 그녀가 사무실을 떠났다.)

　* No sooner had we entered the office than she left it.

③ He had no sooner sat in the chair than he slept.

(그는 의자에 앉자마자, 잠이 들었다.)

　* No sooner had he sat in the chair than he slept.

④ She had no sooner got on the flight than she read.

(그녀는 비행기가 상승하자마자, 독서를 했다.)

　* No sooner had she got on the train than she read.

(6) hardly~ when(hardly~ before) (…하기가 무섭게, …하자마자)

① He had hardly heard the news when he ran to the place.

(그는 그 뉴스를 듣자마자, 그 장소로 달려갔다.)

　*Hardly had he heard the news when he ran to the place.

② I had hardly seen the sky when the clouds disappeared.

(내가 하늘을 보자마자, 구름이 사라졌다.)

　*Hardly had I seen the sky when the clouds disappeared.

③ The train had hardly crossed the bridge when it collapsed.

(그 기차가 다리를 건너자마자 그것은 붕괴되었다.)

　* Hardly had the train crossed the bridge when it collapsed.

④ I had hardly heard the news before I hastened to the spot.

(나는 뉴스를 듣자마자 그 장소로 급히 갔다.)

　　*Hardly had I heard the news before I hastened to the spot.

(7) scarcely~~when (…하자마자[하기가 무섭게], …함과 거의 동시에)

　① He had scarcely heard the news when he ran to the place.

　　(그는 뉴스를 듣자마자 그 장소로 달려갔다.)

　② We had scarcely met her again when she left it.

　　(우리가 그녀를 다시 만나자마자 그녀는 떠났다.)

(8) Now that (이제~ 하므로, 이제 ~한 이상)

　① Now that we have finished our work, we may go home.

　　(이제 우리의 일을 끝냈으므로 우리는 집에 갈 수 있다.)

　② Now that he has completed his work, he can read.

　　(이제 그의 일을 완성했으니, 그는 독서를 할 수 있다.)

타) as~as (~ 하는 한)

(1) as long as (~ 하는 동안)

　① As long as he lives, he will be a friend in my life.

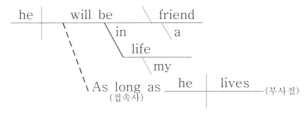

　　(그가 살아 있는 동안 그는 나의 삶에 친구일 것이다.)

　② The boy will take care of her as long as he stays here.

　　(그 소년이 여기에 머무는 동안 그는 그녀를 돌볼 것이다.)

③ Any movie will do, as long as it is funny.

(재미가 있는 한 어떤 영화이든 된다.)

(2) as often as (~ 하는 만큼)

① We can meet as often as you come.

(우리는 당신이 오는 만큼 자주 만날 수 있다.)

2) 이유 부사절

어떤 상황이 발생할 때, 그 상황이 발생한 이유를 제시하는 문장이 이유 부사절이다. 이유로 제시되는 모든 부사절을 통틀어 이유 부사절이라고 말한다.

가) because (때문에)

① The street is slippery because it has snowed.

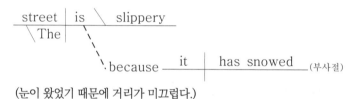

(눈이 왔었기 때문에 거리가 미끄럽다.)

② Because there was too much dry weather, the crops failed.

(너무 날씨가 건조했기 때문에 농작물 수확이 실패했다.)

③ He absented himself from the class because he was sick.

(그는 아팠기 때문에 수업에 결석했다.)

④ We should not despise a beggar because he is poor.

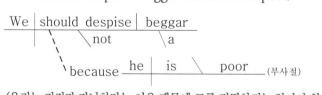

(우리는 거지가 가난하다는 이유 때문에 그를 경멸하지는 않아야 한다.)

⑤ A bird must be smutty because it lives in a cave.

(새는 동굴에 살기 때문에 지저분할 것이 틀림없다.)

나) for (~ 때문에, 컴마「 , 」가 있으면 ~왜냐하면)

① She cannot come, for she is sick.

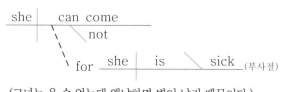

(그녀는 올 수 없는데 왜냐하면 병이 났기 때문이다.)

② They must be happy, for they are dancing.

(그들은 행복할 것이 틀림없는데, 왜냐하면 춤을 추고 있기 때문이다.)

③ It must have snowed much, for the outside of window is white.

(눈이 많이 온 것이 틀림없는데, 왜냐하면 창밖이 하얗기 때문이다.)

다) as (~ 때문에)

① As he is sick, he cannot go out.

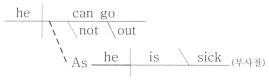

(그는 병이기 때문에, 외출할 수 없다.)

② As we returned, we can meet you.

(우리가 돌아왔기 때문에, 우리는 당신을 볼 수 있다.)

라) since (~ 때문에)

① Since he says so, we must believe it.

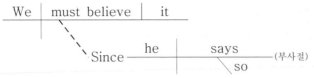

(우리는 그가 그렇게 말하기 때문에 그것을 믿어야 한다.)

② Since he is going, we will accompany him.

(그가 가려고 하기에, 우리는 그와 함께 갈 것이다.)

마) In as much as (때문에)

① In as much as he is no longer a child, we may as well leave it to his discretion. (그는 아이가 아니기 때문에, 우리는 그것을 그의 판단에 맡겨도 좋다.)

3) 목적 부사절

주절의 행위가 목적절의 내용이 성취되게 하기 위한 목적으로 이뤄진다고 해서 목적 부사절이라고 부른다.

가) that~may, so that, in order that (~하기 위해서)

① She locks all gates that none may come in.

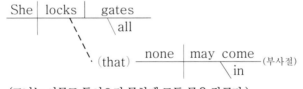

(그녀는 아무도 들어오지 못하게 모든 문을 잠근다.)

② She makes her best efforts that she can succeed.

(그녀는 성공하기 위해서 최선을 다한다.)

③ My daughter went to America that she might study music.

(나의 딸은 음악을 공부하기 위해서 미국에 갔다.)

④ We hurried that we could catch the train.

(우리는 그 기차를 잡아타기 위해서 서둘렀다.)

⑤ He should take his raincoat so that he may not get wet.

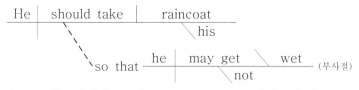

(그는 그가 비에 젖지 않기 위해서 그의 우의를 갖고 있어야 한다.)

사) lest~should (~할까(겁이 나서) 봐서)

① He may take his raincoat lest he should get wet.

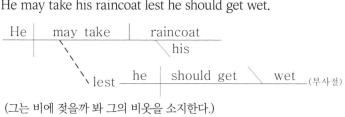

(그는 비에 젖을까 봐 그의 비옷을 소지한다.)

② The old woman walks with a cane lest she should fall.

(노부인은 넘어질까 봐, 지팡이를 가지고 걷는다.)

③ She works hard, lest she should fail in a success.

(그녀는 성공하지 못할까 봐 열심히 일한다.)

④ She trembled lest she should be discovered.

(그녀는 발견될까 봐 와들와들 떨었다.)

⑤ She does not eat enough lest she should get fat.

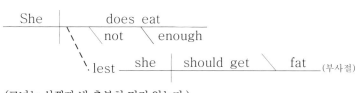

(그녀는 살찔까 봐 충분히 먹지 않는다.)

4) 조건 부사절

가) if (~한다면)

if로 시작하는 조건 부사절과 주절을 가정법이라는 문법 범주의 한 문형으로 처리하기도 한다. 가정법 구조를 해체해서 분석하면 가정법은 if가 이끄는 부사절과 주절로 구성된 것인데 if 절은 가정법 문장 형태에서 조건 부사절에 해당한다.

① If it has rained, all the sights must be wet.

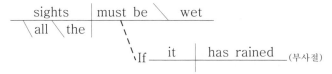

(만약 비가 왔었다면 모든 시야가 모두 습할 것이 틀림없다.)

※ 조건 부사절이 있는 문장을 번역할 때는 조건 부사절을 먼저 번역하고 주절을 번역하면 우리말의 어법에 맞게 된다.

② If the hill is white, it must have snowed.

(언덕이 하얗다면 눈이 왔던 것이 틀림없다.)

③ If he is to start the presentation, he must explain it at first.

(그가 발표를 시작한다면, 그는 처음에 그것을 설명해야 한다.)

④ If she is dull, she cannot feel lucky in the least. (그녀가 우둔하다면, 그녀는 적어도 재수 좋다는 것은 깨닫지 못한다.)

⑤ If you stand here, you can meet him.

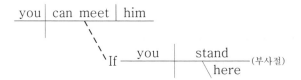

(만약 당신이 여기에 서 있으면, 당신은 그를 만날 수 있다.)

나) suppose, supposing (가령~라면)

① Suppose you meet her, what will you say?

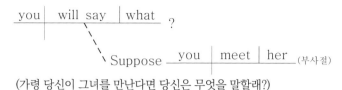

(가령 당신이 그녀를 만난다면 당신은 무엇을 말할래?)

② Suppose we were to bear the cost, would you undertake the project? (가령 우리가 비용을 부담한다고 한다면, 당신이 계획안을 맡으실 건가요?)

③ Supposing she were here, what would she think?

(만약 그녀가 여기 있다면, 그녀는 어떤 생각을 했을까?)

다) as far as, so far as (~하는 한)

as far as와 so far as는 같은 의미인데 as far as는 긍정문에 쓰고 so far as는 부정문에 쓴다.

① He will go there as far as he can finish it.

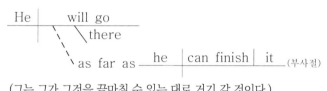

(그는 그가 그것을 끝마칠 수 있는 대로 거기 갈 것이다.)

② It was a sea of fog as far as we could see.

(우리가 보기에 그것은 안개의 바다였다.)

③ He will try to ascertain the proof as far as he can.

(할 수 있는 한, 그는 증거를 확인하려고 노력할 것이다.)

④ So far as I know, there is no such case in science.

(내가 아는 한, 과학에 그런 경우는 없다.)

⑤ So far as you are concerned, you have no obligation. (당신이 관련된 한, 당신

이 책임은 없다.)

라) unless, but that, but (~않는다면)

① He will not come unless she comes too.

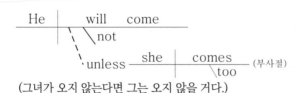

(그녀가 오지 않는다면 그는 오지 않을 거다.)

② Unless you start now, you will fail.

(지금 시작하지 않는다면, 당신은 실패할 것이다.)

③ Nothing will content me, but she must go.

(그녀가 가지 않는다면, 나를 만족하게 할 것은 없다.)

④ They should have returned, but that it was so dark.

(너무 어두워지지 않았다면, 그들은 돌아왔어야 했다.)

마) in case (~하는 경우에)

① In case she does not say, no one knows it alone.

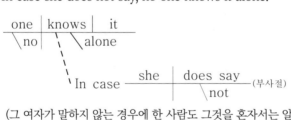

(그 여자가 말하지 않는 경우에 한 사람도 그것을 혼자서는 알지 못한다.)

② Who can do it in case she quits?

(그녀가 그만두는 경우에 누가 그것을 할 수 있을 것인가?)

③ He was always ready in case he should be called.

(그가 소환되는 경우에 그는 언제나 준비되어 있었다.)

④ Meet me in case you should succeed.

(당신이 성공해야만 하는 경우에 나를 만나라.)

바) provided, on condition that (~조건으로)

① You may have the money, provided you will donate it to the poor.

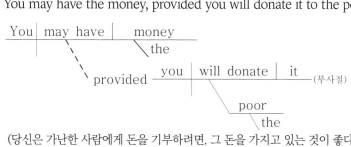

(당신은 가난한 사람에게 돈을 기부하려면, 그 돈을 가지고 있는 것이 좋다.)

② I will forgive her provided she acknowledges her mistake.

(그녀가 잘못을 인정한다면 나는 그녀를 용서할 것이다.)

③ She can buy the car provided the price is reasonable.

(가격이 합리적이면 그녀는 그 차를 살 수 있다.)

④ We can undertake it on condition that he bears the expenses.

(그가 비용을 부담한다는 조건이면 우리는 그것을 맡을 수 있다.)

⑤ He agreed to the project on condition that she would participate in it.

(그녀가 참여하는 조건으로 그는 프로젝트에 동의했다.)

사) were it not for, had it not been for (~ 없으면)

Were it not for형은 If it were not for형의 were가 문두로 나가면서 if가 생략되고 were가 앞으로 나간 전도된 모양이며, Had it not been for는 If it had not been for형이 had가 문두로 나가면서 if가 생략된 형태이다.

① Were it not for his dishonesty, he would be a good staff.

(그가 부정직하지만 않았다면, 그는 좋은 참모였을 것이다.)

② Had it not been for your support, we could not have succeeded.

(당신의 도움이 없었더라면, 우리는 성공할 수 없었다.)

5) 양보 부사절

양보 부사절은 "~ 그렇기는 해도"라는 의미를 지니는 부사절을 통틀어서 양보 부사절이라고 한다. 양보 부사절을 이끄는 말들은 다른 부사절을 이끄는 용도로 쓰이는 경우가 많으니 잘 학습할 필요가 있다. 양보 부사절의 의미는 다른 부사절과 의미가 상충하는 경우가 있기 때문이다.

가) though (~하지만)

① Though she frightens him, he trusts in her yet.

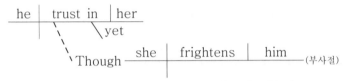

(그녀가 여전히 그를 놀라게는 해도, 그는 그녀를 믿는다.)

② Though she has denied the crime, no one believes her.

(그녀가 범죄를 부정했음에도 불구하고, 아무도 그녀를 믿지 않는다.)

③ He had never met us before, though he had often heard of us.

(그가 우리에 대해서 자주 들었음에도 불구하고, 우리를 전에 만나지 못했다.)

④ Though the weather was windy, the ship left the harbor.

(날씨는 바람이 부는데도 불구하고, 그 배는 그 항구를 떠났다.)

나) although (~함에도 불구하고)

① Although he dislikes the woman, he cannot refuse her proposal.

(그가 그 부인을 좋아하지 않는데도 불구하고, 그는 그녀의 제안을 거절할 수 없다.)

② Although he seldom meets her, he constantly thinks of her.

(그가 그녀를 거의 만나지 않음에도 불구하고, 그는 계속해서 그녀를 생각한다.)

다) if, even if (~할지라도)

if가 조건 부사절을 이끄는 대표적인 접속사이기 때문에 모든 if절을 조건 부사절로 적용하면 난감할 때가 있다. 조건절과 더불어 양보 부사절에도 쓰이는 접속사임을 명심해야 한다.

① If she is dull, she is at least faithful.

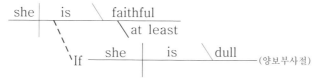

(그녀는 우둔하기는 할지라도 적어도 성실하다.)

※ at least는 결합한 대로 faithful을 수식하는 부사구이기 때문에 함께 도해한다.

② He will not return if he has to pay the penalty there.

(그가 그곳에서 벌금을 낸다고 해도 그는 돌아오지 않을 것이다.)

③ I will achieve my goal if I die for it.

(나는 그로 해서 죽더라도 나는 목표를 이룰 것이다.)

④ He must keep his promise, if he should lose by it.

(그는 그로 손해를 보더라도 그의 약속을 지켜야만 한다.)

라) whether~or, whether~or not (~이든지, ~이든지 또는 아니든지 간에)

① Whether they stay or not, we will go.

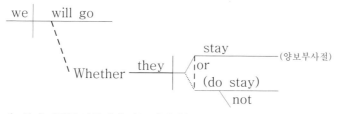

(그들이 머물든 않든지 우리는 가겠다.)

② They must build it whether we will or not.

(우리가 짓든지 않든지 그들은 그것을 지어야 한다.)

③ Workers must work whether they like it or not.

(일꾼들은 그것을 좋아하든지 좋아하지 않든지 일을 해야 한다.)

④ Whether she leaves or stays, she must finish it in time.

(그녀가 떠나든지 머무르든지, 그녀는 제시간에 그것을 끝내야만 한다.)

⑤ Her decision, whether right or wrong, does not concern us.

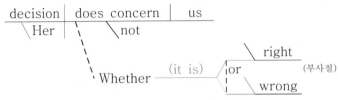

(그녀의 결정이 옳든지 틀리든지 우리와는 관계없다.)

마) 의문사+ever (~일지라도)

의문사가 양보 부사절을 이끄는 경우가 있는데 의문사의 격에 따라 나누어서 살펴본다.

(1) 의문대명사+ever

(가) 의문대명사+ever가 주어인 예문

① Whoever may visit, he will be welcome.

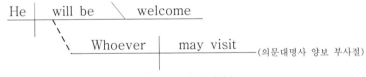

(누가 방문하더라도, 그는 환대받을 것이다.)

② Whatever may happen, soldiers shall obey orders.

(무슨 일이 일어나더라도, 군인들은 명령에 복종할 것이다.)

③ Whoever may say so, it must be a lie.

(누가 그렇게 말을 하든지, 그것은 거짓말임이 틀림없다.)

④ Whichever may please you, you cannot take it without my permission.

(어느 것이 당신을 즐겁게 하든지, 내 허락 없이는 그것을 가질 수 없다.)

(나) 의문대명사+ever가 보어인 예문

① Whatever he is, I can not follow him.

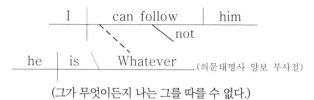

(그가 무엇이든지 나는 그를 따를 수 없다.)

② Whoever the writer may be, he has certainly a keen sense of humor.

(작가가 누구든지, 그는 날카로운 유머 감각을 확실히 가지고 있다.)

(다) 의문대명사+ever가 목적어인 예문

① Whatever she may say, we cannot trust her.

(그 여자가 무엇을 말하더라도 우리는 그녀를 믿을 수 없다.)

② Whichever he may decide, I will give it to him.

(그가 어느 것을 결정하든지, 나는 그것을 그에게 줄 것이다.)

③ Whatever she may try, she succeeds in it.

(그녀가 무엇을 시도하든지, 그녀는 성공한다.)

(2) 의문형용사+ever

① Whichever road he may take, it will lead him to success.

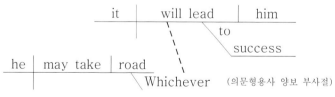

(그가 어느 길을 택하든지 그 길이 그를 성공으로 인도할 것이다.)

② Whichever side he may enter, he will not be welcomed.

(그가 어느 편에 들어가든지, 그는 환영받지 못할 것이다.)

③ Whatever difficulty she might encounter, she can get over it.

(그녀가 무슨 어려움을 만나든지, 그녀는 그것을 이겨낼 것이다.)

(3) 의문부사+ever

① Whenever he may call, he can find her at her book.

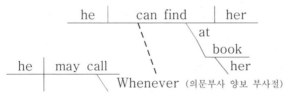

(그가 언제 부르든지 그는 그녀의 책에서 그녀를 찾을 수 있다.)

② However they perform it, the consequence is not different.

(그들이 그것을 어떻게 실행하든, 결과는 다르지 않다.)

바) as (~하지만)가 이끄는 특이한 양보 부사절

as가 이끄는 양보 부사절이 있는데 이 양보 부사절은 보어나 부사나 과거분사 등과 같은 양보를 나타내려는 어구가 문두에 as보다 앞에 나와 강조를 받는 특이한 문형을 이룬다.

① A brave woman as she was, she could not remain there.

(그녀가 아무리 용감한 부인일지라도, 거기 남아 있을 수는 없었다.)

② Rich as she is, she cannot afford the expenses always.

(그녀가 부유하지만, 그녀가 항상 그 비용을 낼 수 없다.)

③ Much as he wants it, he cannot get it now.

(그가 그것을 대단히 원하지만, 당장 그것을 가질 수는 없다.)

④ Frightened as she was, she didn't lose her temper.

(두려웠지만, 그녀는 평정을 잃지 않았다.)

⑤ Dead or alive, nobody minded Christian Grey.

(죽든 살든, 아무도 크리스천 그레이에 마음 쓰는 사람은 없었다.)

사) no matter what, no matter how (~와 관계없이)

① No matter what the result may be, she has done her best.

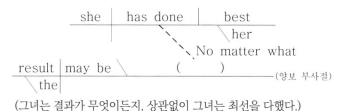

(그녀는 결과가 무엇이든지, 상관없이 그녀는 최선을 다했다.)

② No matter how hard we may work, we can not complete it in a day.

(우리가 얼마나 열심히 일하든지, 우리가 하루에 그것을 완성할 수 없을 것이다.)

③ No matter which goods you pick, you will find them expensive.

(어떤 상품을 고르든지, 비싸다는 것을 알 것이다.)

④ It is not trustworthy, no matter who may say so.

(누가 그렇게 말하든지 그것은 믿을 만하지 않다.)

아) be가 문두인 2형식+절 (~일지라도)

제 2형식에서 be동사를 문두에 내세워서 양보 부사절로 만들기도 하는데 be 동사만 문두로 나오게 되며 다른 어순에는 변화가 없다.

① Be parents ever so poor, there are no others like them.

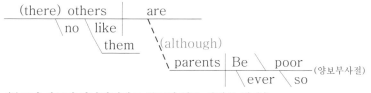

(부모가 아무리 가난할지라도 부모와 같은 사람은 없다.)

※ although는 생략된 접속사의 의미를 복원해 놓은 것이고 Be는 are가 문두에 나가면서 원형으로 바뀐 것이다. 의미를 명확히 파악하기 위해서 기본문형으로 복원해서 도해해 본 것이다.

② Be it ever so modest, there's no place like home.

　　(아무리 간소할지라도, 집과 같은 장소는 없다.)

③ Be the matter what it may, we should do our best.

　　(무슨 일이든지, 우리는 최선을 다해야 한다.)

④ They will go, be the weather what it may.

　　(날씨가 어떻든지 간에, 그들은 갈 것이다.)

6) 비교 부사절

가) as (마치 ~처럼)

① She behaves in Rome as the Romans do.

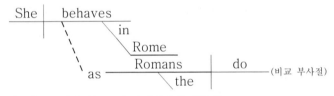

　　(그녀는 로마에서는 로마 사람처럼 처신한다.)

② The boys leave it as it is. (그 소년들은 그것이 있는 대로 둔다.)

③ The sons act as their father did.

　　(아들들은 아버지가 했던 것처럼 행동한다.)

④ Man has swam as whales do. (사람은 고래처럼 수영한다.)

나) as~as (~만큼)

① She is as pretty as you are. (그녀는 당신만큼 예쁘다.)

② He likes her as kindly as she does.

　　(그는 그녀가 친절한 만큼 그녀를 좋아한다.)

다) as long as, so long as (~하는 동안, 만큼)

① As long as they have weapons, there is no fear of anyone.

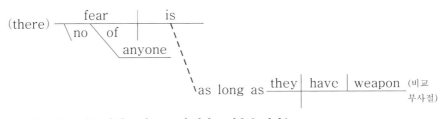

(그들이 무기를 가진 동안, 누구에 대한 두려움은 없다.)

② You shall not want for anything as long as we agree.

(우리가 동의하는 한 당신은 아무것도 부족하지 않을 것이다.)

③ As long as there is water, there is life.

(물이 있는 한, 생명이 있다.)

④ A little learning is helpful, so long as you utilize it wisely.

(당신이 현명하게 활용한다면, 적게 배우는 것도 도움이 된다.)

⑤ Any poem will do as long as it is metaphoric.

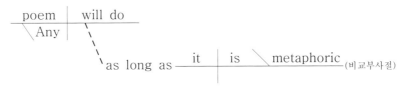

(어떠한 시라도 그 시가 은유적인한 시의 역할을 잘 할 것이다.)

라) as if, as though (마치~인 것처럼)

① He looks white as if he were shocked.

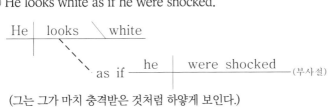

(그는 그가 마치 충격받은 것처럼 하얗게 보인다.)

※ as if가 이끄는 문장의 동사는 과거 복수 동사로 쓰는 것이 원칙이다.

② She seems as if she had heard an incident.

(그녀는 사고를 들은 것처럼 보인다.)

③ The boy felt as though he were a teacher.

(그 소년은 선생님인 것처럼 느꼈다.)

④ The milkmaid felt as though she were sick.

(우유 짜는 여자는 아픈 것처럼 느껴졌다.)

마) more~ than.. (...보다 더 ~하다)

① She is prettier than her sister

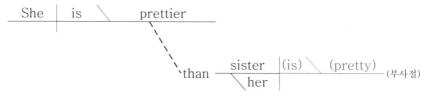

(그녀는 그녀의 자매가 예쁜 것보다 더 예쁘다.)

　　※ 본문에서 sister 괄호 속에 글자는 생략된 부분을 도해하면서 복원한 것이다.

② The boy is younger than I. (그 소년은 나보다 어리다.)

③ The girl is more beautiful than you. (그 소녀는 당신보다 예쁘다.)

④ The lady is more diligent than you.

(그 여성은 당신보다 더 성실하다.)

바) the more~, the more.... (~하면 할수록 더...하다)

① The more learnt a man is, the more modest he is.

(사람은 더 많이 배울수록 더 겸손해 진다.)

② The more ignorant a man is, the more brutal he is.

(사람은 무지할수록 잔인해진다.)

③ The richer the country is, the more plentiful its citizens are.

(국가가 부유할수록, 시민들은 더 풍족하다.)

④ The less we eat, the better we feel.

　　(우리는 소량으로 먹을수록 더 편안하게 느낀다.)

7) 결과 부사절

결과 부사절은 주절의 내용이 이뤄진 상황의 결과로 부사절의 내용이 생성된다고 해서 결과 부사절이라고 한다.

가) so ~ that... (~한 결과 ...하다)

① The girl was so industrious that she made great success.

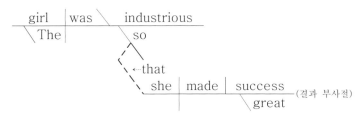

　　(그 소녀가 대단히 부지런해서 그녀는 대단한 성공을 이루었다.)

② He looks so young that he looks like a boy.

　　(그는 너무 어려 보여서 소년같이 보인다.)

③ The plan was so stupid that none thought it over.

　　(그 계획은 너무 어리석어서 한 사람도 그것을 더 생각하지 않는다.)

④ She was so exhausted that she went to bed at once.

　　(그녀는 너무 지쳐서 한 번에 잠이 들었다.)

⑤ They walked so fast that they soon overtook us.

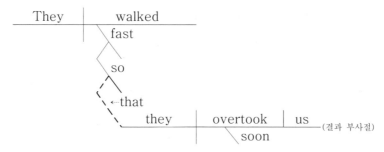

(그들이 너무 빠르게 걸어서 그들이 곧 우리를 추월했다.)

나) such~ that... (~한 결과 ...하다)

① She is such a kind lady that everybody likes her.

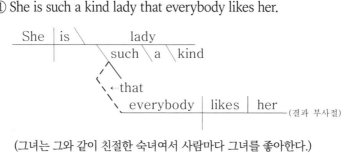

(그녀는 그와 같이 친절한 숙녀여서 사람마다 그녀를 좋아한다.)

② His diligence was such that he made great progress.

(그의 부지런함이 대단해서 큰 진전을 이루었다.)

③ It is written in such easy Korean that he can read.

(그것은 대단히 쉬운 한글로 쓰였기에 그가 읽을 수 있다.)

8) 장소 부사절 where (~곳에)

where는 드물게 장소를 나타내는 접속사로도 쓰인다.

① Where one's treasure is, there will be one's heart also.

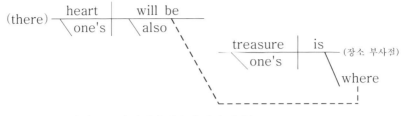

(사람의 보물이 있는 곳에 사람의 마음이 역시 있다.)

② Where there is a will, there is a way. (뜻이 있는 곳에 길이 있다.)

③ He will take you where you shall get better seats.

    (그는 당신이 더 나은 자리를 가질 수 있는 곳으로 데려다줄 것이다.)

④ He was impolite where he should be reverent.

    (그는 경건해야 하는 곳에서 무례했다.)

⑤ A small fishing village stood where now stands the big city of the country.

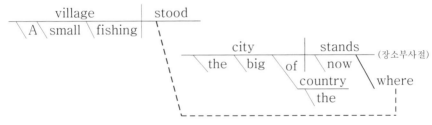

(지금 그 나라의 큰 도시가 서 있는 곳에 작은 어촌 마을이 서 있었다.)

9) 그 외 whence와 whither (그곳에)

① We should return whence we came.

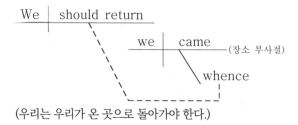

(우리는 우리가 온 곳으로 돌아가야 한다.)

② We can go whither we like. (우리는 가고 싶은 곳에 갈 수 있다.)

3. 형용사절

명사(대명사)를 수식하는 문장을 형용사절이라고 한다. 형용사절이 수식하는 명사(대명사)는 선행사(先行詞)라고 한다. 형용사절은 관계사가 이끌고 있는데, 관계사에는 who, whose, which, what, where, why, how 등과 when, that 등이 있다. 이들 중에 that을 제외한 다른 단어는 같은 단어가 의문을 나타내는 말로 쓰이기도 하는데 의문을 나타낼 때는 의문사라고 부르고 형용사절을 만드는 데 쓰일 때는 관계사라고 한다. 비록 같은 단어일지라도 그 용도에 따라 전혀 다르게 쓰인다. 관계사는 선행사를 수식하는 관계를 나타내는 역할일 뿐이기 때문에 번역할 때 관계대명사의 의미는 전혀 없다. 관계사에는 (가) 관계대명사 (나) 관계부사 (다) 관계형용사가 있는데 각기 하나씩 학습하기로 한다.

가. 관계대명사가 이끄는 형용사절

1) 관계대명사

두 개의 독자적인 문장이 있는데 두 문장을 구성하고 있는 명사(대명사) 중에 같은 것이 있으면 한쪽 문장에 같은 요소를 대신 해서 들어가 두 문장을 한 문장으로 엮는 관계의 역할을 하는 대명사이다.

2) 관계대명사의 종류

관계대명사는 사람에 쓰이는 것과 사물에 쓰는 것으로 종류를 나눈다. 또 사람에 쓰이는 관계대명사의 경우에는 인칭대명사의 격 변화처럼 격에 따라 어형이 변해서 쓰이게 된다. 관계대명사의 변화표는 다음과 같다.

* 관계대명사의 종류와 용도 표

종류 \ 용도 \ 격		주격	소유격	목적격
who	사람	who	whose	whom
which	사물	which	of which, whose	which
that	사람과 사물	that	없음	that
what	선행사 내포	what	없음	what

3) 관계대명사의 활용 방법

가) 두 문장을 관계대명사를 써서 한 문장 만들기

두 개의 다른 문장이 있는데 그 문장을 구성하는 요소 가운데 같은 사람이나 사물을 각기 구성요소로 가지고 있을 때 한쪽 문장에 같은 요소를 대신해서 관계대명사를 넣어 두 문장을 한 개의 문장으로 만들 수 있다. 관계대명사를 써서 같은 요소가 있는 두 문장을 한 문장으로 만드는 실습을 해보기로 한다.

【예문】

① I met the girl.

② The girl showed me the way.

(1) 한 문장 만들기 요령

예문①, ②에는 두 문장이 girl이라는 같은 요소를 가지고 있다. 이때는 두 개의 girl 중 하나를 택해서 없애고 그 대신에 관계대명사를 넣어서 한 문장으로 만들 수 있다. ②의 girl 대신에 관계대명사를 써서 한 문장으로 만들어 보면 그 요령은 다음과 같은 단계로 설명이 된다.

(가) 관계대명사로 대체할 요소 찾기

먼저 두 문장에서 명사(대명사) 중에서 같은 요소를 찾는다. 예문①, ②가 각기 공통적으로 가지고 있는 요소는 girl이다.

① I met the girl. (나는 그 소녀를 만났다.)

② The girl showed me the way. (그 소녀는 나에게 그 길을 가리켰다.)

(나) 관계대명사로 대체할 요소 지정하기

girl은 두 문장이 공통적으로 가지고 있다. 그 중 어느 쪽이든 girl **한 개를 택해서 그것 대신**에 관계대명사를 넣을 수 있는데 지정된 girl은 관계대명사로 대체하고 그대로 남아 있는 girl은 선행사라고 한다.

① I met the girl.에서 girl은 선행사로 남게 하고

② The girl showed me the way.에서 girl은 관계대명사로 대체하기로 한다.

(다) 선행사

이때 남게 되는 girl은 관계대명사가 이끄는 형용사절의 수식을 받게 되는데 이를 선행사라고 한다.

(라) 대용할 관계대명사 선정하기

같은 요소 중에 한 개를 대신해서 관계대명사를 넣어 한 문장으로 만들 때 다음과 같은 과정으로 선정한다.

⒜ 없어지는 요소 대신 쓸 관계대명사 선택

관계대명사는 사람에 쓰는 것과 사물에 쓰는 것을 구별해서 써야 하기에 이미 제시한 *관계대명사의 종류와 용도 표에 따라 관계대명사를 용도별로 맞도록 선정해야 한다. 예문에 같은 요소는 girl로 사람이기 때문에 관계대명사 중 사람에게 쓰는 who를 선택해서 써야 한다.

⒝ 관계대명사의 격 맞추기

대신 들어가는 관계대명사는 없애는 요소의 격을 승계받기 때문에 없어지는 요소의 격을 써야 한다. 인칭대명사는 격이 정해져 있으니 그 격인 관계대명사를 넣어야 하며 인칭대명사가 아닌 다른 명사나 대명사는 격을 표시하지 않고 공통으로 쓰기 때문에 격을 나타내는 표식이 없다. 이때는 없어지는 명사가 쓰인 어순이 격을 나타내는 것이다. 예문②의 girl을 대신해서 관계대명사를 대체하려고 하니 girl은 사람이고 격으로는 주어로 쓰인 것이기 때문에

사람에 쓰는 관계대명사 who의 주격인 who를 써야 한다. 따라서 예문②의 girl 자리에 girl을 대신해서 관계대명사 who를 대입하면 문장은 다음과 같이 된다.

① I met the girl.

② who ~~The girl~~ showed me the way.

(마) 어순에 조합

(a) 관계대명사의 어순

관계대명사가 대신 들어가면 관계대명사는 자기가 소속된 문장에서 맨 앞 어순에 나와 그 문장을 이끌게 된다. 예문의 경우에는 관계대명사가 예문②에 주어로 문장에 맨 앞 어순이기 때문에 관계대명사가 저절로 그 문장에 맨 앞 어순에 나온 형태이다.

① I met the girl. ⋯▸ girl이 선행사

② who showed me the way. ⋯▸ 형용사절

(b) 선행사 다음에 형용사절의 조합

관계대명사가 들어있는 문장은 선행사에 결합하는데, 선행사가 있는 원래 절은 주절이 되며 관계대명사가 든 문장은 형용사절로서 종절이 된다. 형용사절은 선행사 다음에 놓으며 선행사를 수식한다. 두 개의 별개의 문장이 이런 과정을 통해서 관계대명사에 의해서 한 문장으로 조합된다.

    주절   형용사절(종절)

I met the girl who showed me the way.
            (선행사)

(나는 나에게 길을 가리켜 준 소녀를 만났다.)

(2) 관계대명사로 한 문장 만들기 실습

두 문장이 같은 명사(대명사)를 각기 가지고 있을 때 관계대명사를 써서 한 문장으로 만들 수 있기 때문에 관계대명사를 대체할 수 있는 방법이 두 가지가 된다. 예문 ②에 관계대명사를 넣는 경우를 「한 문장 만들기 실습【Ⅰ】」이라고 정하고 예문 ①에 관계대명사를 넣는 경우를 「한 문장 만들기 실습【Ⅱ】」로 정해서 관계대명사를 써서 두 문장을 한 문장으로 만드는 과정을 실습하기로 한다.

(가) 만들기 실습【Ⅰ】

아래 예문②의 the sons에 관계대명사를 대체하는 실습을 해 보기로 한다. 연습의 과정을 세 단계로 각 예문을 (a) 도해 단계 (b) 관계대명사 대입단계 (c) 한 문장의 결합단계로 나누어서 실습하기로 한다.

【예문】

① She had two sons.　　② The sons became doctors.

　　(그녀는 두 아들을 가졌었다.)　　(그 아들들은 의사가 되었다.)

(a) 예문의 도해 단계

(b) 관계대명사 대입단계

같은 요소는 sons인데 뒤 문장에 sons대신 who를 대입한다.

(c) 한 문장으로 결합단계

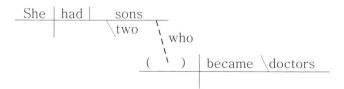

(d) 결합이 완성된 문장

She had two <u>sons</u> who became doctors.

(그녀는 의사가 된 두 아들을 가졌었다.)

(나) 만들기 실습【II】

「만들기 실습【II】」에서는 예문 ①의 two sons 대신에 관계 명사를 써서 한 문장으로 만드는 실습하기로 한다.

(a) 개별 문장 도해 단계

(b) 관계대명사 대입단계

같은 요소는 sons인데, 뒷 문장의 sons대신 whom를 대입한다.

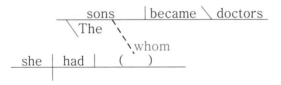

※ 일러두기: 앞 문장의 two sons는 whom이 되었다.

(c) 한 문장으로 결합단계

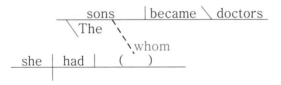

(d) 결합이 완성된 문장

The sons whom she had became doctors.

(그녀 슬하에 아들들은 의사가 되었다.)

(3) 한 문장 만들기 연습

다음 짝지은 예문들을 앞서 제시한 요령에 따라 한 문장으로 만들어 본다.

① That gentleman reads a newspaper. That gentleman is handsome.

  (그 신사는 신문을 읽는다. 그 신사는 멋지다.)

② The woman likes a book. The woman is beautiful.

  (그 여자는 책을 좋아한다. 그 여자는 아름답다.)

③ The friends are singing on the bank. We like the friends.

  (그 친구들은 둑 위에서 노래를 부르고 있다. 우리는 그 친구들을 좋아한다.)

④ The girl is very kind. Everybody loves the girl.

  (그 소녀는 아주 친절하다. 모든 사람이 그 소녀를 사랑한다.)

⑤ I know the woman. the woman is playing the piano well.

  (나는 그 부인을 안다. 그 부인은 피아노를 잘 친다.)

나) 관계대명사가 있는 문장을 두 문장으로 해체하기

관계대명사 있는 문장은 같은 요소를 가진 두 문장을 관계대명사를 써서 한 문장으로 결합한 문장이기 때문에 관계대명사 대신에 같은 요소로 삽입해서 복원하면 두 문장으로 할 수 있다.

 (1) 관계대명사가 있는 문장을 해체해서 두 문장 만들기

 【예문】

 He is my teacher who taught me English.

 (그는 나에게 영어를 가르쳐 주었던 선생이다.)

 (가) 문장을 도해해서 주절과 종절의 구조를 파악한다.

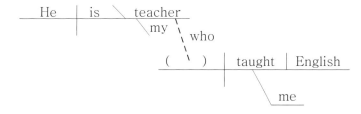

(나) 주절과 종절을 분리한다.

(다) 관계대명사 대신에 선행사로 대체한다.

(라) 분리된 두 문장

① He is my teacher.　　② The teacher taught me English.

(2) 관계대명사 해체하기 연습문제

① The scholar who knows himself does not say so.

(ㄱ) 도해 단계

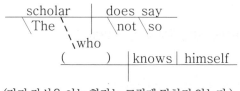

(자기 자신을 아는 학자는 그렇게 말하지 않는다.)

(ㄴ) 주절과 형용사절의 분리 단계

(ㄷ) 관계대명사 자리에 선행사를 대입해서 두 문장으로 분리 단계

① He is my teacher.　　　② The teacher taught me English.

　(그 남자는 나의 선생이다.)　　　(그 선생님은 나에게 영어를 가르쳤다.)

② That is the boy who sang a song then.

(저 사람이 그때 노래를 불렀던 그 소년이다.)

③ We know the girl who painted the picture.

(우리는 그 그림을 그렸던 소녀를 안다.)

④ The boy who told me the words was tall.

(나에게 그 말을 해 주었던 소년은 키가 컸다.)

4) 관계대명사별 도해 연습

가) 관계대명사 who의 도해

(1) 주격 관계대명사 who

① That is the man who teaches us.

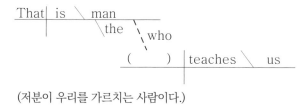

(저분이 우리를 가르치는 사람이다.)

② Those who are his friends tell him so.

(그의 친구인 사람들은 그에게 그렇게 말한다.)

③ We who are his friends cannot believe the story.

(그의 친구들인 우리는 그 이야기를 믿을 수 없다.)

④ They who are her colleagues can hear it.

(그녀의 동료들인 그들은 그것을 들을 수 있다.)

⑤ The students who are ready may leave at once.

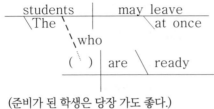

(준비가 된 학생은 당장 가도 좋다.)

(3) 목적격 관계대명사 whom

① A girl whom I had not seen before visited my office.

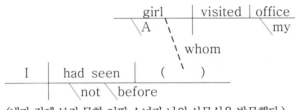

(내가 전에 보지 못한 어떤 소녀가 나의 사무실을 방문했다.)

② His teacher was the student whom my grandfather taught.

(그의 선생님은 나의 할아버지가 가르쳤던 학생이었다.)

③ He knows Mr. Jansen whom we have not seen before.

(그는 우리가 전에 보지 못했던 얀센 씨를 안다.)

④ This is the woman whom I met. (이 분이 내가 만난 부인이다.)

나) 관계대명사 which의 도해

which는 사물에 쓰는 관계대명사인데 소유격을 제외하고는 격을 공통으로 쓴다. 다만 소유격에서는 별도의 용법이 있다. 관계대명사 which의 용도를 학습하기로 한다.

(1) 주격으로 쓰인 관계대명사 which

① It is the novel which is popular in the class.

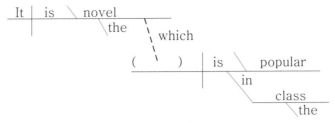

(그것은 반 안에서 널리 퍼진 소설이다.)

② He will read you the poetry which is exciting.

(그는 너에게 흥미로운 시를 읽어줄 것이다.)

③ She instructed the students which surrounded her.

(그녀는 그녀를 둘러싼 학생들을 가르쳤다.)

④ He has some Korean books which are romantic.

(그는 낭만적인 몇 권의 한국 책을 가지고 있다.)

⑤ Edison had the inventive talent which belongs to the highest order of genius.

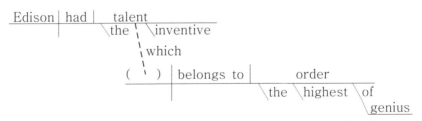

(에디슨은 천재적 최고 서열의 부류에 드는 발명의 재능을 가지고 있었다.)

(2) 목적격으로 쓰인 관계대명사 which

① This is the office which we renovated.

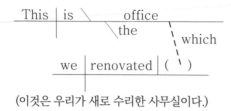

(이것은 우리가 새로 수리한 사무실이다.)

② Americans like the meat which they eat every day.

(미국인들은 매일 먹는 고기를 좋아한다.)

③ She learned the poem which she recites sometimes.

(그녀는 이따금 암송하는 시를 배웠다.)

④ That purse which Mrs. Smith made is very useful.

(스미스 씨가 만든 저 지갑은 아주 유용하다.)

⑤ Now we do the homework which we received today.

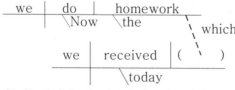

(우리는 우리가 오늘 받은 숙제를 지금 한다.)

(3) 보격으로 쓰인 관계대명사 which

① Our school is that building which a gym resembles.

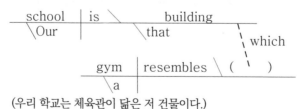

(우리 학교는 체육관이 닮은 저 건물이다.)

② His office is the room which we see here.

    (그의 사무실은 우리가 여기서 보는 방이다.)

③ This is the picture which his father gave us.

    (이것이 그의 아버지가 우리에게 준 그림이다.)

④ That is the mountain which we should pass tomorrow.

    (저게 우리가 내일 넘어야 할 산이다.)

(4) 문장 전체를 받는 관계대명사 which

① We must keep our health, which is the condition of our success.

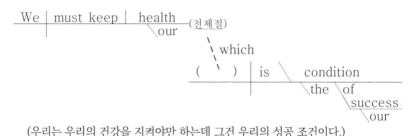

    (우리는 우리의 건강을 지켜야만 하는데 그건 우리의 성공 조건이다.)

② The family could return home, which brought them a new life.

    (그 가족은 집으로 돌아올 수 있었는데 그것이 그들에게 새로운 삶을 가져다주
었다.)

③ He could be free, which made him discretionary.

    (그가 자유로울 수 있었는데 그것은 그를 재량권이 있게 만들었다.)

다) 관계대명사 that의 도해

관계대명사 that은 사람과 사물 양쪽 다 쓸 수 있는 관계대명사이다. 관계대명사
that은 특수한 용법들이 더러 있어서 잘 학습해두어야 한다.

(1) 주격으로 쓰인 관계대명사 that

① All that looks yellow is not gold.

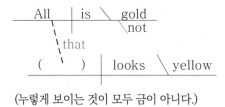

(누렇게 보이는 것이 모두 금이 아니다.)

② She knows two ladies that became journalists.

(그녀는 언론가가 된 두 여성을 안다.)

③ I want a student that understands English.

(나는 영어를 이해하는 학생을 원한다.)

④ It's an unhelpful rain that soaks only the body.

(다만 몸만 적시는 도움이 안 되는 비다.)

⑤ They read the novel that is both romantic and exciting.

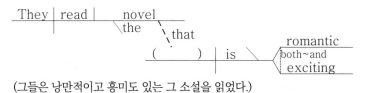

(그들은 낭만적이고 흥미도 있는 그 소설을 읽었다.)

(2) 목적격으로 쓰인 관계대명사 that

① This is the woman that we met yesterday.

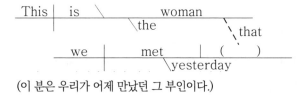

(이 분은 우리가 어제 만났던 그 부인이다.)

② He can mention the fact that they knew already.

(그는 그들이 이미 알고 있는 사실을 말할 수 있다.)

(3) 보격으로 쓰인 관계대명사 that

① He is not the active fellow that he used to be.

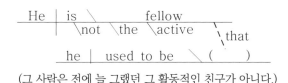

(그 사람은 전에 늘 그랬던 그 활동적인 친구가 아니다.)

② The Koreans that we are must do our best for our honor.

(우리 한국인은 우리의 명예를 위해서 우리의 최선을 다해야 한다.)

(4) 관계대명사를 that으로 써야 하는 경우

(가) 최상급, 서순 형용사의 수식을 받는 선행사

① She was the greatest musician that Korea has ever produced.

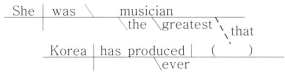

(그녀는 한국이 낳은 가장 위대한 음악가였다.)

② She was the first woman that left here.

(그녀는 여기를 떠난 최초의 여성이었다.)

(나) 선행사가 사람과 사물인 공동일 때

① The knight and his horse that jumped over the brook

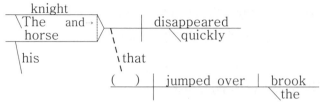

(그 개울을 뛰어넘은 말을 탄 기사는 급히 사라졌다.)

② The woman and her dog that ran along jumped over the fence.

(그 여자와 잇달아 달려간 그녀의 개는 울타리를 뛰어 넘었다.)

③ There are a girl and her puppy that walk across the creek.

(시내를 건너가는 여자와 그녀의 강아지가 있다.)

④ She made a speech on the people and things that she had seen

abroad. (그녀는 외국에서 본 일과 사람들에 대해서 연설을 했다.)

(다) the only, the same, the very, all, any, no와 같이 쓴 선행사와 nothing이 선행

사일 때

① Human beings are the only creature that is gifted with charity.

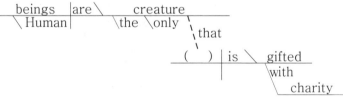

(인간은 자애심을 가지고 태어난 유일한 피조물이다.)

② That is the same wallet that she lost yesterday.

(저것은 그녀가 어제 잃어버린 같은 지갑이다.)

③ This is the very thing that he wants.

(이것이 그가 원하던 바로 그 물건이다.)

④ No man that has commonsense can say so.

(상식을 가진 사람은 아무도 그렇게 말을 할 수 없다.)

⑤ There is nothing in the world that can live without water.

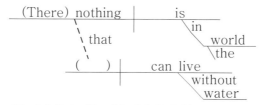

(물 없이 살 수 있는 것은 세상에 없다.)

(라) 의문사가 있는 문장에 관계대명사 that

의문사가 있는 의문문에 관계대명사는 that을 쓰는데 의문사와 관계대명사의 혼돈을 피하기 위해 관계대명사는 that을 쓴다.

① Who is the woman that is leaning against the tree?

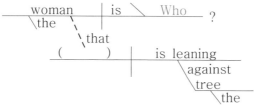

(그 나무에 기대 서 있는 그 부인이 누굽니까?)

② Who that has a sense of humor can speak such a thing?

(유머 감각을 가진 누가 그런 말을 할 수 있는가?)

③ Which of these cruisers is the one that plies between Busan and Incheon? (이 유람선 중에 어느 것이 부산과 인천을 왕복하는 것이요?)

(마) 선행사가 that 혹은 those에 관계대명사

that 혹은 those가 선행사인 문장에 관계대명사는 who 혹은 which를 쓴다. 선행사가 that인데 관계대명사로 that을 쓰게 되면 선행사와 관계대명사 간에 혼돈이 야기될 수 있기 때문이다.

① Heaven helps those who help themselves.

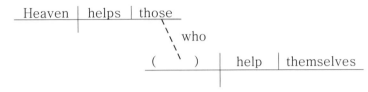

(하늘은 자신을 돕는 자를 돕는다.)

② Those famous men are the greats who do not think themselves famous. (이들 유명한 사람들은 자신들을 유명하다 생각하지 않는 위인들이다.)

라) 관계대명사 what의 도해

관계대명사 what은 선행사를 포함하는 관계대명사이다. 관계대명사 what이 선행사를 포함한다는 말은 동일한 요소를 가진 두 문장이 있을 때 양쪽 문장에서 동일한 요소 둘 모두를 빼고 그 대신에 선행사가 있어야 할 곳에 관계대명사 what을 넣는 것을 말한다. 관계대명사 What은 선행사를 내포하고 있기 때문에 이것을 선행사와 일반적인 관계대명사로 풀어쓰면 that(선행사)+which(일반관계대명사) 혹은 the thing(선행사)+which(일반관계대명사)와 또 all(선행사)+that(일반관계대명사)가 된다.

※ 문장의 수준이 높아지면 what은 의문대명사로 쓰이는 것에 못지않게 관계대명사로 쓰이는 경우가 늘어난다. 그래서 what을 의문대명사로만 알고 관계대명사로 쓰이는 용법을 모르면 구문을 모르게 된다. 관계대명사 what은 그 용법이 다른 관계대명사와는 판이하게 다르기 때문에 잘 학습해야 한다.

(1) 관계대명사 what을 써서 한 문장 만들기

(가) 주격에 관계대명사 what 넣기 연습

【예문】He says it.　　　　It is quite right.

　　　　(그는 그것을 말한다.) (그것은 아주 옳다.)

【한 문장 만들기】

관계대명사 what은 선행사까지 포함하는 관계대명사이기 때문에 관계대명사를 넣어 한 문장으로 만들려면 앞뒤 문장의 동일 요소 둘을 모두 빼고 둘 대신에 what을 넣는다.

《예문》　　　　　　　　　　　《결합된 문장》

He says it. It is quite right. → He says what is quite right.

【도해】

한 문장을 만든 관계대명사 what을 도해하면 다음과 같다.

《He says what is quite right.》

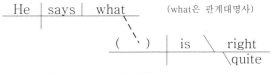

（그는 완전히 옳은 것을 말한다.）

【한 문장으로 만들어서 도해하기 연습】

① He did it.　　　　　　It was not bad.

　　（그가 그것을 했다.）　　（그것은 나쁘지 않다.）

　　→ He did what was not bad. （그는 나쁘지 않은 것을 했다.）

② She made the decision.　　　It was right.

　　（그녀가 그 결정을 했다.）　　　（그것은 옳았다.）

　　→ She made what was right. （그녀는 옳은 것을 했다.）

(나) 보격에 관계대명사 what 넣기 연습

　【예문】Mother has made me a teacher.　I am a teacher.

　　　　　（어머니는 나를 교사로 만들었다.）　　（나는 교사이다.）

　【결합】Mother has made me what I am.

【도해】

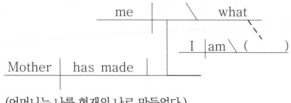

(어머니는 나를 현재의 나로 만들었다.)

【연습문제】

① She has made me an engineer.　　I became an engineer.

(그녀는 나를 기술자로 만들었다.)　　(나는 기술자가 되었다.)

② He is not the laborer.　　He used to be the laborer.

(그는 노동자가 아니다.)　　(그는 원래 노동자로 왔었다.)

(다) 목적격에 관계대명사 what 넣기 연습

　　【예문】 He understands the sentences.　I say the sentences.

　　　　(그는 그 문장들을 이해한다.)　　(나는 그 문장들을 말한다.)

　　【결합】 He understands what I say.

　　【도해】

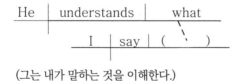

(그는 내가 말하는 것을 이해한다.)

【연습문제】

① I know the office.　　You want the office.

　　(나는 그 사무실을 안다.)　　(당신은 그 사무실을 원한다.)

② He will do it.   He can do it for her.

    (그는 그것을 할 것이다.)   (그는 그녀를 위해 그것을 할 수 있다.)

③ She has done the homework.   She could do the homework.

    (그녀는 숙제를 다 했다.)   (그녀는 숙제를 할 수 있었다.)

④ She spends the money.   She wastes the money.

    (그녀는 돈을 쓴다.)   (그녀는 돈을 낭비한다.)

(2) 관계대명사 what이 있는 문장 도해 연습

① What is learnt in the cradle is carried to the grave.

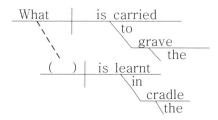

(요람에서 배워진 것이 무덤까지 가져가게 된다.)

② What surprised her was his rude behavior.

    (그녀를 놀라게 했던 것은 그의 무례한 행동이었다.)

③ What were once wrongs are not wrong any longer.

    (예전에 한때 과오였던 것이 현재까지 과오인 것은 아니다.)

④ No one really knows what happened that day.

    (그날 일어났던 일을 실제로 한 사람도 모른다.)

⑤ She doesn't mention what she hears from the parents.

    (그녀는 부모로부터 들은 것을 말하지 않는다.)

⑥ Life isn't always what one expects.

    (삶은 항상 사람이 기대한 것이 아니다.)

⑦ He could understand what she said.

　　(그는 그녀가 말한 것을 이해할 수 있었다.)

⑧ You never know what you're going to receive.

　　(당신은 당신이 받을 것을 결코 알지 못한다.)

⑨ Women often imagine what they will do when they get married.

　　(여자들은 종종 그들이 결혼했을 때 할 것을 상상한다.)

⑩ People may doubt what he says, but they always believe what he shows.

　　(사람들은 그가 말하는 것을 의심할지 모르지만, 그가 보이는 것은 믿는다.)

5) 관계대명사의 소유격

가) 소유격 관계대명사로 한 문장 만들기

　두 문장에 공통 요소가 있는데, 공통 요소 중에 한쪽이 소유격으로 되어있는 문장을 한 문장으로 만들 때는 소유격인 요소를 대신해서 관계대명사의 소유격을 써서 한 문장으로 만들 수 있다. 인칭대명사의 소유격 my(our), your, its(their)를 대신해서 관계대명사의 소유격 whose를 쓰거나 관계대명사 which의 소유격으로 쓰는 of which를 써서 한 문장으로 결합하는 것이다.

　(1) 관계대명사 소유격 whose를 써서 한 문장 만들기

　　whose는 who의 소유격이지만 때로는 which의 소유격으로도 쓰기도 한다.

　　【예문】 We saw a river.　　　　Its color was blue.

　　　　　　(우리는 강을 보았다.)　　(그것의 색깔은 푸르다)

　　【만드는 과정】

　　ⓐ 예문의 도해

```
We │ saw │ river        color │ was \ blue
          \a            \Its
```

ⓑ 소유격 대체

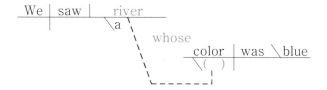

ⓒ 결합된 한 문장

We saw a river whose color was blue.

(우리는 그것의 색깔이 푸른 강을 보았다.)

(2) 관계대명사 소유격 of which를 써서 한 문장 만들기

【예문】We saw a river.　　　The color of the river was blue.

　　　(우리는 강을 보았다.)　　(그 강의 색깔은 푸르다)

【만드는 과정】

ⓐ 예문의 도해

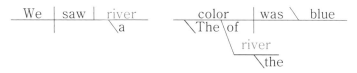

ⓑ 소유격 대체

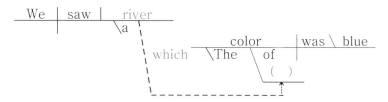

ⓒ 결합된 한 문장

We saw a river the color of which is blue.

(우리는 강의 색깔이 푸른 어떤 강을 보았다.)

나) 소유격 관계대명사가 있는 문장 도해 연습

① This is the man whose daughter went to Berklee College.

(이분이 딸이 버클리 대학에 간 사람이다.)

② The mountain whose top is white has plenty rocks.

(그 꼭대기가 하얀 산이 많은 바위를 가지고 있다.)

③ He has a house the roof of which is blue.

(그는 지붕이 파란 집을 가지고 있다.)

④ The office the doors of which are open is unoccupied.

(문이 열려있는 사무실은 비어 있다.)

6) 복합관계대명사

복합관계대명사는 관계대명사+ever로 결합한 관계대명사를 말한다. 복합 의문대명사를 같이 쓰는 형태이다. 복합관계대명사로 쓰이면 관계대명사 what처럼 선행사를 내포하는 관계대명사로 쓰이기 때문에 별도의 선행사는 없다.

가) 복합관계대명사의 종류

복합관계대명사의 종류는 다음 표와 같다.

종류 ＼ 격별	주 격	소 유 격	목 적 격
who	whoever	whosever	whomever
which	whichever	없 음	whichever
what	whatever	없 음	whatever

나) 복합관계대명사의 문장 구조

예문에서 복합관계대명사의 구조를 살펴보기로 한다. 복합관계대명사는 선행사를 내포하는 관계대명사로 별도의 선행사는 없다.

① We should bring whoever can visit.

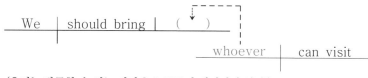

(우리는 방문할 수 있는 사람은 누구든지 데려와야 한다.)

② They will show it to whoever comes first.

(그들은 먼저 오는 사람이 누구든지 그에게 그것을 보여 줄 것이다.)

③ Whoever does so is a protestor.

(그렇게 하는 사람은 누구든지 그가 항변자이다.)

④ Whoever does not receive the Kingdom of God like a child will never enter it. (누구든지 하나님의 나라를 어린아이처럼 받아들이지 않는 자는 결단코 거기 들어가지 못할 것이다.)

⑤ He may do whatever he decides.

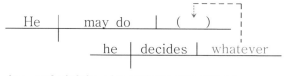

(그는 그가 결정하는 것은 무엇이든 해도 괜찮다.)

⑥ You may invite whomever you choose.

(당신은 당신이 선정하는 사람은 누구든지 초대해도 좋다.)

⑦ You can say it to whomever you like.

(당신은 당신이 좋아하는 사람이 누구든 그에게 그것을 말할 수 있다.)

⑧ We will distribute it to whomever he recommends.

(우리는 그가 추천한 사람에게는 그가 누구든지 그것을 나누어 줄 것이다.)

⑨ We will meet whomever we know.

(우리는 우리가 아는 사람은 누구든 만날 거다.)

⑩ She played the music to whoever would listen.

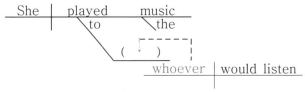

(그녀는 듣기 원하는 사람이 누구든 그에게 그 음악을 연주했다.)

다) 복합관계대명사의 격

인칭복합관계대명사 whoever는 선행사를 포함한다. 선행사를 포함한다는 말은 관계대명사 what의 예에서 보았듯이 복합관계대명사가 주절의 요소와 형용사절 요소의 역할을 동시에 하고 있다는 말이다. 선행사와 관계대명사의 격이 동일하면 복합관계대명사를 쓰는데 문제가 없으나 만약 선행사와 관계대명사의 격이 서로 다르면 두 개의 다른 격 중에서 하나를 선택해야 하는 문제가 생기게 된다. 이때는 복합관계대명사는 다만 선행사를 내포한 것일 뿐이므로 관계대명사이기 때문에 당연히 관계대명사가 쓰는 격을 써야 한다.

① I can give it to whoever likes it. (옳음)

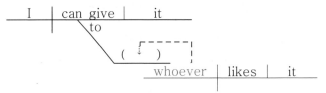

(나는 누구든 그것을 좋아하는 사람에게 그것을 줄 수 있다.)

※ You may give it to whomever wants it. (틀림)
(이 문장에서는 복합관계대명사가 관계대명사의 격이 아니고 선행사의 격을 취하고 있기 때문에 격을 잘못 택한 것이다.)

② You can inform the news to whomever you invite. (당신은 당신이 초대한 사람이 누구든 그에게 그 뉴스를 알려 줄 수 있다.)

7) 관계대명사와 전치사

관계대명사도 대명사이니까 전치사의 목적이 될 수 있다. 두 개의 다른 문장이 동일한 사람이나 사물을 각 문장에 공통으로 구성요소로 가지고 있는데 한쪽의 동일한 구성요소가 전명구에 전치사의 목적으로 구성되어 있는 것도 있다. 이 경우 전치사의 목적어가 되어있는 요소를 대신해서 관계대명사를 대체해 넣어서 그 두 문장을 한 문장으로 만들 수도 있다.

【예문】 It was the place.　　He was born at that place.

　　　　(그것이 그 장소였다.)　(그는 그 장소에서 태어났다.)

【예문의 도해】

예문을 도해해서 같은 요소를 찾아 문장에서 역할을 파악한다.

※ 풀이: 예문의 도해를 보면 같은 요소는 place인데 앞 문장에서는 보어이고 뒷 문장의 place는 전치사 at의 목적어인 것을 알 수 있다.

【관계대명사 대입】

뒤 문장에 같은 요소인 place는 at의 목적인데 이 place 대신에 관계대명사 which를 대입한다.

【한 문장 결합】

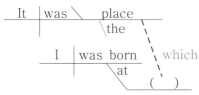

(그곳은 내가 태어났던 장소이었다.)

* 풀이: 위에 결합된 문장의 도해를 보면 which가 형용절을 이끄는 관계대명사이긴 하지마는 형용사절에서는 전치사 at의 목적어로 전명구를 이루고 있다.

【관계대명사로 결합하기 연습문제】

① The park is large.   She played in the park.
   (그 공원은 크다.)   (그녀는 그 공원에서 놀았다.)

② The house has a good view. He once lived in the house
   (그 집은 좋은 전망을 가졌다.) (그는 한때 이 집에 살았다.)

③ The flour is the material. Bread is made from it.
   (밀가루는 재료이다.)   (빵은 그것으로 만들어진다.)

④ This is the man.   She went there with him.
   (이분이 그 사람이다.)   (그녀는 그곳에 그와 함께 갔다)

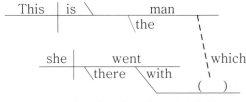

(이 분이 그녀가 함께 거기 갔던 그 남자이다.)

8) 관계대명사의 제한적 용법과 계속적 용법

관계대명사에 의해서 주절과 종절로 결합된 문장은 쓰임새를 두 가지로 나눠서 쓰는 방법이 있다. 그 쓰는 방법에 따라 의미를 두 갈래로 해석하게 되는데 이것을 제한적 용법과 계속적 용법이라고 한다.

가) 관계대명사의 제한적 용법

관계대명사가 이끄는 형용사절이 선행사를 수식하는 역할로만 제한해서 쓰는 용법을 제한적 용법이라고 말한다. 제한적 용법으로 쓰이는 형용사절은 선행사 다음에 꼭 붙어 있으면서 선행사를 수식한다.

(1) 제한적 용법의 어순

제한적 용법에서는 선행사가 주어이거나 목적어이거나 어디 있든지 상관없이 형용사절은 선행사 다음에 정돈한다.

【선행사가 목적어인 예문에서 형용사절의 어순】

I met the girl who showed me the way.

※ 선행사가 목적어인 문장에서는 형용사절이 목적어 다음에 가게 되어 문장의 어순에 변화가 없다.

【선행사가 주어인 예문에서 형용사절의 어순】

The girl whom I met showed me the way.

※ 선행사가 주어인 문장에는 형용사절이 선행사인 주어 다음에 가야하기 때문에 주어와 동사 사이에 들어가게 되어 문장의 어순이 바뀌게 된다.

(2) 제한적 용법의 번역

주절을 번역 차례대로 번역하다가 선행사가 나오면 형용사절을 번역해서 선행사를 수식한 뒤에 주절의 나머지 번역 차례로 돌아간다.

① I met the girl who showed me the way.

　　(나는 나에게 그 길을 가리켜 준 소녀를 만났다.)

【도해】

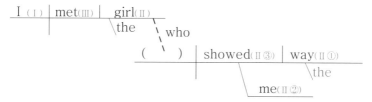

② The girl whom I met showed me the way

　　(내가 만난 소녀는 나에게 그 길을 가리켜 주었다.)

【도해】

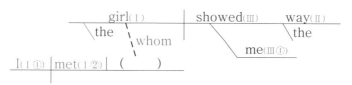

나) 관계대명사의 계속적 용법

형용사절의 계속적 용법은 주절과 종절인 두 문장 사이에 콤마(,)를 찍어서 주절임과 종절임을 각기 구분한다. 이때 종절이 주절의 선행사에 대한 정황을 부연하는 식으로 번역하며 이 용법을 관계대명사의 계속적 용법이라 한다. 계속적 용법을 해석할 때 차례대로 계속적으로 설명하기 때문에 관계대명사의 계속적 용법이라고 한다.

(1) 계속적 용법의 어순

계속적 용법의 어순은 두 가지인데 제한적 용법의 어순을 그대로 두고 콤마로 주절과 형용사절을 구분만 하는 경우와 또 다른 방법으로는 주절 모두를 먼저 앞서 서술하고 그 뒤에 주절이 끝난 뒤에 형용사절을 정돈하기도 한다. 그러나 계속적 용법에서는 어느 경우에라도 주절과 형용사절 사이는 콤마를 두어 구분해야 한다.

【선행사가 목적어인 계속적 용법의 예문】

I met the girl, who showed me the way.

※ 선행사가 목적어인 형용사절의 계속적 용법은 목적어인 선행사 뒤에 comma(,)를 두어서 선행사와 형용사절을 구분한다.

【선행사가 주어인 계속적 용법의 예문】

The girl, whom I met, showed me the way.

※ 선행사가 주어인 문장의 계속 용법에는 선행사인 주어와 동사 사이에 형용사절이 삽입되기 때문에 주절과 형용사절을 구분하기 위해서 comma(,)가 형용사절 앞과 뒤에 있다.

(2) 계속적 용법의 번역

계속적 용법을 번역할 때는 어순 차례대로 번역을 하는데 형용사절이 나오면 그 차례에서 형용사절을 번역하고 다음 차례로 간다. 번역은 "~하는데 ~하(이)다."라는 것으로 번역하면 된다.

【선행사가 목적어인 예문의 번역】

I met the girl, who showed me the way.

(내가 그 소녀를 만났는데, 나에게 그 길을 가리켜 주었다.)

※ 선행사가 목적어인 계속적 용법은 "~하는데 ~이다."라는 것으로 번역한다.

【선행사가 주어인 예문의 번역】

The girl, whom I met, showed me the way.

(그 소녀는 내가 만났는데 나에게 그 길을 가리켜 주었다.)

※ 선행사가 주어인 계속 용법에서는 형용사절이 선행사인 주어와 동사 사이에 있으니 주어를 번역하고 "~하는데 ~이다."라는 번역방식을 대입하면 된다.

9) 관계대명사의 생략

영어에서 어순이 하나 생략되면 다른 어순을 파악하기 어렵기 때문에 생략은 중요한 문제이다. 주격, 목적격, 보격, 전치사의 목적격 등에 관계대명사가 쓰였을 때 관계대명사를 생략하고 쓰기도 한다. 관계대명사가 생략된 문장은 관계대명사가 생략되었다는 것을 염두에 두지 않으면 문장을 구성하는 요소가 모자라서 문장의 해석을 설명할 수 없게 된다. 그래서 관계대명사의 생략을 이해해 두는 일은 아주 중요하다.

가) 주격 관계대명사의 생략

① There is someone at the office waits for her.

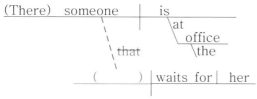

(그녀를 기다리는 어떤 사람이 사무실에 있다.)

② It was he told it to me.

(그것을 나에게 말한 사람이 그 남자이었다.)

③ There are many flowers grow along a creek.

(시내를 따라 자라는 많은 꽃이 있다.)

④ She is one of the greatest artists there are in Korea.

(그녀는 한국에 있는 가장 위대한 예술가 중 한 명이다.)

⑤ This is the best computer there is in this lab.

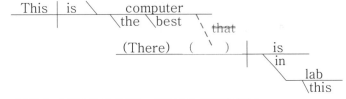

(이것이 이 연구실 안에 있는 가장 좋은 컴퓨터이다.)

나) 목적격 관계대명사의 생략

① This is the book I purchased yesterday.

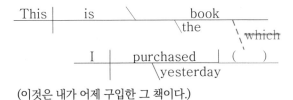

(이것은 내가 어제 구입한 그 책이다.)

② I have two children I love dearly.

(나는 내가 끔찍이 사랑하는 두 아이가 있다.)

③ There is the toy you bought yesterday.

(네가 어제 샀던 장난감이 있다.)

④ Lucy spends all she gets.

(루시는 그녀가 번 모든 것을 소비했다.)

다) 보격 관계대명사의 생략

① He behaved like the good shepherd he always was.

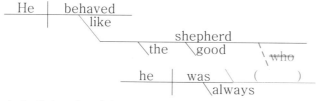

(그는 항상 그가 그랬던 좋은 목자처럼 행동했다.)

② She is not the woman she was. (그녀는 예전의 그 부인이 아니다.)

라) 전치사의 목적격 관계대명사의 생략

(*표의 문장은 관계대명사가 생략되지 않은 문장임)

① She has no office she works in.

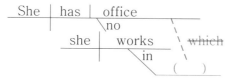

(그녀는 그녀가 그 안에서 일할 사무실을 가지고 있지 않다.)

* She has no office which she works in.

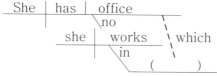

(그녀는 그녀가 그 안에서 일할 사무실을 가지고 있지 않다.)

② We have no pencil we write with. (우리는 우리가 그것으로 글을 쓸 연필을 가지고 있지 않다.)

* We have no pencil which we write with.

③ This is the bench I sit on. (이것이 내가 앉는 벤치이다.)

* This is the bench which I sit on.

나. 관계부사가 이끄는 형용사절

1) 관계부사

관계부사는 두 개의 문장이 있는데, 한쪽 문장에는 시간, 장소, 이유, 방법 등을 나타내는 명사가 있고 다른 문장에는 그 명사에 해당하는 것이 부사로 되었을 때 명사는 선행사가 되고 같은 의미의 부사를 대신해서 관계부사가 들어가 두 문장을 한 문장으로 결합하는 역할을 한다. 이때 관계부사가 들어간 문장은 형용사절이 되어 선행사를 수식하거나 설명해 주는 역할을 한다.

2) 관계부사의 종류와 선행사

관계부사는 시간, 장소, 이유, 방법 등에 해당하는 명사와 또 그와 동일한 의미의 부사가 관계부사가 되어 결합하는 것이기 때문에 선행사나 관계부사가 한정되어 있다.

【선행사와 관계부사의 종류 일람표】

종류 \ 구분	선행사가 되는 말의 예시	관계부사
시간	the time(hour, day, year 등 시간에 해당하는 명사)	when
장소	the place(house, city, ground 등 장소에 해당하는 명사)	where
이유	the reason or cause(이유, 원인에 해당하는 명사)	why
방법	the manner or way(태도 방법 등에 해당하는 명사)	how

※ 일러두기: 반드시 위에 예시된 명사가 아니더라도 시간은 시간에 해당하는 명사, 장소는 장소에 해당하는 명사, 이유는 이유에 해당하는 명사, 방법은 방법에 해당하는 명사이면 관계부사의 선행사가 된다. when, where, why, how 등은 의문사들이지만 관계대명사가 그랬듯이 관계부사가 되어 쓰이기도 한다.

3) 관계부사의 실습

가) 관계부사를 활용해서 두 문장을 한 문장으로 만들기

두 개의 문장에서 시간이나 장소나 이유나 방법 등에 공통 요소가 있는데 한쪽은 명사이고 다른 쪽은 같은 의미의 부사일 때, 명사인 쪽은 선행사가 되고 부사인 쪽은 관계부사를 넣어 형용사절로 해서 한 문장을 만들 수 있다. 선행사의 종류별로 한 문장으로 만드는 과정을 정리한다.

(1) 시간 관계부사 when을 넣어 한 문장 만들기

【예문】We could not expect the time.　The news reached us then.

　　(우리는 그 시간을 예상할 수 없었다.)　(그 소식이 우리에게 그때 도달했다.)

【한 문장으로 만든 과정】

(가) 두 문장에서 공통 요소를 찾는다.

위의 두 예문에서 공통 요소는 the time과 then이다.

We could not expect <u>the time</u>. The news reached us <u>then</u>.

(나) time은 명사이고 then은 시간 부사이다.

time은 선행사가 되고 부사 then은 시간 관계부사 when으로 대체한다.

We could not expect <u>the time</u>. The news reached us ~~then~~ ⇒ when.

(다) 부사를 대신해서 시간 관계부사가 대입된 한 문장

We could not expect the <u>time</u> when the news reached us.

【도해】

We could not expect the time when the news reached us.

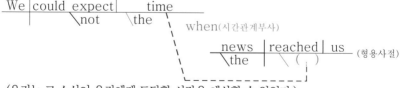

(우리는 그 소식이 우리에게 도달할 시간을 예상할 수 없었다.)

　※ when은 시간 관계부사로 형용절을 이끌어 선행사 time을 수식한다.

(2) 장소 관계부사 where를 넣어 한 문장 만들기

【예문】 She left the office.　　　He entered there.

　　　　　(그녀는 사무실을 떠났다.)　(그가 거기에 들어갔다.)

(가) 두 문장에서 공통 요소를 찾는다.

위의 두 예문에서 공통 요소는 the office과 there이다.

She left the <u>office</u>.　　　He entered <u>there</u>.

(나) 한 개는 명사이고 다른 것은 부사이다.

the office는 명사로 선행사가 되고 부사 there는 장소 관계부사 where로 대체한다.

She left <u>the office</u>. He entered ~~there~~ ⇒ where.

(다) 관계부사가 대입되어 결합한 문장

She left <u>the office</u> where he entered.

【도해】

She left the office where he entered.

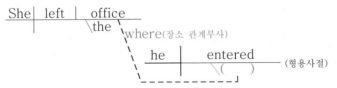

(그녀는 그 남자가 들어간 그 사무실을 떠났다.)

　※ where는 장소 관계부사로 형용절을 이끌어 선행사 office를 수식한다.

(3) 이유 관계부사 why를 넣어 한 문장 만들기

【예문】 He told her the reason.　　　　He called her for the reason.

　　　　　(그는 그녀에게 그 이유를 말했다.)　(그는 그녀를 그 이유때문에 불렀다.)

(가) 두 문장에서 공통 요소를 찾는다.

예문에서 앞 문장에 the reason과 뒤 문장에 the reason이 공통 요소이다. 이 두 개의 공통 요소는 명사들이다. 명사인 공통 요소 간에 관계사를 대신하는 과정은 관계대명사와 전치사(p.271 참조)에서 충분히 설명되어 있다. 그런데 관계부사 활용에 공통 요소는 선행사가 되는 명사와 부사적인 공통 요소의 범위가 되는 전명구의 범위만큼 적용하게 된다. 따라서 뒷 문장에 부사적 기능의 공통 요소의 범위는 전명구 for the reason이 이유 부사구로서 공통 요소의 기능에 적용되는 것이다.

【예문의 공통 요소의 부사적 범위】

He told her <u>the reason</u>. He called her $\boxed{\text{for the reason.}}$

※ 일러두기: 각기 밑줄 부분과 네모는 관계사를 적용할 수 있는 범위인데 밑줄은 관계대명사로 대체될 수 있는 범위이고 네모 안 부분은 관계부사가 적용되는 범위이다.

(나) the reason은 명사이고 for the reason은 부사구이다. 따라서 부사로서 공통 요소의 범위는 for the reason까지가 된다. 그래서 예문에서 이유 관계부사 why의 적용 범위는 for the reason까지이다.

He told her <u>the reason</u>. He called her ~~for the reason~~ ⇒ why.

(다) 관계부사가 대입되어 결합한 문장

He told her <u>the reason</u> why he called her.

【도해】

He told her the reason why he called her.

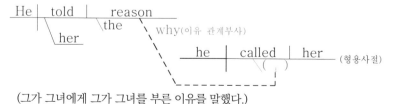

(그가 그녀에게 그가 그녀를 부른 이유를 말했다.)

(4) 방법 관계부사 how를 넣어 한 문장 만들기

Everyone knows the way. He lives in the way.

(누구나 그 방법을 안다. 그는 그런 방법으로 산다.)

(가) 두 문장에서 공통 요소를 찾는다.

예문의 두 문장에서 공통 요소는 the way인데, 부사적인 기능으로 공통 요소는 in the way가 된다.

Every one knows the <u>way</u>. He lives <u>in the way</u>.

※ 일러두기: in the way까지가 전명구의 부사적 용법으로 부사적인 요소의 범위에 해당한다.

(나) 앞 문장의 way는 명사이고, 뒷 문장의 in the way는 부사구이다. 따라서 부사로서 방법 관계부사 how의 적용 범위는 in the way까지가 된다.

Everyone knows the way. He lives ~~in the way~~ ⇒ how .

(다) 관계부사가 대입되어 결합한 문장

Every one knows the <u>way</u> how he lives.

【도해】 Every one knows the <u>way</u> how he lives.

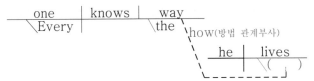

(누구나 그가 살아오는 방법을 안다.)

※ how는 방법 관계부사로 형용절을 이끌어 선행사 way를 수식한다.

나) 관계부사 when과 where를 해체해서 두 문장으로 분리 도해 연습

관계부사가 들어서 한 문장이 되어있는 예문들을 각기 선행사절(주절)과 관계 부사절(형용절)을 분리하는 연습을 해보기로 한다.

(1) 시간 관계부사 when을 해체해서 두 문장으로 분리하기

【예문】He knows the time when the first train leaves.

【도해】

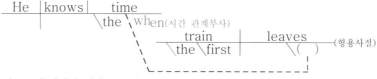

(그는 첫 기차가 떠나는 시간을 안다.)

(가) 시간 관계부사 then을 넣어 두 문장으로 분리하기

They know the time. The first train starts then.

(그들은 그 시간을 안다.)　　(그 첫 기차는 그때 출발한다.)

(나) 관계부사 대신에 전명구를 대입해서 분리하기

They know the time. The first train starts at the time.

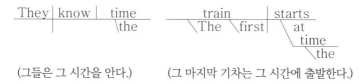

(그들은 그 시간을 안다.)　　(그 마지막 기차는 그 시간에 출발한다.)

(다) 관계부사를 해체해서 두 문장으로 분리하기 연습문제

① He arrived here the year when there was a big hurricane.

　　(그는 큰 허리케인이 있었던 해에 여기 도착했다.)

② She forgot the time when she should leave.

　　(그녀는 떠나야 한 시간을 잊었다.)

③ He was born in the month when his father died.

　　(그는 그의 아버지가 죽은 달에 태어났다.)

④ I remember the day when our team won the game.

【도해】

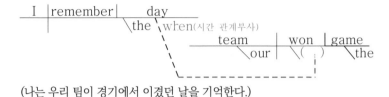

(나는 우리 팀이 경기에서 이겼던 날을 기억한다.)

【두 문장으로 분리】

㉮ 시간 관계부사 then을 넣어 분리하기

I remember the day. Our team won the game then.

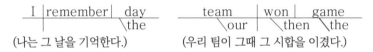

(나는 그 날을 기억한다.)　　　(우리 팀이 그때 그 시합을 이겼다.)

㉯ 관계부사 대신에 전명구를 대입해서 분리하기

I remember the day. Our team won the game on the day.

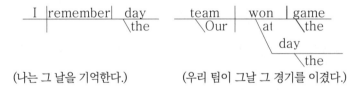

(나는 그 날을 기억한다.)　　　(우리 팀이 그날 그 경기를 이겼다.)

(2) 장소 관계부사 where를 해체해서 두 문장으로 분리하기

【예문】 This is the house where she lives.

【도해】

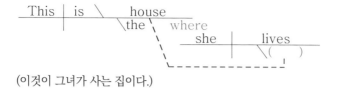

(이것이 그녀가 사는 집이다.)

(가) 관계부사 where 대신에 here를 대입해 본다.

This is the house. She lives here.

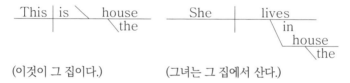

(이것이 그 집이다.)　　　　(그는 여기서 산다.)

(나) 관계부사 대신에 전명구 in the house를 대입해 본다.

This is the house. She lives in the house.

(이것이 그 집이다.)　　　　(그녀는 그 집에서 산다.)

(다) 관계부사를 해체해서 두 문장으로 분리하기 연습문제

① This is the park where the children play soccer.

(이곳이 아이들이 축구를 하는 공원이다.)

② They walked together to the gate where they parted.

(그들은 그들이 헤어졌던 문까지 함께 걸어갔다.)

③ They went to Busan where they stayed for a week.

(그들은 그들이 한 주 동안 머물렀던 부산에 갔다.)

④ She went to the bank of the river where she met him.

(그녀는 그녀가 그를 만났던 강둑으로 갔다.)

【도해】

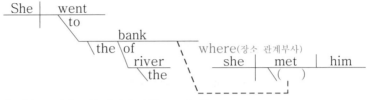

(그녀는 그녀가 그를 만났던 강둑으로 갔다.)

【두 문장으로 분리】

㉮ 관계부사 where 대신에 there을 대입해서 두 문장으로 분리한다.

She went to the bank of the river. She met him there.

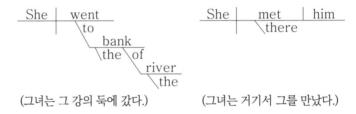

(그녀는 그 강의 둑에 갔다.)　　　　(그녀는 거기서 그를 만났다.)

㉯ 관계부사 where 대신에 전명구를 대입해서 두 문장으로 분리한다.

She went to the bank of the river. She met him on the bank.

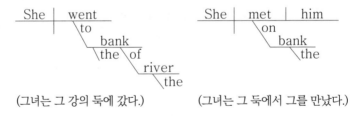

(그녀는 그 강의 둑에 갔다.)　　　　(그녀는 그 둑에서 그를 만났다.)

4) 그 밖에 관계부사에 관한 것들

가) 관계부사의 생략

관계부사가 생략이라고 보는 경우들을 말한다. 이런 경우에 관계부사가 생략될
수 있다는 것을 모르고 있는 상태에서 이런 문장을 대하면 난감해진다. 그러나 이

런 경우가 있다는 것을 전제하고 이런 문장을 대하면 별로 어렵지 않다.

① The day we went to Busan was hot and sticky.

【도해】

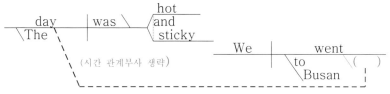

(우리가 부산에 갔던 그 날은 덥고 끈적끈적한 날이었다.)

※ we 이하의 형용절을 이끌던 시간 관계부사 when이 생략된 것으로 보기 때문에 주의를 하지 않으면 구문을 파악하는 것이 난감할 수 있다.

② They did not guess the time they would return home.

(그들은 그들이 집으로 돌아온 시간을 짐작하지 못했다.)

③ Everyone knows the time the first train leaves.

(모든 사람이 첫 기차가 떠나는 시간을 안다.)

④ The time you arrived at the mountain was a beautiful season.

(당신들이 그 산에 도착했던 때는 아름다운 계절이었다.)

⑤ By the time you graduate from the college he will finish the work.

(네가 대학교를 졸업할 때까지 그는 일을 마칠것이다.)

나) 선행사를 내포하는 관계부사

의문사는 대개 관계사로도 같이 쓰인다. 따라서 의문사가 이끄는 명사절은 선행사를 내포하는 관계사가 이끄는 문장과 동일한 형태이다. 다만 이런 문장을 한국어의 의미에 해당하게 번역하려고 하니 그 의미가 한 편에서는 의문사가 이끄는 명사절의 의미가 되고, 다른 한편에서는 선행사를 내포하는 관계부사의 의미가 되기도 한다는 것이다. when이 이끄는 예문 하나를 들어 ㈎ when을 선행사를 내포한 관계부사로 볼 경우와 (나) when을 의문부사로 볼 경우로 나눠서 도해를 통해서 검토해보기로 한다.

(1) when의 경우

【예문】 She didn't know when they ran away.

(가) when을 선행사를 내포한 관계부사로 볼 경우

【도해】

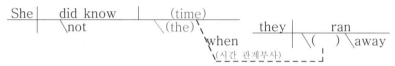

(그녀는 그들이 도망간 시간을 알지 못했다.)

※ 위의 도해는 시간 관계부사 when이 선행사 the time을 내포한 것으로 본 것이다.

(나) when을 의문부사로 볼 경우

【도해】

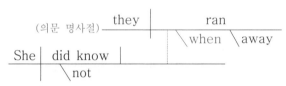

(그녀는 그들이 언제 도망갔는가를 몰랐다.)

※ when이 이끄는 명사절은 동사 know의 목적으로 도해한 것이다.

【도해 비교 해설】

같은 예문을 두고 when을 선행사를 내포하는 시간 관계부사로 볼 것인지 명사절을 이끄는 의문부사로 볼 것인지에 대한 것인데, 원어민은 둘 모두의 의미를 함께 쓰기 때문에 문제가 없다. 각기의 관점으로 도해를 해서 구문 구조에 보면 구조는 전혀 다른 구문이지만 해석을 해보면 의미는 같은데 어감에 약간의 차이를 느낄 수 있다.

(다) 도해 연습하기 문제

아래 주어진 예문을 (ㄱ)과 (ㄴ)의 번역처럼 도해를 연습한다.

① Nobody knows when our Lord will come down again.

　(ㄱ) (아무도 우리 주가 다시 강림할 때를 모른다.)

　(ㄴ) (아무도 우리 주가 언제 다시 강림할까를 모른다.)

② We expect when the lecture will end.

　(ㄱ) (우리는 그 강좌가 끝나는 때를 기다린다.)

　(ㄴ) (우리는 언제 그 강좌가 끝나는가를 기다린다.)

(2) where의 경우

【예문】We don't know where they are attacking.

(가) where를 선행사를 내포한 관계부사로 볼 경우

(우리는 그들이 공격하려는 장소를 모른다.)

　※ 위의 문장에서는 장소 관계부사 where가 선행사 the place를 내포하는 것으로 보는 것이다.

(나) where를 의문부사가 이끄는 명사절로 볼 경우

【도해】

(우리는 그들이 어디를 공격 하려는지를 모른다.)

　※ when이 이끄는 절을 명사절로 봐서 동사 know의 목적절로 도해한 것이다.

(다) 도해 연습하기 문제

아래 주어진 예문을 (ㄱ)과 (ㄴ)의 번역처럼 도해를 연습한다.

① They don't know where they go.

(ㄱ) 그들은 그들이 가는 장소를 알지 못한다.)

(ㄴ) (그들은 그들이 어디를 가는지 알지 못한다.)

② I informed her where the conference will be held.

(ㄱ) 나는 그녀에게 회의가 개최될 장소를 알려 주었다.)

(ㄴ) (나는 그녀에게 어디서 회의가 열릴 것인가를 알려주었다.)

(3) why의 경우

【예문】 Teachers taught children why they should obey their parents.

(가) why를 선행사를 내포한 관계부사로 볼 경우

【도해】

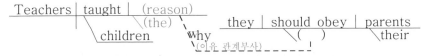

(선생님들은 아이들에게 그들이 그들의 부모를 순종해야 하는 이유를 가르쳐주었다.)

※ 위의 도해는 이유 관계부사 why가 선행사 the reason을 내포한 것으로 본 것이다.

(나) why를 의문부사가 이끄는 명사절로 볼 경우

【도해】

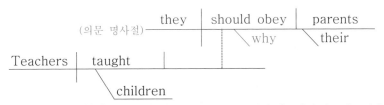

(선생님들은 아이들에게 그들이 왜 그들의 부모를 순종해야 하는가를 가르쳐주었다.)

※ why가 이끄는 명사절은 동사 know의 목적으로 도해한 것이다.

(다) 도해 연습하기 문제

아래 주어진 예문을 ㈀과 ㈁의 번역처럼 도해를 연습한다.

① Our parents informed us why we should obey our teacher.

　　㈀ (우리 부모는 우리에게 우리가 선생님을 순종해야 하는 이유를 알려주었다.)

　　㈁ (우리의 부모는 우리에게 왜 우리가 선생님을 순종해야 하는가를 알려주었다.)

② She didn't tell me why he would not come.

　　㈀ (그녀는 나에게 그가 오지 않을 이유를 말하지 않았다.)

　　㈁ (그녀는 나에게 왜 그가 오지 않을 것인가를 말하지 않았다.)

(4) how의 경우

【예문】 The recipe is how she made it.

(가) how를 선행사를 내포한 관계부사로 볼 경우

【도해】

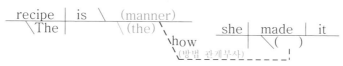

(이 요리법은 그녀가 그것을 만든 방법이다.)

　　※ 위의 문장에 방법 관계부사 how가 선행사 the manner를 내포한 것으로 보는 것이다.

(나) how를 의문부사가 이끄는 명사절로 볼 경우

【도해】

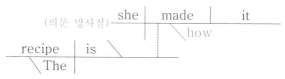

(이 요리법은 그녀가 그것을 어떻게 만들었는가 하는 것이다.)

　　※ why가 이끄는 절을 명사절로 봐서 동사 know의 목적절로 도해한 것이다.

(다) 도해 연습하기 문제

아래 주어진 예문을 (ㄱ)과 (ㄴ)의 번역처럼 도해를 연습한다.

① This is how he did it.

    (ㄱ) (이것이 그가 그것을 한 방법이다.)

    (ㄴ) (이것이 그가 어떻게 그것을 했을까 하는 것이다.)

② That is how she always treats him.

    (ㄱ) (그것은 그녀가 항상 그를 대하는 방식이다.)

    (ㄴ) (그것은 그녀가 어떻게 항상 그를 대하는가 하는 것이다.)

다. 관계형용사가 이끄는 형용사절

두 개의 다른 문장이 동일한 사람이나 사물을 각 문장의 구성요소로 가지고 있는데 한쪽이 형용사일 때 그 형용사를 대신해서 관계형용사를 써서 형용사절을 만들어 두 문장을 한 문장으로 만들 수 있다. 각기 다른 두 문장의 같은 요소 중에 한쪽은 명사이고 다른 쪽은 부사일 때는 부사를 대신 해서 관계부사를 써서 한 문장을 만들 수 있듯이 다른 한쪽이 형용사일 때는 관계형용사를 써서 두 문장을 한 문장으로 만들 수 있다. 명사인 쪽은 선행사가 되고 다른 쪽인 형용사를 대신해서 관계형용사를 넣어 한 문장으로 만들게 된다. 인칭대명사의 격 변화에는 소유격으로 쓰는 whose나 of which가 있는데 이들 소유격은 품사적으로는 형용사에 해당하게 된다. 의문형용사로 쓰는 which와 소유격에 쓰이는 whose와 of which를 관계형용사로도 쓴다.

1) 관계형용사 which가 이끄는 형용사절

which가 관계사로 쓰일 때 보통은 관계대명사로 쓰이는 것인데, 간혹 관계형용사로도 쓰일 때가 있다. which는 의문사로 쓰일 때 "어느 것"이라는 의미의 의문대명사로 쓰이기도 하고 "어느~"라는 의문형용사로 쓰이기도 한다. 이런 의문사의 의미에 비교해서 설명하자면 "어느 것"이라는 의문대명사에 해당하는 관계사로는 관계대명사적 용법으로 쓰이는 것이 되고 "어느~"라는 의문형용사에 해당하는 관계사로는 관계형용사로 쓰이는 것인 셈이다. 아래 짝지어 놓은 문장으로 관계형용사를 써서 한 문장이 된 것을 면밀히 검토하고 도해해 보기로 한다. 관계형용사 which가 있는 어순은 그것이 수식하는 명사를 대동하고 종절의 문두에 나가서 종절을 이끌어서 선행사 다음 어순에 놓는다.

【예문】

She spoke to me in French.　　 I did not study French language.

(그녀는 나에게 불어로 말했다.)　　 (나는 불어를 공부하지 않았다.)

※ 위의 예문에 in French에서 French는 "불어"라는 의미의 명사로 전치사 in의 목적어이며 뒤 문장에 French는 "프랑스의"라는 의미로 language를 수식하는 형용사이다.

가) 관계형용사 which를 써서 한 문장으로 만들기

She spoke to me in French. I did not study the French language.

→ She spoke to me in French which language I did not study.

나) 관계형용사 도해하기

(그녀는 나에게 내가 배운 일이 없는 말인 불어로 말했다.)

* 위의 문장에서 which는 형용사절에서는 목적어 language를 수식하는 형용사의 역할이었고 선행사인 French에 대해서는 같은 요소로 관계를 맺어 주고 있다.

다) 관계형용사 which를 써서 두 문장을 한 문장으로 만들기 연습

① You may see the white.　　 You like the white dress.

(당신은 흰색을 볼 수 있을지 모른다.)　　 (당신은 흰 드레스를 좋아한다.)

※ 일러두기: 동일한 white가 앞 문장에서는 "흰색"이라는 명사이고 뒤 문장에서는 "흰"이라는 형용사이다. 따라서 선행사로는 앞 문장의 "흰색"이라는 명사가 된다.

→ You may see the white which dress you like.

(당신은 당신이 좋아하는 흰 드레스의 흰색을 볼지도 모른다.)

② The letter was written in French. He could not understand French characters.

(그 편지는 불어로 쓰였다.)　　　　　　(그는 불어를 이해할 수 없다.)

※ 일러두기: 앞 문장의 French는 "불어"라는 명사이고 뒷 문장의 French는 "프랑스의"라는 형용사이다. 따라서 선행사는 앞 문장의 "불어"라는 명사가 되어야 한다.

→ The letter was written in French which characters he could not understand. (그 편지는 그가 이해할 수 없는 프랑스 문자로 쓰였다.)

③ The cloud is high.　　The cloudy color is so beautiful.

(그 구름이 높다.)　　(그 구름의 색깔이 대단히 아름답다.)

→ The cloud which color is so beautiful is high.

(그 색깔이 대단히 아름다운 구름이 높다.)

2) 관계대명사의 소유격 whose와 of which가 이끄는 형용사절

인칭대명사의 소유격으로 사람의 소유격에 쓰는 whose와 사물의 소유격에 쓰는 of which가 있다. 이들 인칭대명사의 소유격은 관계대명사의 소유격으로도 쓰이는데 관계대명사의 소유격으로 쓰이는 whose와 of which의 용법을 설명한다.

가) 관계대명사의 소유격 whose가 이끄는 형용사절

관계대명사의 소유격은 whose인데 whose는 주절에 인칭대명사가 있고 종절에 같은 요소로 my(our), your, his, her, its(their) 등과 같은 인칭대명사의 소유격이 있을 때, 이 두 개의 같은 요소를 연관 지어 한 문장을 만드는 데 쓴다. 인칭대명사는 선행사가 되고 종절에 소유격을 대신해서 whose를 넣어 형용사절을 만든다. 예문을 whose를 써서 한 문장으로 만들어 보기로 한다.

【예문】 The puppy is mine.　　　　Its fur is long.

　　　　(그 강아지는 나의 것이다.)　　(그것의 털은 길다.)

(1) 관계대명사의 소유격 whose로 한 문장 만들기

The puppy is mine.　　　　His fur is long.

(그 강아지는 나의 것이다.)　　(그것의 털은 길다.)

　→ The puppy whose fur is long is mine.

(2) 도해

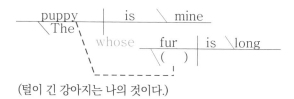

(털이 긴 강아지는 나의 것이다.)

(3) 관계형용사를 써서 한 문장 만들기 연습

예문을 관계대명사의 소유격인 관계형용사 "whose"를 써서 한 문장으로 만
드는 연습을 해본다.

① Mr. Park is a poet.　　　His poems are unknown.

　　(박선생은 시인이다.)　　　(그의 시들은 알려지지 않았다.)

　→ Mr. Park is a poet whose poems are unknown.

　　(박 선생은 그의 시가 알려지지 않은 한 시인이다.

② My uncle is honest.　　　His car is a jalopy.

　　(나의 삼촌은 정직하다.)　　(그의 차는 고물이다.)

　→ My uncle whose car is a jalopy is honest.

　　(차가 고물인 나의 삼촌은 정직하다.)

③ This is the <u>woman</u>. I teach <u>her</u> <u>daughter</u>.

(이 분은 그 부인이다.) (나는 그의 딸을 가르친다.)

→ This is the <u>woman</u> <u>whose</u> <u>daughter</u> I teach.

(이 분이 내가 그의 딸을 가르치는 부인이다.)

④ The <u>lady</u> is a famous musician. We have just passed <u>her</u> <u>office</u>.

(그 숙녀는 유명한 음악가이다.)   (우리가 그녀의 사무실을 막 지나갔다.)

→ The <u>lady</u> <u>whose</u> <u>office</u> we have just passed is a famous musician.

(우리가 막 지난 사무실 주인인 그 숙녀는 유명한 음악가이다.)

⑤ This is the <u>poetry</u>.   I read <u>its</u> <u>poems</u> last week.

(이것이 그 시집이다.)   (내가 지난주에 그 시집의 시를 읽었다.)

→ This is the <u>poetry</u> <u>whose</u> <u>poems</u> I read last week.

(이것이 내가 지난 주에 읽은 시의 시집이다.)

나) 관계대명사의 소유격 of which가 이끄는 형용사절

of which가 which의 소유격이 되는 것은 of라는 소유를 나타내는 전치사와 관계대명사 which가 결합해서 "of which"라는 전명구로 구성이 되어 관계대명사 which의 소유격이 되는 것이다. "of which"는 전명구로서 속성상 수식하는 명사 뒤에 있어야 하기 때문에 "명사+of which"의 어순이 된다. 그래서 관계대명사 which의 소유격인 of which의 어순을 쓰는 데는 두 가지 방법이 있다. (ㄱ) "of which"만 형용사절의 맨 앞에 나와서 형용사절을 이끌고 선행사 바로 뒤에 가는 방법과 (ㄴ) "of which"의 수식을 받는 명사까지 합해서 "명사+of which"의 형태가 형용사절의 문두에 나가서 형용사절을 이끌고 선행사의 다음에 가는 방법이 있다.

【예문】

The <u>building</u> is the library.   The <u>roof</u> of the <u>building</u> is red.

(그 건물은 도서관이다.)   (그 건물의 지붕은 붉다.)

(1) 관계대명사의 소유격 of which로 한 문장 만들기

(가) "the roof(명사) of which"까지가 형용사절의 문두에 나온 문장 형태

The building the roof of which is red is the library.

【도해】

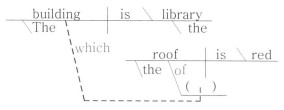

(건물의 지붕이 붉은 건물이 도서관이다.)

(나) "of which"만 형용사절의 문두로 나온 문장 형태

The building of which the roof is red is the library.

※ 관계대명사 which의 소유격 of which가 자기가 수식하는 roof는 제자리에 두고 of which만 분리되어 형용사절을 이끌고 선행사 다음으로 간 문장의 형태이다.

(다) 연습문제

연습 예문을 "of which"의 두 가지 어순방법을 써서 한 문장으로 만들어 본다.

【예문】

① The book is mine.   The cover of the book is white.

　(그 책은 나의 것이다.)   (그 책의 표지가 희다.)

㈀ "명사 of which"까지가 형용사절의 문두에 나오는 문장 형태

The book the cover of which is white is mine.

(책의 표지가 흰 책이 나의 것이다.)

㈁ "of which"만 형용사절의 문두에 나오는 문장 형태

The book of which the cover is white is mine.

② We can see the mountain. (우리는 그 산을 볼 수 있다.)

The top of the mountain is covered with snow.

(그 산의 꼭대기는 눈으로 덮였다.)

㈀ "명사 of which"까지가 형용사절의 문두에 나온 문장 형태

We can see the mountain the top of which is covered with snow.

(우리는 꼭대기가 눈으로 덮인 산을 볼 수 있다.)

㈁ "of which"만 형용사절의 문두에 나온 문장 형태

We can see the mountain of which the top is covered with snow.

③ We can go to the pond.　　The surface of the pond is yellow.

(당신은 연못에 갈 수 있다.)　　(연못의 표면은 노랗다.)

㈀ "명사 of which"까지가 형용사절의 문두에 나온 문장 형태

We can go to the pond the surface of which is yellow.

(우리는 수면이 노란 연못에 갈 수 있다.)

㈁ "of which"만 형용사절의 문두에 나온 문장 형태

We can go to the pond of which the surface is yellow.

④ The ships travelled across the sea. (배들이 바다를 가로질러 여행했다.)

The sails of the ships were whitish. (배들의 돛은 희끄무레했다.)

㈀ "명사 of which"까지가 형용사절의 문두에 나온 문장

The ships the sails of which were whitish travelled across the sea.

(돛이 희끄무레한 배들이 바다를 가로질러 여행했다.)

㈁ "of which"만 형용사절의 문두에 나온 문장

The ships of which the sails were whitish travelled across the sea.

제4편

구성 방식과 준동사구

준동사(verbals)구는 문장에서 주어부를 없애고 서술부만으로 구성되는 어구를 말한다. 이때 주어는 없앴지만, 서술 동사 이하의 구조는 그대로 남아 있다. 서술 동사가 어간이 되어 어간을 변개(變改)해서 준동사구의 종류가 파생하게 된다. 준동사는 어간인 동사의 어형을 변개해서 만들어지며 서술 동사가 아닌 다른 품사의 용도로 쓰이는 어구의 단위이다. 준동사구는 체언으로 쓰여서 주어, 목적어, 보어 등과 같은 주요소의 단위가 되어 어순에서 격조사적 기능을 받기도 하고 또 종요소로 쓰여서 다른 말을 수식하는 수식어의 단위가 되기도 한다. 준동사에는 부정사와 현재분사(동명사), 과거분사 등이 있는데 이때 변형의 양태도 다르고 용도도 제각기 다르다. 그런데 이들을 통틀어 준동사로 묶어서 설명하는 것은 동사의 어간을 변개시키기는 하지만 술부 이하의 구조가 같아서 한국인이 구문을 이해하기가 용이하도록 하기 위해서다. 절과 비교해서 설명하면 절은 문장이 단어처럼 체언의 단위나 수식어의 단위가 되는 것을 말하는 것이며 준동사는 주어부를 없앤 술부 어구가 단어처럼 체언의 단위가 되고 수식어의 단위가 되는 것이다. 준동사에는 부정사와 현재분사(동명사)와 과거분사가 있는데 이들은 각기 형태와 용도가 다르기에 항목별로 부정사, 동명사, 분사로 나눠서 설명한다.

1. 부정사

영어의 부정사는 한국어가 모국어인 학습자가 영어를 정복하는데, 중요한 전환점이 되는 것이기도 하다. 부정사를 완전히 파악한다는 것은 영어의 기본적인 구조를 완전히 알아야 가능하기 때문이다. 부정사는 용법을 미리 일정하게 정해 놓고 쓰는 것이 아니고 때에 따라 의미를 알맞게 적용하기 때문에 부정사라고 부른다. 이 말은 한국인이 정확히 이해하기가 쉽지 않다. 예를 들어 설명하면 'friendly'라는 단어는 영한사전에 '① a.우호적인 ② ad.친절하게 ③ n.아군'이라는 세 가지의 다른 의미를 지닌 말로 되어있다. 말을 바꾸면 'friendly'라는 단어는 같은 단어가 앞서 설명하는 세 가지의 다른 의미로 쓰인다는 말이다. 그런데 이들은 한국어에서는 각기 다른 말들이다. 그러나 영어에서 'friendly'는 같은 단어를 다른 용법으로 쓴다는 것으로 말한다. 부정사가 그렇다는 것이다. 부정사는 ① 명사(n.)적으로 쓰이는 것 ② 부사(ad.)적으로 쓰이는 것 ③ 형용사(a.)적으로 쓰이는 것 등의 용법으로 쓰인다. 예를 들어 'to walk'라는 부정사가 다른 의미를 지니는 것을 간략히 살펴보기로 한다. 부정사 'to walk'은 ① n.명사적으로 쓰면 '걷는 것' ② ad. 부사적으로 쓰면 '걷기 위해서' 그리고 ③ a.형용사적으로 쓰면 '걷는'이 된다는 것이다. 'friendly' 는 단어이므로 사전에 그렇게 의미를 나열해 명기할 수 있지만 'to walk'와 같은 부정사는 문법에 의해서 쓰이는 의미이기 때문에 사전이나 다른 해석에서 그 의미를 일일이 명기할 수가 없다. 그래서 용법이라는 말로 설명된다.

가. 부정사 만들기

일반적으로 부정사를 원형 동사 앞에 to를 첨가하는 것으로 설명하는데 이렇게 이해하고 있으면 부정사가 가지는 술부구조인 서술 어구들에 대한 종합적인 이해를 위한 설명이 미흡해서 부정사를 온전하게 이해하는데 부족한 점이 많다. 따라서 이 책에서는 부정사를 종합적 측면에서 이해하기 위해서 문장을 부정사로 변형하는 과정을 통해서 부정사의 종합적 개념의 윤곽을 파악할 수 있도록 설명하기로 한다.

1) 주어부의 제거

문장의 형식에서 주어부를 없애고 서술 동사는 원형으로 고친다. 주어 어순은 제거함으로 주어 어순의 기능도 물론 없어진 어구가 된다. 서술 동사는 원형으로 고친 것이지만 술부의 어순은 그대로 있어서 술부 어순의 기능에는 하등에 변화가 있을 수 없다. 술부에 소속된 어구들은 물론이고 어순의 기능도 그대로 가지고 있다. 이런 형태를 모형과 예문 들어 보면 다음과 같다.

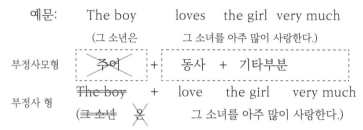

예문: The boy   loves   the girl very much
       (그 소년은   그 소녀를 아주 많이 사랑한다.)

부정사모형   ~~주어~~ + 동사 + 기타부분

부정사 형   ~~The boy~~   +   love   the girl   very much
          (~~그 소년~~   ✗   그 소녀를 아주 많이 사랑한다.)

※ 주어부가 없어지면서 기능도 없어지지만, 술부의 기능은 그대로 남아 있다.

2) to의 결합

형식에서 주어를 제거하고 서술 동사를 원형으로 고쳐 원형 앞에 to를 첨가해서 부정사임을 표시하는 것으로 부정사가 성립된다. 예문의 부정사는 다음과 같다.

【모형】   to + 원형 동사 + 기타부분
【예문】   to + love the girl very much

3) 부정사의 의미 구성에 대한 해설

가) 부정사 모형의 의미 구성

문장에서 주어가 제거된 것이기 때문에 물론 주어 어순이 없어진 것이다. 따라서 주어 어순이 가지고 있던 주격 기능은 없어진 상태가 된다. 동사의 의미는 원형 동사 상태의 어간으로 원형의 의미를 갖는 것이다.

나) 부정사의 실제의 의미 구성

부정사는 어간인 원형 동사에 to가 결합한 것인데, to의 기능만큼 부정사의 의미의 폭이 넓어진다. 이때 to는 전치사는 물론 아니고 오직 부정사를 만들 때 부정사임을 표시하는 표로 쓰는 to의 고유 기능일 뿐이다. 부정사에 쓰이는 to의 기능은 품사적으로는 명사적 용법으로 주요소로 쓰여 체언이 되는 "~하는 것"과 종요소로 쓰여 품사적으로는 형용사적으로 쓰이는 "~하는"과 부사적으로 쓰이는 "~하게"와 같은 의미를 지닌 것을 표시하는 표일 뿐이다.

다) 부정사의 도해

부정사의 도해는 형식 도해에서 주어를 제거하고 to를 첨가하는 것을 나타내게 그린다. 따라서 주어를 제외한 술부 부분과 to가 들어간 부정사의 도해를 그리게 된다. 제 3형식 도해와 제 3형식 부정사 도해를 예로 들어 본다.

	제 3형식의 도식			제 3형식 부정사의 도식	
(주요소) →	주부	술부	목적어	to+ 동사의 원형	목적어
(종요소 →					

※ 3형식 도식을 예로 든 것인데 3형식에서 주어 어순을 없애고 수직 도해선은 앞쪽으로 사선으로 그리고 나머지 부분은 같다. 물론 모든 형식의 부정사도 이처럼 주어 부분만 없앤 것으로 그리면 된다.

나. 형식별 부정사의 실제

부정사는 주어만 없애고 동사부의 구조는 그대로 가진 준동사이기 때문에 동사가 가지는 서술적인 주요소나 종요소를 갖추고 있는 형태가 된다. 따라서 각각 형식마다 그 형식에 해당하는 부정사가 있기 마련이다. 형식의 부정사와 예문을 살펴보기로 한다.

1) 형식별 부정사의 모형

가) 제1형식 구조의 부정사 모형

주어 + 동사 → to + 원형 동사

Birds　　sing.　　　to　sing (노래〈~하기《명사용법》〉, 〈~하는《형용사용법》〉,
(새들이 노래한다.)　　　　　〈~위해서《부사용법》〉)

※ 일러두기: 부사적 용법은 다양해서 모두 설명할 수 없어 대표로 목적 부사적인 의미로 설명하기로 한다.

나) 제2형식 구조의 부정사 모형

주어 + 동사 + 보어 → to + 원형 동사 + 보어

She became a musician.　　　to become a musician (음악가가 되 〈~기, ~는,
(그녀는 음악가가 되었다.)　　　　~위해서〉)

다) 제3형식 구조의 부정사 모형

주어 + 동사 + 목적어 → to + 원형 동사 + 목적어

Girls　　love　　flowers.　　to love flowers (꽃을 좋아 하 〈~기, ~는,
(소녀들은 꽃을 좋아한다.)　　　~위해서〉)

라) 제4형식 구조의 부정사 모형

주어 + 동사 + 간접목적 + 직접목적 → to + 원형 동사 + 간접목적 + 직접목적

Mother gave　father　　a cap.　　to give father a cap (아버지에게 모자를
(어머니는 아버지에게 모자를 주었다.)　　주 〈~기, ~는, ~위해서〉)

마) 제5형식 구조의 부정사 모형

주어 + 동사 + 목적어 + 목적격 보어 → to + 원형 동사 + 목적어 + 목적격 보어

She　called　me　　king.　　　to call me king (나를 왕이라고 부르 〈~기, ~는,
(그녀는 나를 왕이라고 불렀다.)　　　~위해서〉)

위에서 각 형식별 부정사에 대한 예를 들어 보았는데 술부를 구성하는 요소에는
변화가 없다. 다만 부정사 구성을 위해서 주어를 없애고 동사를 원형 동사로 바꾸
어서 to가 첨가되었기 때문에 첨가된 to가 표시하고자 하는 부정사적인 기능만큼

부정사의 기능이 발생하는 것이다. 술부 이하를 거느린 어구에 to가 첨가됨으로 부정사가 완성되며 부정사가 완성됨으로 to부정사는 문장에서 명사, 형용사, 부사적으로 쓰이게 된다. 이때 술부의 의미는 어간이 되고 그 어간에 대해서 to 기능의 의미가 가미되어 부정사 용법의 의미가 정돈된다.

2) 부정사의 용법

가) 부정사의 명사적 용법

to부정사는 명사적으로 쓰여 체언으로서 주어, 보어, 목적어로 쓰이며, 그 기능의 의미는 다음과 같다. 명사적으로 쓰일 때 to 기능의 의미는 "~ (하)기", "~ 하는 것" 등의 정도이다.

예: (1) To sing is good for health. (노래하는 것은 건강에 좋다.)

to sing ⟹ 노래하기, 노래 부르는 것

(2) We tried to explain. (우리는 설명 하는 것을 하려고 했다.)

to explain ⟹ 설명하기, 설명하는 것

나) 부정사의 형용사적 용법

부정사가 형용사적으로 쓰여서 명사를 수식할 때 기능의 의미는 다음과 같다. 형용사적으로 쓰일 때 to 기능의 의미는 "~하는," "~ 할" 등의 명사를 수식하기에 적합한 의미이다.

예: (1) She has a book to read. (그녀는 읽을 책 한권을 가지고 있다.)

a book to read ⟹ 읽을 책 한권

(2) They thought the plan to escape. (그들은 달아날 계획을 생각했다.)

the plan to escape ⟹ 달아날 계획

다) 부정사의 부사적 용법

부정사의 부사적 용법은 명사적이나 형용사적인 용법을 제외한 모든 수식용법을 통틀어 일컫는다. 다양한 용법만큼이나 to부정사가 부사적 용법으로 쓰일 때 기능의 의미도 다양하다. 그 기능의 대표적인 의미를 정리한다.

(1) 부정사가 동사를 수식할 때 to 기능의 의미

부사적으로 쓰일 때 "목적", "이유", "조건" 등 다양한 용법이지만 "~ 하기 위해서"라는 의미로 쓰인 예문을 대표적인 예로 들어 설명하기로 한다.

예: (가) He left early to catch the 7:30 train.

(그는 7:30 차를 타기 위해서 일찍 떠났다.)

left early to catch the 7:30 train ⇒ 7:30분 차를 타기 위해서

(나) We went there to meet her. (우리는 그녀를 만나기 위해서 거기 갔다.)

went there to meet her ⇒ 그녀를 만나기 위해서

(다) To grasp the theory, study harder.

(그 이론을 파악하기 위해서 더 열심히 연구해라.)

to grasp the theory ⇒ 그 이론을 파악하기 위해서

(2) 부정사가 형용사를 수식할 때 to 기능의 의미

부정사가 부사적으로 쓰여서 형용사를 수식하는 경우의 예를 들어 보면 "~하기에", "~하기 위해서" 등과 같이 형용사를 수식할 수 있는 부사격 조사의 의미로 활용된다.

예: (가) It is nice to climb. (날씨가 등산하기에 좋다.)

nice to climb ⇒ 등산하기에 좋은

(나) Our team is certain to win. (우리 팀이 이길 것이 확실하다.)

certain to win ⇒ 이기기에 확실한

(3) 부정사가 부사를 수식할 때 to

~하는 (데)에.

예: (1) You are old enough to understand it. (너는 그것을 이해하는 데에 충

분한 나이다.)

　　　old enough to understand it ⇒ 그것을 이해하는 데에

　　(2) The potatoes are cooked enough to eat.

　　　　(감자가 먹기에 충분히 요리되었다.)

　　　enough to eat ⇒ 먹기에 충분히

각 개의 부정사는 위에 해당하는 모든 의미를 갖고 있는데, 특정 문장에서 적용하는 의미를 판단하는 것은 일반적으로 (1) 주요소가 있어야 할 어순에 주요소가 없이 부정사가 있으면 주요소로 쓰인 것이고, (2) 문장 구성에 필요한 주요소는 모두 충족되어 있는데 문미나 문두에 있으면 동사를 수식하는 것이다. (3)으로는 (1)과 (2)의 항목에 해당하지 않으면서 명사나 형용사나 부사 뒤에 있게 되면 선행하는 명사, 형용사, 부사를 수식한다. 부정사의 용도에 대한 연습을 통해서 경험적으로 숙지해야 한다.

다. 부정사의 용도와 연습

1) 부정사의 주요소적 용도와 도해 연습

부정사는 명사적인 용법으로 쓰여서 주요소로서 체언이 되며, 어순에서 격조사적 기능을 받는다. 주요소의 경우를 주어, 보어, 목적어 등으로 나눠서 연습한다.

가) 주어로 쓰인 부정사

각 형식별 부정사가 주어가 된 경우를 예로 연습하기로 한다.

(1) 1형식 구조의 부정사가 주어로 쓰인 예문

　　① To jog is good.

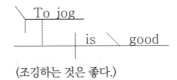

　　　(조깅하는 것은 좋다.)

② To live is the right of every man.

   (산다는 것은 모든 사람의 권리이다.)

③ To hike alone does not happen after the accident.

   (혼자 도보 여행하는 것은 그 사건 이후에 없었다.)

④ To snow heavily so often is in the winter.

   (눈이 심하게 내리는 것은 겨울에 매우 잦다.)

⑤ To drink at dinner time settled in this area.

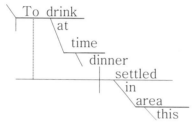

   (저녁 식사 시간에 술을 마시는 것이 이 지방에서 정착되었다.)

(2) 2형식 구조의 부정사가 주어로 쓰인 예문

① To become human is cultured.

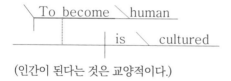

   (인간이 된다는 것은 교양적이다.)

② To prove false is not easy. (잘못을 증명하는 것은 쉽지 않다.)

③ To feel cold is the image of ice. (차가운 느낌은 얼음의 이미지이다.)

④ To taste bitter always does not get unhealthy.

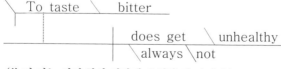

   (쓴 맛 나는 것이 항상 건강에 유해한 건 아니다.)

(3) 3형식 구조의 부정사가 주어로 쓰인 예문

① To marry the gentleman is not difficult.

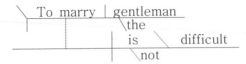

(그 신사와 결혼하는 것은 어렵지 않다.)

② To plant a tree can be meaningful. (나무를 심는 것은 의미 있을 수 있다.)

③ To spend money now seems absurd.

(돈을 지금 쓰는 것은 불합리하게 보인다.).

④ To obey street signs must indicate developed society.

(거리 표지판을 따르는 것은 선진 사회를 의미하는 것이 틀림없다.)

⑤ To follow the laws is your responsibility.

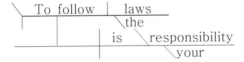

(법을 따르는 것은 당신의 의무이다.)

(4) 4형식 구조의 부정사가 주어로 쓰인 예문

① To build the poor a house allows them a good living.

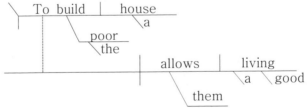

(가난한 이에게 집을 지어주는 것은 그들에게 좋은 생활을 제공하는 것이다.)

② To do the underprivileged a generosity returns good luck to oneself.

(하위 계층 이들에게 관대함을 베푸는 것은 자신에 행운으로 돌아온다.)

③ To knit him gloves for Christmas is incredible.

(그에게 크리스마스에 장갑을 떠주는 것은 믿을 수 없다.)

④ To bring me some water will be the living water for you.

(나에게 물 좀 주는 것은 너에게는 생명의 물이 될 것이다.)

⑤ To give an amateur beggar a coin is to teach him idleness.

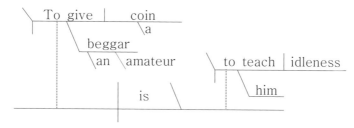

(초보 거지에게 동전을 주는 것은 그에게 게으름을 가르치는 것이다.)

(5) 5형식 구조의 부정사가 주어로 쓰인 예문

① To make a criminal good can be extraordinary.

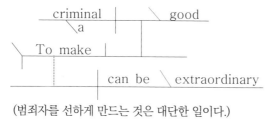

(범죄자를 선하게 만드는 것은 대단한 일이다.)

② To consider himself matter is uneasy.

(자신을 물질이라고 생각하는 것은 꺼림칙하다.)

③ To appoint me minister happened really.

(나를 장관으로 임명하는 일이 실제로 일어났다.)

나) 보어로 쓰인 부정사

(1) 1형식 구조의 부정사가 2형식 보어로 쓰인 예문

① The best is to arrive there.

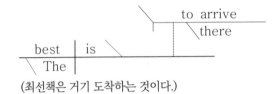

(최선책은 거기 도착하는 것이다.)

② Her job is to perform again for us.

(그녀의 일은 우리를 위해 다시 연주하는 것이다.)

③ Nothing is to be worse here for them.

(그들에게 여기서 더 나쁠 게 없다.)

④ This office is to prove cheap. (이 사무실은 싸다고 밝혀진다.)

⑤ To see is to believe.

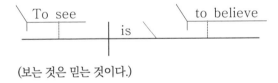

(보는 것은 믿는 것이다.)

(2) 2형식 구조의 부정사가 2형식 보어로 쓰인 예문

① He appears to be healthy.

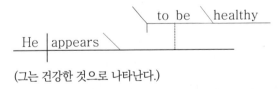

(그는 건강한 것으로 나타난다.)

② Koreans seem to be diligent. (한국인들은 부지런한 것처럼 보인다.)

③ They soon got to be friends. (그들은 곧 친구가 되었다.)

④ The old people's wish is to live healthy.

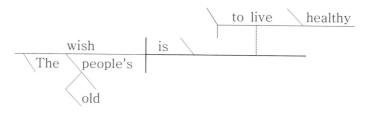

(나이 많은 사람들의 소원은 건강하게 사는 것이다.)

(3) 3형식 구조의 부정사가 2형식 보어로 쓰인 예문

① The importance is to understand her.

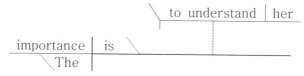

(중요한 것은 그녀를 이해한다는 것이다.)

② Mother seems to buy nice pies for breakfast.

(어머니는 아침으로 근사한 파이를 사는 것 같이 보인다.)

③ To look healthy is to prove your health.

(건강하게 보이는 것은 당신의 건강을 실증하는 것이다.)

④ The boys appeared to run furiously fast.

(그 소년들은 격렬하게 빨리 달리는 것으로 나타났다.)

⑤ Her job is to drive him instead of me.

(그녀의 일은 나를 대신해서 그를 태워 드라이브하는 것이다.)

(4) 4형식 구조의 부정사가 2형식 보어로 쓰인 예문

① Her promise was to give me a necklace.

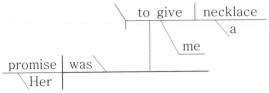

(그녀의 약속은 나에게 목걸이를 준다는 것이었다.)

② Friends seem to lend me their textbooks.

(친구들은 나에게 그들의 교과서를 빌려줄 듯하다.)

③ The teacher's merit is to render me sports time.

(선생님의 좋은 점은 나에게 운동 시간을 주는 것이다.)

④ The kindness of the girl was to send me a exciting card yesterday.

(그 소녀의 친절함은 어제 나에게 자극적인 카드를 보내준 것이었다.)

⑤ The expression of his thankful heart was to hand me a bottle of beer.

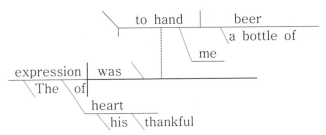

(그의 감사한 마음의 표시는 나에게 맥주 한 병을 건네 주는 것이었다.)

※ a bottle of를 형용사로 처리한 것은 tea의 단위를 나타내는 것으로 me에게 beer를 주는 것이
고 bottle을 주는 것이 아님에 유의해야 한다. 이런 것으로는 all of 등과 같이 수량의 단위를 나
타내는 어구들이 더러 있는데 이들은 형용사로 처리하면 된다.

(5) 5형식 구조의 부정사가 2형식 보어로 쓰인 예문

① The story seemed to prove himself a capable businessman.

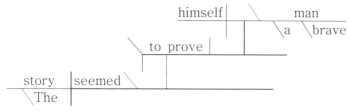

(그 이야기는 그 자신이 용감한 남자라는 것을 증명하는 것 같다.)

② Maybe it is not to drive her crazy.

(아마도 그것이 그녀를 미치게 하는 것은 아니다.)

다) 목적어로 쓰인 부정사

부정사가 제 3형식의 목적어 어순에 들어가서 목적어가 된다.

(1) 1형식 구조의 부정사가 목적어로 쓰인 예문

① I expect to arrive tomorrow.

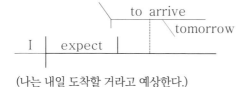

(나는 내일 도착할 거라고 예상한다.)

② The teacher likes to teach anywhere.

(교사는 어디서나 가르치기를 좋아한다.)

③ They learn to write in Korean.

(그들은 한국어로 쓰는 것을 배운다.)

④ They intend to go with me.

(그들은 나와 함께 갈 생각이다.)

⑤ They promised to stand by at the garage.

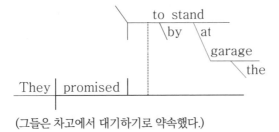

(그들은 차고에서 대기하기로 약속했다.)

(2) 2형식 구조의 부정사가 목적어로 쓰인 예문

① Children refuse to be quiet.

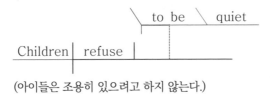

(아이들은 조용히 있으려고 하지 않는다.)

② They agreed to get quite cold.

(그들은 꽤 춥다는 것에 동의했다.)

③ We did not recognize to grow silent.

(우리들은 조용해지고 있다는 것을 의식하지 못했다.)

④ The spouses like to remain quiet.

(그 부부는 조용히 사는 것을 좋아한다.)

⑤ All boys want to become more muscular.

(모든 소년들은 더 근육질이 되기를 원한다.)

(3) 3형식의 부정사가 목적어로 쓰인 예문

① The man hates to tell it clearly.

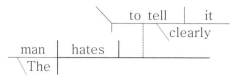

(그 남자는 그것을 분명하게 말하는 것을 싫어한다.)

② We did not recognize to have big desire.

   (우리가 큰 욕심을 가지고 있다는 것을 의식하지 못했다.)

③ She should not like to drink beer every night.

   (그녀는 매일 밤 맥주 마시는 것을 좋아하지 않아야 한다.)

④ Maybe the parents cannot know how to enjoy the secret meeting.

   (아마 부모들은 밀회를 어떻게 즐기는가를 모를 수 있다.)

⑤ The boy always wanted to get golf lessons.

   (그 소년은 늘 골프 레슨받기를 원했다.)

※ 목적어를 "~을"이나 "~를"로 번역할 수 없는 동사들의 예문

목적어가 "~을"이나 "~를"로 번역되지 않더라도 이런 동사의 목적어 어순의
기능은 목적격 조사의 조사 기능임을 터득해 두는 것이 중요하다. 다른 언어
사이에 단어의 의미 범위가 같지 않기 때문에 번역에서는 문장 구성의 기능
을 이해하는 것에 초점을 맞춰야 한다.

① We regret to hear of her accident.

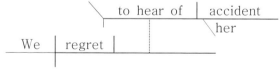

(우리는 그녀의 사고 소식을 들어 유감이다.)

② She pretended to have finished the work.

   (그녀는 그 일을 끝낸 척했다.)

③ The soldier has wounded the enemy, but his shot didn't manage to kill him.

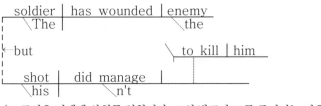

(그 군인은 적에게 상처를 입혔지만, 그의 발포가 그를 죽이려는 것은 아니었다.)

(4) 4형식 구조의 부정사가 목적어로 쓰인 예문

① We want to give her the book soon.

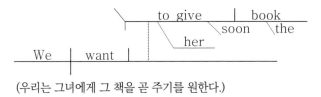

(우리는 그녀에게 그 책을 곧 주기를 원한다.)

② Father required to fetch him his notebook.

(아버지는 그에게 그의 공책을 가지고 오기를 요구했다.)

③ We agreed to sell them the car.

(우리는 그들에게 그 차를 팔 것에 동의했다.)

④ We intend to give him five dollars more.

(우리는 그에게 5달러를 더 주려고 생각한다.)

⑤ The children learnt to do the poor a kindness.

(그 아이들은 가난한 사람에게 친절을 베푸는 것을 배웠다.)

(5) 5형식 구조를 가진 부정사가 목적어로 쓰인 예문

① My friends tried to call me a lion.

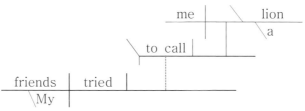

(나의 친구들은 나를 사자라고 부르려고 했다.)

② She can not discuss to declare themselves Christians.

(그녀는 그들 자신을 기독교인이라는 밝히는 것을 논의할 수 없었다.)

③ They decided to appoint her their queen.

(그들은 그녀를 그들의 여왕으로 지명하기를 결정했다.)

④ They do not like to find themselves locked in.

(그들은 자신들이 갇힌 것을 알고 싶지 않다.)

⑤ She hoped to see the sea waved and rough.

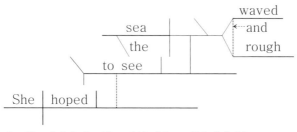

(그녀는 바다가 파도치고 거친 것을 보기를 바랐다.)

라) 제 4형식의 직접목적어로 쓰인 부정사

부정사가 제 4형식의 직접목적어로 쓰이는 예는 흔하지 않고 독특한 것이다. 부정사가 제 4형식의 직접목적어 어순에 들어가 직접목적으로 쓰인 때에는 부정사가 제 5형식에서 목적격 보어로 되어있는 문형과 같은 형태의 문장 모양이 된다. 이때는 동사의 의미에 따라 제 4형식과 제 5형식의 차이를 잘 생각해서 의미를 파악해 보면 직접목적어와 목적격 보어를 어렵잖게 구별할 수 있다.

① She gave boys to drink.

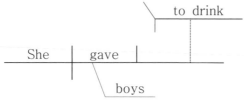

(그녀는 소년들에게 마실 것을 주었다.)

② He promised the people to give up his privileges.

(그는 사람들에게 자기의 특권을 포기하기로 약속했다.)

마) 제 5형식의 목적어로 쓰인 부정사

부정사가 제 5형식에서 목적어가 되는 일이 드물게 있다. 부정사가 제 5형식의 목적어가 되면 목적어의 어순이 부정사가 가진 길이만큼 길어져서 그 끝에 보어가 달랑 붙어 있는 형태가 된다. 이처럼 목적어가 길어지고 나면 긴 목적어 때문에 뒤에 처진 짧은 목적 보어가 주요소로써, 보어인지 목적어인 부정사에 속한 부정사의 부속 요소인지 구별이 쉽지 않게 된다. 그래서 이때는 부정사로 된 긴 목적어와 목적격 보어의 자리를 서로 바꿔 목적어와 목적격 보어의 분별을 쉽게 하는 것이 보통이다.

① I thought fit to decline her impertinent demand.

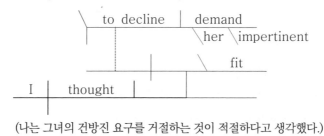

(나는 그녀의 건방진 요구를 거절하는 것이 적절하다고 생각했다.)

② She made bold to answer the question.

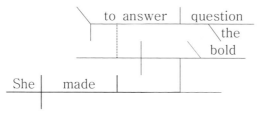

(그녀가 그 질문에 대답하는 것을 뻔뻔스럽게 했다.)

바) 부정사가 제 5형식의 목적격 보어가 된 경우

부정사가 제 5형식에서 목적격 보어가 되면 그 문장의 의미가 특이하게 형성된다. 제 5형식에서 부정사가 목적격 보어가 되면 목적어는 의미상으로 주어와 같은 행세를 하고 목적격 보어가 되는 부정사는 스스로 의미상 동사와 같은 서술적인 처지인 것 같이 된다. 그래서 이러한 문장은 제 3형식이 각 형식별 명사절을 목적어로 가지고 있는 문장과 같은 형태가 된다. 이런 문형은 부정사가 제 5형식의 목적격 보어가 될 때 생기는 독특한 현상이다. 제 5형식에 보어가 부정사로 되면 목적어와 부정사의 도해가 각 형식을 도해하는 도식처럼 주어와 서술 동사의 관계로 나타내도록 도해하는 것에 유념해야 한다. 이 도식이 설명하려는 의도는 목적어와 부정사 목적격 보어의 관계가 주격과 서술격과 같다는 것을 나타내려는 것에 주안점을 두고 있다.

(1) 1형식 구조의 부정사가 목적격 보어로 쓰인 예문

① They advise the boy to stay in the house.

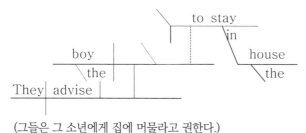

(그들은 그 소년에게 집에 머물라고 권한다.)

② Mother pushes her baby girl to stand for herself.

　(엄마는 그녀의 여아에게 혼자 힘으로 설 수 있게 독려한다.)

③ God wanted human beings to settle in the Garden of Eden.

　(신은 인간이 에덴동산에 정착하기를 바랐다.)

(2) 2형식 구조의 부정사가 목적격 보어로 쓰인 예문

① Her father asked Jessica to appear wise.

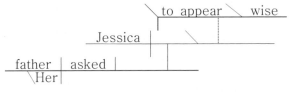

　(그녀의 아버지는 제시카에게 현명하게 보이라고 요구했다.)

② The teacher thought the students to be good.

　(그 선생님은 학생들이 착하다고 생각했다.)

③ She never allowed any friend to be violent.

　(그녀는 어떤 친구에게도 폭력적이 되는 것을 허락하지 않았다.)

④ Jenny requests Peter to become a good golfer.

　(제니는 피터가 훌륭한 골퍼가 되기를 원한다.)

(3) 3형식 구조의 부정사가 목적격 보어로 쓰인 예문

① He wants her to get a haircut before the birthday party.

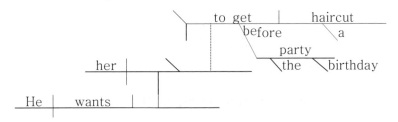

(그는 생일파티 전에 그녀가 머리를 자르기를 원한다.)

② We must get everyone to love all kinds of human being.

(우리는 누구라도 모든 인류를 사랑하도록 하게 해야 한다.)

③ His wife expects him to continue his studying.

(그의 부인은 그에게 연구를 계속하기를 기대한다.)

④ Her husband orders her boy to do a good deed.

(그녀의 남편은 그녀의 소년에게 착한 일을 하라고 지시한다.)

(4) 4형식 구조의 부정사가 목적격 보어로 쓰인 예문

① He wants his wife to bring him breakfast on weekends.

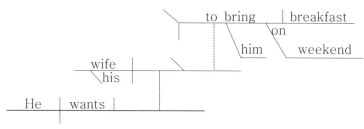

(그는 주말에는 그의 아내가 아침 식사를 그에게 가져다주기를 원한다.)

② My parents have permitted my sister to get me a ticket to the movie.

(나의 부모님은 나의 자매가 영화 티켓을 나에게 사주는 것을 허락했다.)

③ The guide of the gallery asked me to buy my students souvenirs.

(화랑의 안내자는 나에게 나의 학생들이 기념품을 사게 하라고 요구했다.)

④ My father taught me to leave him messages.

(나의 아버지는 내가 그에게 메시지를 남기도록 가르쳐줬다.)

(5) 5형식 구조를 가진 부정사가 목적격 보어로 쓰인 예문

① We expect every man to prove her right very soon.

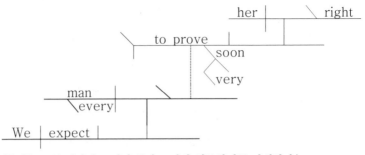

(우리는 모든 사람이 그녀가 옳다고 당장 입증하기를 기대한다.)

② We find the baker to ask his family to keep his baking recipe a secret to the neighbors. (우리는 그 제빵사가 그의 가족에게 자기의 요리법을 이웃에게 비밀로 지키라고 요구하는 것을 안다.)

※ 보어로 쓰인 to be 부정사의 보어인 인칭대명사의 격

인칭대명사를 보어로 가진 to be 부정사가 주절의 보어로 쓰일 때, 그 to be 부정사의 보어가 되는 인칭대명사의 격 적용은 그 to be 부정사가 어떤 보어로 쓰인 것인가에 따라 결정된다. to be 부정사의 용도가 주격 보어이면 그 부정사의 보어인 인칭대명사는 주격(I, he, she, we, they)을 써야 하고 to be 부정사가 목적격 보어로 쓰였으면, 부정사의 보어인 인칭대명사는 목적격(me, him, her, us, them)을 써야 한다. be 동사는 자동사로 목적격을 가질 수 없지마는 이때에는 to be가 목적격 보어이기 때문에 그 부정사의 보어가 된 인칭대명사가 목적격을 써야 하는 것이 된다.

(가) 주격 보어가 된 to be 부정사의 보어인 인칭대명사의 격

① The soldier turned out to be he. (그 군인이 그이라고 판명되었다.)

② The audience proved to be they. (그 청중들은 그들로 밝혀졌다.)

(나) 목적격 보어가 된 to be 부정사의 보어인 인칭대명사의 격

① We knew the writer to be her. (우리는 그 작가가 그녀라고 알고 있었다.)

② She believed the owner of this shop to be him.

(그녀는 이 가게의 주인이 그이라고 믿었다.)

사) 사역동사와 지감각(知感覺) 동사의 목적격 보어인 부정사

부정사는 제 5형식의 목적격 보어도 되는데, 5형식의 서술 동사가 사역동사나 지각감각 동사로 되어있으면 목적격 보어가 되는 부정사는 to가 생략된 원형 부정사를 써야 한다. 원형 부정사라는 말은 부정사는 원래 to+root의 형식인데 to를 생략하고 동사의 원형만으로 부정사로 쓰는 것을 말한다. 이럴 때는 잘 분별하지 않으면 부정사임을 표시하는 to가 없어지기 때문에 마치 원형 동사가 술부를 거느리고 있는 모양새가 된다.

(1) 사역동사의 목적격 보어인 부정사

사역이라는 말은 남을 부려서 일을 시키는 것을 말한다. 사역동사는 주어가 목적어에게 보어의 내용을 실행하도록 하는 동사를 말한다. 사역동사는 전적으로 사역동사 전용으로만 쓰는 것이 아니고 어떤 동사가 "~에게 ~를 하도록 시키다"라는 의미로 쓰이게 될 때 그 동사는 사역 동사적인 용법으로 쓰이는 것이다. have나 make같이 많은 의미를 지닌 동사가 여러 가지 의미로 쓰이는데 그런 의미 중에서 "~에게 ~를 하도록 시키다"라는 의미로 쓰일 때 have와 make의 용법은 사역동사의 용법이라고 한다.

(가) 1형식 구조의 부정사가 사역동사의 목적격 보어로 쓰인 예

① The snow lets children go out to play in the white field.

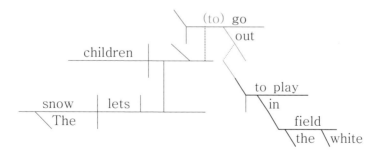

(눈은 아이들에게 흰 들에 놀기 위해서 밖으로 나가게 시킨다.)

※ 본문에는 to가 없는 원형 동사로 쓰였지만 도해를 하면서 이해를 돕기 위해서 생략된 to를 복원해서 도해에서는 나타내었다.

② He makes her smile. (그는 그녀를 웃게 시킨다.)

③ We have them work hard. (우리가 그들을 열심히 공부하게 시킨다.)

④ She bids me enter. (그녀는 나를 들어오라고 했다.)

⑤ Parents don't let the little girls play with knives.

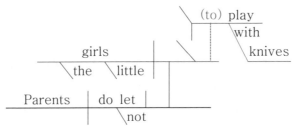

(부모들은 어린 여아들이 칼을 가지고 노는 것을 놔두지 않는다.)

(나) 2형식 구조의 부정사가 사역동사의 목적격 보어로 쓰인 예

① He lets his students be honest.

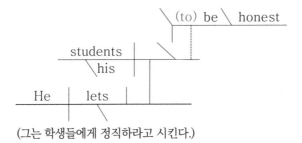

(그는 학생들에게 정직하라고 시킨다.)

② His mother let him stand still in his room.

(그의 어머니는 그를 그의 방안에서 조용히 서 있게 한다.)

③ Her belief made herself become a musician.

(그녀의 신념이 그녀 자신을 음악가가 되게 했다.)

④ He can let the horse be docile. (그는 그 말을 유순하게 만들 수 있다.)

⑤ The snow has the color of the garden become white.

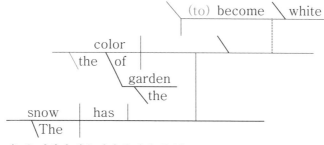

(눈은 정원의 색을 하얗게 되게 했다.)

(다) 3형식 구조의 부정사가 사역동사의 목적격 보어로 쓰인 예

① The disastrous accident let's go there and support them.

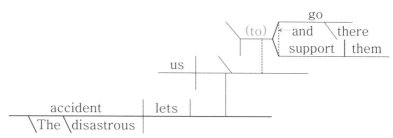

(그 끔찍한 사고는 우리를 거기 가서 그들을 지원하게 한다.)

※ let's는 let us의 줄인 것으로 도해를 하면서 줄임을 풀어 let us로 나누어서 도해했다.

② In this case, we will let you study more without any hesitation.

(이 경우에, 우리는 당신이 주저 없이 더 연구하게 할 것이다.)

③ The guard made me move my bicycle.

(그 관리인은 내가 나의 자전거를 이동하게 했다.)

④ Instructors have someone do it for her.

(교사들은 누군가가 그녀를 위해 그것을 하도록 시킨다.)

⑤ None can make me understand the crocodile.

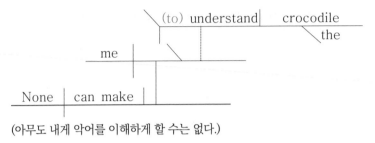

(아무도 내게 악어를 이해하게 할 수는 없다.)

(라) 4형식 구조의 부정사가 사역동사의 목적격 보어로 쓰인 예

① They let her fetch the old woman the cane.

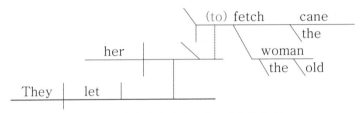

(그들은 그녀에게 그 노파에게 지팡이를 가져다주게 했다.)

② They made him sell us the house.

(그들은 그에게 우리에게 그 집을 팔게 했다.)

③ His mother made Karen write the teacher a card.

(그의 어머니는 캐런에게 선생님에게 카드를 써 보내게 했다.)

④ She bids the dog bring her the ball.

(그녀는 개에게 그녀에게 공을 가져오게 명령한다.)

⑤ They had the boy give the dog a bone.

(그들은 소년에게 개에게 뼈를 주게 했다.)

(마) 5형식 구조의 부정사가 사역동사의 목적격 보어로 쓰인 예

① The regulations let the guard permit us to enter the national park.

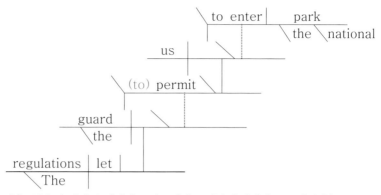

(법규들은 수위가 우리에게 국립공원에 들어가게 허가하도록 시킨다.)

※ 일러두기: (to) permit에서 to는 사역동사 let의 목적격 보어이기 때문에 생략되었지만 to enter 에서 to는 사역동사가 아닌 일반 동사 permit의 목적 보어이기 때문에 존치하고 있다.

② The happening made them firmly believe him to be honest.

(이 사건은 그들에게 그를 정직하다고 확실하게 믿게 했다.)

③ The manager had all residents tell their children to play the piano.

(관리자는 모든 주민에게 그들의 아이들에게 피아노를 치도록 말하게 시켰다.)

④ A chief bid his men ask us to get out from the car.

(두목은 그의 부하에게 우리를 차 밖으로 나오게 요구하라고 명령했다.)

⑤ The leader of them let his men tell the prisoner to kneel down.

(그들의 지도자가 그의 사람들에게 죄수가 꿇어앉게 말하도록 시켰다.)

(2) help 동사의 사역 동사적인 용법

help 동사의 경우에 목적격 보어가 부정사일 때는 to가 있는 부정사를 쓰기 도 하고 to가 없는 부정사를 쓰기도 한다. help 동사가 『도우다』라는 일반적 동사의 의미로 쓰일 때는, 물론 to가 있는 부정사를 목적격 보어로 써야 한다. 다른 편에서 help는 『~를 도와서 시키다』라는 사역동사의 의미를 쓰기도 하 는데, 이렇게 사역동사의 의미로 쓸 때 부정사를 목적격 보어로 쓰게 되면 to

가 생략된 원형 부정사를 쓰게 된다. 그래서 help는 쓰인 의미에 따라 to가 있는 부정사를 쓰게도 되고 to가 없는 부정사를 쓰게도 되어 양쪽으로 모두에 쓰는 동사의 경우가 된다.

① The lady helped me lift it.

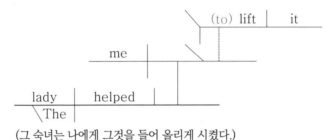

(그 숙녀는 나에게 그것을 들어 올리게 시켰다.)

② She helped us write the letter.

(그녀는 우리에게 그 편지를 쓰게 시켰다.)

③ The teacher helped me read a poem.

(그 선생님은 내게 시를 읽게 시켰다.)

④ She helps the girl to sweep the floor.

(그녀는 그 소녀에게 바닥을 쓸게 도왔다.)

⑤ I would help her to finish cooking.

(나는 그녀가 요리를 마치게 돕고 싶다.)

※ 일러두기: 위의 예문 ④, ⑤번에서는 help 동사가 to가 있는 부정사를 쓰고 있어서 의미가 "도우다"로 쓰이고 있다.

(3) 지감각 동사의 목적격 보어인 부정사

지각 동사나 감각 동사가 제 5형식의 서술 동사가 되어서 부정사를 목적격 보어로 가질 때 목적격 보어로 쓰인 부정사는 원형 부정사를 써야 한다.

(가) 1형식 구조의 부정사가 목적격 보어인 예문

① We saw her drive fast.

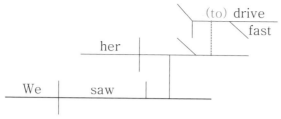

(우리는 그녀가 빠르게 운전하는 것을 보았다.)

② They felt their hearts beat with excitement.

(그들은 그들의 심장이 흥분으로 뛰는 것을 느꼈다.)

③ The girl felt her hand tremble. (그 소녀는 자기의 손이 떨리는 것을 느꼈다.)

④ The boy saw the rabbit run into the cave.

(그 소년은 토끼가 굴속으로 달려가는 것을 보았다.)

⑤ Newton watched an apple fall down from the top of the tree.

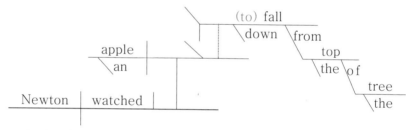

(뉴턴은 사과 하나가 나무 꼭대기에서 떨어져 내리는 것을 보았다.)

(나) 2형식 구조의 부정사가 목적격 보어인 예문

① He felt her hand grow wet in his palm.

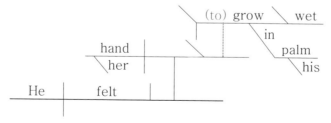

(그는 그녀의 손이 그의 손바닥 안에서 젖어오는 것을 느꼈다.)

② She saw her friend's face go red.

　(그녀는 친구의 얼굴이 빨갛게 되는 것을 보았다.)

③ I saw the shadow appear black suddenly.

　(나는 그림자가 갑자기 검게 나타나는 것을 보았다.)

④ We heard his voice sound sad.

　(우리는 그의 목소리가 슬프게 들리는 것을 들었다.)

⑤ We watched the girl keep sorrow in her heart.

　(우리는 그 소녀가 가슴속에 슬픔을 간직한 것을 주시했다.)

(다) 3형식 구조의 부정사가 목적격 보어인 예문

① I heard her call my friend for help.

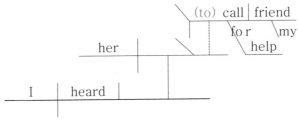

　(나는 그녀가 도와 달라고 나의 친구를 부르는 것을 들었다.)

② They observed the runner keep his pace still.

　(그들은 그 주자가 여전히 그의 속도를 유지하고 있는 것을 관찰했다.)

③ The people see the enemy cross the bridge.

　(사람들은 적이 다리를 건너는 것을 본다.)

④ I felt a big black shadow pass under the window fast.

　(나는 큰 검은 그림자가 창 밑으로 빠르게 지나가는 것을 느꼈다.)

⑤ They watched a strange bird bring its chicken.

　(그들은 이상한 새가 새끼를 데리고 가는 것을 보았다.)

(라) 4형식 구조의 부정사가 목적격 보어인 예문

① People noticed any one give them big support.

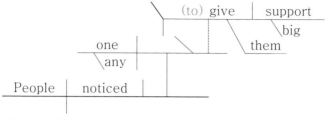

(사람들은 어떤 이가 그들에게 큰 후원을 해 주는 것을 알아챘다.)

② I heard the woman buy the poor good gift.

(나는 그 부인이 가난한 사람들에게 좋은 선물을 사주는 것을 들었다.)

③ None heard parents teach their children a lie.

(아무도 부모가 자녀에게 거짓말을 가르치는 것을 들은 사람은 없다.)

④ Players observe their coach send them a sign from his bench.

(선수들은 그들의 코치가 벤치에서 그들에게 보내는 사인을 주시한다.)

⑤ Children see the teacher show students slides in the class.

(아이들은 그 선생님이 교실에서 학생들에게 슬라이드를 보여주는 것을 본다.)

(마) 5형식 구조의 부정사가 목적격 보어인 예문

① He heard the doctor then request a nurse to bring a chart.

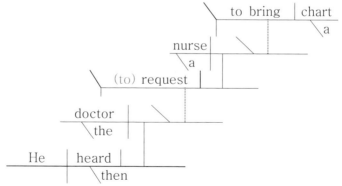

(그는 그때 의사가 한 간호사에게 차트를 가져오게 부탁하는 것을 들었다.)

② We see him ask the girl to come near.

(우리는 그 사람이 그 소녀에게 가까이 오라고 요구하는 것을 본다.)

③ The enemies were watching the army cross the bridge.

(적들은 군대가 다리를 건너는 것을 보고 있는 중이었다.)

④ They felt him hand the poor some food.

(그들은 그가 가난한 이들에게 약간의 음식을 건넨다는 것을 감지했다.)

2) 부정사의 종요소적 용도와 도해 연습

부정사의 종요소적 용법은 부정사가 다른 말을 수식해서 종요소로 쓰이는 것을 말
한다. 부정사가 수식적 용법으로 쓰일 때는, 전명구의 수식적 용법처럼 반드시 수식
하는 말의 바로 뒤에 붙어 다녀야 한다. 부정사 앞에 명사가 있으면 그 명사를 수식
하며 그 앞에 형용사나 부사가 있으면, 그 형용사나 부사를 수식하는 것이다.

가) 부정사의 형용사적 용법

부정사가 형용사적으로 쓰여서 명사를 수식한다. 이때 부정사는 반드시 수식하는
명사 바로 뒤에 붙어 있어야 한다.

(1) 주어 수식

① The way to solve it is his idea.

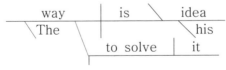

(그것을 해결하기 위한 방법은 그의 생각이다.)

② The one to understand it still lives.

(그것을 정통한 사람이 아직 살아있다.)

③ The thing to be easy is widely known already.

(쉬운 일은 이미 널리 알려졌다.)

④ Something to eat is vegetables. (먹을 것은 야채들이다.)

⑤ The best place to study nature is Africa.

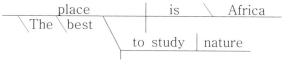

(자연을 공부하기에 가장 좋은 장소는 아프리카이다.)

(2) 보어 수식

① This is the water to drink.

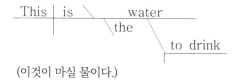

(이것이 마실 물이다.)

② She is the lady to revise the manuscript. (그녀가 원고를 교정할 숙녀이다.)

③ Practice is the only way to learn a skill.

(실습은 기술을 배울 유일한 방법이다.)

④ That factory is the building to be rented.

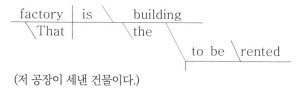

(저 공장이 세낸 건물이다.)

(3) 목적어 수식

① The teacher prepared the materials to study today.

(그 교사는 오늘 공부할 교재를 준비했다.)

② I have many ideas to achieve it.

(나는 그것을 성취하기 위한 많은 생각을 가지고 있다.)

③ We have many projects to review.

(우리는 재검토할 많은 계획을 가지고 있다.)

④ They thought the time to leave there.

(그들은 거기를 떠날 시간을 생각했다.)

⑤ They found a condominium to stay in.

(그들은 머무를 콘도미니엄을 찾았다.)

나) 부정사의 부사적 용법

부정사는 부사적으로 쓰여서 동사, 형용사, 부사 등을 수식한다.

(1) 부정사가 동사 수식

부정사가 동사를 수식하게 되면 그 문장에는 동사의 수식어보다 우선이 되는 형식의 어순에 따라 고정되어 있는 주요소가 우선이다. 사실은 형식 어순에 의해서 고정되는 주요소의 어순은 통합적으로 보면 동사 서술의 일부인 셈이다. 따라서 동사에 소속된 주요소의 어순은 동사처럼 고정된 것이고, 그 다음에 부정사가 놓이게 되어서 동사를 수식하는 부정사는 문장의 맨 뒤에 배정하게 되는 것이다. 다른 편으로 동사를 수식하는 부정사를 강조하려면 그 부정사는 문두에 나갈 수도 있다. 그래서 동사를 수식하는 부정사는 문두에도 있게 되고 문미에도 있게 된다. 동사를 수식하는 부정사의 부사적 용법을 의미별로 분류하면 다음과 같다.

(가) 목적 부사(~하기 위해서)적인 용법

① She ran to touch her father.

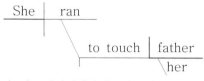

(그녀는 아버지에게 닿으려고 달렸다.)

② We eat to live, not live to eat.

(우리는 살기 위해서 먹으며, 먹기 위해서 사는 것이 아니다.)

③ He came to meet William, not to praise him.

(그는 윌리엄을 만나러 왔으며, 칭찬하러 온 것이 아니다.)

④ They go to the hall to hear her performance.

(그들은 그녀의 연주를 듣기 위해서 집회장에 간다.)

⑤ Women are made to be loved, not to be abused.

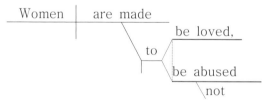

(여자들은 사랑받기 위해서 태어난 것이며, 혹사당하려고 태어난 것이 아니다.)

※ 목적 부사의 의미로 쓰이는 관용적 부정사

관용어적으로 목적 부정사의 의미로 쓰이는 부정사에는 in order to~와 so as to~부정사가 있다. 일반적인 부정사는 여러 가지 의미로 쓰이지만 다른 말과 결합해서 관용적으로 쓰이는 in order to~와 so as to~부정사는 목적 부사적 의미인 "하기 위해서"라는 뜻만 더 확실하게 부각해서 쓰는 것이다.

(a) in order to 형 부정사 예문

① The farmer will soon sow rice seeds in order to earn his living.

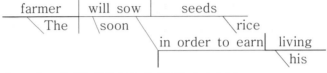

(그 농부는 생계를 위해서 곧 볍씨를 뿌릴 것이다.)

② In order to keep the building clean, it should be swept everyday.

(건물을 깨끗이 유지하기 위해서 그것은 매일 닦여야 한다.)

③ Mother worked hard in order to keep her son happy.

(엄마는 아들이 행복하게 살 수 있도록 열심히 일했다.)

④ He practices it everyday in order to not forget it.

(그는 그걸 잊지 않기 위해 매일 실습한다.)

⑤ They left early in order to get good prospects.

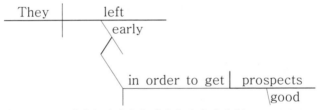

(그들은 좋은 전망을 차지하기 위해서 일찍 떠났다.)

※ 일러두기: 점선은 연결점을 표시할 방편으로 쓴 것일 뿐이다.

(b) so~as to (~하기 위해서) 부정사 예문

① He took the subway so as not to be late.

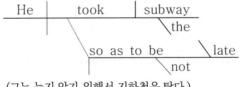

(그는 늦지 않기 위해서 지하철을 탔다.)

② The secretary is studying English so as to be qualified for a high position.

(그 서기는 높은 지위를 위한 자격을 갖추기 위해서 영어를 공부하고 있는 중이다.)

③ She left her luggage outside so as not to frighten her baby.

(그녀는 그녀의 아기를 놀라지 않게 하려고 짐을 밖에 두었다.)

④ We sang loudly so as to expel fear from our hearts.

(우리는 마음에서 공포심을 쫓아내기 위해서 크게 노래 불렀다.)

⑤ They built a cottage so as to be able to breathe fresh air .

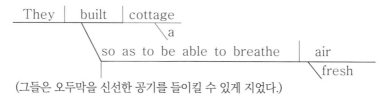

(그들은 오두막을 신선한 공기를 들이킬 수 있게 지었다.)

(나) 이유(~ 때문에, 까닭에) 부사적인 용법

① She was afraid to hear the news.

(그녀는 그 뉴스를 들었기 때문에 두려웠다.)

② The boy must be a genius to behave like that.

(그 소년이 저같이 행동하니까 천재가 틀림없다.)

③ They rejoice to know of your recovery.

(그들이 당신의 회복을 알기에 기뻐한다.)

④ They do not read the book to hear its vulgar expressions.

(그들은 그 책의 저속한 표현에 대해서 들었기 때문에 그 책을 읽지 않는다.)

⑤ She can be a good woman to help others.

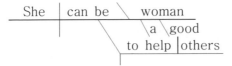

(그녀가 다른 사람들을 도우기 때문에 착한 여자일 수 있다.)

(다) 조건(~하면) 부사적인 용법

① He may go home to finish it.

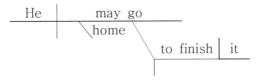

(그가 그걸 끝내면 집에 가도 좋다.)

② To look at Pinocchio we could hardly help smiling.

(피노키오를 보면 우리는 웃지 않을 수 없었다.)

※ can not help ~ing = ~하지 않을 수 없다.

③ To hear her talk, everyone must trust in her.

(그녀의 이야기를 들으면 사람마다 그녀를 믿을 것이 틀림없다.)

④ We were happy to keep all families healthy.

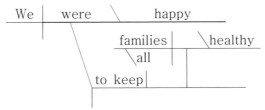

(우리는 모든 가족이 건강을 지키면 행복했었다.)

(라) 결과 부사적인 용법

① She studied hard to finally succeed.

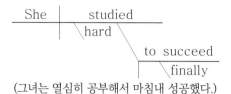

(그녀는 열심히 공부해서 마침내 성공했다.)

② She awoke to feel herself famous.

(그녀는 깨어나서 자신이 유명하다는 것을 느꼈다.)

③ The girl grew up to be a fine composer.

(그 소녀는 자라서 훌륭한 작곡가 되었다.)

④ We parted to be unable to meet each other again.

(우리는 떨어져 다시는 서로 만날 수 없었다.)

⑤ They arrived at the airport to find that the airplane had left already.

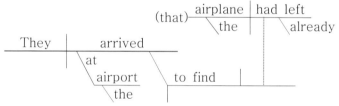

(그들이 공항에 도착해서 그 비행기가 이미 떠났다는 것을 알았다.)

(2) 부정사가 형용사 수식

① He is easy to approach.

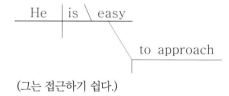

(그는 접근하기 쉽다.)

② The office is hard to clean. (사무실은 청소하기 어렵다.)

③ This meat is tender to eat. (이 고기는 먹기에 부드럽다.)

④ The question is difficult to answer. (그 문제는 답하기에 어렵다.)

⑤ He is sure to miss the train.

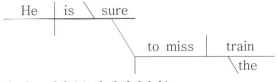

(그가 그 기차를 놓친 게 확실하다.)

※ too~to 부정사

부정사에 too가 결합해서 too~ to+원형 동사의 형태를 가진 문형이 되는데 이 문형은 "너무~해서「부정사」를 할 수 없다."라는 관용어로 형용사를 수식한다. 그런데 의미의 구조를 보면 부정사는 too 다음에 오는 형용사를 수식하는 것을 알 수 있다.

① This poem is too hard to understand.

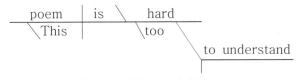

(이 시는 너무 어려워서 이해할 수 없다.)

② He was too young to be a soldier. (그는 너무 어려서 군인이 될 수 없다.)

③ This coffee is too hot to drink. (이 커피는 너무 뜨거워서 마실 수 없다.)

④ She is too young to know such things.

(그녀는 너무 어려서 이런 일은 알 수 없다.)

⑤ Her hair was too short to cut more.

(그녀의 머리는 너무 짧아서 더 자를 수 없다.)

(3) 부정사가 부사 수식

① He was young enough to apply.

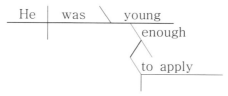

(그는 지원하기에 충분하게 젊다.)

② He is old enough to think it so.

(그가 그것을 그렇게 생각하기에 충분하게 나이가 들었다.)

③ I got up early to be in time for the first train.

(나는 첫차 시간에 맞게 일찍 일어났다.)

④ I am going early to get a good seat. (나는 좋은 자리를 잡게 일찍 가고 있다.)

⑤ The building is beautiful to look at.

(빌딩이 보기에 아름답다.)

(4) 그 외에 명심해야 할 부정사의 용법

부정사가 특이하게 쓰이는 용법들이 있다. 이러한 용법들은 용법의 특이성을 확실하게 터득하도록 강조하기 위해서 관련 문항에 두지 아니하고 한 문단에 모았다.

(가) 의문사가 있는 부정사

① I don't know how to swim.

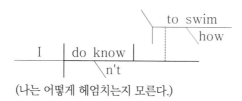

(나는 어떻게 헤엄치는지 모른다.)

② She never knows where to go. (그녀는 어디로 가야할 지를 결코 모른다.)

③ Now we must decide where to go.

(우리는 지금 어디로 갈지를 결정해야 한다.)

④ Now I should decide what to read.

(나는 이제 무엇을 읽은 건지를 결정해야 한다.)

⑤ They don't know whom to ask for help.

(그들은 누구에게 도움을 요청할지 모른다.)

⑥ The difficulty was which one to buy.

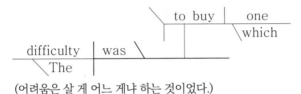

(어려움은 살 게 어느 게냐 하는 것이었다.)

⑦ How to begin is more difficult than where to stop.

(어떻게 시작하느냐는 어디서 멈추는지 보다 어렵다.)

⑧ What to do is more important than how to do it.

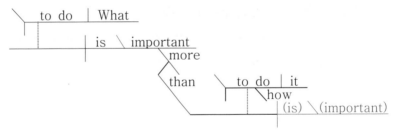

(무엇을 하느냐는 어떻게 하느냐 보다 중요하다.)

(나) 동격의 부정사들

문장에서 동등한 자격을 가진 주요소가 한 어순에 복수로 쓰이고 있을 때 그
말은 서로 동등한 자격으로 쓰인다고 해서 동격이라 한다. 간혹 부정사가 명

사적으로 쓰여서 동격으로 쓰일 수가 있다. 부정사가 동격으로 쓰이면 이미 주요소로 쓰이고 있는 명사를 풀이해준다.

(a) 주어로 쓰인 동격

① The great job, to do work everyday, must be the wish of a retired person.

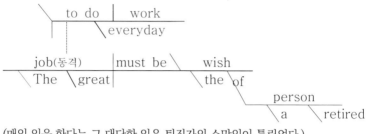

(매일 일을 한다는 그 대단한 일은 퇴직자의 소망임이 틀림없다.)

② Both alternatives, to adopt and to discard, seemed equally infeasible.

(받아들이는 것과 버리는 것 두 가지 대안 모두 똑같이 실현 불가능해 보인다.)

③ Our first plan, to tunnel into the mountain, proved a success.

(산에 터널을 뚫는 우리의 첫 번째 계획은 성공적으로 판명되었다.)

④ To be or not to be, that is the question.

(존재할 것이냐 존재하지 않을 것이냐 그것이 문제이다.)

(b) 목적어로 쓰인 동격

① He has made a promise, to execute it.

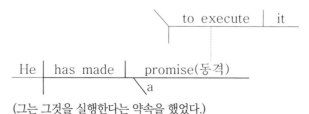

(그는 그것을 실행한다는 약속을 했었다.)

② She has but one goal in life, to marry.

(그녀는 결혼하는 것이라는 인생의 단 하나의 목표를 가지고 있다.)

③ He gives her three choices, to stay, to leave and to return.

(그는 그녀에게 머물든가, 떠나든가, 되돌아가는 세 가지 선택권을 준다.)

(다) 독립 부정사구

독립 부정사구라는 말은 부정사가 문장 구조에서 구조적으로 어느 주요소와 유기적으로 연결된 의미를 갖는 것이 아니고 독립적인 어구로 전체 문장의 의미에 도움을 주는 어구를 말한다. 독립 부정사의 어순은 문두에 있을 때도 있고 문장의 가운데 있을 때도 있다.

(a) 문두에 있는 독립 부정사구의 예

① To tell the truth, I like to work at your office.

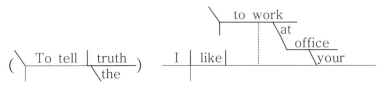

(정말로 말하자면, 나는 당신의 사무실에서 일하는 것을 좋아한다.)

② To be frank with you, you were a little too hurried.

(당신에게 솔직하자면, 당신은 조금 너무 허둥대었다.)

③ To make matters worse, she herself was seriously sick.

(잘못 되느라고 그녀 자신은 심각하게 아팠다.)

④ To be brief, I have devoted myself to community services.

(요약하자면, 나는 사회봉사에 빠졌었다.)

(b) 문장의 가운데에 있는 독립 부정사구의 예

① We are, to tell you the truth, quite tired of this work.

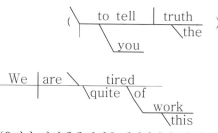

(우리가, 당신에게 사실을 얘기하자면, 이 일에 매우 지쳐있다.)

② She fell down abruptly, but, strangely to say, she was not hurt at all.

(그녀가 느닷없이 넘어졌으나, 말하기 이상스럽게, 그녀는 전혀 다치지 않았다.)

③ The sun is, so to speak, the greatest energy.

(태양은, 그렇게 말하자면, 가장 거대한 에너지이다.)

④ It is good exercise, to be sure, but it is hard to drill.

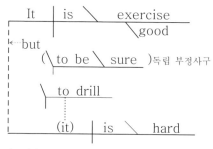

(그것은 좋은 운동이지만, 확실하게 하자면, 훈련하는 것이 어렵다.)

(라) 부정사의 관용적인 용법

(a) it~⟨to+root⟩의 용법

it~⟨to+root⟩용법은 부정사가 문장에서 주어나 목적어나 보어와 같은 주요소로 쓰여서 있을 때 it을 차용해서 부정사의 위치에 앉혀 놓고 부정사는 통째로 그 문장의 맨 뒤에 옮겨다 놓은 문장의 형태를 말한다. 이렇게 쓰이는 it을 「it의 예비적 용법」이라 한다. 영어 구성에는 어구가 차지하는 어순이 가장 중요한데, 길고 복잡한 부정사 어구 하나가 문장의 어느 중간 부분을 차지하고 있게 되면 본 문장의 어순에 드는 주요소와 부정사에 소속하는 요소 간에 혼돈이 올 수 있다. 이 용법은 첫째 구문상 원 문장의 다른 주요소와 부정사구 간에 각기의 구조를 명료하게 구별을 하는 데 있고 둘째는 의미상으로 볼 때 길어서 산만해지는 부정사구의 의미를 it으로 대신 찍어서 의미를 명료하게 하는 기능도 있다. to 부정사가 주요소가 되었다고 해서 반드시 it의 예비적 용법으로 써서 it~〈to+root〉용법을 적용해야 하는 것은 아니고 그렇게 쓰는 것이 문맥을 분명하게 하면 그렇게 쓰고 그렇지 않으면 원래대로 쓰면 된다. that 명사절에서 진주어, 가주어 용법을 여기에 준용한 것이다.

㈀ it이 주어인 it~〈to+root〉

to 부정사가 주어로 쓰이고 있는 문장에서 주어인 to 부정사를 대신해서 그 주어 자리에 it을 넣고 주어 자리에 있던 to 부정사는 문장의 맨 뒤에 갖다 놓는 용법이다.

* it~〈to+root〉의 예문

문형	기준 문형	it~〈to+root〉 문장
예문	To tell a lie is wrong.	It is wrong to tell a lie.
풀이	to 부정사가 제 2형식의 주어로 주어 어순인 첫 어순에 있다.	진 주어인 to 부정사는 문장의 끝으로 갔고 It이 주어 자리에 가주어로 대신 들어와 있다.

① It is difficult to find honest men.

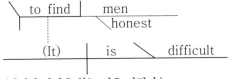

(정직한 사람을 찾는 것은 어렵다.)

② It is easier to pull down than to build up.

(쌓는 것보다 허무는 것이 더 쉽다.)

③ It is everyone's responsibility to follow traffic signals.

(교통 신호를 따르는 것은 각자의 의무이다.)

④ It's very important to make all children feel responsible for their homework.

(모든 아이들을 숙제에 대한 책임을 느끼게 하는 것은 매우 중요하다.)

⑤ It's easy to really understand the principle of relativity.

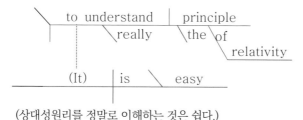

(상대성원리를 정말로 이해하는 것은 쉽다.)

(ㄴ) it이 목적어인 it~⟨to+root⟩

제 5형식에서 to부정사가 목적어로 되어 있으면 부정사가 있는 목적어 어순에는 it을 차용하여 to부정사는 어구 통째로 문장의 말미에 둔다. 이렇게 하는 이유는 목적어인 to부정사는 길고 보어는 짧아서 주절의 보어가 잘 띄지 않아서 구문상 혼동을 초래할 수 있어서 이렇게 함으로 목적어와 보어의 부분을 명료하게 구분할 수 있게 된다.

① I found it difficult to read this novel.

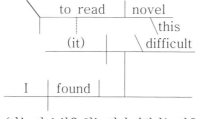

(나는 이 소설을 읽는 것이 어렵다는 것을 알았다.)

② We think it thankful to do so. (우리는 그렇게 하는 것을 고맙게 생각한다.)

③ All people respect it as pride to do so.

(모든 사람이 그렇게 하는 것을 자랑스럽게 생각한다.)

(b) for~to+root 부정사형

〈for~to+root〉의 용법은 to부정사 앞에 전치사 for가 이끄는 전명구 하나를 더 가져다 붙여 놓은 형태의 구조이다. 용법은 to부정사의 용법과 같은데, 더 붙은 for 전명구의 의미가 첨가된다. for 전명구는 to부정사의 의미상에 주어와 같은 역할을 하며 to부정사 구는 마치 술부와 같은 의미를 행사한다. 이 구조에서 전치사 for는 원래 전치사로서 의미는 없으며, 전명구가 그 부정사의 의미상으로 주어라는 것을 표시하는 기호에 해당하는 역할로 보면 된다. 부정사의 주어라고 하지 아니하고 의미상의 주어라고 하는 이유는 부정사는 주어를 가지지 않는데 for전명구의 기능이 주어와 꼭 같은 역할을 하니 for가 이끄는 전명구는 뜻으로 봤을 때 그 부정사에서 주어의 역할에 해당한다는 말이다. 따라서 도해하는 방법도 for 전명구를 의미상 주어로 세우고 to 이하를 술부로 도해한다. 부정사가 만드는 도해의 사선 부분을 수직으로 세워 주부와 술부의 형태로 표시한다.

㈀ 〈for~to+root〉의 용법

〈for~to+root〉의 용법은 의미상에 주가가 첨부되는 부정사의 용법과 같다. 다만 의미상에 주어가 첨부된 것에 차이가 있는데, 명사적 용법, 부사적 용법, 형용사적 용법 등으로 쓰인다.

ⓐ 〈for~to+root〉의 명사적 용법

〈for~to+root〉가 명사적으로 쓰여서 주어, 보어, 목적어가 된다.

㉠ 〈for~to+root〉가 주어로 쓰인 예문

① For me to read this Korean book is easy.

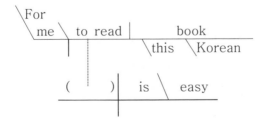

(내가 이 한국어 책을 읽는 것은 쉽다.)

② For them to delay would be fatal to their project.

　(그들이 우물쭈물한 것은 그들의 계획에 치명적이었을 것이다.)

③ For the apartment to collapse like that is incredible.

　(그 아파트가 그렇게 무너진다는 것은 믿을 수 없다.)

④ For you to stop here is an outrage against common sense.

　(당신이 여기서 멈추는 것은 상식에 대한 유린이다.)

⑤ For you to bribe officials is a violation against regulations.

　(당신이 공무원에게 뇌물을 준다는 것은 규정에 반하는 위법이다.)

ⓛ 〈for~to+root〉가 보어로 쓰인 예문

① Their feasible idea is for the boat to shoot the rapids.

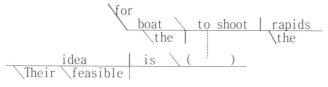

　(그들의 실현가능한 생각은 보트가 급류를 쏜살같이 지나는 것이다.)

② This is for him to determine. (이것은 그가 결정하는 것이다.)

③ The food is for the guest to eat. (그 음식은 손님들이 먹는 것이다.)

④ The idea is for us to meet on Thursday.

　(그 생각은 우리가 목요일에 만나는 것이다.)

⑤ The problem is for them to gather on Sunday.

　(그 문제는 그들이 일요일에 모이는 것이다.)

ⓒ 〈for~to+root〉가 목적어로 쓰인 예문

① I couldn't bear for them not to be team members.

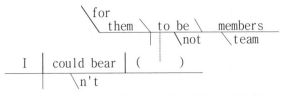

(나는 그들이 팀 회원이 아니라는 것을 견딜 수 없었다.)

② She wants for them to return. (그녀는 그들이 돌아오기를 원한다.)

③ I long for him to come back. (나는 그가 돌아오기를 열망한다.)

④ He waited for her to come to him. (그는 그녀가 그에게 오기를 기다렸다.)

⑤ She wished for him to have come to her.

  (그녀는 그가 그녀에게 왔기를 바랐다.)

ⓑ 〈for~to+root〉의 형용사적 용법

  〈for~to+root〉가 형용사적으로 쓰여서 for~to+root 구의 앞에 명사를 수식한다.

① She has a very good habit for one to develop.

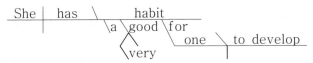

(그녀는 사람이 발전하기에 좋은 습관을 가지고 있다.)

② Now is the chance for them to restart. (지금이 그들이 재출발할 기회이다.)

③ This isn't a street for an innocent girl to wander about.

  (여기는 순진한 소녀가 헤맬 거리가 아니다.)

④ There is no reason for him to return again.

  (그가 다시 돌아갈 이유가 없다.)

⑤ It was time for her to get up and wash.

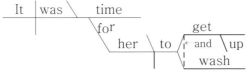

(그녀는 일어나서 씻을 시간이다.)

ⓒ 〈for~to+root〉의 부사적 용법

〈for~to+root〉가 부사적으로 쓰이면 다른 부사와 마찬가지로 동사를 수식하고 형용사를 수식하고 다를 부사를 수식한다.

㉠ 동사를 수식한다.

① We put the book there for you to read it.

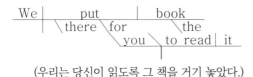

(우리는 당신이 읽도록 그 책을 거기 놓았다.)

② You walk fast for someone to follow you.

(당신은 누가 당신을 따르기에 빨리 걷는다.)

③ The boys think over for them how to keep order in their class.

(그 소년들은 그들이 학급에 질서를 유지하기 위해서 숙고한다.)

④ He introduces his sister to Tom for them to get acquainted.

(그는 그들이 친해지도록 그의 자매를 톰에게 소개했다.)

⑤ The fox hides the bone in the earth for it not to disappear. (여우는 뼈다귀가 없어지지 않게 땅속에다 숨긴다.)

㉡ 형용사를 수식한다.

① She was anxious for her brother and Kate to get acquainted.

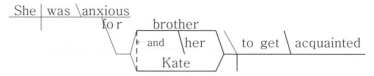

(그녀는 오빠와 케이트가 친해지기를 열망한다.)

② I should be sorry for you to think so.

(나는 당신이 그렇게 생각해서 미안하다.)

③ We are joyful for you to help us so.

(우리는 당신이 우리를 그렇게 도와줘서 기쁘다.)

④ The case is light for me to carry. (이 가방은 내가 옮기기에 가볍다.)

ⓒ 부사를 수식한다.

① She stood aside for him to come out.

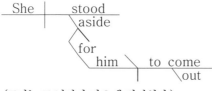

(그녀는 그 남자가 나오게 비켜섰다.)

② We should walk slowly for the baby to follow.

(우리는 그 아이가 따라오게 천천히 걸어야 한다.)

③ He studied hard for him to enter a seminary.

(그는 자기가 신학교에 들어가기 위해서 열심히 공부했다.)

④ She spoke quite fast for foreigners to listen.

(그녀는 외국인들이 청취하기에 너무 빨리 말했다.)

(ㄴ) 〈too~to+root〉의 준용 문형

〈for~to+root〉에 too~to~ 용법을 적용하는 형식의 문형의 예문들이다.

too~to 형식에서는 too가 to부정사 앞에 들어갔지만 여기서는 too가
〈for~to+root〉앞에 들어가는 것이다. 의미는 〈for~to+root〉에 too~to의 용법
을 추가 적용해 주면 된다.

① This stone is too heavy for her to lift it.

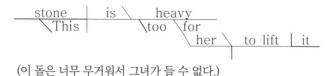

(이 돌은 너무 무거워서 그녀가 들 수 없다.)

② The American spoke too fast for me to understand.

(그 미국인은 너무 빨리 말해서 내가 들을 수 없었다.)

③ He walks too quickly for her to keep up with him.

(그는 너무 빨리 걸어서 그녀가 따라잡을 수 없다.)

④ This house is too narrow for our families to live in together.

(이 집은 너무 좁아서 우리 가족들이 함께 살 수 없다.)

⑤ This office is too small for our team to work in.

(이 사무실은 너무 작아서 우리 팀이 안에서 일할 수 없다.)

(ㄷ) it~to+root의 준용 문형

「it~to~」의 용법에 〈for~to+root〉를 적용하는 문형이다. 〈it.. for~to+root〉의
용법은 앞 문항에서 설명한 「it~to~」형에 〈for~to+root〉를 적용한 문형으로
용법은 똑같다. 〈it...to+root〉에서는 it이 to 이하를 대신해서 들어가 있는 것
이지마는 여기서 it은 〈for~to+root〉에 소속하는 어구 전체를 대신해서 들어
가 있다.

ⓐ it...for~to+root형의 주어

① It's very good for him to behave like that.

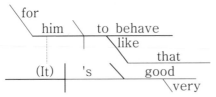

(그가 그렇게 행동한 것은 매우 잘 한 것이다.)

② It is easy for foreigners to learn Korean.

(외국인들이 한국어를 배우는 것은 쉽다.)

③ It is good for children not to touch a hand grenade.

(아이들은 수류탄을 만지지 않는 것이 좋다.)

④ When will it suit your convenience for me to visit?

(언제 내가 방문하는 것이 당신에게 편할까요?)

⑤ It is very hard for him to quit smoking. (그가 담배를 끊는 것은 매우 어렵다.)

ⓑ it...for~to형이 목적어로 쓰인 예

① Nature has made it right for us to harvest crops for food.

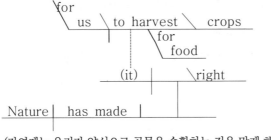

(자연계는 우리가 양식으로 곡물을 수확하는 것을 맞게 해 온다.)

② The excitement of new environments made it difficult for me to rest even at night. (새 환경에 대한 흥분은 내가 밤에도 쉬는 것을 어렵게 했다.)

③ She gave immediate instructions for all children to come around her. (그녀는 모든 아이들에게 그녀 주위에 모이라고 즉시 지시를 내렸다.)

ⓒ of~to+root의 부정사 형

〈of~to+root〉 문형은 〈for~to+root〉 구조의 for 자리에 for 대신 전치사 of가 들어간 모양이다. 이러한 문형은 「it..for~to+root」와 같은 형태의 문형으로도 쓰이게 되는데 그렇게 쓰이게 되면 「it... of~to+root」의 모양새가 된다.

㉠ it...of~to+root 형으로 쓰인 예문

① It is good of you to love her.

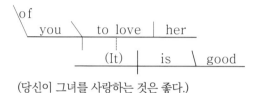

(당신이 그녀를 사랑하는 것은 좋다.)

② It was stupid of her to gamble. (그녀가 도박하는 것은 어리석다.)

③ It was careless of her to lose her purse.

(그녀가 지갑을 잃어버린 것은 그녀의 부주의였다.)

④ It was clever of the boys to find the way there.

(소년들이 거기서 길을 찾은 것은 영리한 것이었다.)

⑤ It was wise of you to decide so. (당신이 그렇게 결정한 것은 슬기였다.)

㉡ 〈of~ to+root〉가 동사의 목적어처럼 쓰인 예문

〈of~ to+root〉의 모양에서 of 앞에 관용적으로 쓰이는 형용사가 정해져 있듯이 〈of~to+root〉가 동사 뒤에서 목적어처럼 쓰일 때도 그 동사가 관용적으로 가지고 다니는 전치사와 결합한다.

① Your outcome may depend on you to do your very best.

(당신의 성과는 당신이 최선을 다하는 것에 달려 있을지도 모른다.)

② I took it kind of her to tell me the truth.

※ it...of~to 용법으로 it는 가목적어 of~to는 진목적어에 해당한다.

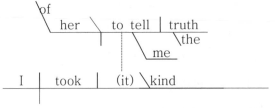

(나는 그녀가 나에게 진실을 말한 것을 친절이라고 생각했다.)

ⓒ 〈of~ to+root〉가 이유 부사와 같은 용도의 예문

『주어+동사+형용사+to부정사』처럼 된 모형이다.

① We are not afraid of the deceiver to go to his boss.

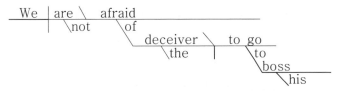

(우리는 그 사기꾼이 그의 우두머리에게 가는 것이 두렵지 않다.)

② I was ashamed of myself to behave so.

(나는 내가 그렇게 처신한 게 부끄러웠다.)

※ 위에 예문에서처럼 어떤 형용사들은 그런 형용의 이유나 원인을 나타내게 하려고 〈of~ to+root〉의 문형을 뒤에 쓰는 형용사들이 있는데 그런 형용사의 예는 다음 표와 같다.

〈of~ to+root〉형으로 이유를 나타내는 형용사의 예

honest, generous, coward, selfish, silly, wicked, stupid, clever, good ,kind, nice, bad, rude, unkind, cruel, horrid, foolish, silly, thoughtful, thoughtless, right, wrong

ⓓ to가 없는 부정사를 쓰는 관용적 문형

had better, would rather 관용구 다음에는 동사의 원형을 쓴다.

① I had better leave here.

$$\underline{\quad I \quad \mid \quad \underline{had\ better\ leave}\quad}$$
$$\diagdown here$$

(나는 여기를 떠나는 것이 좋다.)

② We would rather not agree with you.

(우리가 당신에게 동의하지 않는 편이 좋다.)

2. 동명사(gerund)

동사의 원형(root)에 ing를 결합하면 그 동사의 현재분사형이 된다. 현재분사의 용법에는 여러 용법이 있는데 그 여러 용법 중에 명사적으로 쓰일 때 그 용법으로 쓰이는 현재분사를 따로 구분해서 동명사라고 지칭한다.

(※ a noun in the form of the present participle of a verb, for example 'shopping' in the sentence 'I like shopping'– longman)

가. 동명사의 구조

동명사는 서술 동사의 원형에 ing가 결합된 형태이기 때문에 서술 동사가 가지고 있던 구조는 그대로 가진 채 명사적인 기능을 해서 주어나 보어나 목적어 등으로 쓰이는 것이다. 문장에서는 주요소가 되거나 전명구의 목적어가 되며 동사적인 구조를 가지고도 명사적인 기능을 한다.

1) 동명사의 모형: 「원형 동사+ing」

※ 예문 하나를 들어 동명사를 만들어 보기로 한다.

【예문】The boy loves the girl very much. (그 소년은 그 소녀를 아주 많이 사랑한다.)

【동명사 형】loving the girl very much. (그 소녀를 아주 많이 사랑하기,《~하는 것》)

2) 동명사의 실제

동명사는 동사가 현재분사 형이 되어 명사로 쓰이는 형태를 말하는 것이기 때문에 동명사도 5형식이 가지는 서술적인 요소를 가지고 있다.

가) 제 1형식 구조의 동명사

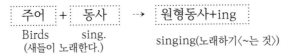

주어 + 동사 → 원형동사+ing
Birds   sing.   singing(노래하기〈~는 것〉)
(새들이 노래한다.)

나) 제 2형식 구조의 동명사

주어 + 동사 + 보어 → 원형동사+ing + 보어

She became a musician.
　(그녀는 음악가가 되었다.)　becoming a musician(음악가가 되기《~는 것》)

다) 제 3형식 구조의 동명사

주어 + 동사 + 목적어 → 원형동사+ing + 목적어

Girls love flowers.
(소녀들은 꽃을 좋아한다.)　loving flowers(꽃을 좋아 하기《~는 것》)

라) 제 4형식 구조의 동명사

주어 + 동사 + 간접목적 + 직접목적 → 원형동사+ing + 간접목적 + 직접목적

Mother gave father a cap.　giving father a cap(아버지에게 모자를
(어머니는 아버지에게 모자를 주었다.)　주기《~는 것》)

마) 제 5형식 구조의 동명사

주어 + 동사 + 목적어 + 목적격보어 → 원형동사+ing + 목적어 + 목적격 보어

She called me king.　calling me king(나를 왕이라고 부르기《~는
(그녀는 나를 왕이라고 불렀다.)　것》)

나. 동명사의 용법

　동명사는 명사적으로 쓰이기 때문에 문장에서 명사가 할 수 있는 모든 역할을 한다. 주어, 목적어, 보어가 되며 물론 전치사와 결합해서 전명구를 구성하는 일도 한다. 독립적으로 쓰이기하고 또 특별히 잘 쓰이는 관용구도 있다.

1) 주어인 동명사

　① Riding a bicycle is my hobby.

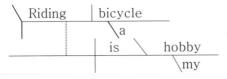

(자전거 타는 것이 나의 취미이다.)

② There was no meeting her. (그녀를 만날 일은 없었다.)

③ Doing something without a vice is a virtue.

(악 외에 무언가를 한다는 것은 미덕이다.)

④ Fixing the engine was Jack's job. (엔진을 고치는 것은 잭의 일이었다.)

⑤ Fighting will only beget more animosity.

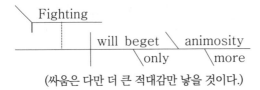

(싸움은 다만 더 큰 적대감만 낳을 것이다.)

2) 보어인 동명사

① Seeing is believing. (격언)

(보는 것은 믿는 것이다.)

② To give money to them is giving fuel to fire.

(그들에게 돈을 주는 것은 불에 기름을 붓는 것이다.)

③ Her favorite pastime is watching television.

(그녀의 좋아하는 소일거리는 텔레비전을 보는 것이다.)

④ Trade is exporting and importing, or exchanging goods.

(무역은 물건을 수출, 수입 또는 상품 교환하는 것이다.)

⑤ Her main occupation in her old age was contributing to a newspaper.

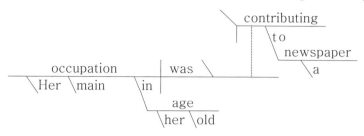

(노년에 그녀의 주된 일은 신문에 기고하는 것이었다.)

3) 목적어인 동명사

① We hate lying.

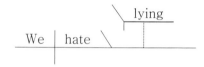

(우리는 거짓말하는 것을 싫어한다.)

② She continued smiling. (그녀는 웃기를 계속했다.)

③ They need explaining. (그들은 설명하는 것이 필요하다.)

④ He enjoyed reading any novel. (그는 아무 소설이나 읽는 것을 즐겼다.)

⑤ The cat fears playing with toys again.

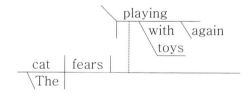

(그 고양이는 다시 장난감으로 노는 것을 무서워한다.)

* 타동사구의 목적어

⑥ They talked about studying English.

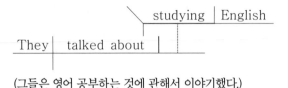

(그들은 영어 공부하는 것에 관해서 이야기했다.)

⑦ He objects to speaking twice of the same thing.

(그는 같은 일에 대해서 두 번 말하는 것을 질색한다.)

⑧ They insisted on reading the book. (그들은 그 책을 읽을 것을 주장했다.)

⑨ He is looking forward to meeting you. (그는 너를 만나는 것을 기대한다.)

⑩ The coach took to encouraging us in the middle of a game.

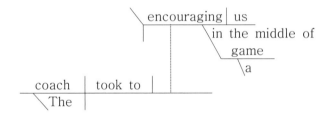

(그 코치는 게임 중에 우리를 격려하는 것에 습관이 붙었다.)

4) 전치사의 목적어인 동명사

동명사의 명사적인 역할에는 명사가 할 수 있는 모든 일을 할 수 있기 때문에 전치사와 결합하면 전명구가 되기도 한다. 동명사가 구성한 전명구가 형용사적인 용법과 부사적 용법으로 쓰인 예문을 학습한다.

가) 동명사가 구성하는 전명구의 형용사적 용법

(1) 보어가 됨

서술 형용사적으로 쓰여서 다른 형용사가 하듯이 보어가 되기도 한다.

① The boy was near slipping down.

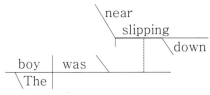

(그 소년은 거의 미끄러질 뻔했다.)

※ 도해에 전명구 near slipping은 동명사 slipping이 전치사 near의 목적어가 되어있다.

② He felt like making an exercise. (그는 운동을 하는 것과 같이 느꼈다.)

③ You look without thinking it. (당신은 그것을 생각 않는 것처럼 보인다.)

④ She is ashamed of drawing such a line.

(그녀는 그런 선을 그은 것이 부끄럽다.)

⑤ The gentleman is above telling a lie.

(그 신사는 거짓말할 사람이 아니다.)

(2) 명사를 수식함

다른 전명구가 하듯이 명사를 수식한다.

① She was at the point of starting.

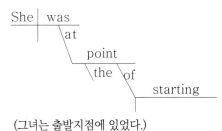

(그녀는 출발지점에 있었다.)

② Only he did it for the purpose of supporting her.

(오직 그만이 그녀를 지지하려는 목적으로 그것을 했다.)

③ I am in the process of writing a book. (나는 책을 쓰고 있는 과정에 있다.)

④ A microscope is a machine for viewing tiny objects invisible to the naked eye. (현미경은 육안으로 보이지 않는 작은 물체를 보기 위한 기계다.)

⑤ He does everything with a view of serving his country.

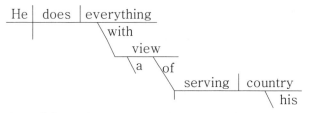

(그는 매사를 국가에 봉사하는 관점으로 수행한다.)

나) 동명사가 구성하는 전명구의 부사적 용법

(1) 동사를 수식

(원인, 이유, 근거)

① She was rewarded for supporting a poor baby.

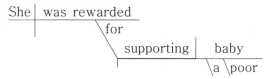

(그녀는 가난한 아기를 지원해서 포상되었다.)

② They must be punished for bullying peers.

(그들은 또래들을 괴롭힌 것으로 처벌받지 않으면 안 된다.)

③ She warned me against disbelieving the pastor.

(그녀는 내가 그 목사를 믿지 않는 것에 대해 경고했다.)

④ I can not prohibit my son from smoking.

(나는 나의 아들이 담배 피우는 것을 막을 수 없다.)

⑤ Her illness comes from dieting too much. (그녀의 병은 너무 심한 다이어
트로 온다.)

(시간)

① We called on them before leaving the village.

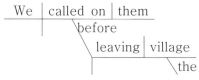

(우리들은 그 마을을 떠나기 전에 그들을 방문했다.)

② After climbing, I felt refreshed. (나는 등산 뒤에 상쾌해진 것을 느꼈다.)

③ We should always lay plans before starting a travel. (우리는 항상 여행
을 시작하기 전에 계획을 마련해야 한다.)

④ His belt was loose after eating too much at Christmas dinner. (그의
벨트는 크리스마스 저녁을 너무 많이 먹은 후에 풀어졌다.)

⑤ A part of the cartoon was redrawn and revised before commencing
the printing.

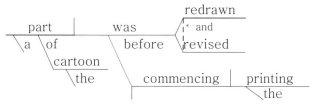

(만화의 한 컷은 인쇄되기 전에 다시 그려지고 고쳐졌다.)

(방법)

① My daughter surprised me by sending the birthday card.

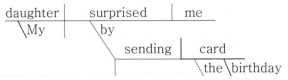

(나의 딸이 생일카드를 보내어 나를 놀라게 했다.)

② He earned his livelihood by teaching students.

　　(그는 학생들을 가르쳐서 생계를 꾸렸다.)

③ She left without saying good-bye. (그녀는 안녕이라는 말없이 떠났다.)

④ We entered the office without mentioning anything.

　　(우리는 아무 말도 없이 사무실에 들어갔다.)

⑤ Babies learns the language very gradually by hearing their parents.

　　(아기들은 그들의 부모를 들음으로 아주 점진적으로 언어를 배운다.)

(2) 형용사를 수식

① He was tired of looking for the dog.

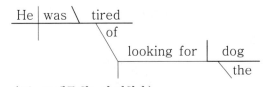

(그는 그 개를 찾느라 지쳤다.)

② She is fond of sightseeing. (그녀는 관광을 좋아한다.)

③ I am used to working at dawn. (나는 새벽에 공부하는 데 익숙하다.)

④ They have a lot of difficulty in finding a best viewpoint.

　　(그들은 가장 좋은 전망 지점을 찾는 데 많은 어려움이 있다.)

⑤ The children were busy at playing with sand.

(아이들은 모래로 장난하느라고 바빴다.)

(3) 부사를 수식

① The two congressmen agree on a few points such as spending more money on education.

(두 국회의원들은 교육지출을 늘리는 것과 같은 몇 가지 의견에 동의한다.)

② People knew the points dangerous enough for falling down.

(사람들은 무너지기에 충분히 위험한 지점들을 알았다.)

5) 동격어인 동명사

① Her hobby, reading novels, absorbed her.

(그녀의 취미인 소설 읽기가 그녀를 흡입했다.)

② He gave up his right, playing soccer.

(그는 그의 권리인 축구하는 것을 포기했다.)

6) 관용구로 쓰는 동명사

관용구의 용법은 굳이 도해로 설명할 필요 없이 암기해야 하지만, 학습에 참고 되도록 도해를 해 뒀으니 이해에 도움이 될 것이다.

가) 「There is no root+ing~」: 「~할 수는 없다(=One cannot do)」

① There is no accepting what she proposes.

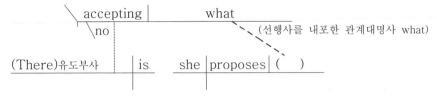

(그녀가 제안한 것을 받아들일 수 없다.)

※ 선행사를 내포한 관계대명사 what이 동명사 accepting의 목적어가 되어있다.

② There is no saying such a word. (그런 말을 할 수는 없다.)

③ There is no denying the fact that most Koreans are earnest.

(대부분의 한국인들이 성실하다는 사실을 부인할 수는 없다.)

나) 「can not help rooting(cannot but root)」: 「~하지 않을 수 없다, ~할(수) 밖에 없다」

① She can not help smiling.

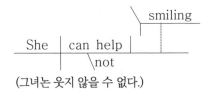

(그녀는 웃지 않을 수 없다.)

② I can not but respect her achievement.

(나는 그녀의 성공을 존경하지 않을 수 없다.)

다) 「on root+ing」: 「~하자마자」

① On meeting each other, we hugged.

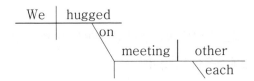

② On leaving the office, he went into the restaurant.

(그는 사무실을 떠나자마자 식당으로 갔다.)

③ On arriving at the airport, she found the flight had already taken off. (그녀는 공항에 도착하자마자, 그 비행편이 떠났다는 것을 알았다.)

④ On waking in the morning, she found that the snow was white on the ground.

(그녀는 아침에 잠에서 깨어나자마자, 눈이 땅 위에 하얀 것을 발견했다.)

라) 「It goes without saying that ~」의 문형: 「~(임)은 말할 것도 없다」

① It goes without saying that love is above money.

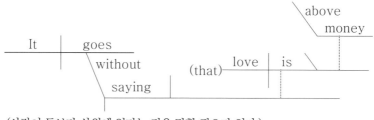

(사랑이 돈보다 상위에 있다는 것은 말할 필요가 없다.)

② It goes without saying that meditation is a way for spiritual training.
(명상은 정신훈련을 위한 한 방법이라는 것은 말할 필요가 없다.)

③ It goes without saying that adolescence is an important period in life. (사춘기는 생애에 중요한 시기라는 것은 말할 필요가 없다.)

마) 「It is 보어+ing」의 문형: 「ing는 ~이다」

진주어, 가주어식의 문형을 본뜬 것으로 "~ing"는 진주어로 하고 It은 가주어로 풀면 이해하기가 쉽다.

① It is no use attempting anything.

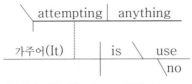

(무엇을 시도하는 것이 소용없다.)

② It's no good talking of his family affairs.

(그의 가정사를 이야기하는 것은 좋지 않다.)

③ It is no use raining upon the field. (그 들판에 비가 내리는 것은 소용없다.)

④ It's no good making a fuss, that's childish.

(안달해도 소용없으며, 그건 유치한 것이다.)

바)「be busy rooting ~」의 문형:「~하기에 바쁘다」

① I am busy cleaning the car. (나는 차를 닦느라 바쁘다.)

② William is busy studying the lesson. (윌리엄은 그 과목 공부하느라 바쁘다.)

③ She was busy preparing the party. (그녀는 파티 준비하느라 바빴다.)

④ He was busy unpacking during the afternoon.

(그는 오후 동안에 짐을 푸느라 바빴다.)

사) 준동사가 목적이 될 때 하나를 선택하는 동사들

동사는 모두 준동사가 될 수 있는데, 부정사가 되어 명사적 용법으로 쓰일 때나 동명사가 되어 명사적으로 쓰일 때 어감 상 차이 외에는 같다. 그런데 동사에 따라서 어떤 동사는 부정사를 목적어로 받으면서 동명사는 목적어로 받지 않는 동사가 있는가 하면 반대로 어떤 동사는 동명사는 목적어로 받으면서 부정사를 목적어로 받지 않는 동사도 있다. 이들을 모아 정리하면 다음과 같다.

(1) 동명사를 목적어로 받는 동사들

부정사와 동명사형 중에서 동명사만 목적어로 받는 동사들의 예문들이다.

(가) commence, burst out (시작의 의미를 나타내는 동사)

① She commenced learning Korean.

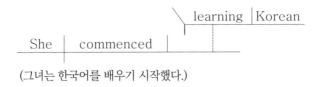

(그녀는 한국어를 배우기 시작했다.)

② He bursts out laughing. (그는 웃음을 터뜨린다.)

(나) postpone, delay (연기, 지연의 의미를 나타내는 동사)

① We can not postpone starting the project any longer.

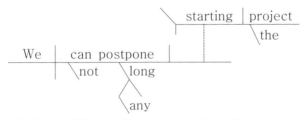

(우리는 그 계획을 시작하는 것을 더는 미룰 수 없다.)

② The boy delayed apologizing to me.

(그 소년은 나에게 사과하는 것을 미루었다.)

(다) finish, quit, give up, give over, leave off (중지, 종결의 의미를 나타내는 동사)

① She has finished talking.

(그녀는 말하기를 끝냈다.)

② We all quit complaining. (우리는 모두 불평하기를 중지한다.)

③ He must give up cheating. (그는 협잡 짓을 버려야 한다.)

④ They gave over the criminal to the law. (그들은 그 범인을 경찰에 넘겼다.)

⑤ We leave off smoking. (우리는 흡연을 그만둔다.)

(라) avoid, resist (회피, 변명의 의미를 나타내는 동사)

① A poor driver should avoid driving on crowded street.

(서툰 기사는 붐비는 거리에 운전하는 것을 피해야 한다.)

② The company resists changing its accounts system.

(그 회사는 회계 체계의 변경을 반대한다.)

(마) dislike, mind, deny (거부의 의미를 가진 동사)

① We dislike doing it.

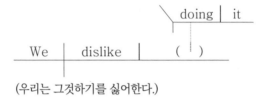

(우리는 그것하기를 싫어한다.)

② He doesn't mind taking the risk.

(그는 위험 부담을 걱정하지 않는다.)

③ They didn't deny coming again.

(그들은 다시 오는 것을 거부하지 않았다.)

(바) fancy, recollect (상상, 기억의 의미를 가진 동사)

① He fancied meeting her directly.

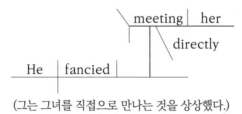

(그는 그녀를 직접으로 만나는 것을 상상했다.)

② I recollect seeing her nearby.

(나는 그녀를 가까이에서 본 것을 회상한다.)

(사) 그 외에 동명사를 목적어로 받는 동사

① I keep breeding the dove.

(나는 비둘기 기르기를 지속한다.)

② Joggers enjoy running around the pond.

(조깅하는 사람들은 그 연못 주위를 달리는 것을 즐긴다.)

③ Today they are going to practice biking.

(오늘 그들은 자전거 타기를 연습하려고 한다.)

④ I resent having to work such long hours.

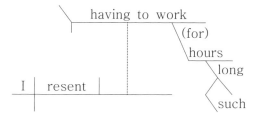

(나는 그렇게 오랜 시간 동안 일을 해야 한다는 것에 화가 난다.)

※ have to는 "~해야 한다"라는 의미의 조동사로 쓴다. hours 앞에 전치사 for가 있어서 전명구인데 전치사 for가 생략된 것으로 보면 되며 hours를 바로 시간 부사로 봐도 상관없다.

(2) 부정사만 목적어로 받는 동사들

부정사와 동명사 중에서 부정사만 목적어로 받는 동사의 예문들이다.

(가) choose (선택, 기호의 의미를 가진 동사)

① We chose to carry out the plan. (우리는 그 계획을 실행하는 것을 택했다.)

(나) fear (두려움의 의미를 가진 동사)

① They did not fear to go there. (그들은 거기 가는 것을 두려워하지 않았다.)

(다) refuse: decline (거절, 사양의 의미를 가진 동사)

① The good girl never declines to do what her teacher asks her to do.

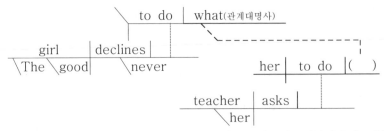

(그 착한 소녀는 그녀의 선생님이 하라고 하는 것을 하기를 결코 거부하지 않는다.)

② She refused to support him. (그녀는 그를 지지하는 것을 거부했다.)

(라) demand, desire, need, wish, yearn (요구, 희망)

① He demands to know why she had decided it.

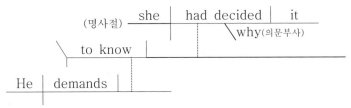

(그는 왜 그녀가 그것을 결정했는지 알기를 요구한다.)

② She desired to leave at once. (그녀는 당장 떠나기를 바랐다.)

③ She needed to take a walk. (그녀는 산책하는 것이 필요했다.)

④ We wish to master Chinese. (우리는 중국어에 숙달하기를 원한다.)

⑤ The boy had yearned to be a pilot. (그 소년은 비행사가 되기를 갈망했었다.)

(마) 그 외 부정사를 목적어로 받는 동사들

① We always endeavor to satisfy customers' needs.

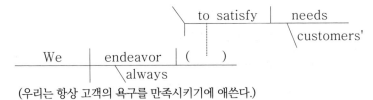

(우리는 항상 고객의 욕구를 만족시키기에 애쓴다.)

② The child dared to enter the ghost house.

(그 아이는 유령의 집에 감히 들어갔다.)

③ Jack decided to go to Seoul for his vacation.

(잭은 방학 동안 서울에 가기로 결정했다.)

④ The boys agreed to travel after the term.

(소년들은 그 학기 후에 여행가기로 동의했다.)

⑤ Supporters have vowed to help the handicapped until the midterm.

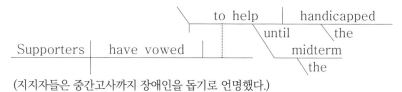

(지지자들은 중간고사까지 장애인을 돕기로 언명했다.)

⑥ My mother had offered to cook for them.

(나의 어머니는 그들을 위해서 요리하기를 제안했다.)

⑦ He never pretend to recognize it. (그는 결코 그것을 아는 척하지 않는다.)

⑧ They finally managed to drag the huge animal.

(그들은 마침내 큰 동물 끌기를 해내었다.)

※ 목적어를 동명사와 부정사 중 선택해서 받는 동사들의 정리표

준동사를 목적어로 쓸 때는 동명사와 부정사를 구별해서 하나를 선택해서 받는 동사들 알아둠으로 준동사를 목적어로 쓸 때는 혼동하는 일이 없도록 정리표를 만들어 두었다.

동명사를 받는 동사	부정사를 받는 동사
(1) (시작의 의미를 나타내는 동사) 　　commence, burst out (2) (연기, 지연의 의미 동사) 　　postpone, delay (3) (중지, 종결의 의미 동사) 　　finish, quit, give up, give over, leave off (4) (회피, 변명의 의미 동사) 　　avoid, resist (5) (거부의 의미를 가진 동사) 　　dislike, mind, deny (6) (상상, 기억의 의미를 가진 동사) 　　fancy, recollect (7) 그 외 　　keep, enjoy, practice, resent	(1) (선택, 기호의 의미를 가진 동사) 　　choose (2) (두려움의 의미를 가진 동사) 　　fear (3) (거절, 사양의 의미를 가진 동사) 　　refuse, decline (4) (요구, 희망) 　　demand to desire to, need to, wish to, yearn to (5) (기타) 　　endeavor to, dare to, decide to, agree to, vow to, offer to, pretend to, manage to

3. 분사(participle)

분사는 동사가 시제를 표현하기 위해서 형태가 변화한 것인데 분사에는 과거분사와 현재분사가 있다. 그런데 분사의 기능에는 시제를 표현하는 기능 외에도 따로 준동사로서 독자적인 품사의 기능도 한다. 독자적 기능에는 형용사적인 기능과 분사구문의 기능이 있다. 분사의 독자적인 기능에는 수식 기능과 서술 기능과 분사구문의 기능이 있다.

가. 분사의 수식용법

분사는 동사형의 변형으로 파생한 것이기 때문에 서술 동사가 가지는 목적어, 보어 등의 술부구조를 가질 수 있고 부사의 수식도 받을 수 있다. 이같이 분사가 자기 자신이 솔거(率去)하는 요소가 있을 때, 이런 분사는 분사구라고도 부른다. 분사가 단출하게 형용사적으로 쓰여서 명사를 수식할 때는, 수식을 받는 명사 앞에 놓는다. 그러나 자체가 솔거하는 어구가 있어 분사구로 길어진 상태에서 수식 기능을 할 때는 반드시 수식을 받는 명사 뒤에 붙어서 수식하게 된다. 분사 한 개로 수식할 때는 일반적으로 수식을 받는 명사 앞에서 수식하지만, 대명사를 수식하는 분사는 단어 한 개로 수식할 때라도 대명사 뒤에서 수식한다.

※ 수식 기능의 분사 위치 예시 표

때 \ 분사 (수식위치)	분사로 전치 수식	분사구로는 후치 수식	풀이
현재	sleeping (잠자고 있는)	the sleeping baby (잠자고 있는 아기)	the baby sleeping in a cradle (요람에서 잠자고 있는 아기)	명사 앞에서 수식은 전치(前置) 수식이라 하고 분사구가 되어 명사 뒤에서 수식할 때는 후치(後置) 수식이라 한다.
과거	slept (잠잔)	the slept baby (그 잠잔 아기)	The baby slept in a cradle (요람에서 잠잔 그 아기)	

1) 현재분사의 전치 수식용법과 후치 수식용법의 도해

현재분사는 형용사적인 용법으로 쓰여서 마치 형용사처럼 명사를 수식한다. 현재분사의 수식 기능은 현재의 상태나 때로는 진행적 의미를 지니기도 하며, 타동사의 현재분사는 동작을 유발하는 원인의 의미를 지닐 때도 있다.

① There is a singing bird. (현재분사의 전치)

(노래하고 있는 새가 있다.)

→ There is a bird singing on the tree. (현재분사의 후치)

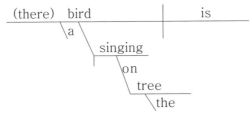

(나무 위에서 노래하고 있는 한 마리 새가 있다.)

② These are the pertaining references. (이것들은 관련하는 참고 문헌이다.)

→ These are the references pertaining in the subject.

　(이것들은 주제에 관련하는 참고 문헌이다.)

③ It was a stirring scene. (그것은 감동적인 장면이었다.)

→ It was only a scene stirring in the movie.

　(그것은 그 영화에서 감동적인 단 한 장면이다.)

④ We know the running girl. (우리는 그 달리는 소녀를 안다.)

→ We know the girl running across the ground.

　(우리는 운동장을 가로질러 달리는 그 소녀를 안다.)

⑤ The king gave them the <u>growing</u> crops.

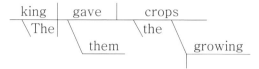

(그 왕은 그들에게 자라고 있는 농작물을 주었다.)

→ The king gave them the crops <u>growing</u> in the field.

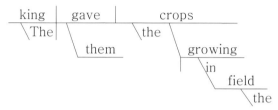

(그 왕은 그들에게 들에서 자라고 있는 농작물을 주었다.)

※ **현재분사의 수식과 동명사로 수식의 차이**

원형 동사에 ing를 결합한 형(root+ing)은 현재분사이다. 이런 현재분사의 용법 중에서 명사적 용법으로 쓰일 때를 뽑아내어서 동명사라고 부른다. 그런데 이런 현재분사가 명사 앞에 있으면 동명사의 자격으로 명사를 수식하고 있는지 현재분사의 자격에 의해서 수식적 용법으로 쓰이고 있는지를 생각할 수가 있다. 물론 의미는 둘 다 포함된 모양이지만, 동명사로 볼 때와 현재분사로 볼 때 용법을 달리 해석하게 되기 때문에 의미가 차이가 나게 된다. 이럴 때 의미의 차이를 표로 만들어 비교해 보기로 한다.

(1) root+~ing형의 수식적 기능의 대조 표

동사의 ing형		의미	수식할 명사	번역	적부 여부	풀이
sleeping	동명사	잠자기	bear(곰)	잠자기 곰	×	잠자기 곰은 말이 되지 않는다.
	현재분사	잠자는	bear	잠자는 곰	sleeping bear	

running	동명사	달리기	book(책)	달리기 책	running book	달리기 해설서
	현재분사	달리는	book	달리는 책	×	책이 달리지는 않는다.
reading	동명사	읽기	boy(소년)	독서하기 소년	×	"독서하기"의 소년은 어색하다
	현재분사	읽는	boy	독서하는 소년	reading boy	

※ 일러두기: 동사의 root+ing형은 현재분사의 수식용법으로 봐서 수식으로 볼 수도 있고 동명사적 용법으로 해석할 수도 있는데 둘의 의미를 적용해서 타당한 것으로 분별하면 된다.

(2) 예문 비교 표

동 명 사		현재분사	
예문	번역(~하기,~하는 것)	예문	번역(~하는)
a sleeping room	침실(잠자기 방)	a sleeping child	자는 아이
a dancing hall	무용실(춤추기 방)	a dancing girl	춤추는 소녀
a walking stick	단장(걷기 지팡이)	a walking boy	걷는 소년
a swimming pool	수영장(수영하기 풀)	a swimming dog	수영하는 개
a knitting needle	뜨개바늘 (뜨개질하기 바늘)	a knitting woman	뜨개질하는 부인

2) 과거분사의 수식용법과 도해

과거분사가 수식 기능을 하게 되면 타동사와 자동사별로 나누고 또 완결 동사와 비완결 동사별로 나누어져 표현하는 의미가 각기 다르게 된다. 동작을 표현하는 동사는 동작의 완결 여부를 표현할 수 있는 동사이기 때문에 완결 동사라고 하고, 정서 감정, 소유 등과 같은 것을 표현하는 동사는 동작의 완결성이 없는 동사이므로 이런 동사를 비완결 동사라고 한다. 수식적 용법의 의미를 살펴보기로 한다.

※ 과거분사의 주요소적 용법은 p.33에서 잘 설명하고 있다.

가) 완결 동사의 과거분사

동작이나 행위가 어느 한순간 종료하는 동작 동사들을 완결 동사(catch, start,

finish, leave, kill 등)라고 하며 완결 동사의 과거분사는 동작이 어떤 시점에서 완결된 것을 묘사한다.

① The slept baby is his son.

(잠을 잔 아기는 그의 아들이다.)

→ The baby slept at the bed is his son.

(그 침대에서 잠을 잔 아기는 그의 아들이다.)

② The sung parrots filled the house with music.

(노래한 앵무새들은 집을 음악으로 채웠다.)

→ The parrots sung in the cage filled the house with music.

(새장 안에서 노래한 앵무새들이 집을 음악으로 채웠다.)

③ The hidden detective kept watch on the office.

(그 숨은 형사는 그 사무실 감시를 유지했다.)

→ The detective hidden at the back of a tree kept watch on the office. (나무 뒤에 숨은 형사는 그 사무실 감시를 유지했다.)

④ Father was very proud of the grown daughter.

(아버지는 장성한 딸이 대단히 자랑스럽다.)

→ Father was very proud of the daughter grown healthily.

(아버지는 건강하게 장성한 딸이 대단히 자랑스럽다.)

⑤ The fallen leaves make the trees solitary.

(떨어진 잎들은 나무들을 고독하게 한다.)

→ The leaves fallen in the ground make the trees solitary.

(지표에 떨어진 잎들은 나무들을 고독하게 한다.)

나) 비완결 동사의 과거분사

동작의 종결성 여부를 구획할 수 없는 정서나 지각(知覺)이나 소유 등을 나타내는 동사가 비완결 동사(love, hate, praise, blame, see, hear, admire)이다. 이들 동사가 과거분사가 되어 명사를 수식하게 되면 이러한 동사들은 동작이 완결되고 말고 할 것이 없으니까 감정이나 정서의 유무를 전달하는 것이 된다.

① We must meet the hated snake.

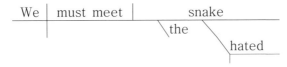

(우리는 싫은 뱀을 만날 것이 틀림없다.)

→ We must meet the snake <u>hated</u> always.

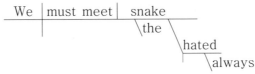

(우리는 언제나 싫은 뱀을 만날 것이 틀림없다.)

② The president achieved the praised work.

(그 대통령은 칭송받는 업적을 이루었다.)

→ The president achieved the work praised forever.

(그 대통령은 영원히 칭송받을 업적을 성취했다.)

③ An admired teacher always teaches in good manner.

(칭찬받는 선생님은 언제나 좋은 방식으로 가르친다.)

→ The teacher admired in school always teaches in good manner.

(학교에서 칭찬받는 선생님은 항상 좋은 방식으로 가르친다.)

④ The man has an esteemed daughter. (그 사람은 존중받는 딸을 가지고 있다.)

→ The man has a daughter esteemed by his society.

(그 사람은 그 사회가 존중하는 딸을 가지고 있다.)

다) 타동사의 과거분사

한편 완결 동사나 비완결 동사나 관계없이 타동사가 과거분사가 되어 수식 기능을 하게 되면 피동의 의미를 가진다. 과거분사가 수식 기능을 하면 피동의 의미와 더불어 동작 완료의 의미를 가진다. 이럴 때는 동작 완성의 의미와 더불어 피동의 의미가 함께 있기에 문맥의 상황에 따라 의미의 역점을 선택할 수밖에 없다.

① A broken cup is useless.

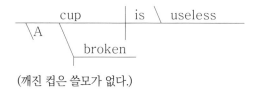

(깨진 컵은 쓸모가 없다.)

→ A cup broken already is useless.

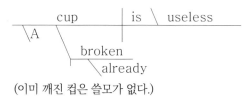

(이미 깨진 컵은 쓸모가 없다.)

② The connected bridge works well for both cities.

(연결된 다리는 양편 도시를 위해서 역할을 잘하고 있다.)

→ The bridge connected last year works well for both cities.

(지난해에 연결된 그 다리는 양편 도시를 위해서 역할을 잘하고 있다.)

③ He received a painted picture. (그는 채색된 그림을 받았다.)

→ He received the picture painted by Pablo Picasso.

　　(그는 파블로 피카소에 의해서 그려진 그림을 받았다.)

④ All people left the destroyed village. (모든 사람들이 파괴된 마을을 떠났다.)

→ All people left the village destroyed by the flood of time.

　　(모든 사람들이 세월의 홍수로 파괴된 마을을 떠났다.)

나. 분사의 서술용법

분사의 서술 기능은 분사의 형용사적 용법에 의한 것으로 보어가 되기도 하는데, 주격 보어와 목적격 보어가 되기도 한다.

1) 현재분사의 서술 기능

현재분사가 보어로 주격 보어와 목적격 보어가 되는 것을 도해로 연습한다.

가) 주격 보어 기능

①　An old woman lays resting.

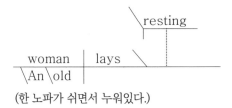

(한 노파가 쉬면서 누워있다.)

②　The deer continued jumping. (사슴이 뛰기를 계속했다.)

③　The ball went flying over the fence. (그 공은 울타리 너머로 날아갔다.)

④　He stood looking into the flame. (그는 불꽃을 들여다보며 서 있었다.)

⑤　She keeps watching the running racer.

　　(그녀는 달리는 경주차를 지켜보고 있다.)

나) 목적격 보어 기능

① The policeman found the child weeping in the street.

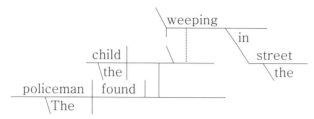

(그 경찰관은 그 어린이가 거리에서 울고 있는 것을 발견했다.)

② He thinks her walking. (그는 그녀가 산책한다고 생각한다.)

③ They heard the dogs barking in the house.

　(그들은 개가 집 안에서 짖는 것을 들었다.)

④ She watches teachers gathering along the corridor.

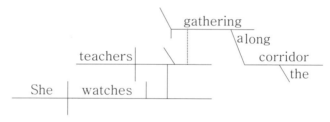

(그녀는 선생님들이 복도를 따라 모이는 것을 본다.)

2) 과거분사의 서술 기능

가) 주격 보어 기능

① the children seemed frightened.

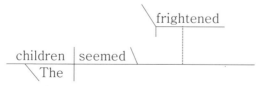

(그 아이들은 겁난 것 같이 보였다.)

② She appeared satisfied. (그녀는 만족해져서 나타났다.)

③ The boy remained surprised. (그 소년은 놀란 채로였다.)

④ She soon gets acquainted with him. (그녀는 그와 곧 알게 된다.)

⑤ Words, like machines, become worn out with use.

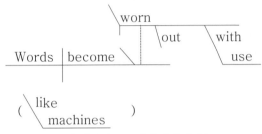

(말은 기계와 같이 사용함으로 닳아지게 된다.)

※ 일러두기: like machine은 독립 전명구로 처리하고 있다.

나) 목적격 보어 기능

① I saw my watch mended.

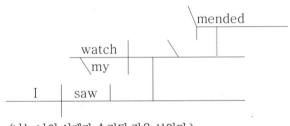

(나는 나의 시계가 수리된 것을 보았다.)

② They left those things unfinished.

(그들은 그 일들을 완성하지 않은 채 됐다.)

③ I found the door fixed. (나는 그 문이 고정된 것을 발견했다.)

④ Conflict dislikes itself felt. (갈등은 그 자체가 감지되는 것을 싫어한다.)

⑤ He has his hair cut. (그는 머리를 자른다.)

다. 분사구문

분사구문은 분사구가 부사절과 같은 역할을 해서 부사절처럼 쓰이는 문형을 말한다. 분사구문은 구어체에서는 잘 쓰지 않고 문장체에서 쓰이는 문형체인데 활용의 이해가 서툴면 구문을 파악할 수 없게 된다.

1) 분사구문의 구조와 종류

분사를 구성하고 있는 구조에 따라 종류를 나누면 다음과 같다.

종류 　　　구분	구조	용도
(가)현재분사 구문	원형(root)+ing	분사구문과 주절의 시간이 같을 때 쓴다.
(나)완료분사 구문	having+pp	분사구문의 시간이 주절의 시간보다 앞일 때 쓴다.
(다)피동분사 구문	being+pp	피동형과 같은 용도로 쓴다.

2) 분사구문 만들기

분사구문은 분사구가 부사절과 같은 역할을 하는 문형이므로 부사절을 분사구문으로 변환하는 연습을 통해서 분사구문을 학습하기로 한다. 부사절이 분사구문이 되기 위해서는 부사절을 구성하는 요소 가운데 부사절에서는 필요해서 가지고 있지만 구에서는 있을 필요가 없는 요소와 부사절이 분사구문이 되면서 표현 방법을 바꿔야 하는 점들을 짚어가면서 예문으로 든 부사절이 분사구문이 되는 과정을 단계적으로 학습한다. 예문 하나를 들어서 예문이 분사구문이 되는 과정을 살펴 가면서 설명한다.

【예문】

When I walked down the road, I saw a bird singing in a tree.

(내가 길을 걸어내려 올 때, 나는 어떤 새가 나무에서 노래하는 것을 보았다.)

가) 접속사의 정리

분사구문은 그 용법이 종속접속사의 부사절 기능의 의미를 지니고 있기 때문에

분사구문을 만들면 종속접속사는 없애게 된다. (단) 더러는 화자가 종속접속사의 의미를 강조하기 위해서는 남아있도록 해두기도 한다.

(1) 접속사의 생략

분사구문은 자체적 기능이 종속접속사의 부사절적 의미를 지니고 있기에 일반적으로 종속접속사를 생략한다.

When I walked down the road, I saw a bird singing in a tree.

→ ~~(When)~~ I walked down the road, I saw a bird singing in a tree.

(2) 접속사의 잔존

화자가 종속접속사의 의미를 강조하기 위해서는 남아있게 해두기도 한다.

→ (When) I walked down the road, I saw a bird singing in a tree.

나) 주어의 정리

주절의 주어와 부사절의 주어가 같으면 주어를 없애고 주절과 종절의 주어가 다르면 그냥 두게 된다.

(1) 주어의 생략

예문 "When I walked down the road, I saw a bird singing in a tree."에서는 주절의 주어도 "I"이고 종절의 주어도 "I"로써 주어가 서로 같음으로 종절의 주어를 생략한다.

→ ~~(I)~~ walked down the road, I saw a bird singing in a tree.

(2) 주어의 잔존

주절의 주어와 종절의 주어가 다른 부사절도 분사구문으로 만들 수 있는데, 이때는 분사구의 주어를 생략할 수 없다. 따라서 분사구문의 주어를 존치해 두고 분사구문으로 만든다. 가령 예문 "When they walked down the road, I saw a bird singing in a tree. (그들이 길을 걸어 내려올 때 나는 나무에서 어떤 새가 노래하는 것을 보았다.)"에서는 종절의 주어는 "they"이고 주절의 주어는 "I"로써 주어가 서로 다르다. 따라서 이때는 주어를 생략하면 안 된다.

→ They walked down the road, I saw a bird singing in a tree.

다) 동사의 정리

부사절의 시간과 주절의 시간이 같으면 동사를 현재분사형으로 만든다. 부사절의 시간이 주절보다 앞서면 완료 분사형(having+pp)으로 만든다. 완료나 피동형의 분사구문에서는 조동사인 have동사나 be동사를 현재분사형으로 만든다.

(1) 주절과 종절의 시간이 같을 때

주절과 종절의 동사의 시간이 같으면 그냥 현재분사로 고치면 된다. 예문 "When I walked down the road, I saw a bird singing in a tree."에서는 종절의 시간이 과거(walked)이고 주절의 시간도 과거(saw)이므로 주절과 종절의 시간이 모두 과거로 이들은 같은 시간이다. 따라서 분사구문은 현재분사형으로 만든다.

→ Walking down the road, I saw a bird singing in a tree.

(2) 종절의 시간이 주절보다 앞선 것을 구별할 때

종절의 시간이 주절보다 앞선 것을 구별해서 표시하는 방편으로 완료 분사를 써서 구별한다. 예문 "After we failed the tournament twice, we must rebuild the team."에서는 종절의 동사 "failed"는 과거이고 주절에 동사 "must rebuild"는 현재이다. 먼저 실패를 했다는 주절 시간보다 앞선 시간인 과거를 표현하기 위해서는 완료 분사를 쓴다.

→ Having failed the tournament twice, we must rebuild the team.

3) 분사구문의 용법

가) 부사적인 용법

(1) 시간

① Leaning against the door, she heaved a deep sigh.

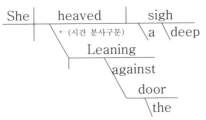

(그녀는 문에 기대서 있을 때, 깊은 한숨을 쉬었다.)

② Feeling the office shaken, we ran out into the street.

(사무실이 흔들리는 것을 느꼈을 때 우리는 거리로 달려 나갔다.)

③ He, leaving, gave it to a girl. (그는 떠날 때 그것을 한 소녀에게 주었다.)

④ Walking alone, she began to cry. (혼자 걸을 동안 그녀는 울기 시작했다.)

⑤ Living so remotely from town, she felt alone.

(마을에서 매우 멀리 떨어져 살 때 그녀는 외로움을 느꼈다.)

(2) 이유, 원인

① Staying long in a foreign country, the boy rarely has friends.

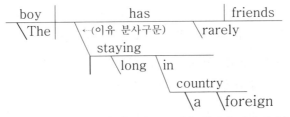

(외국에 오래 거주하기 때문에 그 소년은 친구가 거의 없다.)

② She never played tennis, having no time.

(그녀는 시간이 없었기 때문에 테니스를 쳐보지 않았다.)

③ Desiring rest, she lay down under the shadow of a parasol.

(쉬고 싶었기 때문에 그녀는 파라솔 그늘 아래 누웠었다.)

④ Not receiving any answer, he sent a letter again.

(답을 받지 못했기 때문에 그는 다시 편지를 보냈다.)

(3) 조건

① Studying hard, we will succeed.

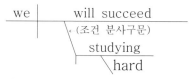

(열심히 공부하면, 성공할 것이다.)

② Turning to the right, you can find the store.

(오른쪽으로 돌면 당신은 그 가게를 찾을 수 있을 것이다.)

③ They shall leave tomorrow, the weather permitting.

(그들은 날씨가 허락한다면, 내일 떠날 것이다.)

④ Born in better times, she could get other chances.

(더 나은 시기에 태어났다면, 그녀는 다른 기회를 잡을 수 있었다.)

※ 일러두기: Born은 Being born인 피동 분사구문에 Being이 생략된 형태이다.

⑤ The same thing, happening in peacetime, would amount to good fortune. (같은 일이, 평화로운 시기에 있었다면, 행운이 되었을 것이다.)

(4) 양보

① Finishing the principle, he cannot put it into practice.

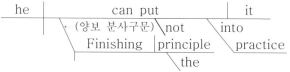

(그 원리를 완성하더라도, 그가 그것을 실용화할 수 없다.)

② Having made an error in his youth, he continued a good friend.

(젊을 때 과실을 저질렀지만, 그는 좋은 친구로 지속했다.)

(5) 수단, 방법

① Playing billiards, she communes with friends.

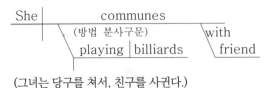

(그녀는 당구를 쳐서, 친구를 사귄다.)

② Turning his head, he was able to see the airport.

(머리를 돌려 그는 공항을 볼 수 있었다.)

③ Selling her honesty, she made living costs.

(정직을 팔아서 그녀는 생활비를 마련한다.)

나) 환경부대적 용법

환경부대적 용법이라는 말은 주절에 수반되는 어구로서 부사어구로 주절에 종속되는 관계는 아니면서 주절의 상황 언저리를 설명하는 용법을 두고 말한다. 관계대명사 용법에서 계속적 용법과 같으며 문장의 순서에 따라 차례대로 번역한다.

① The girl, opening the window, looked at him.

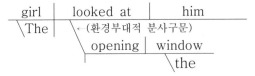

(그 소녀는 창문을 열어서 그를 보았다.)

② Smiling brightly, he extended his hand.

(환하게 웃으며, 그는 손을 내밀었다.)

③ Walking on tiptoe, a black shadow approached the edge of the window. (발끝으로 걸으면서, 검은 그림자가 창가로 다가갔다.)

④ Picking up a stone, she threw it at the running wolf.

(그녀는 돌을 집어 들어, 달아나는 늑대에게 던졌다.)

⑤ Holding on to the branch of the tree firmly, I came down safely to land. (나뭇가지를 단단히 붙잡고서, 나는 안전하게 땅으로 내려왔다.)

다) 독립적 용법

분사구문의 독립적 용법도 다른 어구들의 독립적 용법처럼 문장의 구조상 주절과는 관계가 없으면서 주절의 의미 표현에 보탬을 주는 어구이다.

① Strictly speaking, this is not true.

(독립 분사구문) (speaking / strictly)   This | is \ true / not

(엄격히 말하자면, 이것은 사실이 아니다.)

② Considering her age, she can see and listen very well.

(나이를 고려하면 그녀는 아주 잘 보고 들을 수 있다.)

③ Talking of cinema, there are many Korean films in the U.K.

(영화에 대해서 말하자면, 한국 영화가 영국에 많다.)

④ Generally speaking, Korean letters make more scientific than the Chinese characters.

(일반적으로 말해서 한글은 한자보다 더 과학적이다.)

라) 그 외 분사구문에 대한 것들

(1) 「with+전치사의 목적어+분사」형의 관용적 용법

관용적인 분사의 용법으로는 「with+전치사의 목적어+분사」형으로 구성되어서 독자적인 모양을 만들어 사용되는 분사구의 문형도 있다. 이 분사구의 문형은 부대(附帶) 상황을 나타내는 「~한 상태로, ~하고, ~한 채, ~하면서」 등의 의미이다.

① She disappeared with her hand making free from his hand.

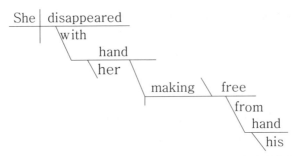

(그녀는 자기 손을 남자의 손에서 자유롭게 풀어서 사라졌다.)

② The old man is lonesome with his offsprings staying in a foreign country. (그 노인은 자식들이 외국에 살아서 외롭다.)

③ He stood at the door, with his face turning away from them.

(그는 얼굴을 그들에게서 외면한 채 문에 서 있었다.)

④ The prisoners of war walked with their heads bending and shoulders stooping. (포로들은 머리를 숙이고 등은 웅크리고 걸었다.)

⑤ We sat with our eyes closing and legs kneeling down.

(우리는 눈을 감고 무릎을 꿇은 채 앉았다.)

(2) being이 생략된 분사구문

being으로 시작하는 분사구문은 제 2형식에서 서술 동사가 be 동사이고 보어가 형용사이면 보어와 주절의 주요소를 구별하기가 용이할 때 분사구문에서 being을 생략하는 경우가 있다. 마치 독립적인 형용사로 시작하는 문장 같은 모양새가 된다.

《서술 동사가 be이고 보어가 형용사인 분사구문에서 being 생략 과정》

【예문】 Because they are tired they should stop the work.

(그들은 피곤하기 때문에 일을 멈춰야 한다.)

(가) 예문의 분사구문형

→ Being tired, they should stop the work.

(나) being의 생략형

→ Tired, they should stop the work.

【연습 예문】

① Diligent, we can complete the project.

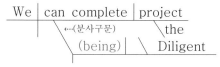

(우리는 부지런하기 때문에 그 계획을 완성할 수 있다.)

② Sleepy, she went to bed. (졸려서 그녀는 잠을 잤다.)

③ Rich, he did not want to pay the bill.

　　(부유했지마는 그는 그 청구서 지불하기를 원치 않았다.)

제5편

동사부 기능 보완 방식들

이 문단에는 서술 동사에 첨가 또는 변형을 통해서 동사의 기능을 보완하는 문법들과 이에 준하는 문법들을 정리해서 설명하기로 한다.

1. 시제

영어는 문장 내용에 사건의 발생 시점 표현을 중시해서 시간을 나타내는 시제라는 문법 규칙이 있다. 사건의 시간을 (1)현재, (2)과거, (3)미래로 3가지로 나누어서 명확하게 표현한다. 아울러 문장 내용에 있는 사건의 시간 현상에 대한 표현을 한순간 보는 것, 진행적인 과정, 완료된 것, 진행되어 오다가 완료된 것 등으로 나누어서 ①기본형 ②진행형 ③완료형 ④진행 완료형 등 4가지로 나누어 표현하는 방법이 있다. 사건의 발생시간에 대한 3가지 표현과 사건 현상의 시간적 지속성 여부에 대한 4가지 표현 방법을 통틀어 보면 사건에 대한 세 가지의 시간과 네 가지의 현상 표현법이 각 항목마다 하나씩 적용되어 12가지의 표현 방법이 되는데 이것을 통틀어 영어의 12시제(時制)라고 한다.

가. 기본시제

사건의 발생 시점을 기준으로 한번 보는 현상을 표현하는 방법이다. 이것은 시제 구분에 기본적 기준으로 시제 구분의 기초가 된다.

1) 현재 기본시제

가) 만들기: 동사의 현재형을 쓴다.

나) 용법: 현재 사실, 습관, 진리, 가까운 미래, 현재완료의 대용 등의 표현에 쓴다.

  (1) 현재 사실:

   I read a line of the page. (나는 그 페이지에 한 줄을 읽고 있다.)

  (2) 습관:

   He goes to church every Sunday. (그는 주일마다 교회에 간다.)

  (3) 진리:

   The earth moves round the sun. (지구는 태양을 돈다.)

  (4) 가까운 미래 대용:

The ship sails next Friday. (그 배는 다음 금요일에 출항한다.)

2) 과거 기본시제

가) 만들기: 동사의 과거형을 쓴다.

나) 용법: 과거의 사실, 불변의 진리, 과거완료의 대용, 등의 표현에 쓴다.

(1) 과거 사실:

He went to the church last Sunday. (그는 지난 주일에 교회에 갔다.)

(2) 불변의 진리:

Almost all talkative men were deceivers always. (거의 모든 말 많은 사내는 항상 사기꾼들이었다.)

(3) 과거완료의 대용:

I thought of her very much after I went into the room. (나는 그 방 안에 들어간 뒤 그녀를 대단히 많이 생각했다.)

3) 미래 기본시제

미래시제는 가정법에서 자세하게 설명하고 여기서는 간략히 설명한다.

가) 만들기: 조동사 will(shall)+동사의 원형으로 만든다.

나) 용법: 미래기본 시제는 단순한 미래를 표현하기도 하고 의지나 습관, 추측 등도 표현한다.

(1) 단순한 미래:

Tomorrow will be a holiday. (내일은 쉬는 날이다.)

(2) 의지:

I will study English hard. (나는 영어를 열심히 공부하겠다.)

(3) 추측:

Tea will be cold. (차가 차가울 겁니다.)

나. 진행형

1) 현재진행형

진행형은 어느 시점을 기준으로 해서 사건이 진행되고 있는 현상을 표현하는 방법인데 be동사+서술 동사의 현재분사(ing)로 된 문형으로 만들게 된다. 동사 중에는 서술 현상을 진행적 표현이 포함된 동사도 있다. 이런 동사로는 존재, 소유, 감정, 인식 등을 나타내는 동사들이 있으며 이런 동사는 진행형으로 쓰지 않는다. (예: 소유: have, possess, 감정, 지각, 인식: love, hate, see, hear, smell)

가) 만들기: be동사+동사의 현재분사

나) 용법: 현재 시점을 기준으로 사건이 진행 중인 상황을 표현한다.

(1) 현재 진행 중인 동작

I am studying English hard. (나는 영어를 열심히 공부하고 있는 중입니다.)

(2) 왕래, 발착 동사로 확실한 예정

He is going to America tomorrow.(그는 내일 미국으로 갈 겁니다.)

(3) 성질 습관

They are always quarrelling. (그들은 늘 싸움을 하고 있습니다.)

2) 과거진행형

가) 만들기: be동사의 과거형+현재분사

나) 용법: 과거의 어느 시점을 기준으로 진행 중이었던 사건을 표현한다.

I was writing a letter then. (나는 그때 편지를 쓰고 있는 중이었다.)

3) 미래진행형

가) 만들기: will(shall) be+현재분사

나) 용법: 미래의 어느 시점을 기준으로 해서 진행 과정에 있을 사건을 표현한다.

I will be working in my room when you visit me this afternoon.

(당신이 오늘 오후에 나를 방문할 때, 나는 내 방에서 공부를 하고 있는 중일 겁니다.)

※ 진행형으로 쓰지 않는 동사들

진행형을 만들 때, 진행형으로는 쓰지 못하는 동사들도 있는데 종류별로 정리를 하면 다음과 같다.

(1) 말 자체가 진행의 의미가 있는 동사들

　　(가) 존재, 소유를 나타내는 be, have, possess, own, belong

　　(나) 앉고, 서는 동작의 동사 sit, stand

　　(다) 지속적인 의미의 동사 continue, last

　　(라) 생활을 말하는 동사 live

(2) 인식, 감정, 지각, 등과 무의지를 나타내는 동사들

　　(가) 인식을 나타내는 know, understand, remember, believe, forget, seem

　　(나)감정을 나타내는 love, hate, dislike, respect, despise, fear

　　(다)지각을 나타내는 see, notice, perceive, hear, taste, smell

　　(라)능력을 나타내는 enable, disable

(3) 동사의 성질상 기간이 없는 동사들

　　resemble, differ, die

다. 완료형

완료형은 어느 시점을 기준으로 그 시점에서 막 끝난 동작, 과거에 동작은 끝나고 결과가 기준 시점까지 남아있는 것, 과거에 시작해서 기준 시점까지 계속되는 것, 과거에서 현재가지 얻은 경험 등을 표현할 때 쓴다.

1) 현재완료형

가) 만들기: have+과거분사(pp)

나) 용법: 막 끝난 동작, 과거에 끝난 동작의 결과가 남아있는 것, 과거에서 지금까지 계속된 상태, 과거에서 지금까지 얻어진 경험 등을 표현할 때 쓴다.

(1) 막 끝난 동작:

We have just finished our work. (우리는 막 우리의 공부를 마쳤다.)

(2) 결과가 남아있는 것:

He has gone to England. (그는 영국에 가버렸다.)

(3) 과거에서 현재까지 계속된 상태:

They have known her from a child. (그들은 그 여자를 아이 때부터 알아왔다.)

(4) 현재까지 얻은 경험:

I have met him several times. (나는 그를 여러 차례 만난 일이 있다.)

2) 과거완료형

가) 만들기: had+과거분사(pp)

나) 용법: 과거 어느 기준 시점까지 끝난 동작의 결과가 남아있는 것, 과거 어느 시점까지 계속된 상태, 과거 어느 시점까지 얻어진 경험 등을 표현할 때 쓴다.

(1) 과거 기준 시점에서 막 끝난 동작:

The bus had left when we arrived there.

(우리가 거기 도착했을 때 버스는 떠나고 없었다.)

(2) 과거 기준 시점까지 동작의 결과가 남아오는 것:

I had given him the watch because he was my only son.

(나는 그가 나의 외아들이기 때문에 그 시계를 그에게 주었다.)

(3) 과거 기준 시점까지 계속된 상태:

Though he tried to meet the girl, she had passed from life already.

(그가 그 소녀를 만나려 했지만, 그녀는 이미 죽었었다.)

(4) 과거 기준 시점까지 얻은 경험:

They didn't know me because they had never hear me before.

(그들은 전에 내게 대해서 듣지 못해서 나를 몰랐다.)

3) 미래완료형

가) 만들기: will(shall) have+과거분사

나) 용법: 미래 어느 시점을 기준해서 미래 완료, 결과, 계속, 경험 등을 나타낸다.

(1) 미래 기준 시점까지 완료될 동작:

I shall have finished this work by three o'clock.

(나는 이일을 세시까지 끝낼 것이다.)

(2) 미래 기준 시점 이전에 얻을 동작의 결과:

I shall have written two pages more before you return.

(나는 당신이 돌아오기 전에 2페이지를 더 쓸 것이다.)

(3) 미래 기준 시점까지 계속될 상태(보통 진행형을 쓰지 않는 동사에 씀):

I shall have been here for five hours by noon.

(나는 정오까지 4시간 동안 여기 있을 것이다)

(4) 미래 기준 시점까지 얻어질 경험:

You will have seen much of life by 70 years old.

(당신은 70살까지 인생에 많은 것을 알 것이다.)

※ 그 외 완료형에 관한 것

(1) have동사+been형이 되면 경험으로 『갔다, 왔다』라는 의미로 쓴다.

He has been to Europe. (그는 유럽에 갔다 왔다.)

(2) 시간과 조건 부사절에서는 미래 완료 대신에도 쓴다.

① Send me the toy when you have played with it. (시간 부사절)

(당신이 그 놀이를 끝내고 그 장난감을 내게 보내주세요.)

② In case he is absent, start without him. (조건 부사절)

(그가 불참하면, 그 없이 시작해라.)

(3) 시제의 일치로 쓰는 경우

문장이 복문일 때 종절의 시간은 주절의 기간보다 앞서든지 같아야 하는 것이 시제 일치의 규칙인데, 이 규칙에 맞추기 위해서 종절의 시간을 완료형으로 쓰기도 한다.

① He lost the wallet that she had bought the other day.

(그는 그녀가 그 전날 사주었던 그 지갑을 잃어버렸다.)

② She rode the car that she had rented. (그녀가 빌렸던 그 차를 탔다.)

(4) 『be 동사+과거분사』로 구성된 완료형

옛날 영어에서는 come, go, get, arrive, return, run 등과 타동사로는 determine, resolve, meet 등과 같은 특수한 동사에서는 완료형을 만들 때 be동사와 과거분사가 결합해서 썼기도 했는데 주로 운동에 관한 것을 나타내는 자동사에서 일어났다고 한다. 그러한 예가 아직도 남아서 쓰는 것도 있다.

① Summer is gone. (여름은 지났다)

② All the participants are arrived. (모든 참가자들이 도착해 있다.)

라. 진행 완료형

진행 완료형은 한동안 계속되어 온 동작을 표현한다. 어느 한 시점을 기준으로 해서 그 전부터 그때까지 동작이 한동안 계속 되어왔고, 또 그 시점 이후에도 계속될 가능성도 있는 것을 나타낸다. 진행 완료형은 현재진행완료, 과거진행완료, 미래진행완료로 나눈다. 진행 완료형은 구조와 의미에서 진행형과 완료형을 합한 것이다. 어느 시점에서 진행되어 오다가 기준 시점에 완료된 것들을 표현한다.

1) 현재 진행 완료형

가) 만들기: have been+현재분사

나) 용법: 그 전에 시작된 일이 진행되어 오다가 기준 시점인 현재에서 완료된 것을 나타낸다.

① He has been reading this book for a month.

    (그는 이 책을 한 달 동안 읽어 냈다.)

② She has been washing his body in the bath for an hour.

    (그녀는 목욕탕에서 한 시간 동안 그의 몸을 씻어 왔다.)

2) 과거 진행 완료형

가) 만들기: had been+현재분사

나) 용법: 그 이전에 시작된 일이 진행되어 와서 과거 시점에서 완료된 것을 나타낸다.

    ① She had been speaking English since she lived in Washington.

        (그녀는 워싱턴에 살았을 때까지 영어를 써 왔었다.)

    ② He has been working since he left school.

        (그는 학교를 떠난 이후로 일하고 있다.)

3) 미래 진행 완료형

가) 만들기: will(shall) have been+현재분사

나) 용법: 어느 시점에서부터 시작되어 진행되어 가서 미래의 기준 시점에서 완료될 것을 나타낸다.

    ① I shall have been working here until a successor comes.

        (나는 후임자가 올 때까지 여기서 일해 왔을 거다.)

    ② It will have been snowing a whole week tomorrow.

        (내일까지는 눈이 한주 꼬박 내리는 것일 것이다.)

※ catch 동사를 예로 적용한 시제별 의미 예시 표

동사의 시제별 예시 표에 풀어 둔 선어말 어미의 말이 다른 항과 겹쳐 쓰였거나, 한 국어에는 쓰지 않는 말일 수 있는데, 이런 것들은 한국어 문법으로는 생경한 말일 수 있다. 한국어에는 영어처럼 시제의 개념을 확실하게 구획해서 쓰지 않기 때문에 그러한 말이 없기 때문이다. 그렇지만 영어의 시제 개념을 정확히 이해하는 데는 영어처럼 정돈할 필요가 있기에 정리한 것이다.

구분 대별	세목	시제별 능동예문	어간	선어말 어미 진행	완료	완료진행	기본	어말 어미
현재	기본시	She catches a ball.	잡				는(ㄴ)	다
현재	진행	She is catching it.	잡	고 있				다
현재	완료	She has caught it.	잡		었			다
현재	진행완료	She has been catching it.	잡	고 있어		왔		다
과거	기본시	She caught a ball.	잡				었	다
과거	진행	She was catching it.	잡	고 있			었	다
과거	완료	She had caught it.	잡		었		었	다
과거	진행완료	She had been catching it.	잡	고 있어		왔	었	다
미래	기본시	She will catch a ball.	잡				겠	다
미래	진행	She will be catching it.	잡	고 있			겠	다
미래	완료	She will have caught it.	잡		었		겠	다
미래	진행완료	She will have been catching it.	잡	고 있어		왔	겠	다

※ 일러두기: ① 선어말 어미 난에 현재 기본시의 기본형에 괄호 속에 "ㄴ"을 표기해 둔 것은 선어말 어미의 현재 기본시의 기본형이 받침이 있는 말에서는 "는"이 되는데 받침이 없는 말에서는 "ㄴ"이 되는 것을 표시한 것이다. ② 시제별 예시 표는 유진 교수의 구문론에 12시제 일람의 방식을 응용한 것이다.

2. 피동형

영어에는 동일한 내용을 표현하는데, 능동형과 피동형이라는 문장의 형태가 있다. 능동형은 주어가 목적어에게 행위를 행사하는 문장의 형태를 말하는 것이며, 피동형은 주어가 행위를 받는 형식의 문장 형태를 말한다. 피동형은 능동형에서 주어와 목적어가 문장의 구성요소로 되어있는 제 3, 4, 5형식의 문장에서 일어난다. 피동형은 능동형에서 주어와 목적어를 서로 변환(變換)해서 주어가 행사하던 행위가 정해진 변환 방식을 통해서 주어가 행위를 받게 되는 문장의 형태를 말한다.

가. 피동형과 형식

영어의 5형식은 목적어를 가지지 않는 자동사로 구성되는 제 1, 2형식과 목적어가 있는 타동사로 구성이 된 3, 4, 5형식으로 되어있다. 피동형은 능동형의 주어와 목적어가 서로 변환하는 것을 통해서 구성되는 문장 형태이기 때문에 능동형에서 3, 4, 5형식으로만 피동형을 만들 수 있다. 그런데 3, 4, 5형식은 형식마다 구성 주요소가 다르기 때문에 이들이 피동형이 되면 각기 다른 형식에 해당되어 분류된다. 피동형 만들기는 기본형으로 설명하고 각 형식은 형식별로 설명하기로 한다.

나. 피동 기본형

1) 피동 기본형의 구성 요건

가) 피동형의 주어는 능동형에서 목적어가 주격으로 바꿔서 주어 자리로 나가서 주어가 된다.

나) 능동형에서 주어는 문장에 없는 전치사 by를 들여와 by와 결합해서 전명구를 구성해서 문미로 간다.

다) 피동형의 동사는 문장에 없는 be동사가 들어와서 능동 동사를 과거분사로 변형

해서 차용해 들여온 be동사와 결합해서 피동형에 서술 동사를 구성한다. 능동형 때 동사의 시간과 수는 차용되어 들어온 be동사가 승계한다.

라) 행위자(by 전명구)의 생략

피동형에서 다음과 같은 경우에 『by 전명구(행위자)』를 생략하는 경우가 있다.

(1) by 이하가 일반적인 사람의 경우 생략

능동에서 주어가 일반적인 사람(We, You, They, One, People)이 피동에서 by us, by you, by them 등으로 『by~(행위자)』가 될 때 생략하는 경우가 있다.

(2) by 이하가 설명이 필요 없는 경우 생략

청자가 『by~(행위자)』를 설명 없이도 이미 알고 있거나 나타낼 필요가 없이도 알 수 있을 때 생략할 수 있다.

2) 피동 기본형의 모형

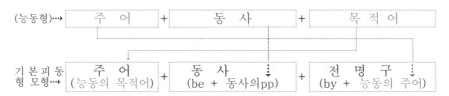

다. 형식별 피동형

피동형은 5형식 중에서 3, 4, 5형식은 모두 목적어를 가지고 있기 때문에 피동형을 만들 수 있는 형식들인데, 3, 4, 5형식은 각기 구성요소가 모두 다르다. 따라서 각 형식이 피동형이 되면 형식도 다르게 된다.

1) 제 3형식 피동형

가) 제 3형식 피동형 만들기 요령

⑴ 능동형에 목적어는 주격으로 변환되어 주어 자리로 가서 주어가 된다.

⑵ 능동형에 주어는 목적격으로 변환해서 문장 밖에서 들여온 전치사 by의 목적어가 되어 전명구를 구성해서 문미로 간다. 이때 by 전명구는 행위자를 나타내는 부사구이다.

⑶ 피동형의 동사는 능동형의 동사가 과거분사가 되어 밖에서 들여온 be동사와 결합해서 be+pp의 모양이 되는데, 능동 때 동사가 나타내던 시간과 수는 차용해 온 be동사가 승계한다.

⑷ 능동에서 주어+동사+목적어이던 3형식이 피동형이 되면 "주어+동사(be+pp)+by 전명구"의 형태가 되어 목적어가 없어지고 행위자를 나타내는 전명구를 가진 제 1형식이 된다.

나) 제 3형식 피동형 변환의 실제

제 3형식이 피동형으로 변환 과정을 단계별로 ⑴ 제 3형식 피동형의 모형 ⑵ 예문 피동형 만들기, ⑶ 피동형 예문의 도해로 나눠서 설명한다.

⑴ 제 3형식 피동형의 모형

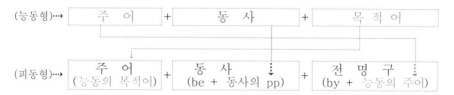

⑵ 제 3형식 예문의 피동형 만들기 실제

【예문】I love her. (나는 그녀를 사랑한다.)

(능동형)⋯ I + love + her

(피동형)⋯ She + is loved + by me

(3) 피동형의 도해

(능동) I love her.　　　　　　(피동) She is loved by me.

(나는 그 여자를 사랑한다.)　　(그 여자는 나에 의해서 사랑받아진다.)

※ 일러두기: 능동에서 주어 " I "는 피동이 되면서 by의 목적어로 me가 되었고 능동에 목적어 her는
　　피동이 되면서 주어로 She가 되어 주어 자리에 간다.

다) 제 3형식 피동형 연습

① Elizabeth bore the twins. (엘리자베스는 쌍둥이를 낳았다.)

　→ (피) The twins were born by Elizabeth.

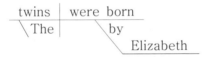

(그 쌍둥이는 엘리자베스에 의해서 태어났다.)

② Jane planted the corn. (제인은 그 옥수수를 심었다.)

　　→ (피) The corn was planted by Jane.

　　　　　(그 옥수수는 제인에 의해서 심어졌다.)

③ Columbus discovered North America. (콜럼버스가 북미를 발견했다.)

　　→ (피) North America was discovered by Columbus.

　　　　　(북미는 콜럼버스에 의해서 발견되어 졌다.)

④ Mosquitoes always bother children. (모기들은 항상 아이들을 괴롭힌다.)

　　→ (피) Children are always bothered by mosquitoes.

　　　　　(아이들은 항상 모기들에 의해서 괴롭힘을 당한다.)

⑤ The fisherman cast his line. (그 어부는 낚싯줄을 던졌다.)

→ (피) His line was cast by the fisherman.

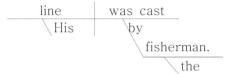

(어부의 낚싯줄은 그 어부에 의해서 던져졌다.)

⑥ Money can not buy everything. (돈이 모든 것을 살 수는 없다.)

　→ (피) Everything cannot be bought by money.

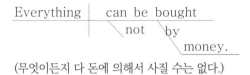

(무엇이든지 다 돈에 의해서 사질 수는 없다.)

⑦ Probably they will choose only Steve. (그들은 아마도 스티브만 뽑을 거다.)

　→ (피) Probably only Steve will be chosen (by them).

　　　(아마도 스티브만 뽑힐 것이다.)

⑧ All drivers must follow traffic signals well.

　(모든 운전자들은 교통 신호를 잘 따라야 한다.

　→ (피) Traffic signal must be followed well by all drivers.

　　　(교통 신호는 모든 운전자들에 의해서 따라져야 한다.)

⑨ All the youth should face the future bravely.

　(모든 젊은이는 미래를 용감하게 맞아야 한다.)

　→ (피) The future should be faced bravely by all the youth.

　　　(미래는 모든 젊은이에 의해서 용감하게 맞아져야 한다.)

⑩ You must put all the chairs away. (너는 모든 의자를 치워야 한다.)

　→ (피) All the chairs must be put away by you.

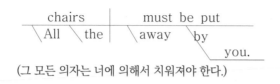

(그 모든 의자는 너에 의해서 치워져야 한다.)

2) 제 4형식 피동형

피동형은 능동의 주어와 목적어 간 역할 변환에서 이루어지는 문형인데, 제 4형식의
경우는 목적어가 2개이기 때문에 두 개의 목적어가 각기 한 개씩 번갈아 주어와 역
할을 변환할 수 있는 경우가 된다. 따라서 능동인 제 4형식 한 문장은 2개의 피동형
문형이 된다. 제 4형식이 피동형이 되면 두 개의 목적어 중 하나는 주어와 역할을 변
환하고, 하나는 능동 때처럼 제자리에 그대로 남아있게 되는데, 이때 제자리에 남는
목적어를 보류 목적어라고 한다.

가) 제 4형식 피동형 만들기 요령

(1) 간접목적을 피동의 주어로 할 때

제 4형식의 간접목적어를 피동의 주어가 되게 피동형으로 만들면 간접목적
어는 주격으로 고쳐서 주어 자리로 가 주어가 되고, 직접목적어는 제자리에
남아있는데 이를 보류 목적어라 한다.

(2) 직접목적을 피동의 주어로 할 때

제 4형식의 직접목적어를 주어와 역할 변환해서 피동형을 만들면 직접목적
어는 주격이 되어 주어 자리로 나간다. 간접목적어는 제자리에 남아서 보류
목적어가 된다.

(3) 서술 동사의 변형

능동에서 동사는 be동사와 결합해서 be+pp가 되는데 능동에서 시간과 수
는 be동사에게 전수하고 과거분사가 되어 be동사와 결합한다.

(4) 능동 주어의 변형

능동에서 주어는 목적격으로 바꿔서 by의 목적어가 되어 전명구를 결성해서

문장의 맨 뒤로 간다.

나) 제 4형식 피동형 변화의 실제

제 4형식의 피동형 변환 과정을 단계별로 나눠서 설명한다.

(1) 제 4형식 피동형의 모형

능동형이 피동형이 될 때는 주어와 목적어가 역할을 변환하는데, 제 4형식은 목적어가 간접목적어와 직접목적어로 두 개이기 때문에 간접목적어와 직접목적어가 각기 능동형의 주어와 변환할 수 있는 경우가 되므로 제 4형식의 피동 모형은 【모형Ⅰ】과 【모형Ⅱ】로 2개가 된다.

【모형Ⅰ】

능동형의 주어와 간접목적어가 서로 변환하는 것을 【모형Ⅰ】이라고 하자, 능동형의 간접목적어가 피동형의 주어가 되고 직접목적어가 보류 목적으로 남게 되는 경우의 모형은 다음과 같다.

【모형Ⅱ】

능동형의 직접목적어가 피동형의 주어가 되고, 능동형의 간접목적어가 보류 목적어가 되는 모형을 【모형Ⅱ】라고 하면, 능동형의 직접목적어가 피동형의 주어로 변환하는 구조의 모형은 다음과 같다.

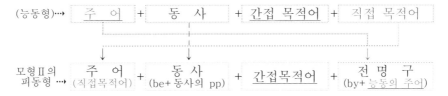

(2) 제 4형식 예문의 피동형 만들기 실제

【능동 제 4형식 예문】 I gave her the book.

(가)【모형 I】에 따른 변환

위의 예문을 간접목적이 피동형의 주어가 되고 직접목적은 보류 목적으로 남는 경우 피동형은 다음과 같다.

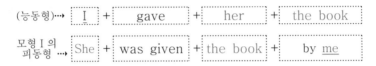

(능동형)···	I	+	gave	+	her	+	the book
모형 I 의 피동형 ···	She	+	was given	+	the book	+	by me

(나)【모형 II】에 따른 변환

예문의 직접목적이 피동의 주어가 되고 간접목적은 보류 목적으로 남는 경우 피동형은 다음과 같다.

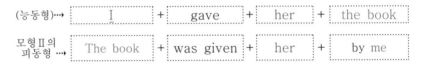

(능동형)···	I	+	gave	+	her	+	the book
모형 II 의 피동형 ···	The book	+	was given	+	her	+	by me

(3) 제 4형식 피동형의 도해

【예문】 I gave her the book.

【피동 모형 I】   【피동 모형 II】

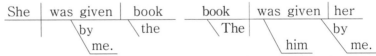

직역(그녀는 그 책을 나에 의해서 주어졌다.) (그 책은 나에 의해서 그녀에게 주어졌다.)
의역(그녀는 그 책을 나에 의해서 받아졌다.)

※ 일러두기:「피동 모형 II」의 도해는 전명구가 2개인 것처럼 되어있으나 잘 보면 앞의 것은 전명구가 아닌 간접목적어의 도해이고 뒤의 것은 전명구의 도해인 것을 알 수 있다.

※ 참고: 4형식 능동 도해 비교

I gave her the book.

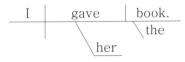

(나는 그녀에게 책을 주었다.)

다) 제 4형식 피동형 연습

① He gave me his camera.

피동 I 형 → I was given his camera by him.

(나는 그의 카메라를 그에 의해서 받아졌다.)

피동 II 형 → His camera was given me by him.

(그의 카메라는 그에 의해서 나에게 주어졌다.)

피동 I 형 도해

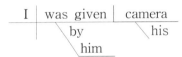

(나는 그에 의해서 그의 카메라를 받아졌다.)

피동 II 형 도해

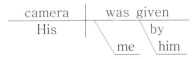

(그의 카메라는 그에 의해서 나에게 주어졌다.)

② My uncle teaches me English. (나의 아저씨는 나에게 영어를 가르친다.)

피동 I 형 → I am taught English by my uncle.

(나는 영어를 나의 아저씨에 의해서 가르쳐진다.)

피동II형 → English is taught me by my uncle.

(영어는 나의 아저씨에 의해서 나에게 가르쳐진다.)

③ She bought me a watch. (그녀는 시계 하나를 나에게 사주었다.)

피동I형 → I was bought a watch by her.

(나는 시계 한 개를 그녀에 의해서 사 주어졌다.)

피동II형 → A watch was bought me by her.

(시계 한 개가 그녀에 의해서 나에게 사 주어졌다.)

④ I tell them a story. (나는 그들에게 이야기를 한다.)

피동I형 → They are told a story by me.

(그들은 이야기를 나에 의해서 들려진다.)

피동II형 → A story is told them by me.

(이야기는 나에 의해서 그들에게 들려진다.)

⑤ Mother ordered me a new computer.

(어머니는 새 컴퓨터를 나에게 주문해 주었다.)

피동I형 → I was ordered a new computer by my mother.

(나는 새 컴퓨터를 어머니에 의해서 주문해 주어졌다.)

피동II형 → A new computer was ordered me by my mother.

(새 컴퓨터는 어머니에 의해서 나에게 주문해 주어졌다.)

피동I형 도해

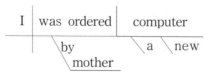

(나는 새 컴퓨터를 어머니에 의해서 주문해 주어졌다.)

피동Ⅱ형 도해

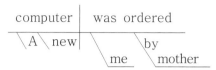

(새 컴퓨터는 어머니에 의해서 나에게 주문해 주어졌다.)

⑥ Father reads his son the book.

(아버지가 그의 아들에게 그 책을 읽어준다.)

피동Ⅰ형 → His son is read the book by his father.

(그의 아들은 아버지에 의해서 그 책을 읽혀 줘진다.)

피동Ⅱ형 → The book is read his son by his father.

(그 책은 아버지에 의해서 그의 아들에게 읽혀 줘진다.)

⑦ The girl may lend me the book. (그 소녀는 나에게 그 책을 빌려줄지 모른다.)

피동Ⅰ형 → I may be lent the book by the girl.

(나는 그 책을 그 소녀에 의해서 빌려줘 질지 모른다.)

피동Ⅱ형 → The book may be lent me by the girl.

(그 책은 그 소녀에 의해서 나에게 빌려줘 질지 모른다.)

⑧ The girl rendered me a good service.

(그 소녀는 나에게 좋은 봉사를 제공했다.)

피동Ⅰ형 → I was rendered a good service by the girl.

(나는 그 소녀에 의해서 좋은 봉사를 제공 받아졌다.)

피동Ⅱ형 → A good service was rendered me by the girl.

(좋은 봉사는 그 소녀에 의해서 나에게 제공 되어졌다.)

⑨ The book won him a great reputation throughout the whole world.

(그 책은 그에게 전 세계를 통해서 큰 명성을 얻게 해 주었다.)

피동Ⅰ형 → He was won a great reputation throughout the whole

world by the book.

(그는 그 책에 의해서 전 세계적으로 큰 명성을 얻게 되었다.)

피동Ⅱ형 → A great reputation was won him throughout the whole world by the book. (큰 명성은 그 책에 의해서 그에게 전 세계적으로 얻어졌다.)

⑩ This ticket will gain you admission.

(이 표는 당신에게 입장 허가를 얻게 해 줄것이다.)

피동Ⅰ형 → You will be gained admission by this ticket.

(당신은 입장 허가를 이 표에 의해서 얻어질 것이다.)

피동Ⅱ형 → Admission will be gained you by this ticket.

(입장 허가는 이 표에 의해서 당신에게 얻어질 것이다.)

피동Ⅰ형 도해

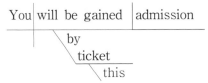

(당신은 입장 허가를 이 표에 의해서 얻어질 것이다.)

피동Ⅱ형 도해

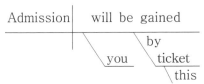

(입장 허가는 이 표에 의해서 당신에게 얻어질 것이다.)

3) 제 5형식 피동형

제 5형식을 피동형으로 만들면 목적어는 주어로 변환이 되어 주어 자리로 나가고 목적격 보어는 그대로 보어로 남는다. 이렇게 되면 제 5형식이 피동형이 된 구조는 주어, 동사, 보어, by 전명구의 형태가 된다. 이러한 문장 구조는 제 2형식의 구성요소에다 by가 이끄는 전명구를 더 가진 구조가 된다.

가) 제 5형식 피동형 만들기 요령

　　(1) 제 5형식이 피동형이 되면 목적어는 피동형의 주어로 나가고 능동의 주어는 전치사 by의 목적어로 결합해서 행위를 나타내는 전명구가 되어 문장의 문미에 간다.

　　(2) 능동형에서 동사는 과거분사형이 되어 밖에서 들어오는 be동사와 결합한다. 능동형에서 동사가 표시하던 수나 시간은 be동사가 나타낸다.

　　(3) 보어는 제자리에 그냥 보어로 남게 되어 문장은 주어+동사(be+pp)+보어의 형식에 by 전명구가 있는 제 2형식이 된다.

나) 제 5형식 피동형 변환의 실제

　　제 5형식의 피동형은 능동형의 목적어가 변환해서 피동의 주어가 되는데, 목적격 보어는 제자리에 남게 된다. 제 5형식이 피동형으로 변환되면 주어+(be+pp)+보어+by 전명구의 형태가 된다.

(1) 제 5형식 피동형의 모형

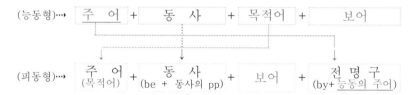

(2) 제 5형식 피동형 만들기 실제

【예문】God created men conscientious. (하나님이 인간을 양심적이게 창조했다.)

| (능동형)··· | God | + | created | + | men | + | conscientious |
| (피동형)··· | Men | + | were created | + | conscientious | + | by God |

(3) 제 5형식 피동형의 도해

같은 문장이 능동일 때와 피동이 되었을 때 도해를 해서 비교해 볼 수 있도록 아래 피동의 도해와 능동의 도해를 함께 제시하고 있다.

【예문】 Men were created conscientious by God.

(인간은 하나님에 의해서 양심적이게 창조되어졌다.)

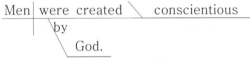

(사람들은 하나님에 의해서 양심적이게 창조되었다.)

【능동도해 참고 비교】

God created men conscientious.

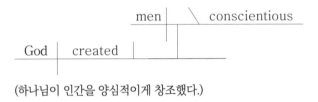

(하나님이 인간을 양심적이게 창조했다.)

다) 제 5형식 피동형 연습

① Mother made me teacher. (어머니는 나를 교사로 만들었다.)

피동형 → I was made teacher by mother.

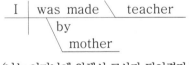

(나는 어머니에 의해서 교사가 되어졌다.)

② People elected Kennedy president. (국민은 케네디를 대통령으로 선출했다.)

피동형 → Kennedy was elected president by people.

(케네디는 국민에 의해서 대통령으로 선출되었다.)

③ Friends proved her right. (친구들은 그녀가 옳음을 증명했다.)

피동형 → She was proved right by friends.

(그녀는 친구들에 의해서 옳다고 증명되어 졌다.)

④ Moisture renders gun-powder useless. (습기는 화약을 쓸모없게 한다.)

피동형 → Gun-powder is rendered useless by moisture.

(화약은 습기에 의해서 쓸모없게 되어 진다.)

⑤ The judge declared her legal. (그 판사는 그녀를 합법이라고 선고했다.)

피동형 → She was declared legal by the judge.

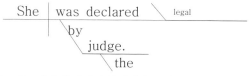

(그녀는 판사에 의해서 합법이라고 선고되어 졌다.)

⑥ He pushed the door open. (그는 그 문을 열리게 밀었다.)

피동형 → The door was pushed open by him.

(그 문은 그에 의해서 열리게 밀어졌다.)

⑦ They suppose me rich. (그들은 나를 부자로 여긴다.)

피동형 → I am supposed rich by them.

(나는 그들에 의해서 부자로 여겨졌다.)

⑧ Her lie knocked me almost motionless.

(그녀의 거짓말은 나를 거의 움직일 수 없게 가격했다.)

피동형 → I was knocked almost motionless by her lie.

(나는 그녀의 거짓말에 의해서 거의 움직일 수 없게 타격 당했다.)

⑨ They painted our house white easily yesterday.

(그들은 어제 우리 집을 쉽게 하얗게 칠했다.)

피동형 → Our house was painted white easily yesterday by them.

(우리 집은 어제 그들에 의해서 쉽게 흰색으로 도색되어 졌다.)

⑩ Another sleepless night in this sticky summer drives him crazy. (이 칙칙한 여름 또 다른 잠 오지 않는 밤이 그를 미치게 내몬다.)

피동형 → He is driven mad by another sleepless night in this sticky summer.

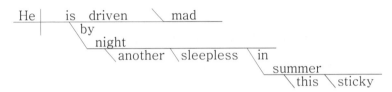

(그는 칙칙한 이번 여름 또 다른 잠 오지 않는 밤에 의해서 미치게 내몰아진다.)

3. 가정법

가정법은 사실을 가상하거나 현실과 다른 바램, 요구 등의 상상을 서술해 보는 문장의 형태를 말한다. 가정법의 가장 기본적인 형태는 조건절과 귀결 주절로 구성된다. 가상이 전제는 조건절에서 이뤄지고 그러한 가상의 결과로 나타나는 상상은 주절이 서술한다.

가. 가정법의 기본적 형태

가정법의 요건은 조건절의 동사가 주어의 격이나 수나 성에 구애받지 않고 (1) 가정법 현재시제에는 원형 동사를 쓰고, (2) 과거시제에는 과거 복수 동사를 쓰며, (3) 미래시제에는 미래 조동사 should+본동사를 쓴다는 것이다. 일반적인 가정법의 형태는 조건 부사절을 가진 문장 형태로 대표되지만, 그 외에도 가정을 나타내는 의미의 조건을 가진 모든 문장의 형태가 큰 테두리에 가정법으로 적용하기도 한다.

【가정법의 모형】

조건절	+	가정법 귀결 절

1) 가정법의 용도

가정법은 완성된 현실 세계를 표현하는 것이 아니고 심리적 세계에 일어날 수 있는 일을 가상으로 가정, 추측, 의심, 소원, 요구, 목적, 주장, 제언, 경계, 양보, 타당, 비교 등에 대한 비현실의 생각을 서술하는 것이다.

　(가) 순수한 가정

　　If I were a sea-gull, I would fly to you. (내가 갈매기라면, 네게 날아가겠는데.)

　(나) 예상, 예기

　　① Here will I stand till Caesar pass along.

　　　(시저가 지나갈 때까지 나는 여기에 서 있겠다.)

　　　※ 직설법이면 passes로 될 것이나 부사절이 가정법으로 써서 pass로 된 것이다.

② Do not judge others if you be not judged.

(네가 비판받아지지 않으려면 다른 이를 비판하지 말라.)

(다) 강한 의문이나 양보

① If she lose this ideal opportunity, what can she do?

(만일 그녀가 이 이상적인 기회를 놓친다면, 그녀는 무얼 할 수 있을지?)

② Though he could fail this chance, he can but try again.

(그가 이번 기회에 실패하더라도, 다시 해 볼 수밖에 없다.)

③ Don't worry lest Satan play some trick on you.

(악마가 당신에게 속임수를 쓰지 않을까 걱정하지 말라.)

(라) 희망, 기원

① We desire that she come soon. (우리는 그 여자가 돌아오기를 갈망한다.)

※ that she come soon에 comes가 아님에 유의해야한다.

② I wish I were a dolphin. (내가 돌고래가 되기를 원한다.)

③ God save us! (하나님 우리를 구원하소서!)

(마) 요구, 주장

① I make request that henceforth you and my daughter be as friends to each other. (나는 지금부터 자네와 내 딸이 서로 친구가 되기를 바라네.)

② Father orders his son that he don't smoke again.

(아버지는 그의 아들에게 다시는 담배를 피우지 말라고 지시했다.)

(바) 제의

① We propose that the agenda be put to vote at once.

(우리는 그 안건이 당장 투표에 부치기를 제안한다.)

② She moves that Mr. James be expelled from the club.

(그녀는 제임스 씨를 이 클럽에서 축출하기를 동의한다.)

2) 가정법과 시제

가) 가정법 기본시제

(1) 가정법 현재시제

(가) 가정법 현재시제의 형태

현재의 모형 ⇒	가정법 현재시제의 if조건 종절	+	가정법 귀결 주절 (주절)
동사의 활용 ⇒	주어의 격이나 수나 성별에 관계없이 원형 동사를 쓴다.		주절의 동사에 조동사 can, may, will 등이 쓰인다.

※ 일러두기: 가정법의 형태는 일반적으로 이해하기 쉽게 정리한 문장의 형태이고 모든 가정법에 해당하는 문장이 반드시 이렇게 규격화된 문형만인 것은 아니다.

나) 가정법 현재시제의 용도와 예문

가정법 현재는 주어의 격이나 성별의 여하를 막론하고 동사의 원형을 쓰는 점이 특징이다. 그런데 현대영어에서는 가정법 현재(root) 자리에 직설법 현재를 쓰는 것이 보통이다. 가정법 현재시제의 의미는 현재 또는 미래에 대한 불확실성이나 의심을 드러낸다.

【예문】

	조건 종절	귀결 주절
①	If it be fine next week, (다음 주에 날씨가 좋으면,	we will leave. 우리는 떠날 거다.)
②	Provided she confess her fault, (그녀가 그녀의 잘못을 고백하면,	we will forgive her. 우리는 그녀를 용서할 것이다.)
③	If she don't agree, (그녀가 동의하지 않으면	we can do nothing. 우리는 아무 일도 할 수 없다.)
④	Whatever the issue be, (쟁점이 무엇이든 간에,	do your best. 너의 최선을 다해라.)

(2) 가정법 과거시제

(가) 가정법 과거시제의 형태

과거의 모형⇒	가정법 과거시제의 if조건 종절	+	가정법 귀결 주절 (주절)
동사의 활용⇒	조건 종절의 동사로는 주어의 격이나 수나 성별 관계없이 과거 복수 동사를 쓴다.		주절의 동사에 조동사 can, may, will의 과거형이 쓰인다.

※ 일러두기: 과거 복수 동사라는 말은 동사가 be동사일 때 동사 자리에 were를 쓴다는 말이다. 현대영어에서는 be동사를 제외하고 다른 동사는 과거형을 단수나 복수나 구별 없이 같이 쓰기 때문이다.

(나) 가정법 과거시제의 용도와 예문

가정법 과거시제는 현재 사실을 반대로 가정이나 의심할 때 쓴다. 조건절에 주어의 격과 수와 성에 구애되지 않고 동사는 복수 과거형을 쓴다.

【예문】

	조건 종절	귀결 주절
①	If I were a wild geese (만일 내가 기러기라면,	I could fly off near her. 그녀 곁에 날아갈 수 있겠다.)
②	If we had enough wisdom, (우리가 지혜가 많다면,	we could give you good idea. 우리는 너에게 좋은 생각을 줄 수 있는데.)
③	If she were you, (만일 그녀가 당신이었으면	she would not do so. 그녀는 그렇게 아니 했을 거다.)
④	If I didn't go home before ten, (만일 내가 열 시 전에 집에 돌아가지 않으면,	father would be angry with me. 아버지가 화를 내실 것입니다.)

(3) 가정법 미래시제

(가) 가정법 미래시제의 형태

현재의 모형 ⇒	가정법 미래시제의 if조건 종절	+	가정법 귀결 주절 (주절)

동사의 활용 ⇒

동사에는 조동사 should를 첨가해서 쓴다. if로 대표되는 조건을 나타내는 모든 접속사를 쓸 수 있다.

주절의 동사에 조동사 can, may, will 이 쓰인다.

나) 가정법 미래시제의 용도와 예문

가정법 미래 조건 종절의 동사는 주어의 격과 관계없이 should+root를 써야 하며, 의미는 미래나 현재에 강한 의심을 나타낸다. 가정법 미래는 직설법 조건절의 의문이나 가정법 현재보다 강한 의심을 나타낸다. 예로, if he should fail의 의미는 if he fails(직설법)나 if he fail(가정법 현재)보다 더 강한 의심을 나타낸다. 만약 조건 종절에 should 대신 would를 쓰면 인칭과 관계없이 주어의 의지를 나타낸다. 귀결절에 있는 should나 would는 단순히 직설법의 shall, will의 과거형이므로 그 용법대로 I (we) should, you (he, they) would는 무의지를, I would는 의지를 표현한다. would에는 하고자 하는 의지, 욕망이 들어있고, should에는 단순한 추측의 의미가 있다.

【예문】

조건 종절	귀결 주절
① If she should fail, (그녀가 실패 않겠지만 만일 실패하면,	she must try again. 그녀는 다시 해야 한다.)
② If you should need it tonight, (만일 당신이 오늘 밤 그것이 필요하면	talk it by the telephone. 전화로 얘기하세요.)
③ If you would do so, (만일 당신이 그렇게 할 거면	I should agree with you. 나는 동의 할 겁니다.)

나) 가정법 완료시제

(1) 가정법 과거 완료시제

가정법 조건 종절의 동사는 had been, had done의 형식으로 되고, 그 의미는 과거 사실의 순수한 가정을 드러낸다.

(가) 가정법 과거 완료시제의 형태

과거완료의 모형 ⇒	if조건 종절	+	가정법 귀결 주절 (주절)
동사의 활용 ⇒	조건 종절의 동사에 had+pp를 쓴다.		주절의 동사에 조동사(could, might, would)+ have+pp로 쓰인다. 또는 직설법 과거로 would(or should, could, might)로 쓰기도 한다.

(나) 가정법 과거완료 시제의 용도와 예문

【예문】

	조건 종절	귀결 주절
①	If I had been a millionaire, (만일 내가 백만장자였었으면, (과거에)	I would have sent more to you. 네게 좀 더 많이 보내었겠는데.)
②	If I had helped you, (내가 당신을 도와주었었더라면	You could have succeeded. 당신은 성공할 수 있었겠지.)
③	If I had known it then, (그때 내가 그걸 알았었더라면,	I would not have done so. 그렇게는 아니 했었을 거야.)
④	If he had come with her, (만일 그가 그녀와 함께 왔었더라면	they could live together. 그들은 동거할 수 있었었을 거야.)

나. 관용적 가정법

1) were+to root 형식의 가정

be+to root 형태로 된 가정법은 I am to do, he is to go 등의 문장 형에서 be 동사가 were로 되는 가정법 미래형의 문형이다. 의미는 미래에 대한 실현성 없는 가정을 나타낸다.

【예문】

	조건 종절	귀결 주절
①	If you were to teach us, (만일 당신이 우리를 가르친다면	it would be better for us. 우리에게는 더 좋을 것이다.)
②	If I were to be born again, (만일 내가 다시 태어난다면,	I would be a novelist. 나는 소설가가 될 것이다.)

2) had better (or had rather, would rather)+root의 형식, as it were, as if...were, for fear(=lest)...should 등의 가정

【예문】

① You had better go. (너는 가는 것이 좋겠다.)

② I would rather wait here. (나는 차라리 여기서 기다리는 것이 좋겠다.)

③ The child talks as he were a man. (그 아이는 마치 어른처럼 말한다.)

④ She looks as if she were going to explode. (그녀는 폭발하려는 것 같이 보인다.)

⑤ They had gone off in a hurry, for fear they might be late. (그들은 늦을까 봐 급히 떠나 버렸다.)

3) what if 다음에 가정법

【예문】

① What if the gunman's hand should tremble? (만일 사수의 손이 떨린다면 어찌 될 것인가?)

② What if the arrow should not hit the apple? (만일 화살이 사과를 못 맞춘다면 어찌 될 것인가?)

※ what은 귀결 주절을 줄인 말로 what would be the result? 라는 의미이다.

4) 그 외에 문형으로 쓰인 가정법

가) if 조건절 생략형 가정문

if, provided, supposing, in case 등의 조건 접속사를 생략한 가정문도 있는데 이때는 조동사가 접속사 자리에 나오는 것에 유의해야 한다.

【예문】

① She would have succeeded, had she made her best effort.
   (그녀가 최선을 다했더라면 그녀는 성공했을 것이다.)

② Should any one come to see me, tell him that I shall be back by six this afternoon. (어떤 사람이 나를 만나보러 오거든, 그에게 내가 오늘 오후 여섯 시까지 돌아올 거라고 말해라.)

③ Could they be happier without the law, it would of itself disappear.
   (사람들이 법 없이 더 행복하다면, 법은 저절로 없어질 것이다.)

나) 기원문에 쓰인 가정법

기원문에 자기의 기원의 의사를 넣어 가정법을 쓰기도 한다.

【예문】

① God bless you! (하나님이 당신을 축복하소서!)

   ※ 주어인 God이 3인칭 단수이니 bless에 es를 붙여 blesses가 되어야 하지만 가정법의 형태로 원형 bless를 쓰고 있다.

② Long live the king! (왕이여 장수 하소서!)

③ Thy kingdom come. (당신의 나라가 오소서!)

   ※ 주어인 kingdom이 3인칭 단수이니 come에 s를 붙여 comes가 되어야 하지만 가정법의 형태로 원형인 come을 쓰고 있다.

④ God be with you till we meet again! (우리 다시 만날 때까지 하느님이 당신과 같이 계시옵소서!)

   ※ 주어인 God이 3인칭 단수이니 is를 써야 하는데 가정법의 형태로 원형인 be를 쓰고 있다.

다) 양보 부사절에 쓰는 가정법

【예문】

① Though he hate me, yet will I trust in him. (그가 나를 미워할지라도, 여전히 나는 그를 믿겠다.)

※ "will I"는 I will을 강조한 형식이다.

② Whether she accept my return or not, I will go back home.

(그녀가 나의 귀가를 용납하든지 않든지, 나는 집으로 돌아가겠다.)

③ Whatever be his fault, let us not add salt to his injury.

(그의 허물이 어쩌든지 그의 상처에 소금을 치지는 맙시다.)

라) 목적 부사절에 쓰는 가정법

목적을 표시하는 접속사 that, so that, in order that, lest 다음에 가정법을 쓰는 경우들도 있다.

【예문】

① She works hard that she may succeed at the entrance exam.

(그녀는 입학시험에 성공하려고 열심히 공부한다.)

② We worked hard lest we should fail.

(우리는 실패할까 봐 (아니하도록) 열심히 일했다.)

③ We sent children out of the room during a talk, so that we could talk freely.

(우리는 자유롭게 이야기할 수 있도록 대화 동안에 아이들을 방에서 내보냈다.)

마) 가정법에서 일부 어구를 생략하고 쓴 경우

(1) 조건절만 쓰는 예

가정법 구문에서 귀결절은 생략하고 조건절만 독립적으로 쓰는 예도 있다.

【예문】

① If she had a son worth the name!

(그녀가 이름값을 하는 아들이 하나 있다면!)

② Oh, if we had only been born brave like them!

(아, 우리가 만일 그들처럼 용감하게 태어났으면!)

③ Could I have once more a driving force which then supported me!

(그때 나를 지탱해 주던 그 추진력을 내가 한 번 더 가졌었다면!)

④ If the bee were to sting a tiger's nose? (만일 벌이 호랑이의 코를 쏜다면?)

(2) 귀결절만 쓰는 예

가정법 문장에서 조건 종절은 생략되고 귀결절만 독립적으로 쓰는 예도 있다.

【예문】

① She could have done so. (그렇게 할 수 있었겠다.)

※ if she had wanted to do, (만일 그녀가 하고자 했다면)은 생략된 것이다.)

② Nobody would think her a lady.

(아무도 그녀를 숙녀로 여기지 않을 것이다.)

(3) 조건절과 유사한 어구

【예문】

① Without water no living things could exist.

(물이 없다면 아무런 생물도 있을 수 없다.)

※ Without water(= if there were no water)

② But for your help he should have failed.

(당신의 도움이 없었더라면 그는 실패했을 겁니다.)

4. 화법

주고받은 이야기를 전달하는 방법을 화법이라고 한다. 다른 사람이 한 말을 녹음기처럼 복사해서 직접 그대로 전달하면 간단하다. 그러나 전달하려는 말의 내용만 뽑아서 전달하려면 문장을 변형해야 하는 일이 있게 된다. 다른 사람이 한 말을 복사해서 전달하는 방법을 직접화법이라고 하고 내용만 뽑아 전달하는 방법을 간접화법이라고 한다.

가. 직접화법과 간접화법

서로 주고받은 말을 전달할 때는 인용표(" ")를 써서 가감 없이 인용표 안에 그대로 복사해서 전하는 방법을 직접화법이라고 하고, 인용표 안에 말을 자기가 전달하는 말로 바꿔 의미만 전달하는 방법을 간접화법이라고 한다. 화법에서는 전달자가 말하는 전달문과 전달되는 피전달문으로 구성되어 있는데, 전달자의 말은 주절이 되고 전달되는 말은 종절이 된다. 예를 들어서 직접화법으로 된 서술 문형의 피전달문을 간접화법의 문장으로 바꾸는 과정을 살펴보기로 한다.

【직접화법의 예문】 She said, "I did it."

※ 화법 구성 예시 구분표

절 \ 법	주절 (전달문)	종절 (피전달문)	번역 내용	비고
직접 화법	She said,	"I did it"	그녀는 "내가 그것을 했다." 라고 말했다.	인용구를 써서 그대로 인용했다.
간접 화법	She said	that she had done it.	그녀는 그녀가 그것을 했다는 것을 말했다.	말의 내용만 전달했다.

나. 직접화법에서 간접화법으로 바꿀 때 주의점

직접화법에서 간접화법으로 바꾼다는 것은 인용구 안에 인용되던 피전달문의 구조를 해체해서 피전달문의 내용만 전달하는 것을 말한다. 피전달문의 문장 종류별로 예를 들어 학습하기로 한다.

1) 문형구조의 변화

피전달문이 직접화법의 서술, 의문, 명령, 감탄, 기원문 등에 해당하는 한 문장일 때, 문장의 종류에 따라 간접화법으로 바뀌는 과정을 살펴보기로 한다.

가) 서술문의 간접화법 바꾸기

서술문은 직접화법에서 간접화법으로 바꾸게 되더라도 원래 서술문이 진술하는 형태의 문장이기 때문에 전달문이나 피전달문의 동사는 그대로 쓰면 되지만 피전달문에 동사의 시간은 간접화법이 되면서 주절의 시간에 맞도록 일치시켜야 한다.

(1) 전달문의 동사가 현재, 현재완료, 미래시제일 경우

전달문의 시간이 현재 기본시제, 현재완료, 미래 등의 시제이면 피전달문의 시간은 변하지 않는데 동사는 인칭과 수와 의미에 맞도록 바꾸게 된다.

【예문】

직접화법　　　　　　→　　　　　간접화법

① She says, "I am happy." → She says that she is happy.
(그녀는 "나는 행복하다"라고 말한다.) (그녀는 그녀가 행복하다는 것을 말한다.)

② They have said to me, "We met her." (그들은 나에게 "우리가 그녀를 만났다"라고 말했다.) → They have told me that they met her. (그들은 내게 그들이 그녀를 만났었다는 것을 말했다.)

③ Mr. Park will say, "I will help them." (박씨는 "내가 그들을 돕겠다"라고 말할 것이다.) → Mr. Park will say that he will help them. (박씨는 그가 그들을 돕겠다는 말을 할 것이다.)

(2) 전달문의 동사가 과거일 경우

직접화법의 전달문에 동사의 시간이 과거이면 피전달문에 현재나 미래인 시간은 간접화법이 되면서 과거로 된다. 조동사 will, shall, may, can, must가 있으면 조동사의 과거인 would, should, might, could, had to로 바꾸게 된다. 전달문의 시간이 현재완료나 과거이면 피전달문의 동사는 과거완료로 변한다.

【예문】

직접화법 → 간접화법

① He said, "I go to school." → He said that he went to school.

(그는 "내가 학교 다닌다."라고 말했다.) (그는 그가 학교 다녔었다는 것을 말했다.)

② The girl said, "I will write it." (그 소녀는 "내가 그것을 쓰겠다."라고 말했다.)

→ The girl said that she would write it. (그 소녀는 그녀가 그것을 쓰겠다는 것을 말했다.)

③ She said, "I must return." (그녀는 "내가 돌아와야 한다."라고 말했다.)

→ She said that she had to return. (그녀는 그녀가 돌아와야만 한다는 것을 말했다.)

④ They said, "We did it." (그들은 "우리가 했다"라고 말했다.)

→ They said that they had done it. (그들은 그들이 그것을 했다는 것을 말했다.)

나) 의문문의 간접화법 바꾸기

피전달문이 의문문인 경우에 직접화법에서는 의문문의 문형을 복사해서 썼기 때문에 피전달문이 의문문인 것을 알 수 있다. 그러나 간접화법이 되면서 피전달문의 문형이 의문이라는 것을 전달하자면 해체하는 피전달문의 의문에 대한 의미를 전달문의 동사가 표현해야 한다. 그러기 위해서 간접화법에서는 전달문의 동사를 ask, inquire과 같은 의문을 나타내는 동사를 써야 피전달 문형이 의문이라는 것을 나타낼 수 있게 된다.

【예문】

직접화법 → 간접화법

① She said to us, "Who are you?" (그녀는 우리에게 "너 누구야?"라고 말했다.)

　→ She asked us who we were. (그녀는 우리에게 우리가 누구인가를 물었다.)

② He said to me, "Why did she go?" (그는 나에게 "그녀가 왜 갔어?"라고 말했다.)

　→ He inquired of me why she had gone. (그는 나에게 그녀가 왜 갔었는지를 물었다.)

③ She said to him, "When did you come?" (그녀는 그에게 "당신 언제 왔어?"라고 말했다.)

　→ She asked him when he had come. (그녀는 그에게 그가 언제 왔었는지를 물었다.)

다) 명령문의 간접화법 바꾸기

피전달문이 명령문이면 간접화법을 만들면서 피전달문이 명령이라는 것을 나타내기 위해 주절의 동사를 명령을 나타낼 수 있는 동사 tell, bid, order, command, advise, forbid, beg, request 등이나 이처럼 명령의 의미를 전달할 수 있는 동사를 써서 피전달문의 명령을 전달하게 된다.

【예문】

직접화법 → 간접화법

① I said to them, "Be quiet." (나는 그들에게 "조용해"라고 말했다.)

　→ I told them to be quiet. (나는 그들에게 조용하라고 말했다.)

② She shouted to you, "Stand up." (그녀는 당신에게 "일어서"라고 소리쳤다.)

　→ She ordered you to stand up. (그녀는 당신에게 일어서라고 명령했다.)

③ The guide said to us, "Don't move."

　(안내인은 우리에게 "움직이지 마"라고 말했다.)

→ The guide told us not to move. (안내인은 우리에게 움직이지 말라고 말했다.)

라) 감탄문의 간접화법 바꾸기

감탄문에 대한 간접화법 만들기는 사용된 감탄사와 감탄을 서술한 동사의 의미에 비견되는 의미를 첨가해주어야 하는 점에 유념하면 별다른 문제는 없다. 감탄사에는 wow(놀람), hurrah(기쁨, 환성), oh(관심), alas(슬픔, 부끄러움, 공포) 등이 있어서 경우마다 감탄 장면을 표현한다.

【예문】

　　　직접화법　　　　　→　　　　간접화법

① We said, "Hurrah! The lesson is over." (우리는 "야! 수업 끝났다"라고 말했다.)
　　→ We exclaimed with delight that lesson ended. (우리는 수업이 끝났다는 것을 기뻐서 소리 질렀다.)

마) 기원문의 간접화법 바꾸기

【예문】

　　　직접화법　　　　　→　　　　간접화법

① She said, "God bless you!" (그녀는 "하나님이 당신을 축복하소서"라고 말했다.)
　　→ She prayed that God might bless me. (그녀는 하나님이 나를 축복하도록 기도했다.)

2) 수식어의 교체

남이 한 말을 그대로 전달하던 것을 자기가 내용만 전달하려고 하면 그 문장에 쓰였던 시간부사와 장소부사나 지시형용사에 해당하는 수식어는 전달하려는 내용의 의미에 맞는 것으로 바꿔줘야 본래의 의미를 제대로 전달할 수가 있다. 직접화법에서 간접화법으로 바꿀 때 유념해 두어야 할 수식어들은 대략 다음과 같이 정리할 수 있다.

가) 부사의 교체

(1) 시간부사의 교체

직접화법을 간접화법으로 바꿀 때는 이에 맞게 시간부사를 바꾸는 일이 생기는데 대략 now → then, ago → before, today → that day, tonight → that night, tomorrow → the next day(또는 the following day), yesterday → the day before(또는 the previous day) 등으로 바꾸게 된다. 그러나 이런 것들은 바꿀 때 전달 내용의 경우가 맞는지에 초점을 맞춰야 한다.

【예문】

① She shouted to me, "Stand up now." (그녀는 나에게 "곧 일어서"라고 소리 쳤다.)

→ She ordered me to stand up then. (그녀는 나에게 그때 일어서라고 명령했다.)

② They said to us, "Come today." (그들은 우리에게 "오늘 오라"고 말했다.)

→ They told us to come that day. (그들은 우리에게 그날 오도록 말했다.)

(2) 장소부사의 교체

장소부사로는 here → there로 바꾸는 일이 있다.

【예문】

① I said to them, "Wait here." (나는 그들에게 "여기서 기다려라"라고 말했다.)

→ I told them to wait there. (나는 그들에게 거기서 기다리라고 말했다.)

(3) 방법 부사의 교체

방법부사에는 thus → so로 바꾸는 일이 있다.

【예문】

① She said to us, "I cook fish thus."

(그녀는 우리에게 "나는 생선요리를 이렇게 한다."라고 말했다.)

→ She said to us that she cooked fish so.

(그녀는 우리에게 그녀가 생선을 그렇게 요리했다는 것을 말했다.)

나) 지시형용사의 교체

지시형용사에서는 직접화법에서는 "이것"이라고 말한 것을 간접화법에서는 "저것"이라고 바꿔서 말하게 되는 일이 있는데 그래서 this → that, these → those 로 바꾸게 된다.

【예문】

① He said to you, "I give you this."

(그는 당신에게 "내가 이것을 당신에게 준다"라고 말했다.)

→ He said to you that he gave you that.

(그는 당신에게 그가 당신에게 그것을 주었다는 것을 말했다.)

※ 화법의 요점

직접화법을 간접화법으로 바꿀 때, 특별한 것은 없으나 유념해야 할 것은 누군가 한 말을 직접 인용해서 전달하다가 그것을 자기가 전하는 말로 바꿔서 의미를 전달하게 되니 문장의 종류에 따라서 의미가 맞게 되도록 동사를 선택하는 것과 인용구에 동사의 시간을 채택하는 것, 조동사와 수식어 등을 선택하는 데 주의해야 한다. 조동사의 용도 중에 특히 인용구에 will, shall이 들어있는 문장을 바꾸게 될 때는 will, shall의 용법은 단순 미래와 의지 미래로 나눠서 쓰게 되니 세심한 주의가 필요하다. 한편 수식어에서는 특히 시간, 장소, 방법 등의 부사와 지시형용사 등의 의미가 제대로 전달되게 주의가 필요하게 된다.

5. 일치

　영어 구사에는 한 문장에 사용된 주어와 서술 동사는 인칭과 수가 일치하도록 사용해야 한다, 주어의 인칭과 수가 서술 동사와 부합되도록 맞춰서 사용해야 하고 주절의 시간과 종절의 시간이 부합하도록 일치해야 한다.

가. 수의 일치

　주어의 수에 동사의 수가 일치해야 한다.

1) 접속사로 연결된 주어의 수

가) and 와 both~ and로 연결되는 주어의 수

　and 와 both~ and로 연결되는 주어의 수는 동사의 수를 복수로 처리한다.

　① She and he are good colleagues. (그녀와 그는 좋은 동료이다.

　② Both I and she are in the same office. (나와 그녀는 같은 사무실에 있다.)

나) ~or나 either~or, nor나 neither~nor와 not only~but 연결의 주어의 수

　~or나 either~or, nor나 neither~nor와 not only ~but 등으로 연결되는 주어의 인칭과 수는 뒤에 오는 명사에 일치한다.

　① Neither I nor my friends are afraid of the lady.

　　(나나 나의 친구들은 그 숙녀를 두려워하지 않는다.)

　② Mountain or beach is good resort in the summer.

　　(산이나 해변은 여름에 좋은 휴양지이다.)

　③ Not only I, but you, are healthy. (나뿐 아니고 당신도 건강하다.)

다) as well as로 연결되는 주어의 수

　as well as로 연결되는 주어의 수는 접속사 as well as 앞에 나오는 명사의 수에 일치한다.

① They, as well as I, are familiar with her. (나처럼 그들이 그녀와 친하다.)

② The desk as well as the chairs is new. (의자와 마찬가지로 책상이 새것이다.)

2) 복수형을 가진 단수 명사

철자는 복수형으로 됐지마는 의미가 단수일 때는 단수로 쓰는 명사를 말한다.
단수 의미로 쓰는 명사에는 mathematics, physics, economics, ethics 등 학문과
news, thanks, pains 등과 athletics, scissors, trousers, gymnastics, tactics 등이
있다.

① No news is good at war. (전쟁에는 소식 없는 것이 좋다.)

② Pains earns its price. (수고에는 값어치가 있다.)

③ Ample trousers makes us comfortable. (넉넉한 바지는 우리를 편하게 한다.)

④ Athletics is so interesting. (운동경기는 대단히 재미있다.)

3) 단복 양쪽으로 쓰는 명사

means, politics, eaves(처마) 등은 단수와 복수 양쪽에 쓰이는 것들이다.

① Means has no face until into a reality. (방법은 실현될 때까지 얼굴이 없다.)

② Politics is the mother of a practical article. (책략은 실천 항목의 어머니이다.)

③ The eaves of the window are too high to close. (그 창의 차양은 너무 높아 닫
을 수 없다.)

4) 수량 단위의 단수

무게, 길이, 금액 등의 단위는 단수로 표시한다.

① A million dollars is a trifling sum of money to a big business group.
(백만 달러는 대재벌에는 하찮은 금액이다.)

② Ten kilometers is a great distance to children.

(10킬로는 아이들에게는 대단한 거리이다.)

5) 두 개의 물질이지만 한 개로 결합한 것들

두 가지 물질이 결합하여 함께 한 개의 조로 사용되는 물건에는 단수를 쓴다.

① Bread and butter is less than Kimchi and rice to Koreans. (버터 바른 빵은 한국인에게는 김치와 밥만 못하다.)

② A watch and chain is rare nowadays. (줄 달린 시계는 오늘날 드물다.)

③ Man and wife is same body. (부부는 같은 몸이다.)

6) 관계대명사가 이끄는 절의 동사의 수

주격 관계대명사가 이끄는 절에 동사의 수는 선행사의 수에 맞추면 된다.

① These men, who are the baseball players, can win the tournament. (이들은 야구선수들인데, 그 시합에 이길 수 있다.)

② They are the people who established this country out of poverty. (그들이 가난에서 이 나라를 세운 사람들이다.)

나. 시간의 일치

종절의 시제는 가정(추측)이나 인용구가 아닐 때는 주절의 시간보다 앞서거나 같아야 하며, 주절보다 더 이후의 시간일 수는 없다. 과거에는 그 과거보다 더 이전의 일이나 그 과거와 같은 과거의 시간에 일은 경험한 일일 수 있지만, 그 이후에 일어나는 일은 그 시점에서는 체험하지 못한 것이기 때문에 경험한 것과 같은 시간으로는 표현할 수는 없기 때문이다.

① She said that she studied the lesson. (옳음)

(그녀는 그 과목을 공부했다고 말했다.)

She said that she had studied the lesson. (옳음)

(그녀는 그 과목을 공부했었다고 말했다.)

She said that she studies the lesson. (틀림)

(그녀는 그 과목을 (현재 시간에) 공부한다고 (과거 시간에) 말했다.)

※ 일러두기: 내가 그 과목을 (닿지도 않는 현재 시간에) 공부한다고 (과거 시간에) 말했다는 것은 시간의 일관성에서 맞지 않는다는 것이다

② He heard that I learnt the song. (옳음)

(그는 내가 그 노래를 배웠다고 들었다.)

He heard that I had learnt the song. (옳음)

(그는 내가 그 노래를 배웠었다고 들었다.)

He heard that I learn the song. (틀림)

(그는 내가 (현재인 이 시간에) 그 노래를 배운다고 (과거 시간에) 들었다.)

제6편

어순 변이 방식

영어는 어순의 문법적 기능에 의해서 구성된다. 어순의 격 기능으로 구성하는 언어이기 때문에 어순이 변경된다는 것은 문장의 구조 자체가 변경되는 것이 된다. 그렇지만 기본 어순의 규칙이 무너지지 않는 범위에서 잠정적인 어순의 변경을 통해서 문맥을 더 유연하게 하는 것과 더 명료하게 하는 경우들이 더러 있다. 이러한 것들을 간과하면 기본 어순을 이해하는데 저해되는 요인으로 작용할 수 있기 때문에 이러한 관례들을 이번 문단에 모았다.

1. 도치(倒置)에 의한 어순 변이

도치라는 말은 영어의 어구 구성법에 정해진 어순을 뒤바꾸는 것을 말한다. 영어에서 문장의 어순을 바꾼다는 말은 문장의 내용을 바꾼다거나 의미를 바꾸는 것과 같은 의미로 문장 구성 자체를 바꾸는 일이다. 도치는 영어의 어순이 구성하는 기본구조는 유지하면서 의미의 어떤 부분을 강조하거나 문장의 산만한 어순을 파악하기 쉽도록 정돈하는 경우에 쓰는 방편이다. 도치를 경우별로 나눠서 살펴보기로 한다.

가. 강조를 위한 도치

어순을 바꾸어서 어떤 부분의 의미를 강조하기 위한 것을 말한다. 이렇게 도치하는 문장의 특징은 어순이 도치되더라도 문장 구성에 필수적인 요소들을 분명하게 파악할 수 있는 문장들이라야 된다는 점이다. 도치해서도 구성법이 파악될 수 있는 범위에 한해서 어순을 도치해서 강조할 수 있다.

1) 보어 강조를 위한 도치

다음의 예문들은 서술 형용사인 보어가 문두에 간 예문들이다. 도치인 것에 대한 단서는 영어에 첫 번째 어순은 주격조사를 받아 주어가 되는 자리인데 형용사가 문두에 있는 것이 그 이유가 된다. 형용사는 주격조사를 받을 수 없는 품사인데 주어 자리에 있기에 주어와 자리를 바꾼 것을 알 수 있다.

① Impossible is nothing. 〈도치 어순〉 (불가능은 없다.)

  Nothing is impossible. 〈정상 어순〉

② Happy are the pure in the heart: they will see God! 〈도치 어순〉 (마음이 청결한 자는 복이 있나니 그들이 하나님을 볼 것이다!)

  The pure are happy in the heart: they will see God! 〈정상 어순〉

③ So great was his puzzlement, that he could be motionless. 〈도치 어순〉

(당혹함이 너무 커서 그는 움직일 수 없었다.)

His puzzlement was so great that he could be motionless. 〈정상 어순〉

④ A fisherman's net spread on the bank to dry, and hard by in the river was his boat. 〈도치 어순〉 (어부의 그물은 말리려고 둑에 펼쳐져 있었고, 그의 배는 강가에 단단히 묶여 있었다.)

A fisherman's net spread on the bank to dry, and his boat was hard by in the river. 〈정상 어순〉

⑤ Great is the power of the man who has nothing to lose more. 〈도치 어순〉 (더 잃을 것이 없는 사람의 능력은 대단하다.)

The power of the man who has nothing to lose more is great. 〈정상 어순〉

2) 목적어 강조를 위한 도치

목적어 자리는 비어 있으면서 목적어에 해당하는 말이 어순 변이를 표시하기 위한 조동사를 대동해서 문두에 나오는 경우와 목적어가 그냥 문두에 나오는 예이다.

① Not an error did I find in his script. 〈도치 어순〉 (아무런 오류도 나는 그의 원고에서 찾지 못했다.)

I did not find an error in his script. 〈정상 어순〉

② Little did her father think when he told me that his daughter would become one of the most famous composers in the world. 〈도치 어순〉 (나에게 자기의 딸이 세계에서 가장 유명한 작곡가 중에 한 사람이 될 거라고 말할 때는 그녀의 아버지는 아무 생각 없었다.)

His father little thought when he told me that his daughter would become one of the most famous composers in the world. 〈정상 어순〉

③ She made the promise not to borrow any more money. That promise she broke within a month. 〈도치 어순〉 (그녀는 더 아무 돈도 빌리지 않는다고 약속

을 했었다. 그 약속을 그녀는 한 달 안에 어겼다.)

She made the promise not to borrow any more money. She broke the promise within a week. 〈정상 어순〉

(목적절의 도치)

목적절을 부각하기 위해서 문두에 세웠다.

④ "Your father should schedule an annual physical." said the doctor to the son. 〈도치 어순〉 ("당신의 아버지는 연례적인 신체검사를 일정을 잡아야 한다."고 의사가 아들에게 말했다.)

The doctor said to the son "Your father should schedule an annual physical." 〈정상 어순〉

(간접목적의 도치)

⑤ "Give it me back", he said. 〈도치 어순〉

("그거 나에게 돌려줘." 라고 그가 말했다.)

He said "Give me it back." 〈정상 어순〉

3) 부사 강조를 위한 도치

주어보다 먼저 부사나 전명구가 문두에 나온 것은 강조하기 위한 것이다.

① Here comes the train. 〈도치 어순〉 (여기에 기차가 온다.)

The train comes here. 〈정상 어순〉

② Before have I seen him. 〈도치 어순〉 (전에 내가 그를 본 일 있어.)

I have seen him before. 〈정상 어순〉

③ Little did I suppose that she would leave me. 〈도치 어순〉 (나는 그녀가 나를 떠날 것이라고는 상상하지 않았다.)

　*〈동사 앞에 little: 전혀 …않다: 조금도 …않다〉

I did little suppose that she would leave me. 〈정상 어순〉

④ Hardly had he read the Bible before he received the holy Spirit. 〈도치 어순〉 (그가 성령을 받기 전에 그는 성경을 거의 읽지 않았었다.)

He had hardly read the Bible before he received the holy Spirit. 〈정상 어순〉

⑤ No sooner had I entered the room than the light was put out. 〈도치 어순〉 (내가 방에 들어가자마자 불이 나갔다.)

I had no sooner entered the room than the light was put out. 〈정상 어순〉

⑥ You like hamburger. So does he. 〈도치 어순〉

(너는 햄버거를 좋아하지. 그도 그래.)

You like hamburger. He does so. 〈정상 어순〉

⑦ You did not go there. Neither did I. 〈도치 어순〉

(너는 그곳에 안 갔지, 나도 안 갔어.)

You did not go there. I did neither. 〈정상 어순〉

⑧ So well did she fulfill the duties that she was complimented by her boss. 〈도치 어순〉 (그녀가 그 임무를 잘 수행해서 그녀는 상사로부터 칭찬받았다.)

She fulfilled the duties so well that she was complimented by her boss. 〈정상 어순〉

4) 분리 도치에 의한 강조

가) 강조를 위한 형용사구의 분리 도치

① Of the big cathedrals I know none that I prefer to that of Notre Dame. 〈도치 어순〉 (큰 성당 중 내가 노트르담 대성당보다 더 좋아하는 것은 하나도 모른다.)

I know none of the big cathedrals that I prefer to that of Notre Dame. 〈정상 어순〉

나) 강조를 위한 동사구의 분리 도치

"I'm looking." he said, "for a couple of nice, smart Korean boys to perform the play." 〈도치 어순〉 ("나는 찾는 중이다." 그는 말했다. "연극을 하는 훌륭하고, 똑똑한 한 쌍의 한국 소년들을.")

He said, "I'm looking for a couple of nice, smart Korean boys to perform the play." 〈정상 어순〉

5) 관용적인 강조 도치 어구

가) do 동사의 강조

본동사에 do를 결합해서 동사의 의미를 강조한다.

【예문】

① I do love her. (나는 그녀를 진짜로 사랑한다.)

② Do be a man. (정말 남자가 되어라.)

나) 강조의 it~that 문형

진주어 가주어의 it~ that은 it이 주절의 주요소 대신 들어가 있고 문미에 that 절이 있는데 강조의 it~that은 「It+be동사+강조대상+that절」의 형식을 이루고 있다.

【예문】

① It was she that started such an amazing plan. (그렇게 놀라운 계획을 시작한 것은 그녀였다.)

② It was you that visited her so abruptly. (그렇게 느닷없이 그녀를 방문했던 것은 당신이었다.)

③ It was his mother that made you learn Chinese. (당신이 중국어를 배우게 한 사람은 그의 어머니였다.)

④ It was yesterday that he offered your brother a blue print for a new house. (그가 당신의 형에게 새집의 청사진을 제공했던 것은 어제였다.)

⑤ It was here that she arrived yesterday morning. (그녀가 어제 아침에 여기 도착했다.)

※ 강조의 It~~ that과 진주어 가주어 it~~ that 용법을 구분하기

위에 예문들은 강조의 it~ that에서는, that 절에서 강조하고 싶은 것을 빼내 와서 was의 보어 자리에 놓았기 때문에 was의 보어 자리에 있는 강조의 대상을 that절의 제자리에 도로 넣을 수 있다. 그러나 진주어, 가주어의 it~~ that에서는 that절 대신에 it을 주어로 삼았기 때문에 that절이 주어를 대신해서 it자리에 들어갈 수는 있어도 was의 보어 자리에 있는 것을 that절에 넣을 자리는 없다.

① It was nonsense that she made such an unpredictable behavior. 〈진주어 가주어의 it~ that〉 (그녀가 그렇게 예측할 수 없는 행동을 한 것은 터무니없다.)

It was the nonsense that she made. 〈강조의 it~~ that〉 (그건 그녀가 저지른 터무니없는 짓이다.)

② It was good that you called me on time. 〈진주어 가주어의 it~ that〉 (당신이 나에게 제시간에 전화했던 것은 잘했다.)

It was good that they were. 〈강조의 it~~ that〉 (그들이 훌륭한 거였다.)

③ It is a pity that many people pay little attention to charities. 〈진주어 가주어의 it~ that〉 (많은 사람이 자선사업에 주의력을 소홀히 하는 것은 애석하다.)

It is the pity that they do not have for the weak. 〈강조의 it~~ that〉
(그들이 약자를 위해서 갖지 않는 것은 동정심이다.)

다) it~to 형으로 강조

【예문】

① To be candid with you, it is vain to struggle.
(너에게 솔직히 하자면, 애쓰는 것은 헛된 것이다.)

② It is dangerous to lean against fragile wall.
(허술한 벽에 기대는 것은 위험하다.)

③ It was dreadful to find a child alone in the dark house. (어두운 집 안에 아이가 혼자인 것을 발견하는 것은 두려운 것이었다.)

④ I make it a rule to side with the weaker party.

　　(나는 약한 당을 편드는 것을 규칙으로 삼는다.)

⑤ Harold deemed it his duty to repress these inroads.

　　(헤럴드는 이런 침해를 막는 것이 자기의 의무로 생각했다.)

나. 양보절의 의미를 나타내기 위한 도치

관용적인 용법의 문형들이다.

① Young as she is, she is smart.

　　(그녀는 어리지만 똑똑하다.)

　　As she is young, she is smart. as=though

② Strong man as he was, his eyes grew wide with fears.

　　(그는 센 남자였지만, 그의 눈은 두려움으로 점점 커졌다.)

　　Though he was strong man his eyes grew wide with fears.

③ Rich as he is, he looks unhappy.

　　(그는 부자이지만 불행해 보인다.)

　　Though he is rich he looks unhappy.

④ Old as she is she is a pretty woman.

　　(그녀는 나이 들었지만 예쁜 부인이다.)

　　Though she is old she is a pretty woman.

⑤ Come what may, I am not scared.

　　(어떤 일이 있어도 나는 두려워하지 않는다.)

　　Whatever may come I am not scared.

⑥ Try as you may, you will not make it.

　　(당신이 하려고 해도 당신은 그것을 못할 것이다.)

　　As you may try, you will not make it.

다. 문맥 정돈을 위한 단순한 도치

1) 주어의 도치

주어가 긴 수식 어구를 대동하고 있어서 주어와 수식 어구를 분리하면 의미파악에 차질이 우려될 때 이들을 함께 어순을 어미로 변이함으로 문장의 구조를 명료하게 내기 위함이다.

① On my desk always are four items which I used to lie: a computer, a printer, a calender booklet, poetries.

(나의 책상 위에는 내가 항상 놓아두는 네 가지 품목이 있는데 컴퓨터, 프린터기, 달력 책자, 시집들이다.)

② Many years ago when I was a mere lad there lived in this apartment a lonely old man who had several children staying abroad.

(내가 소년에 불과했던 오래전에 이 아파트에는 해외에 거주하는 자녀 여럿을 둔 외로운 노인이 살고 있었다.)

③ Rear indeed are the instances in which a spoiled child grows up to be faithful and responsible.

(버릇없이 큰 아이가 충직하고 책임감 있게 자라는 사례는 정말 드물다.)

④ There once lived in Greece a very wise man whose name was Socrates.

(일찍이 그리스에는 이름이 소크라테스인 대단히 슬기로운 사람이 살았다.)

2) 목적어의 도치

① I took it for granted that you would consent.

(나는 당신이 동의할 거라는 것을 당연하게 생각했다.)

2. 생략에 의한 어순 변이

문장을 구성하는 어떤 요소를 생략하고 쓰는 방법인데, 영어에서 주요소를 생략한다는 것은 엄청나게 중대한 일이 된다. 어떤 주요소를 생략하는 것은 문장의 주요소의 어순 질서를 바꾸는 일이고 그 결과는 어순이 가진 주요소의 격조사를 바꿔 갖는 일이 발생하기 때문이다. 생략하고 쓰는 문형으로는 주어가 "I"인 것을 알 수 있는 일기문에서는 관습적으로 생략해서 쓰기도 하고 격언, 명구, 시가, 광고문, 신문 기사의 제목 같은 글에서 간명한 호소력을 끌어내기 위해서 생략하고 쓰는 것들도 있다.

가. 주어의 생략

1) 관용적인 어구에서 주어 생략

【예문】

① Thank you so much for your kindness. (당신의 친절에 대단히 감사합니다.)

  (I) thank you so much for your kindness.

② Want a drink? (음료 마실래?)

  (Do you) want a drink?

③ Doesn't matter. (별일 없어.)

  (It) doesn't matter.

2) 일기문에서 주어 "I"의 생략

【예문】

① Got up at five. (5시에 일어났다.)

  (I) got up at six.

② Snowed till morning. (아침까지 눈이 내렸다.)

(It) snowed till morning.

③ Went to meet Mrs. Kirk. (커크 부인을 만나러 갔다.)

(I) went to meet Mr. Kirk.

④ Finished homework by 6 O'clock. (숙제를 6시까지 끝냈다.)

(I) finished homework by 6 O'clock.

⑤ Watched the Asian soccer game on TV in the last evening.

(지난밤에 TV로 아시아 축구게임을 봤다.)

(I) watched the Asian soccer game on TV in the last evening.

3) 명령문의 주어 생략

【예문】

① Be silent. (조용히 해라.)

(You must) be silent.

② Lend me your books. (너의 책들을 빌려줘.)

(You must) lend me your books.

③ Follow my advice and don't smoke. (내 충고를 따르고 담배 피우지 말아라.)

(You must) follow my advice and not smoke.

나. 반복회피를 위한 생략

짐작할 수 있는 내용에 대해서 반복적인 진술을 피하려고 생략하는 것이 있다.

① I meant to visit, but had no time to. (나는 방문할 생각이었지만, 그럴 시간이 없었다.)

I meant to visit, but (I) had no time to (visit).

② To err is human: to forgive divine. (실수하는 것은 인간적인 것이고, 용서하는 것은 신적인 것이다.)

To err is human: to forgive (is) divine.

③ Watching is one thing, doing another. (관찰하는 것이 하나의 일이고, 실행하는 것은 또 다른 일이다.)

Watching is one thing, doing(is) another (thing).

④ Correct errors, if any. (만약 잘못이 있다면 고쳐라.)

Correct errors if (there are) any (errors).

다. 관용적으로 생략하는 경우

1) 주어와 서술 동사의 생략

【예문】

① A merry Christmas to you! (성탄 축하해!)

(I wish) a merry Christmas to you!

② Good afternoon! (좋은 오후 되렴!)

(I wish) good afternoon (to you)!

③ Money is good servant, but bad master. (돈은 좋은 하인이지만, 나쁜 주인이다.)

Money is good servant, but (money is) bad master.

④ If I get well, I will go: if not, not. (내가 건강하면 갈 것이다. 아니면, 가지 않을 것이다.)

If I get well, I will go: if (I get) not (well), (I will) not (go).

2) 서술 동사의 생략

【예문】

① Walk as fast as you can. (할 수 있는 한 빨리 걸어라.)

Walk as fast as you can (walk).

② He is taller than I. (그는 나보다 더 크다.)

　　He is taller than I (am tall).

③ She is as beautiful as I. (그녀는 나만큼 예쁘다.)

　　She is as beautiful as I (am beautiful).

④ Love is better than money. (사랑은 돈보다 낫다.)

　　Love is better than money (is good).

⑤ The lily is as white as snow. (백합꽃은 눈과 같이 희다.)

　　The lily is as white as snow (is white).

3) 문장의 주요부 생략

【예문】

① If I could see my wife walk normally again! (나의 아내가 다시 정상적으로 걷는 것을 볼 수만 있다면.)

　　(How glad I should be) If I could see my wife walk normally again!

② He could have done so. (그는 그렇게 했을 수도 있었을 텐데.)

　　He could have done so (if he had wanted to do).

③ She might have made her fortune (if she had wanted to do so). (그녀는 재산을 모을 수도 있었을 텐데.)

　　She might have made her fortune (if he had wanted to do so)

3. 이중 구조: 이중 명사, 이중 동사, 이중 전치사 구조

구성법에 뼈대가 되는 어순에 2개의 요소가 있다면 당연히 당황한다. 서술 동사 어순에 동사가 2개가 함께 있든지, 전명구를 구성한 전치사의 자리에 전치사가 2개가 있다면 혼란스럽기 마련이다. 어순 어휘가 아닌 수식어인 형용사나 부사 등의 중복은 흔히 있는 일이다. 수식하는 대상의 묘사할 양상이 다양할 때 다양한 양상을 묘사하려면 수식어 여러 개를 동원해서 묘사할 수밖에 없기 때문이다. 그러나 수식어가 아닌 주요소 자리에 주요소에 해당하는 어휘가 등위접속사의 연결 없이 중복으로 쓰여 있으면 당연히 문장 구조상 문제가 된다. 혼란을 방지하기 위해서 문장 구성의 주요소가 중복인 구조의 예, 몇 개를 파악해 보기로 한다.

가. 이중 명사

명사와 명사가 겹으로 나오면 앞의 명사는 뒤의 명사를 수식한다. 이런 용법은 아주 흔하게 쓰이는 용법으로 겹 명사를 결합해서 하나의 단어가 되는 경우도 있고 따로 간격을 두고 써서 수식 관계로 활용하기도 한다.

【예문】

① weather forecast (일기예보)

② family name (성씨)

③ Seoul station (서울역)

④ warship (전함)

나. 이중 동사

조동사는 본동사를 도와주는 일을 하기 때문에 조동사와 본동사는 겹으로 쓰는 게 문법이다. 그러나 조동사로 쓰이지 않는 동사가 문법적인 규칙에 의하지 않고 둘이 겹으로 있으면 당황할 수 있다. 이런 경우는 특이한 예들로 서술 동사를 둘로 생각해서 모두 동등한 본동사로 하고 시간의 표시는 앞의 동사가 처리한다.

【예문】

① The rascal slammed shut the door. (그 깡패는 그 문을 꽝하고 닫았다.)

② Go and help wash up at the sink. (가서 싱크대 씻는 것을 도와라.)

다. 이중 전치사

간혹 전치사도 겹으로 쓰는 경우가 있는데 전치사와 명사가 결합해서 구성된 전명구에 전치사가 한 번 더 이중으로 결합하는 모양새이다. 이런 경우도 전치사의 목적이 어느 전치사에 해당하는지 의구심을 가질 수 있겠는데 둘 다 모두 정상적인 전치사로 대접해서 두 개의 전치사가 가지는 의미를 모두 포함해서 전명구의 의미를 해석하면 된다. 다만 때에 따라 전치사는 종종 부사로 쓰이는 점을 참고해서 부사로 쓰인 전치사를 착각하는 일은 없어야 한다.

【예문】

① They should reach our destination before by the end of the week. (그들은 우리의 목적지에 이번 주가 끝나기 전까지 도착해야 한다.)

② The rascal ran away from between the two trees. (그 개구쟁이는 그 두 나무 사이에서부터 나와 도망쳤다.)

③ A black figure appeared from behind the curtain. (검은 형체가 커튼 뒤로부터 나타났다.)

④ The enemy jumped down on to the rock. (그 적군은 아래 바위 위로 뛰어내렸다.)

⑤ The movie will end in over an hour. (그 영화는 한 시간을 지나서 끝이 날 거다.)

⑥ The monkey came out from between the two trees. (그 원숭이는 두 나무 사이에서부터 밖으로 나왔다.)

⑦ He jumped down on to the rock. (그는 그 바위 위를 향해서 뛰어내렸다.)

제7편

영어의 의미 구사 방식

영어에는 동일한 문장 내용의 의미를 화자의 정의와 용도에 따라 5가지로 표현하는 문장종류의 형태가 있다. 화자가 주제를 서술하는 문장 형태, 주제에 대한 의문을 표현하는 문장 형태, 주제의 내용을 지시 명령하는 문장 형태, 주제를 감탄하는 문장 형태, 주제를 기원하는 문장 형태 등의 5가지 표현 방식이다. 5형식은 각기 다른 요소로 구성된 영어문장을 구조의 형태 별로 5가지로 분류해서 분석하는 문장 구성 방식의 형태를 말하는 것이고 의미 구사 방식은 동일한 문장의 내용을 화자의 의사에 맞도록 다르게 표현하는 5가지의 의사 표현 방식의 종류를 말하는 것이다.

1. 서술문

화자가 상황을 그대로 진술하는 형식의 글로 평서문 또는 서술문이라 하며 가장 일반적으로 흔하게 쓰이는 문장 형태이다. 문장 구조의 표준으로 다른 문형의 변형에 기준 문형이다. 평서문은 마침표(.)로 문장을 끝맺는다.

가. 서술문의 어순

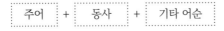

【예문】

① They teach us. (그들은 우리를 가르친다.)

② I study English. (나는 영어를 공부한다.)

③ She lives in Seoul. (그 여자는 서울에 산다.)

④ It is your idea. (그것은 너의 생각이다.)

⑤ The bat cannot see in the daytime. (박쥐는 낮에는 볼 수 없다.)

나. 긍정문(affirmative)과 부정문(negative)

긍정문은 서술하는 내용을 긍정적으로 표현하는 문장을 말하는 것이며, 부정문이라는 것은 서술하는 내용을 부정적으로 서술한 문장을 말한다. 긍정과 부정에 대한 문법 규칙은 문법 범주로는 한 항목이 될 수 있는 별개의 성격으로 규정할 수 있지만, 긍정과 부정에 대한 규칙은 간단해서 전담항목을 별도로 설정하지 않고 이 문단에 붙여서 간략하게 설명한다. 부정문은 be동사나 have동사가 부정문이 되는 경우와 일반 동사가 부정문이 되는 경우가 다르며 또 조동사가 있는 문장이 부정문이 되는 경우가 다르기 때문에 이들을 나누어서 설명하기로 한다.

1) be나 have동사의 부정문 만들기

가) 부정문의 모형

주어	+	be not 또는 have no	+	다른 어순

※ 영국영어에서는 have동사를 be동사처럼 처리하는데, 미국영어에서는 have동사를 일반 동사처럼 조동사 do not을 첨가해 써서 만든다.

나) 부정문 만들기 예문

《긍정문》

① She is a teacher.　　　→
(그녀는 교사이다.)

② The nurse is he.　　　→
(그 간호사는 그 남자이다.)

③ They are students.　　→
(그들은 학생이다.)

④ The jacket has a pocket.　→
(그 웃옷은 호주머니가 있다.)

⑤ We have lessons today.　→
(우리는 오늘 수업이 있다.)

《부정문》

She is not a teacher.
(그녀는 교사가 아니다.)

The nurse is not he.
(그 간호사는 그 남자가 아니다.)

They are not students.
(그들은 학생이 아니다.)

The jacket has no pockets.
(그 웃옷은 호주머니가 없다.)

We have no lessons today.
(우리는 오늘 수업이 없다.)

2) 일반 동사의 부정문 만들기

일반 동사의 부정문은 조동사 do와 부정의 의미를 지닌 부사 not을 써서 술부 동사를 부정해서 부정문으로 만든다.

가) 부정문의 모형

주어	+	do(es) not	+	본동사	+	그 외 어순

나) 부정문 만들기 예문

《긍정문》   《부정문》

① The carpenters build houses. → The carpenters do not build houses.
   (그 목수들은 집을 짓는다.)   (그 목수들은 집을 짓지 않는다.)

② I consider him a clever man and a real artist. (나는 그를 재주 있는 남자이고
   진정한 예술가라고 생각한다.)

→ I do not consider him a clever man and a real artist. (나는 그를 재주 있는
   남자가 아니고 진정한 예술가라고 생각하지 않는다.)

③ He teaches us. (그가 우리를 가르친다.)

→ He does not teach us. (그가 우리를 가르치지 않는다.)

④ She goes to church. (그 여자는 교회에 다닌다.)

→ She does not go to church. (그 여자는 교회에 다니지 않는다.)

⑤ He gives me a watch. (그가 나에게 손목시계를 준다.)

→ He does not give me a watch. (그가 나에게 손목시계를 주지 않는다.)

⑥ She fancies herself beautiful. (그녀는 자신을 미녀라고 환상한다.)

→ She does not fancy herself beautiful. (그녀는 자신을 미녀라고 환상하지 않는다.)

⑦ She played me a bad trick. (그녀는 나에게 나쁜 계략을 썼다.)

→ She did not play me a bad trick. (그녀는 나에게 나쁜 계략을 쓰지 않았다.)

⑧ They forgave us our mistake. (그들은 우리에게 잘못을 용서해 주었다.)

→ They did not forgive us our mistake. (그들은 우리에게 우리의 잘못을 용서해
   주지 않았다.)

⑨ I proved her right soon. (나는 그녀가 옳다고 곧 증명했다.)

→ I did not prove her right soon. (나는 그녀가 옳다고 곧 증명하지 않았다.)

⑩ My father asked me a funny question. (나의 아빠는 나에게 우스운 문제를 물
   었다.)

→ My father did not ask me a funny question. (나의 아빠는 나에게 우스운 문제를 묻지 않았다.)

3) 조동사가 있는 문장의 부정문 만들기

조동사가 있는 문장을 부정문으로 만드는 데는 부정의 의미인 부사 not만 차용해 와서 이미 문장이 가지고 있는 조동사 다음에 갖다 놓는다.

가) 부정문의 모형

주어 ┊ + ┊ 조동사 not ┊ + ┊ 본동사 ┊ + ┊ 그 외 어순

나) 부정문 만들기 예문

《긍정문》　　　　　　　　《부정문》

① I can drive a car.　　　→　　I cannot drive a car.

(나는 차를 몰 수 있다.)　　　　(나는 차를 몰 수 없다.)

② She must be a deceiver. (그녀는 사기꾼임이 틀림없다.)

→ She must not be a deceiver. (그녀는 사기꾼이 아님이 틀림없다.)

③ You should go to Busan by bus. (당신은 버스로 부산에 가야 한다.)

→ You should not go to Busan by bus. (당신은 버스로 부산에 가지 않아야 한다.)

④ She may eat the apples. (그 여자는 그 사과를 먹어도 좋다.)

→ She may not eat the apples. (그 여자는 그 사과를 아니 먹어도 좋다.)

⑤ They will buy a good book. (그들은 좋은 책을 살 것이다.)

→ They will not buy a good book. (그들은 좋은 책을 사지 않을 것이다.)

⑥ She must play me a bad trick. (그 여자가 나에게 계략을 써야 한다.)

→ She must not play me a bad trick. (그 여자가 나에게 계략을 쓰면 안 된다.)

⑦ You are speaking English. (당신들은 영어로 말하고 있는 중이다.)

→ You are not speaking English. (당신들은 영어를 하지 않는 중이다.)

⑧ The houses were built by them. (그 집들은 그들에 의해서 지어졌다.)

→ The houses were not built by them. (그 집들은 그들에 의해서 지어지지 않았다.)

4) 그 외 부정문

술부 동사에 do not을 써서 만드는 부정문 외에도 부정의 의미를 가진 어구가 부정문을 만드는 것들도 있다.

가) 부정문을 만드는 부정의 의미 어구

never, neither, nor, nothing, nobody, none, impossible 등과 같은 부정의 의미를 가진 어구를 사용한 문장들도 부정문이 되고 이 외에도 부정의 의미를 지닌 어구들도 있는데 이들 어구를 써서 부정문을 만들기도 한다.

나) 부정하는 어구로 만들어지는 부정문의 예문

① They are students.　　→　　They are never students.

(그들은 학생이다.)　　　　　　(그들은 학생이 결코 아니다.)

② He can read or write English well. (그는 영어를 잘 읽거나 쓸 수도 있다.)

→ He can neither read nor write English well.

(그는 영어를 잘 읽거나 쓸 수도 없다.)

③ John or Juliet said anything. (존이나 줄리엣은 뭐든지 말했다.)

→ Neither John nor Juliet said anything. (존도 줄리엣도 어떤 것도 말하지 않았다.)

④ Columbus discovered America. (콜럼버스는 아메리카를 발견했다.)

→ Columbus discovered nothing. (콜럼버스는 아무것도 발견하지 않았다.)

⑤ Anything is possible. (뭐든지 가능하다.)

→ Nothing is possible. (아무것도 가능하지 않다.)

⑥ They can do anything. (그들은 뭐든지 할 수 있다.)

→ They can do nothing. (그들은 아무것도 할 수 없다.)

⑦ I can remember everybody. (나는 각자를 기억할 수 있다.)

→ I can remember nobody. (나는 아무도 기억할 수 없다.)

⑧ Everybody knew the secret. (각자가 모두 그 비밀을 알았다.)

→ Nobody knew the secret. (아무도 그 비밀을 몰랐다.)

⑨ Anyone can come in. (누구든지 들어 올 수 있다.)

→ None can come in. (한 사람도 들어 올 수 없다.)

⑩ The news is possible to trace. (그 뉴스는 추적하기에 가능하다.)

→ The news is impossible to trace. (그 뉴스는 추적하기에 불가능하다.)

2. 의문문

의문문은 물을 때 쓰이는 문형을 말한다. 의문문은 의문부호(question mark)로 문장을 끝맺는다. 의문문에는 의문사가 있는 의문문과 의문사가 없는 의문문이 있는데 의문사가 있는 의문문은 의문사가 어순에 영향을 주기 때문에 의문사가 있는 의문문과 의문사가 없는 의문문을 나눠서 학습하기로 한다.

가. 의문사가 없는 의문문

의문사가 없는 의문문은 서술 동사가 be동사나 have동사일 경우와 서술 동사가 일반 동사일 때에 의문문이 되는 것이 다르기 때문에 서술 동사가 be나 have동사일 때와 일반 동사일 때에 의문문을 만드는 것을 나눠서 생각해야 한다. 의문사 없는 의문문은 대답할 때 보통 yes 나 no로 답할 수 있으며 끝을 올려서 읽게 된다.

1) be동사 문장의 의문문

서술 동사가 be동사나 have동사인 문장을 의문문으로 만들려면 주어와 동사의 어순을 바꿔 놓음으로 의문문으로 만든다. 영국영어에서는 be동사와 have동사를 같은 방법으로 의문문을 만드는데, 미국영어의 의문문은 have동사는 일반 동사처럼 만들고 be동사는 다른 방법으로 만든다. 여기서는 미국영어의 의문문 만드는 방법으로 설명한다.

가) be동사 문장의 의문문의 모형

| be동사 | + | 주어 | + | 기타 어순 | ? |

나) 의문문 만들기 예문

《평서문》　　　　　　　　《의문문》

① They are students.　　→　　Are they students?

(그들은 학생이다.)   (그들이 학생인가?)

② She is very happy. → Is she very happy?

(그녀는 대단히 행복합니다.)   (그녀는 대단히 행복합니까?)

③ This jacket has pockets. → Has this jacket pockets?

(이 상의는 호주머니가 있다.)   (이 상의에 호주머니가 있니?)

2) 일반 동사인 문장의 의문문

가) 일반 동사 문장의 의문문의 모형

> Do(does) 또는 Did │ + │ 주어 │ + │ 서술 동사의 원형 │ + │ 기타 어순 │   ?

나) 의문문 만들기 예문

《평서문》   《의문문》

① They drive fast. → Do they drive fast?

(그들은 빨리 운전한다.)   (그들은 빨리 운전하는가?)

② He works afternoons. → Does he work afternoons?

(그 남자는 오후에 공부합니다.)   (그 남자는 오후에 공부합니까?)

③ She comes home today. → Does she come home today?

(그녀는 오늘 집에 온다.)   (그녀는 오늘 집에 오는가?)

3) 조동사가 있는 문장의 의문문

가) 조동사가 있는 의문문의 모형

조동사가 있는 문장을 의문문으로 만들면 의문문의 어순은 다른 어순에 변함이 없이 조동사만 문두에 가져다 놓아서 의문문을 만든다.

> 조동사 │ + │ 주어 │ + │ 서술 동사의 원형 │ + │ 기타 어순 │   ?

나) 의문문 만들기 예문

　《평서문》　　　　　　　　　《의문문》

① He can play tennis.　→　Can he play tennis?

　(그는 테니스를 칠 수 있다.)　(그가 테니스를 칠 수 있는가?)

② The boy should study English. (그 소년은 영어를 공부해야 합니다.)

→ Should the boy study English? (그 소년이 영어를 공부해야 합니까?)

③ They may teach the girl. (그들이 그 소녀를 가르쳐도 됩니다.)

→ May they teach the girl? (그들이 그 소녀를 가르쳐도 됩니까?)

나. 의문사가 있는 의문문

의문문에 의문사가 있으면 그 의문사는 항상 그 의문문의 맨 앞에 두게 된다. 따라서 의문사가 있는 의문문의 어순은 의문사의 거취만큼 변화가 있게 된다.

1) 의문사가 있는 be동사 문장의 의문문

be동사가 동사인 문장에 의문사가 있으면 의문사가 맨 앞에 나가게 되고 be동사가 그다음을 따르게 되어 어순은 다음 모형과 같다.

가) be동사 문장에 의문사가 있는 의문문의 모형

　의문사　+　be 동사　+　기타 어순　?

나) be동사 문장에 의문사가 있는 의문문 만들기

한 개의 서술문을 각기 ❶주어가 의문사일 때와 ❷보어가 의문사일 때를 나누어서 연습하기로 한다.

【예문】

　《서술문》　　　　　　《의문문의 ❶주어가 의문사가 될 때》

① They are beautiful girls.　→　Who are beautiful girls?

(그들은 아름다운 소녀들이다.)　(누가 아름다운 소녀들인가?)

《의문문의 ❷보어가 의문사가 될 때》

→　Who are they?

(그들이 누구인가?)

② She is a musician.　→　❶ Who is a musician?

(그녀는 음악가이다.)　(누가 음악가인가?)

❷ What is she?

(그녀는 무엇인가?)

2) 의문사가 있는 일반 동사 문장의 의문문

일반 동사의 문장이 의문사를 가지는 의문문이 되면 주어가 의문사일 때와 기타 어순의 다른 요소가 의문사일 때 어순이 다르다. 주어가 의문사인 경우와 다른 요소가 주어일 경우를 나눠서 설명한다.

가) 주어가 의문사일 경우

일반 동사가 있는 문장의 의문문은 주어가 의문사이면 어순에는 아무런 변동이 없으며 원 주어만 의문사로 바꿔주는 어순이 된다.

(1) 주어가 의문사인 경우의 어순모형

| 의문사 | + | 동사부 | + | 기타 어순 | ? |

(2) 주어가 의문사인 경우 의문문 만들기

【예문】

《평서문》　　　　　　　　　《의문사가 주어인 의문문》

① They love beautiful girls.　→　Who loves beautiful girls?

(그들은 아름다운 소녀들을 좋아한다.)　(누가 아름다운 소녀들을 좋아하는가?)

② The grandson lives in a foreign country. (그 손자는 외국에 산다.)

→ Who lives in a foreign country? (누가 외국에 사는가?)

나) 주어가 아닌 다른 요소가 의문사일 경우

일반 동사인 문장이 주어가 아닌 다른 요소가 의문사로 되면 의문사가 문두로 나가게 된다. 이때는 일반 동사의 문장이 의문문이 되면서 do동사를 빌려다 쓰듯이 조동사 do(does)를 차용해 와서 함께 문두로 나가서 어순의 모형은 다음과 같다. 조동사가 있는 문장이면 굳이 do조동사를 차용해 올 필요없이 문장에 있는 조동사를 do가 놓이는 자리에 놓게 된다.

(1) 주어 아닌 다른 요소가 의문사인 의문문의 모형

(2) 주어가 아닌 요소가 의문사인 경우 의문문 만들기

【예문】

《평서문》　　　　　　　　　　《의문사가 주어인 의문문》

① He has a pen in his hand.　→　What does the boy have in his hand?

(그는 손안에 펜을 가지고 있다.)　　(그 소년은 손안에 무엇을 가지고 있나?)

② You write your parents the letter. → Whom do you write the letter?

(당신은 당신의 부모님께 편지를 씁니다.)　(당신은 누구에게 그 편지를 씁니까?)

→ What do you write your parents?

(당신은 부모님께 무엇을 씁니까?)

다. 간접 의문문

간접 의문문은 의문의 내용을 가진 명사절을 목적절로 가진 서술문을 말한다. 이런 간접 의문문에는 의문을 나타내는 접속사 if나 whether가 명사절을 이끄는 목적절인 경우와 의문사가 명사절을 이끌어 목적절이 되는 경우가 있다. 나눠서 설명한다.

1) if나 whether가 이끄는 간접 의문문의 의문문 만들기

if나 whether 접속사가 이끄는 명사절을 목적절로 가진 평서문을 말하는데 이러한 간접 의문문을 가진 주절의 동사로는 ask, wonder, doubt이나 그에 해당하는 의미인 do not know, want to know 등의 의미를 가지는 동사가 쓰인다. 이런 문장을 의문문으로 만들어 본다.

① The students asked me if it was windy by then. (학생들은 바람이 그때까지 불지 어떨지를 나에게 물었다.)

→ Did the students ask me if it was windy by then? (학생들이 그때까지 바람이 불지 어떨지를 나에게 물었나?)

② We do not know whether it is snowy or rainy tomorrow. (우리는 내일 눈이 올지 비가 올지를 모른다.)

→ Don't we know whether it is snowy or rainy tomorrow? (우리는 내일 눈이 올지 비가 올지를 알지 못하는가?)

③ None doubted whether a lot of enemies had to attack us soon. (한 사람도 대규모의 적들이 우리를 곧 공격하는 것이 틀림없는지를 의심하지 않았다.)

→ Did none doubt whether a lot of enemies had to attack us soon? (한 사람도 대규모의 적들이 우리를 곧 공격하는 것이 틀림없는지를 의심하지 않았나?)

2) 의문사가 목적절을 이끄는 간접 의문문의 의문문 만들기

의문사가 이끄는 목적절의 간접 의문문을 의문문으로 만들게 되면 동사에 따라 목적절에 의문사의 위치가 두 가지가 다른 경우가 된다. 주절의 동사가 know, ask, hear, tell 등인 문장의 목적절에 있는 의문사는 그 목적절의 문두에까지만 나오지만 주절의 동사가 think, believe, suppose, guess 등으로 된 목적절에 있는 의문사는 주절의 문두에까지 나오게 된다.

가) 주절의 동사가 know, ask, hear, tell 등일 때 의문사가 있는 종절을 가진 간접 의문문을 의문문 만들기

① The friend asked me what they did then. (그 친구는 그들이 그때 무엇을 했는지를 나에게 물었다.)

→ Did the friend ask me what they did then? (그 친구가 그들이 그때 무엇을 했는지를 나에게 물었나?)

② The boy knew where the captive said to us. (그 소년은 그 포로가 우리에게 어디를 말한 것인지를 알았다.)

→ Did the boy know where the captive said to us? (그 소년은 그 포로가 우리에게 어디를 말한 것인지를 알았나?)

③ We heard when we could return home. (우리는 우리가 언제 집으로 돌아올 수 있을지를 들었다.)

→ Did we hear when we could return home? (우리는 우리가 언제 집으로 돌아올지를 들었나?)

나) 주절의 동사가 think, believe, suppose, guess 등의 문장에 의문사가 있는 종절을 가졌을 때 의문문 만들기

간접 의문문을 의문문으로 만들 때 종절에 있는 의문사가 주절의 문두에 나온다.

① The friends thought what they did then. (그 친구들은 그때 그들이 무엇을 했는지를 생각했다.)

→ What did the friends think they did then? (그 친구들은 그들이 그때 무엇을 했는지를 생각했나?)

② The officer believes where the captive said to us. (그 장교는 그 포로가

우리에게 어디를 말한 것인지를 믿는다.)

→ Where does the officer believe the captive said to us. (그 장교는 그 포로가 우리에게 어디를 말한 것인지를 믿는가?)

③ We guess when we can be free. (우리는 우리가 언제 자유로울 수 있을지를 짐작한다.)

→ When do we guess we can be free? (우리는 우리가 언제 자유로울 수 있을지를 짐작하나?)

라. 부가의문문

부가의문문은 평서문의 꼬리에 붙는 간단한 의문을 표시하는 형식의 어구를 말한다. 의문문이라기보다는 청자의 동의를 구하는 표현으로 보는 것이 옳다. 부가의문문을 만드는 데는 다음과 같은 요령에 따라 만든다.

1) 부가의문문의 작성요령

가) 주어는 주절의 주어를 반복해 쓴다.

나) 동사는 평서문이 긍정일 때는 부가의문문은 부정으로 만들어 쓰고 평서문이 부정일 때는 부가의문문은 긍정으로 만들어 쓴다.

다) 평서문의 동사가 be동사이면 주어와 be동사를 반복해서 쓰면 된다.

라) 평서문에 조동사가 있으면 그 조동사를 반복한다.

마) 평서문이 일반 동사이면 조동사 do를 써서 만든다.

2) 부가의문문 만들기

《평서문》		《부가의문문을 붙인 문장》
① It is funny.	→	It is funny, isn't it?
(그것은 재미가 있다)		(그것은 재미가 있다, 안 그래?)

② She is not so old. → She is not so old, is she?

(그 여자는 그렇게 늙지 않다.) (그 여자는 너무 늙지 않다, 그렇지?)

③ Your sister isn't tall. → Your sister isn't tall, is she?

(당신의 자매는 크지 않다.) (당신의 자매는 크지 않다, 그렇지?)

④ You went there. → You went there, didn't you?

(당신은 거기 갔었다.) (당신은 거기 갔었다, 안 그래?)

⑤ You like apples. → You like apples, don't you?

(당신은 사과를 좋아한다.) (당신은 사과를 좋아한다, 안 그래?)

⑥ He has not been abroad. → He has not been abroad, has he?

(그는 해외에 가본 일 없다.) (그는 해외에 가본 일 없다, 그렇지?)

⑦ You go to church. → You go to church, don't you?

(당신은 교회 다닌다.) (당신은 교회 다닌다, 안 그래?)

⑧ They have proved happy. → They have proved happy, haven't they?

(그들이 행복한 게 입증됐다.) (그들이 행복한 게 입증됐다, 안 그래?)

마. yes와 no의 용법

"yes"와 "no"는 흔히 한국말의 "예"와 "아니요"로 알고 있는데 이는 잘못 아는 것이다. 사전에 보면 한국어의 "예"는 존대할 자리에 긍정적으로 대답하는 말이고 "아니요"는 그렇지 않다는 뜻으로 하는 말이다. 그런데 영어의 "yes"는 화자의 서술이 사실이나 동의로 답으로 하는 말이고 "no"는 화자의 서술의 요구 제안에 대해서 거부나 부정의 의미로 쓰이는 말이다. 이러한 의미의 차이는 사용하는 데에서 한국어의 "예"나 "아니요"와는 다른 의미의 양상이 된다.

1) "yes"의 용법

"yes"는 화자의 발화(發話) 내용이 사실이거나 청자가 동의를 표현할 때 대답으로 쓰는 말이다. 영어에 "yes"는 부정으로 질문하든지 긍정으로 질문하든지 상관없이 자기의 의사가 긍정문일 때 "yes"를 쓰지만, 한국어의 "예"는 질문하는 문장에 대해서 자기의 의사가 긍정일 때 쓰는 말이다. 그래서 한국어의 "예"는 질문하는 문장이 부정의 의미일 때와 긍정의 의미일 때에 따라서 달라진다. 예문에서 밑줄 친 곳에 번역을 비교해 보면 "yes"와 "예"의 용법 아주 다른 용법임을 알 수 있다.

《묻는 말》　　　　　　　　《yes의 용법》

① Do you like apples?　　　→　　Yes, I like apples.

　(당신은 사과를 좋아합니까?)　　(예, 나는 사과를 좋아합니다.)

② Have they become happy?　→　　Yes, they have become happy.

　(그들이 행복하게 되었습니까?)　(예, 그들이 행복하게 되었습니다.)

③ Did you go there yesterday?　→　Yes, I went there yesterday.

　(당신은 어제 거기 갔습니까?)　　(예, 나는 어제 거기 갔습니다.)

④ Isn't that funny?　　　　　→　　<u>Yes</u>, that is funny.

　(저것은 재미가 없지요?)　　　　(<u>아니요</u>, 저것은 재미가 있습니다.)

⑤ Is she not pretty?　　　　　→　　<u>Yes</u>, she is pretty.

　(그 여자가 예쁘지 않습니까?)　　(<u>아니요</u>, 그 여자는 예쁩니다.)

⑥ Isn't your sister tall?　　　→　　<u>Yes</u>, my sister is tall.

　(당신의 자매는 키가 크지 않습니까?)　(<u>아니요</u>, 나의 자매는 키가 큽니다.)

⑦ Hasn't he been abroad?　　→　　<u>Yes</u>, he has been abroad.

　(그는 해외에 갔다 오지 않았습니까?)　(<u>아니요</u>, 그는 해외에 갔다 왔습니다.)

⑧ Don't you go to church?　　→　　<u>Yes</u>, I go to church.

　(당신은 교회에 안 다니지요?)　　(<u>아니요</u>, 나는 교회에 다닙니다.)

⑨ Aren't you coming tonight?　→　<u>Yes</u>, I am coming tonight.

　(당신은 오늘 밤에 안 올 겁니까?)　(<u>아니요</u>, 나는 오늘 밤에 올 겁니다.)

2) "no"의 용법

"no"는 화자가 청자에게 하는 질문, 요구, 제안 등에 대해서 청자의 의사가 거부나 부정을 표현하는 답으로 쓰는 말이다. 영어에서는 질문이 긍정내용으로 하는 질문이든 부정내용으로 하는 질문이든 구애받지 않고 자기에게서 나가는 대답이 "~아니다."라는 부정문 형태일 때는 no를 쓰게 된다. 그래서 한국어의 "아니요"와도 용법에 차이가 있다. 예문에서 밑줄 친 곳에서 의미의 차이가 있음을 알 수 있다.

《묻는 말》　　　　　　　　　　　　《no의 용법》

① Isn't that funny?　　　　　→　　No, that is not funny.

　　(저것은 재미가 없지요?)　　　→　　(예, 저것은 재미가 없습니다.)

② Do you have a watch?　　　→　　No, I don't.

　　(당신은 시계를 가지고 있습니까?)　→　(아니요, 나는 시계를 안 가지고 있습니다.)

③ Didn't you go?　　　　　　→　　No, I didn't go.

　　(당신은 가지 않았습니까?)　　→　　(예, 나는 가지 않았습니다.)

④ Is she not so old?　　　　→　　No, she is not so old.

　　(그 여자는 너무 늙지 않습니까?)　→　(아니요, 그 여자는 너무 늙지 않습니다.)

⑤ Your sister isn't tall.　　　→　　Yes, my sister is tall.

　　(당신의 자매는 키가 크지 않습니까?)　→　(아니요, 나의 자매는 키가 큽니다.)

⑥ Did you go there yesterday?　→　Yes, I went there yesterday.

　　(당신은 어제 거기 갔습니까?)　→　(예, 나는 어제 거기 갔습니다.)

⑦ Don't you like apples?　　→　　No, I don't like apples.

　　(당신은 사과를 좋아하지 않습니까?)　→　(예, 나는 사과를 좋아하지 않습니다.)

⑧ Has he been abroad?　　　→　　No, he has not been abroad.

　　(그는 해외에 가 본 일이 있습니까?)　→　(아니요, 그는 해외에 가 본 일이 없습니다.)

⑨ Don't you study English?　→　　Yes, I study English.

　　(당신은 영어를 공부하지 않습니까?)　→　(아니요, 나는 영어를 공부합니다.)

3. 명령문

명령문은 충고나 지도를 하거나 요구나 명령을 표현하는 문장의 형태를 말한다. 명령문에는 화자가 청자에게 명령을 직접 내리는 직접명령과 화자가 청자를 통해서 화자 자신이나 제3자가 하도록 시키는 간접명령이 있다. 직접명령문과 간접명령문을 나눠서 학습한다.

가. 직접명령

화자가 청자에게 직접적으로 명령을 내리는 형태의 명령 문장을 말하며, 직접명령에서는 문장의 주어는 생략하고 동사는 원형 동사를 쓰게 된다.

1) 직접명령문의 모형

원형 동사 + 술부의 그 외 어순

2) 직접명령문 만들기 예문

《평서문》 《직접명령문》

① You are smart. → Be smart.
　(너는 약삭빠르다.) 　(약삭빨라라.)

② You are a man. → Be a man.
　(당신은 남자다.) 　(남자여라.)

③ You are honest. → Be honest.
　(당신은 정직하다.) 　(정직해라.)

④ You close the door. → Close the door.
　(당신이 그 문을 닫는다.) 　(그 문을 닫아라.)

⑤ You come and explain something. (당신이 와서 무언가를 설명한다.)

→ Come and explain something. (와서 무언가를 설명해라.)

⑥ You mind and answer to me soon. (당신은 주의를 기울여서 나에게 곧 대답한다.)

→ Mind and answer to me soon. (주의를 기울여서 나에게 곧 대답해라.)

⑦ You tell me the best way to express my thanks. (당신이 내게 나의 고마움을 표현할 최선의 방법을 말한다.)

→ Tell me the best way to express my thanks. (나의 고마움을 표현하는 최선의 방법을 내게 말해라.)

나. 간접명령

화자가 청자를 통해서 화자도 청자도 아닌 제3자인 3인칭이나 화자 자신인 1인칭에 내리는 명령을 내리게 하는 명령형태의 문장을 간접명령이라고 한다.

1) 간접명령문의 모형

| Let | + | 1, 3인칭의 목적격 | + | 동사의 원형 | + | 그 외 술부 부분 |

2) 간접명령문 만들기 예문

《평서문》 《간접명령문》

① You let me go there. → Let me go there.

(당신이 내가 거기 가도록 시킨다.)　(내게 거기 가도록 시켜라.)

② You let us sing loudly. → Let's sing loudly.

(당신이 우리가 크게 노래하게 시킨다.)　(우리가 크게 노래합시다.)

③ You let him leave here. → Let him leave here.

(당신은 그가 여기 떠나게 시킨다.)　(그를 여기 떠나게 시켜라.)

④ You let her pass by. → Let her pass by.

(당신은 그 여자가 지나가게 시킨다.)　(그 여자가 지나가게 시켜라.)

⑤ You let the cow come.　　　　　→　　　Let the cow come.

　　(당신은 그 젖소가 오게 시킨다.)　　　　　(그 젖소가 오게 시켜라.)

⑥ You let us know the news.　　　　→　　　Let us know the news.

　　(당신은 우리가 그 뉴스를 알게 한다.)　　　(우리가 그 뉴스를 알아봅시다.)

⑦ You let them go today.　　　　　→　　　Let them go today.

　　(당신은 그들이 오늘 가게 시킨다.)　　　　(그들이 오늘 가게 시켜라.)

⑧ You let her be beautiful.　　　　→　　　Let her be beautiful.

　　(당신은 그녀를 아름답도록 시킨다.)　　　(그녀를 아름답도록 시켜라.)

⑨ You let the students work hard. (당신은 그 학생들을 열심히 공부하게 시킨다.)

　→　Let the students work hard. (그 학생들이 열심히 공부하게 시켜라.)

⑩ You let me not eat it any more. (당신은 내가 그것을 더 먹지 못하게 시킨다.)

　→　Let me not eat it any more. (내가 그것을 더 먹지 못하게 시켜라.)

다. 명령문에 관련한 것들

1) 부정 명령문

가) 부정형식의 명령문 모형

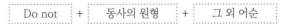

> Do not　+　동사의 원형　+　그 외 어순

나) 부정형식의 명령문 만들기 예문

　　　《평서문》　　　　　　　　　　《부정형식의 명령문》

　① You are not quiet.　　　　　→　　　Do not be quiet.

　　　(너는 조용하지 않다.)　　　　　　　(조용하지 말라.)

　② You don't break the glasses.　→　　　Don't break the glasses.

　　　(당신은 안경을 깨지 않는다.)　　　　(안경 깨지 말라.)

③ You don't open the window.   →   Do not open the window.

   (당신은 창문을 열지 않는다.)   (창문 열지 말라.)

④ You never tell a lie.   →   Never tell a lie.

   (당신은 결코 거짓말을 하지 않는다.)   (거짓말을 결코 하지 말아라.)

⑤ You never close your eyes.   →   Never close your eyes.

   (당신은 결코 눈을 감지 않는다.)   (눈을 결코 감지 말아라.)

2) 명령에서 강조나 예절

가) 강조나 예절(요청)의 모형

(1) 명령문의 강조 모형

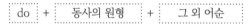

do + 동사의 원형 + 그 외 어순

(2) 명령문 예절(요청)의 모형

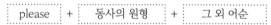

please + 동사의 원형 + 그 외 어순

나) 명령문의 강조와 요청(예절) 문형 만들기 예문

《명령문》	《강한 명령문》	《요청문》
① Be quiet. →	Do be quiet. →	Please be quiet.
(조용하세요.)	(조용해.)	(제발 조용하세요.)
② Be a man. →	Do be a man. →	Please be a man.
(남자다우세요.)	(남자답게 해라.)	(제발 남자다우세요.)
③ Come here. →	Do come here. →	Please come here.
(여기 오세요.)	(여기 와.)	(제발 여기 오세요.)
④ Study hard. →	Do study hard. →	Please study hard.
(열심히 공부하세요.)	(공부 열심히 해.)	(제발 공부 열심히 하세요.)

⑤ Make a plan.　　→　　Do make a plan.　　→　　Please make a plan.

　　(계획 세우세요.)　　　　(계획 세워.)　　　　　　(제발 계획 세우세요.)

3) 명령문과 and, or의 용법

명령문이 앞에 선행하고 뒤를 따라 and나 or가 뒤를 따르게 되면 and나 or 다음에
따라 오는 문장은 and나 or는 그 앞에 문장과 결부된 의미를 가지는 것이 된다.

가) 명령문 다음의 and

명령문이나 명령문에 상당하는 어구가 선행하고 그 뒤에서 따라오는 and의 의미
는 "~해라, 그렇게 하면 ~이다."라는 의미를 가지게 된다.

(1) 문장의 전개 모형

　　선행 명령문　　+　　and　　+　　후속 문장

(2) 전개 문장의 예문

　　《선행 명령문》　　　　　　　《후속 문장》

① Turn to the right, and you can find the railroad station.

　　(우편으로 도세요, 그러면 당신은 철도역을 발견할 수 있습니다.)

② Be a man, and a good lady will follow you.

　　(남자다워라, 그러면 훌륭한 숙녀가 너를 따를 거다.)

③ Look at her face, and nobody can open her mouth.

　　(그녀의 얼굴을 봐라, 그러면 아무도 입을 열게 할 수 없다.)

④ Don't make haste, and you may succeed.

　　(서둘지 말라, 그러면 너는 성공할지 모른다.)

⑤ Study the book hard, and you can get the answer to the question.

　　(이 책을 열심히 공부해라, 그러면 그 의문에 답을 얻을 수 있다.)

나) 명령문 다음의 or

명령문 뒤에 or가 오게 되면 "~해라, 그렇게 하지 않으면 ~이다."라는 의미를 가지게 된다.

(1) 문장의 전개 모형

> 선행 명령문 + or + 후속 문장

(2) 전개 문장의 예문

《선행 명령문》　　　　　《후속 문장》

① Read the Bible, or you cannot understand its truth.

(성경을 읽으세요, 그렇지 않으면 당신은 성서의 진리를 알지 못할 수 있습니다.)

② Answer the questions, or you cannot get a good chance.

(질문에 답해라, 그렇잖으면 좋은 기회를 얻을 수 없다.)

③ Lend me your notebook, or I may not pass this test. (너의 노트를 나에게 빌려줘, 그렇지 않으면 나는 이번 시험을 통과하지 못할지 모른다.)

④ Underline the important subject, or they cannot understand your reply. (중요한 주제에 밑줄을 그어라, 그렇지 않으면 그들이 너의 대답을 이해할 수 없다.)

⑤ Circle all prepositional phrases, or the teacher may not appreciate your knowledge about prepositions. (모든 전치사 구에 동그라미를 쳐라, 그렇지 않으면 선생님이 전치사에 대한 너의 지식을 공정하게 평가하지 못할지 모른다.)

4. 감탄문

예상치 않은 상황에 갑자기 부딪혀 감탄이나 놀람으로 감정에 극심한 굴곡을 표현하는 문장 형식이다. 감정이 극심한 굴곡이 있는 데는 그럴 원인이 있다. 그 원인이 상태에 기인하면 형용사나 부사로 놀람을 표현하게 되며 놀람의 대상이 물체이면 감탄할 명사가 된다. 형용사나 부사에 대한 감탄을 나타낼 때는 그 수식어 앞에 how를 써서 감탄을 표시하며, 감탄할 대상이 명사일 때 명사가 단수일 때는 what+a로 해서 만들며 복수일 때는 what만 앞세워서 감탄을 표시한다. 감탄문의 끝맺음으로는 문미에는 감탄사(!)로 끝을 맺는다.

가. how로 시작하는 감탄문

감탄을 일으키게 하는 원인이 형용사 혹은 부사일 때, 그 형용사나 부사 앞에 how를 첨가해서 감탄을 표현한다. 이때 감탄을 표시하는 how와 형용사나 부사는 함께 문두에 나온다. 형용사의 경우에 수식하는 명사가 있으면 그 명사까지 함께 문두에 나온다.

1) how로 시작하는 감탄문의 모형

| How | + | 수식어(명사) | + | 문장의 남은 부분 | ! |

2) how로 시작하는 감탄문 만들기 예문

《평서문》		《How로 시작하는 감탄문》
① He walks very fast.	→	How fast he walks!
(그는 대단히 빨리 걷는다.)		(어찌나 그가 빨리 걷는지!)
② It is really hot today.	→	How hot it is today!
(오늘 정말 더운 날이다.)		(어찌나 오늘은 덥든지.)

③ The rose is very sweet.   →   How sweet the rose is!

   (그 장미는 향내가 대단히 좋다.)   (어찌 그렇게 그 장미는 향내가 좋은지.)

④ She sings really well.   →   How well she sings!

   (그녀는 정말로 노래 잘 부른다.)   (얼마나 그녀가 노래 잘 부르는지!)

⑤ He has very high nose.   →   How high nose he has!

   (그는 대단히 높은 코를 가졌다.)   (얼마나 높은 코를 그가 가졌던지.)

나. What+a로 시작하는 감탄문

감탄을 일으키게 하는 원인이 단수 명사로 그 명사 앞에 관사 "a"가 있는 문장은 형용사의 수식과 관계없이 What+a로 시작하는 문장을 만들어 감탄을 표현한다. 명사가 형용사의 수식을 받으면 그 수식하는 형용사도 그대로 앞으로 나는데 이때는 how로 시작하는 감탄문이 된다.

1) What+a로 시작하는 감탄문의 모형

> What a + (수식어) 명사 + 문장의 남은 부분 !

2) What+a로 시작하는 감탄문 만들기 예문

《평서문》   《What+a로 시작하는 감탄문》

① She has a very good piano. → What a good piano she has!

   (그녀는 아주 좋은 피아노를 가지고 있다.) (어찌 그렇게 좋은 피아노를 그녀가 가졌던지!)

② This is a very cute baby.   →   What a cute baby this is!

   (이는 아주 귀여운 아기이다.)   (이는 어찌 그렇게 귀여운 아긴지!)

③ It is a very white dress.   →   What a white dress it is!

   (그것은 대단히 흰 옷이다.)   (그것은 어찌 그렇게 흰 옷인지!)

④ The lady has a very good computer. (그 숙녀는 대단히 좋은 컴퓨터를 가지고 있다.)

→ What a good computer the lady has! (그 숙녀가 어떻게 그렇게 좋은 컴퓨터를 가지고 있는지!)

⑤ A word lightly spoken can produce a direct result. (가볍게 한 말 한마디가 직접적인 결과를 낳는다.)

→ What a direct result a word lightly spoken can produce! (가볍게 한 말 한마디가 그렇게 직접적인 결과를 낳다니!)

다. 평범한 감탄문

How나 What+a와 같은 감탄문의 형식을 빌리지 않고도 감탄의 표현을 할 수 있는 감탄문장 형식도 있다. 평범하게 감탄을 표현하는 문장으로는 평서문의 문두에 단순히 감탄사 하나만 첨가함으로 감탄을 표시하기도 한다.

《평서문》

① They love the river in the spring.
(그들은 봄에 그 강을 좋아한다.)

② I know the girl quite well.
(나는 그 소녀를 아주 잘 안다.)

③ You have won the good chance.
(너는 그 좋은 기회를 얻었다.)

④ That is a great car.
(저것은 대단한 차이다.)

⑤ She has lost her beauty.
(그녀는 아름다움을 잃었다.)

《평범한 감탄문 예문》

→ Oh! They love the river in the spring!
(오! 그들은 봄에 그 강을 좋아하는구나!)

→ Oh! Yes, I know her quite well!
(오! 그래, 내가 그 소녀를 잘 아는구나!)

→ Wow! You have won the good chance!
(와! 네가 그 좋은 기회를 얻었구나!)

→ Wow! That is a great car!
(와! 저것은 대단한 차이구나!)

→ Alas! She has lost her beauty!
(아! 그녀가 아름다움을 잃었구나!)

※ 감탄문과 의문사가 있는 의문문의 차이 비교

《감탄문》

① How old you are!

《의문문》

How old are you?

② How slowly the train goes!   How does the train go ?

③ What a good dog it is!   What is it?

④ What a pretty baby he is!   What is he?

※ 일러두기: 감탄문이나 의문사가 있는 의문문에서 how나 what이 문두에 나서는 점은 같지만 주어와 동사의 어순은 전혀 다르다. 감탄문은 주어+동사의 순서이고 의문문에서는 동사(조동사)+주어의 순서가 되며, 끝맺음을 각기 감탄 부호와 의문부호로 표시하게 된다.

5. 기원문

기원을 하는 정서를 직접적으로 표현하는 문장의 형식이다. 기원문에는 현재나 미래에 대한 것을 기원하는 것과 과거 일에 대해서 바라고 기원한 바를 가정해 보는 형식의 문장이 있다. 문장은 대개 감탄 부호로 문장을 끝을 맺는 것이 일반적이다.

가. 현재나 미래에 대한 기원

현재나 미래에 대한 일을 기원하는 문장의 형식에는 "May+주어+원형 동사+기타"로 구성되는 형식과 "강조 부분+동사의 원형+주어"로 구성되는 형식이 있다. 나눠서 살펴본다.

1) May+주어+원형 동사로 되는 기원문

가) May+주어+원형 동사로 되는 기원문의 모형

May	+	주어	+	동사의 원형	+	문장의 남은 부분

나) May+주어+원형 동사로 되는 기원문 예문 만들기

《평서문》 《"May+주어+동사"로 되는 예문》

① Thy kingdom comes. → May thy kingdom come.

(당신의 나라가 옵니다.) (당신의 나라가 오소서!)

② He rests in peace. → May he rest in peace!

(그는 평안히 쉽니다.) (그가 평안히 쉬게 하소서!)

③ God blesses us. → May God bless us!

(하나님이 우리를 축복해 주신다.) (하나님이 우리를 축복해 주소서!)

④ The day is remembered forever. (그날이 영원히 기억되어 진다.)

→ May the day be remembered forever! (그날이 영원히 기억되게 하소서!)

⑤ The king lives long.   →   May the king live long!

    (그 왕이 오래 산다.)   (왕이 오래 사소서!)

2) 강조 부분+동사의 원형으로 되는 기원문

가) 강조 부분+동사의 원형의 모형

나) 강조 부분+동사의 원형으로 되는 기원문 만들기 예문

《평서문》   《강조 부분+동사의 원형으로 되는 예문》

① He rests in peace.   →   In peace rest he!

    (그는 평안히 쉽니다.)   (평안히 그가 쉬소서!)

② The day is remembered forever. → Forever be remembered the day.

    (그날이 영원히 기억되어 진다.)   (영원히 그날이 기억될 지어다!)

③ The king lives long.   →   Long live the king!

    (그 왕이 오래 삽니다.)   (왕이여 오래 사소서!)

나. 과거에 대한 가정적인 기원

과거에 대한 가정적인 기원은 가정법 과거 조건절에서 근거를 둔 것으로 이것들도 두 가지 문형인데 "I wish~"로 시작하는 문형과 "Would that~"로 시작하는 문형이 있다.

1) I wish~로 되는 과거에 대한 기원문

가) "I wish~"로 되는 과거에 대한 기원문의 모형

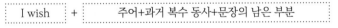

나) "I wish~"로 되는 과거에 대한 기원문 예문 만들기

《평서문》 　　　　　　　　　　《 I wish~로 과거에 대한 기원문 예문》

① I wanted to be a bird.　　→　　I wish I were a bird!

　　(나는 한 마리 새이기를 원했다.)　　(내가 한 마리 새였다면!)

② I wanted to have wings.　　→　　I wish I had wings!

　　(나는 날개를 가졌기를 원했다.)　　(내가 날개를 가졌다면!)

③ I wanted to have been able to meet her again.

　　(나는 그녀를 다시 만날 수 있었기를 원했다.)

→ I wish I could meet her again.

　　(내가 그녀를 다시 만날 수 있었다면!)

2) Would that~으로 되는 과거에 대한 기원문

가) Would that~으로 되는 과거에 대한 기원문의 모형

Would that	+	주어+과거 복수 동사+문장의 남은 부분

나) Would that~으로 되는 과거에 대한 기원문 예문 만들기

《평서문》 　　　　　　　　《Would that~으로 되는 과거에 대한 기원문 예문》

① I wanted to be a bird.　　　　→　　　Would that I were a bird!

　　(나는 한 마리 새이기를 원했다.)　　　　(내가 한 마리 새였다면!)

② I wanted to have wings.　　　　→　　　Would that I had wings!

　　(나는 날개를 가졌기를 원했다.)　　　　(내가 날개를 가졌다면!)

③ I wanted to have been able to meet her again. (나는 그녀를 다시 만날 수 있

　　었기를 원했다.)

→ Would that I could meet her again! (내가 그녀를 다시 만날 수 있었으면!)

THE WAY ENGLISH WORDS ARE
ARRANGED TO FORM A SENTENCE

제8편

구성 방식과 품사

문장을 구성하는 낱말을 성분에 따라 분류한 것을 품사라고
말한다. 한국어와 영어는 문장을 구성하는 요소와 방법이 다
르기 때문에 구성성분의 분류 방법도 다를 수밖에 없고 따라
서 품사가 서로 같지 않게 마련이다. 영어의 품사를 유형별로
나눠서 기능별로 설명한다.

1. 품사의 대별

품사를 구성법의 역할에 따라 대별하면 1. 주요소가 되는 품사, 2. 종요소가 되는 품사, 3. 연결어가 되는 품사로 나눌 수 있고 감탄할 때 돌발적으로 발성되는 의성어인 감탄사가 있다.

가. 주요소와 품사

주요소가 되는 품사로는 명사, 대명사, 동사가 있는데, 동사는 동사의 어순에서 서술동사가 되고 명사와 대명사는 모든 어순에 들어서도 주요소가 된다. 명사와 대명사는 주어, 목적어, 보어가 되는데, 보어의 경우에는 형용사가 보어가 되기도 한다.

나. 종요소와 품사

종요소가 되는 품사에는 명사나 대명사를 수식하는 형용사와 명사와 대명사를 제외한 다른 품사 동사, 형용사, 부사나 문장을 수식하는 부사가 있다. 부사는 명사 대명사를 제외한 다른 품사를 수식하는 것을 통틀어 부사라고 통칭한다.

다. 연결어와 품사

영어는 어순이 격 기능을 해서 낱말과 낱말을 서로 문법적인 관계로 엮어서 문장을 구성한다. 그렇지만 어순은 낱말이 아니기 때문에 품사는 될 수는 없다. 전적으로 연결의 역할을 하는 어휘로는 전치사와 접속사가 있다. 전치사와 접속사는 전적으로 연결의 기능만 하는 품사이다. 전치사와 접속사 외에 이에 준하는 기능을 하는 어휘로 관계사를 그런 범주에서 설명할 수도 있다.

라. 감탄사

예기치 못한 돌출 상황에 부닥칠 때 놀람, 감탄, 슬픔 등으로 인한 감정의 기복으로 무의식적으로 발성하게 되는 소리에 가까운 말도 있는데, 이를 감탄사라고 하고 별도의 품사적 기능으로 감탄사라고 분류한다.

2. 품사의 기능별 분류

영어의 품사는 모두 8가지로 분류해서 8품사이다. 그런데 8품사 중에서 감탄사는 문장에서 별도의 기능이 없는 의성어에 해당하기 때문에 설명할 것도 없어서 설명에서 제외한다.

가. 명사

명사는 사람과 유형이나 무형의 모든 사물의 이름을 말한다. 모든 생물이나 무생물이나 사건이나 사상, 일이나 화젯거리 등에 붙인 모든 사물의 이름을 지칭한다. 명사는 문장 구성에 서술 동사 어순을 제외한 모든 어순에서 들어가 주요소가 된다. 그리고 전치사와 결합해서 전명구를 구성하기도 한다.

1) 명사의 종류

명사는 용도와 형상에 따라서 가) 보통명사, 나) 고유명사, 다) 집합명사, 라) 물질명사, 마) 추상명사 등의 5가지로 분류하며 그 내용은 다음 표와 같다.

【명사 종류 표】

명사의 종류	명사의 정의	예
가) 보통명사	셀 수 있는 물건의 이름	book, river, bird, man, car, etc.
나) 고유명사	한 낱개에 붙인 전용 이름	Korea, Washington, June, Monday, etc.
다) 집합명사	복수로 결성된 집합체의 이름	family, army, crowd, fleet, team, people, audience, etc.
라) 물질명사	물질에 붙은 이름	gold, wood, water, rice, coffee, brick, stone, grass, wine, etc.
마) 추상명사	사건, 성질, 동작, 상태 등의 이름	love, peace, virtue, act, kindness, life, youth, etc.

2) 명사의 형질 변경

명사 간에 종류를 바꾸는 것이 명사의 형질 변경이다.

가) 보통명사의 추상명사화

보통명사는 특별한 것이 아닌 일반적인 사물에 붙인 이름을 말한다. ball, book, car, dog, child, apple 등과 같이 셀 수도 있고 같은 종류에는 공통으로 쓰는 이름이다. 이와 같은 보통명사에 부정 관사(a, an)를 붙여서 수를 표시하는 것이 보통인데, 정관사(the)를 붙여서 그 물건이나 사람에 있는 특징적인 성질을 나타내기도 하는데 이때는 그 보통명사가 그 명사의 성질을 나타내게 되어 추상명사로 변하게 된다. 이를 보통명사의 추상명사화라고 한다.

【예문】

① I felt the apple acid in my mouth. (나는 내 입속에서 사과가 맛이 쓰다고 느꼈다.)

　　※ 일러두기: apple은 보통명사인데 정관사 the를 붙여서 추상적인 사과의 맛을 나타낸다.

② We can see the lady in a little girl. (어린 소녀에서 숙녀의 성품을 볼 수 있다.)

나) 보통명사의 고유명사화

가족의 일원은 보통명사이지만 자기 관점에서는 고유명사와 같으므로 father, mother, brother, sister, uncle, aunt 등에서는 관사를 붙이지 않고 고유명사처럼 쓴다. 이런 경우는 보통명사가 고유명사화한 것이다.

【예문】

① Father loves mother. (아버지는 엄마를 사랑한다.)

② Uncle tells me a fairy tale every night. (아저씨는 매일 밤 내게 동화를 들려준다.)

다) 고유명사의 보통명사화

고유명사는 Seoul, Paris, Lincoln, Newton 등과 같이 지명, 인명 등과 같은 것으로 관사를 붙여서 쓰거나 복수로 만들어 쓰지 않는다. 그러나 고유명사일지라도 그걸 말하는 것이 아니고 그와 같은 다른 것을 의미할 때는 보통명사처럼 쓰기도 한다.

(1) 고유명사의 성격 표방

【예문】

① She is the Eve of the age. (그녀는 시대의 이브이다.)

② The students hope to become an Edison. (학생들은 에디슨과 같은 발명가가 되기를 희망한다.)

(2) 같은 명칭의 고유명사가 많을 때 그중 하나를 지칭

【예문】

① There are many SimCheongs in this village. (이 마을에는 많은 심청이가 있다.)

② There are many Kims, Lees, and Parks in Korea. (한국에는 김, 이, 박씨가 많다.)

③ A Park wants to meet you. (어떤 박씨라는 사람이 당신을 만나기를 원한다.)

라) 물질명사의 보통명사화

paper, tea, coffee, iron, silk, sugar 등과 같이 물질의 이름에 붙인 이름을 물질명사라고 한다. 물질명사는 한 개, 두 개와 같이 수로 셀 수 없으므로 단수니 복수니 하는 수가 붙을 수 없다. 물질명사의 양은 측정하는 단위를 써서 표현하게 된다.

【물질명사의 수량표시 표】

단수 수량표시	복수 수량표시	의미	비 고
a piece of iron	two pieces of iron	조각	물질명사를 계량하기 위해서는 이런 단위를 쓴다. 다른 물질명사의 수량을 계량하는데 이를 준용해서 쓰면 된다.
a piece of chalk.	two pieces of chalk	조각	
a glass of coffee	two glasses of coffee	잔	
a cup of water	two cups of water	잔	
a sheet of paper	two sheets of paper	장	

낱개로 셀 수 없는 물질명사일지라도 (1) 그 종류나, (2) 그 물질로 만든 제품이나, (3) 또는 이런 물질을 단위로 구별할 때는 보통명사처럼 부정관사(a, an)를 붙여서

쓰기도 하고 복수로도 쓸 수 있다.

(1) 물질의 종류를 의미하는 경우

【예문】

① This is a good coffee. (이것은 좋은 커피의 한 종류다.)

② Gold is a valuable metal. (금은 값나가는 금속류다.)

③ Sinker is the name of a heavy wood. (싱커는 무거운 한 목재의 이름이다.)

(2) 한 단위로 구별되어 있는 물질을 의미하는 경우

【예문】

① Give us two hot waters and one cold water. (따뜻한 물 두 잔 찬물 한 잔 주세요)

② We have a rain afternoon. (오후에 비가 한 차례 온다.)

③ Three women was harmful in a fire last night. (지난 밤 한 번의 화재로 세 부인이 다쳤다.)

마) 추상명사의 보통명사화

추상명사는 love, beauty, time, success, kindness 등과 같이 구체적인 형상이 없는 추상적인 성질이나 행위 등을 지칭하는 명사인데, 그것이 구체적인 사물 또는 행동 등을 의미할 때는 보통명사화함으로 부정관사 'a'를 쓰기도 하고 복수로 쓰기도 한다.

【예문】

① Kindness does anyone a love. (친절은 누구에게나 사랑을 베푼다.)

② There happened a miracle then. (그때 기적이 일어났다.)

3) 명사의 수

영어에서는 명사의 수(數)를 중요하게 생각해서 명사를 단수와 복수로 명확하게 구분해서 표현하는 규칙이 있다. 이러한 구분은 명사의 수가 낱개인가, 다수인가를 구분하는 것을 하는 것이기도 하지만, 때로는 그 명사의 성질을 바꾸는 중요한 역할을 하기도 한다. 관사를 쓰지 않음으로써, 보통명사를 고유명사화로 쓰기도 하고 a, an 을 써서 고유명사를 보통명사화가 되게도 하고 물질명사에 복수를 씀으로 보통명사화가 되게도 하며, 추상명사에 수를 씀으로 보통명사화가 되게도 한다. 명사의 수는 단순히 개체나 복수를 구분하는데 쓰는 것뿐이 아니고 명사의 성질을 변경하는 일을 하기 때문에 중요하다.

가) 규칙 복수형

명사의 단수에 s 또는 es를 붙여서 복수가 되는 것은 명사의 단수가 복수형이 되는 규칙적인 변화이다. 이 경우의 s 또는 es의 발음은 [s], [z], [iz]로 나게 된다. 그런데 다음에 예시하는 복수형의 예에서 발음과 철자가 변하는 일이 있으니 주의가 필요하다.

(1) 복수형은 일반적으로 s를 붙여서 만들고 발음은 다음과 같다.

　(가) 단수 단어의 끝 발음이 청음인 [k], [f], [p], [t], [θ]로 끝나는 단어에 붙은 s는 [s]로 발음한다.

　【예】bank(은행) → banks[bæŋks], roof(지붕) → roofs[rufs], cap(앞에 챙이 있는 모자) → caps[kæps], hat → hats[hæts], month → months[mʌnθs].

　(나) 단수 단어의 발음이 탁음인 [i], [ŋ], [z], [ə], [b] 뒤에 붙는 s는 [z]로 발음한다.

　【예】bee(벌) → bees[biːz], king(왕) → kings[kiŋz], lamb(어린양) → lambs[læmz], flower(꽃) → flowers[flauəz], cab(택시) → cabs[kæbz].

　(다) 마찰음인 [s], [z], [ʃ], [3] 다음에 어미에 붙은 s와 es는 [iz]로 발음한다.

　【예】nose(코) → noses[nouziz], horse(말) → horses[hɔːsiz], church(교회) → churches[tʃəːtʃiz], etc.

　　※ house(집)[haus]→houses[hauziz]

　(라) [θ]로 끝나더라도 그 앞이 장모음이나 이중모음일 때는 보통 [θ]는 [ð]로 발

음되고 s는 [z]로 발음된다.

【예】 장모음: bath(목욕)[ba:θ] → baths[ba:ðz], path(통로)[pa:θ] → paths[pa:ðz],

이중모음: mouth[maus] → mouths[mauðz], oath[ouθ] → oaths[ouðz]

(2) es 붙여 만드는 복수형

(가) 어미가 s, ss, x, sh, ch로 끝나는 말에는 es를 붙인다.

【예】 gas(가스의 종류) → gases, ass(당나귀) → asses, fox(여우) → foxes, dish(접시) → dishes, bench(긴 의자) → benches

(나) 어미가 y로 끝나고 y이 앞에 자음이면 y를 i로 고쳐서 'es'를 붙인다.

【예】 city(도시) → cities, country(나라) → countries, fly(비행) → flies, lady(숙녀) → adies, etc.

(다) 어미가 f, fe로 끝나는 명사는 그 f를 ves로 만든다.

【예】 calf(송아지) → calves, half(절반) → halves, shelf(선반) → shelves, self(자기) → selves, wolf(늑대) → wolves, leaf(잎) → leaves, life(삶) → lives, wife(부인) → wives, etc.

【예외】 roofs(지붕), safes(금고), beliefs(신조), cliffs(절벽), dwarfs(난쟁이), cuffs(옷 소매 끝), etc

(라) 어미가 o로 끝나고 그 앞이 자음이면 es를 붙인다.

【예】 hero(영웅) → heroes, potato(감자) → potatoes, negro(흑인) → negroes, etc.

【예외】

《단축어》 photo(사진)〈photograph의 단축〉 → photos, piano(피아노) 〈pianoforte의 단축〉 → pianos

《모음이 있는 경우》 folio(2절판) → folios, cameo(보석) → cameos

《외래어의 경우》ghetto(유대인의 거리) → ghettos, solo(독창, 독주) → solos, wharf(부두, 선창) → wharfs or wharves

나) 불규칙 복수형

복수형 만들기를 s나 es를 붙여서 복수형이 되는 기준으로 보면 다음 복수형 변화는 불규칙 변화로 볼 수 있다.

(1) 끝에 en를 붙여 만드는 복수형

【예】 child(아이) → children, brother(형제) → brethren, ox(수소) → oxen

(2) 모음을 바꿔 만드는 복수형

【예】 foot(발) → feet, goose(거위) → geese, man(사람) → men, louse(이) → lice, mouse(생쥐) → mice, tooth(치아) → teeth, etc.

(3) 단수와 복수가 같은 형

【예】 corps(집단), deer(사슴), duck(오리), salmon(연어), sheep(양)

(4) 외국어에서 온 복수

《라틴어에서 온 복수형》

-um[əm] → a[ə]형: agendum(의제) → agenda, datum(자료) → data, memorandum(메모) → memoranda

-us[əs] → i[ai]형: alumnus(졸업생) → alumni, focus(초점) [foukəs] → foci[fousai]

《그리스어에서 온 복수형》

-is[is] → es[iːs]형: crisis(위기) → crises, basis(기초) → bases, oasis(오아시스) → oases

- on[ən] → [ə] 형: phenomenon(현상) - phenomena, criterion(표준) - criteria

다) 복합명사의 복수형

(1) 중요한 의미의 말을 복수로 쓰는 것

복합명사를 구성하는 두 개의 명사 중에 중요한 말에 복수형을 만든다.

【예】 boy-messenger(소년 배달인) → boy-messengers, fountain-pen(만년필) → fountain-pens

(2) 두 말을 모두 복수로 쓰는 것

【예】 man-servant(남종) → men-servants, woman-student(부녀학생) → women-students

(3) 복합명사를 한 낱말로 보는 것

복합명사를 낱말의 단위로 봐서 맨 마지막 철자에 s를 붙여 복수형을 만듦

【예】 forget-me-not(물망초) → forget-me-nots

라) 항상 복수형으로 쓰는 명사

(1) 두 부분으로 된 물건

【예】 compasses(컴퍼스), drawers(속바지), scales(저울), scissors(가위), spectacles(안경) etc.

(2) 학문의 명칭

복수철자이지만 의미는 단수이므로 단수 동사와 일치해서 쓴다.

【예】 athletics(체육), economics(경제학), ethics(윤리학), linguistics(언어학), mathematics(수학), phonetics(음성학), physics(물리학), politics(정치학), statistics(통계학), etc.

cf. logic(논리학), arithmetic(산수), rhetoric(수사학)

(3) 병의 명칭

【예】 measles(홍역), staggers(현기증), etc

(4) 여러 부분이 합해서 된 물건의 이름

【예】 brains(두뇌), bowels(창자), contents(내용), entrails(내장), stairs(계단), steps(층계), outskirts(교외)

(5) 다른 품사가 명사가 되면서 된 복수형

【예】 annals(연대기), belongings(소유물), drinkables(음료품), earnings(수입), eatables(식료품), innings(야구공격순번), means(수단), news(소식), pains(수고), savings(저축), surroundings(환경), thanks(감사), etc.

마) 명사의 수와 의미

복수형은 보통 두 개 이상의 수를 표시하자는 것이지만, 그 이외에도 강조의 뜻, 구체화 시키는 의미, 분화의 의미, 또 여럿이 집합되어 한 단위를 표시하는 등 여러 가지 뜻을 가지는 것으로 그러한 경우를 살펴본다.

(1) 한 개의 단위를 표시하는 것

복수로 표시된 명사라도 그 전체를 한 단위가 되어 단수의 의미를 나타내면 단수 동사로 받게 한다.

【예문】

① 10 years is not a short time to spend abroad. (10년은 해외살이로 보내기에는 짧지 않은 세월이다.)

② Five miles is a long way for the little girl. (5마일은 그 어린 소녀에게는 먼 길이다.)

③ 6km is an hour's walk by my foot. (6km는 내 걸음으로 한 시간 걸을 거리이다.)

④ 1,000 dollars is a large sum of money. (1000불은 큰 액수의 돈이다.)

⑤ Every seven days is called a week. (매 7일은 한주라고 부른다.)

(2) 강조를 의미하는 경우

깊이나 높이나 수량이나 넓이를 강조하거나 강렬한 감정을 표현하기 위해서 복수로 쓰는 명사의 경우도 있다. 때에 따라서는 보통명사, 물질명사와 심지어는 추상명사까지도 복수형으로 나타내는 것도 있다.

【예문】

① The girls enjoy lying on the sands. (그 소녀들은 모래밭에 누워 있는 것을 즐긴다.)

② Deep waters run calm. (깊은 물은 잔잔히 흐른다.)

③ It is a thousand pities that I couldn't attend the meeting. (내가 그 모임에 참가하지 못한 것은 천만 유감이다.)

④ Her hopes were like flame then. (그녀의 희망은 그때 화염 같았다.)

(3) 구체적인 명사를 의미하는 것

추상명사나 형용사에 복수형을 써서 명사의 구체적인 개념을 표현하기도 한다.

【예】

authorities(당국, 관헌), belongings(소유물), casualties(사상자), expenses(비용), funds(자금), gains(수입), goods(상품), profits(이익), riches(재산), savings(저금), surroundings(환경), troubles(수고), valuables(귀중품), etc.

(4) 서로 간에 관계를 나타내는 경우

양편의 관계를 나타내기 위해서 합해서 복수형을 쓰기도 한다.

【예문】

① She is friends with the soldier. (그녀는 그 군인과 친구이다.)

② I stayed good friends with her. (나는 그녀와 좋은 친구로 지냈다.)

(5) 단수와 복수의 의미가 다른 명사

(가) 단수와 복수의 의미가 다른 경우

【예】

advice(충고)-advices(통지), air(공기)-airs(기풍), arm(팔)-arms(무기), colour(빛)-colours(기), custom(관습)-customs(관세), force(힘)-forces(군

대), letter(문자)-letters(문학), manner(방법)-manners(예의), moral(교훈)-morals(도덕, 윤리), measure(도량법)-measures(수단), number(수)-numbers(곡조, 시), paper(종이)-papers(논문, 서류), spectacle(광경)-spectacles(안경)

(나) 복수형을 두 개 가졌는데 각기 의미가 다른 경우

【예】

brother ╱ brothers (형제들)   cloth ╱ cloths (옷감들)
(형제) ╲ brethren (동포)   (옷감) ╲ clothes (옷, 의복)

(6) 형용사의 역할을 하는 명사는 단수로 쓴다.

【예】

four-hour lesson(4시간 수업), a five year-old girl(5살 먹은 여아), several test papers(여러 가지 시험지), your boy friends(내 남자 친구들).

※ 일러두기: 밑 선을 친 누운 글씨체의 단어는 원래 복수를 말하는 것이지만, 여기서는 뒤에 오는 명사를 수식하는 형용사적인 용법으로 쓰여서 단수로 쓰게 된 것이다.

4) 명사의 소유격

소유격은 어미의 변화를 통해서 소유를 나타내는 격을 표시하는 형태이다. 소유격은 만드는 데는 규칙이 있는데, 그 규칙에 따라 만들어진 소유격은 소유 관계, 행위 관계, 목적 또는 대상 관계, 동격 관계 등 여러 가지의 관계를 나타내는 의미로 쓰인다.

가) 소유격 만들기

소유격을 만드는 방법에는 생물의 소유격 만들기와 무생물의 소유격 만들기로 나뉘는데 다음과 같다.

(1) 생물의 소유격 만들기

생물에는 명사의 어미에 's를 붙여 만든다. 또 명사의 복수형으로 ~s로 끝나는 말에는 (') 만 붙여 만든다.

단수 - girl's(소녀의): baby's(아기의): woman's(부인의)

복수 - girls'(소녀들의): babies'(아기들의) : womens'(부인들의)

(2) 무생물의 소유격 만들기

무생물의 소유격은 소유격 부호를 쓰는 대신에 전치사 "of "가 만드는 전명
구를 쓴다. 아래 예와 같이 시계나 식탁은 무생물이기 때문에 소유격 부호를
쓰지 않고 of 전명구를 만들어 소유격으로 쓰게 된다.

【예문】

① the hands of the watch. (손목시계의 바늘)

② the legs of the table. (식탁의 다리)

나) 소유격의 기능

소유격이 가진 의미와 용도는 다음과 같다.

(1) 소속

Henry's son(헨리의 아들), my mother(나의 어머니), his book(그의 책)

(2) 근원

your poems(너의 시 작품들), Shakespeare's plays(셰익스피어가 쓴 희곡
들), Edison's inventions(에디슨이 한 발명품들)

(3) 행위자

the lady's speech(그 숙녀의 연설), the doctor's arrival(의사의 도착)

(4) 목표, 대상

a women's magazine(여성 잡지), a girls' school(여학교)

(5) 동격

the city of London(런던시), all of us(우리 모두), a friend of mine(나의 한
친구), this hat of yours(너의 모자 중에 이 모자)

(6) 속격

house, shop, store, office, cathedral, palace 등의 명사를 생략하고 소유격을 써서 그 의미까지를 나타내기도 한다.

① We were staying at my uncle's then. (우리는 그때 아저씨 댁에서 머물고 있는 중이었다.)

② You bought this at the book-seller's. (너는 이것을 서점에서 샀다.)

(7) 소유격의 예외적 용도

다음의 예들은 무생물일지라도 관용적으로 쓰는 것으로 생물의 경우에서처럼 소유격 부호 's를 붙여서 소유격을 표시한다.

(가) 시간(time)

시간을 나타내는 단어에는 소유격 부호(')를 붙여 소유를 표시한다.

【예】 a week's tour(한 주간의 관광), an hour's running(한 시간의 달리기), every day's reading(매일의 독서), this year's crop(금년의 수확)

(나) 거리(distance)

거리를 나타내는 말의 어미에 소유격 부호를 붙여 만든다.

【예】 10 miles' walk(10마일의 도보), a boat's length(보트의 길이)

(다) 금액(value)

금액을 표현하는 말의 어미에 소유격 부호를 붙여 만들기도 한다.

【예】 a dollar's worth(1달러의 가치), 20 cents' worth of sugar(20센트 어치의 설탕)

(라) 무게(weight)

무게를 나타내는 말에 소유격 부호를 붙여서 만드는 것도 있다.

【예】 two pounds' weight(2파운드의 무게), a ton's weight(한 톤의 무게)

(마) 관용(idiomatic use)

관용적으로 소유격 부호를 붙여 쓰는 것들도 있다.

【예】 for God's sake, for Heaven's sake, for mercy's sake(제발, 아무쪼록),

for convenience' sake(편의상), for remembrance' sake(기억해두도록), the boat's crew(선원)

나. 대명사

명사를 대신해서 쓰는 품사라고 해서 대명사라고 한다. 대명사는 문장에서의 명사를 대신해서 쓰는 것이기 때문에 대명사는 명사처럼 주어, 목적어, 보어 등이 되고 전치사의 목적이 되기도 한다.

1) 대명사의 분류

대명사는 가) 인칭대명사, 나) 의문대명사, 다) 지시대명사, 라) 부정대명사, 마) 관계대명사 등으로 나눈다.

※ 대명사 분류표

종 류	기 능	예
가) 인칭대명사	대화에서 화자(발신자), 청자(수신자), 제3자(수발신자 이외)로 구분해서 쓰는 대명사	I, we: you: he: she: it, they
나) 의문대명사	사물에 관해서 물을 때 쓰는 묻는 대명사	who: which: what: whoever: whichever: whatever: etc.
다) 지시대명사	지정한 사물에 이름을 대신해서 쓰는 대명사	this: these: that: those : etc
라) 부정대명사	불특정 사물의 이름 대신에 쓰는 대명사	one: none: some: someone: somebody
마) 관계대명사	선행사를 수식하는 형용사절을 이끄는 대명사	who: which: that: as: but: what: etc.

※ 일러두기: 관계대명사, 관계부사, 관계형용사에 대해서는 품사의 기능적인 풀이에 초점을 맞추기 위해서 형용사절(p.245)에서 상세히 설명하고 있다.

2) 대명사의 종류와 기능

가) 인칭대명사

문장 안에 등장하는 관련자들을 화자(話者), 청자(聽者), 화자도 청자도 아니면서 대화 내용에 등장하는 제3자 등의 3부류로 분류해서 각자를 입장별로 구분해서 지칭하는 대명사를 인칭대명사라 한다. 말을 하는 화자(발신자)를 1인칭이라 하고, 대화의 대상인 말을 듣는 청자(수신자)를 2인칭이라 하며, 화자도 청자도 아니면서 대화에는 비참여자이지만 대화의 내용에 등장한 자를 3인칭이라 한다.

(1) 인칭대명사의 격

인칭대명사는 인칭별로 수와 성의 격이 변함에 따라 어형이 변형되는 것과 변형이 되지 않는 것이 있다. 이때 어형변화를 인칭대명사의 격 변화라고 한다.

(2) 인칭대명사의 소유격

인칭대명사의 소유격도 격의 변화에 따라 어형이 변한다. 소유격은 품사적으로는 소유를 나타내는 형용사이다.

(3) 인칭대명사의 격 변화

인칭대명사를 활용할 때 인칭(人稱), 수(數), 성별(性別)에 따라 격 변화가 있는데 다음 표와 같다.

【인칭대명사 격 변화표】

인칭 \ 수와 성 / 격			주격	소유격	목적격
제1 인칭	단 수		I	my	me
	복 수		we	our	us
제2 인칭	단 수		you(thou)	your(thy)	you(thee)
	복 수		you(ye)	your(your)	you (ye)
제3 인칭	단 수	남성	he	his	him
		여성	she	her	her
		무성	it	its	it
	복 수		they	their	them

※ 일러두기: 괄호 속은 해당하는 말의 고어(古語)이다.

(4) 인칭대명사의 특수 용법

　(가) "we", "you", "they", "one"의 총합 인칭(總合人稱) 용법

　인칭대명사 we, you, they, one 등이 특정하게 정해진 사람이 아닌 일반적인 모든 사람을 나타내는 경우가 있는데, 이럴 때는 총 인칭이라고도 한다. 경구(警句)나 격언에 나오는 we, you, they, one 등은 거의 일반 인간을 의미한 것이다.

【예문】

　① We often see our mistakes after it happens. (사람은 종종 일이 있은후 자기의 실수를 안다.)

　② They who spent their life half know the half of life spent. (인생의 절반을 보낸 사람은 보낸 절반의 인생을 안다.)

　③ You are not easy to cycle with the wind in front of you. (맞바람에 자전거 타기가 쉽지 않다.)

　④ No one can tell what will happen tomorrow. (아무도 내일 일어날 일을 말할 수 없다.)

　(나) it 대명사의 특수 용법

　it은 인칭대명사의 제3인칭 단수인데, 인칭대명사 3인칭 단수로 쓰이는 용법 외에도 다음과 같이 여러 가지 특별한 용법들이 있다.

(a) it의 예비적 용법

　준동사구나 절은 대신해서 미리 주어나 목적어와 같은 주요소의 자리에 it이 의미 없이 형식적으로 나와 앉아 있고, 문미에 진주어나 진목적어에 해당하는 준동사구나 절이 존치하는 경우를 말한다. 이렇게 쓰이는 "it"을 예비적 "it"이라고 한다. it~to 또는 it~that에서 쓰이는 it의 용법을 말한다.

【예문】

　① It is easy to go there. (거기 가기가 쉽다.)

② It is sure that he can do it. (그가 할 수 있는 게 확실하다.)

③ We found it easy to learn English. (우리는 영어를 공부하는 것이 쉽다는 걸 알았다.)

(b) 비인칭(非人稱)대명사 it의 용법

it는 인칭대명사 표에 있는 '그것'이라는 의미가 아니고 관습적으로 '날씨', '시간', '거리', '사정' 또는 '막연한 의중'의 일 등을 표시하는 데 그냥 쓰는 it을 비인칭대명사로 쓰인 it라고 한다.

(ㄱ) 날씨

① It rains cats and dogs. (비가 억수로 온다.)

② It is snowy. (날씨가 눈이 온다.)

③ It is very hot today. (오늘 날씨가 덥다.)

(ㄴ) 시간

① It is three o'clock now. (지금 3시이다.)

② It is never too late to learn. (배우는데 늦은 시간이란 결코 없다.)

(ㄷ) 거리

① It is very far from here to the station. (여기서 정거장까지는 대단히 멀다.)

(ㄹ) 사정, 형편

① How is it with your family? (가족은 어떻게 지내십니까?)

② It went hard with me. (내 사정이 어렵게 됐다.)

(c) 부정(不定)의 it

특정대상을 지적해서 가리키지 않고 자동사, 타동사, 전치사 다음에 의미 없이 순 형식적으로 목적어 비슷하게 쓰이는 'it'도 있다.

【예문】

① I can stand it finally. (나는 끝까지 버틸 수 있다.)

② How is it going? (어떻게 되어 가는가?)

③ Stop it, you all are not normal. (그만해. 너희 둘 다 정상이 아니야.)

④ We had a hard time of it. (우리는 어려운 시간을 보냈어.)

(다) 복합 인칭대명사

인칭대명사에 self를 결합해서 "~자신"이라는 의미로 쓰는 것을 복합 인칭대
명사라고 한다. 1, 2인칭에서는 소유격에 self를 결합하고 3인칭에서는 목적
격에 self를 결합해서 구성한다.

(a) 복합 인칭대명사 표

수 \ 인칭	제1인칭	제2인칭	제3인칭
단수	myself	yourself	himself(남성), herself(여성), itself(중성)
복수	ourselves	yourselves	themselves

(b) 복합 인칭대명사의 용법

복합 인칭대명사는 주격과 목적격으로 쓰고 소유격이 없으므로 인칭대명사
의 소유격에 own을 붙여서 my own, your own, his own 등으로 쓴다. 복
합 인칭대명사의 용법에는 ㈀재귀, ㈁강조, ㈂관용적 용법이 있다.

㈀ 재귀적 용법

재귀적(再歸的) 용법이라는 것은 앞서 언급한 것을 다시 돌아가 풀이한다는
뜻의 말이다.

① The happy guy is myself. (그 행운아는 내 자신이다.)

② He knows himself. (그 사람은 자신을 안다.)

③ History repeats itself. (역사는 되풀이한다.)

㈁ 강조적 용법

주어, 보어, 목적어 등에 강세를 두고자 할 때, 강조할 때 복합 인칭대명사를
덧붙여 쓰기도 한다.

① The witness itself is very clear. (증거 그 자체가 아주 분명하다.)

② I myself finished it. (내 자신이 그것을 끝냈다.)

③ She met your brother himself. (그녀는 네 형 그 자신을 만났다.)

(ㄷ) 관용적 용법

복합 인칭대명사에 전치사 by, for, of, in 등이 붙어서 부사구 또는 형용사구로 쓸 때는 다음과 같은 의미가 된다.

ⓐ by oneself 홀로, 단독으로

① She came here by herself. (그녀는 여기 홀로 왔다.)

ⓑ for oneself 자기 힘으로, 독력으로

① I worked this lesson for myself. (나는 이 학과를 혼자 힘으로 했다.)

ⓒ of itself 자연히, 스스로, 저절로

① The gate closed of itself. (그 출입구가 저절로 닫혔다.)

ⓓ in itself 그 자체에 있어서, 본질적으로, 원래

① Though miser in itself is a good, yet it is not a virtue.

(구두쇠는 본질적으로 선이지마는, 미덕은 아니다.)

ⓔ beside oneself 보통 때의 그 사람이 아닌, 정상에 벗어난.

① Now she was beside herself: there was no reasoning with her.

(그녀는 지금 정상이 아니야, 그녀에게 분별력이 없어.)

나) 의문대명사

의문의 대상을 지칭할 때 쓰는 대명사를 말한다. 의문대명사는 수를 구분하지 않고 단수와 복수에 모두 공통으로 쓴다. 사람에게는 who를 쓰고, 사물이나 사물의 향방에는 which, 사물과 사람의 신분, 직업 등에는 what을 쓴다. what, which는 소유격이 없고 of what, of which를 소유격으로 쓴다. which는 "어느 것", 또는 "어느 쪽"이라는 의문대명사로 쓰지만 "어느" 또는 "어떤"이라는 의문형용사로 쓰기도 한다.

【의문대명사 분류표】

격 종류	주격	소유격	목적격
who	who	whose	whom
what	what	of what	what
which	which	of which	which

【예문】

① He is Mr. Park. → Who is Mr. Park?

(그는 박 씨이다.) (누가 박 씨인가?)

② She is a student. → What is she?

(그녀는 학생이다.) (그녀는 무엇인가?)

③ The mountain is the Alps. → Which is the Alps?

(그 산은 알프스이다.) (어느 것이 알프스인가?)

④ I love the pretty lady. → Whom do you love?

(나는 예쁜 숙녀를 사랑한다.) (너는 누구를 사랑하느냐?)

⑤ It is my book. → Whose book is it?

(그것은 나의 책이다.) (그것은 누구의 책이냐?)

다) 지시대명사

어떤 사물을 지적해서 부를 때, 이름을 대신해서 지적해서 쓰는 대명사를 말한다.
지시대명사에는 this, these, that, those 등이 있다.

(1) this, that의 지시형용사와 지시대명사

this는 "이것"이라는 대명사의 의미와 더불어 " 이~"라는 형용사의 의미로도
쓰이며 that은 "저것"이라는 대명사의 의미와 더불어 "저~"라는 형용사의 의
미로도 쓰인다. 단독으로 쓰면 지시대명사가 되고 명사나 대명사 앞에 붙여
서 "이" 또는 "저"라는 의미로 쓰면 지시형용사가 된다.

【예문】

This is my book.　　　　　This book is mine.
(이것은 나의 책이다.)　　　　(이 책은 나의 것이다.)
　　　↓　　　　　　　　　　　　↓
　　지시대명사　　　　　　　지시형용사

(2) this, that의 "전자", "후자"의 의미

this나 that은 '전자', '후자'의 의미로 앞에 나온 어구를 대신해서 쓰이기도 하는데 예문을 들어 설명한다. 전자, 후자로 쓰이는 유사 어들 this, that : the former, the latter: the one, the other

【예문】

① Honor is above wealth: for this cannot bring us so much happiness as that. (명예는 재물보다 상위이다. 후자는 전자만큼 우리에게 행복을 가져줄 수 없기 때문이다.)

② Dogs are more familiar than cats: these(=cats) fasten themselves to places, and those(=dogs) to man. (개는 고양이보다 더 친밀하다. 고양이는 장소에 매달리고 개는 사람에 매달리기 때문이다.)

(3) 이미 나온 절이나 구를 가리키는 this와 that

【예문】

① My teacher told me to study the page. I soon did this. (선생님이 그 페이지를 공부하라고 내게 말했다. 나는 곧 그 페이지를 공부했다.)

　　※ 'this'는 to study the page를 가리킨다.

② To be or not to be, that is the question. (존재하는 것인지 또는 존재하지 않는 것인지, 그것이 문제다.)

③ We must meet her, and do that tomorrow. (우리는 그녀를 만나야 한다. 그리고 내일 만나야 한다.)

라) 부정(不定)대명사

지정하지 않고 막연히 사람이나 사물을 가리킬 때 이름을 대신해서 쓰는 대명사를 말한다. 부정대명사로는 one, none, some, someone, somebody, any, anybody, another, nothing, each, both, all, either, neither, many, few, much, little 등이 있다. 이 중에 대부분이 명사가 하는 용법으로 쓰이면 부정대명사이지만 명사 앞에 붙여서 형용사의 용법으로 쓰면 부정형용사가 된다. 부정사 별로 용법을 정리한다.

(1) one, none: 복수⇒ ones, none

부정대명사로 쓰는 one은 수(數)를 나타낼 때는 "한 개"라는 의미이지만 부정대명사로 쓰면 지정되어 있지 않은 일반적인 사람이나 사물을 지칭하는 말이다. 그래서 이럴 때 one은 복수형도 two가 아니고 ones로 하게 된다. 물론 번역도 "사람" 또는 "것"으로 번역해야 한다. 부정대명사 one, ones에는 the, this (these), which, good 등의 형용사를 붙여서 쓸 수 있다. 그러나 부정관사 'a'를 붙여 "a one" 이라고는 쓰지 않다. one에는 이미 하나의 뜻도 들어있기 때문이다. None은 no one, not any의 의미로 단수적인 의미의 대명사지만 복수, 단수에 공통으로 쓴다.

【예문】

① Does he have a book? (그가 책을 가지고 있나요?)

   Yes, he has one. No, he has none. (예, 하나 가졌습니다.) (아뇨, 없습니다.)

② Can you find anyone in the house? Yes, I can find ones.

   (당신은 그 집안에서 누구 찾을 수 있어요?) (예, 나는 그 집안에 사람을 찾을 수 있어요.)

③ Show me a cellular phone. Here's one.

   (나에게 휴대전화기 하나 보여주세요.) (여기 휴대전화기 있습니다.)

(2) other, another: 복수는 others, 그러나 Another는 복수 없음

【예문】

① Never speak ill of others. (다른 사람들을 험담하지 말라.)

② The two friends helped well each other. (그 두 친구는 서로 잘 도왔다.)

③ The three girls saved one another. (세 소녀는 서로서로 구했다.)

　　※ 두 사람 간에는 each other, 세 사람 이상에 사이에는 one another를 쓴다.

(3) Each, either, neither

【예문】

① Each of the ten Christians has a golden cross. (열 사람의 교인 각자가 금 십자가 하나씩을 가졌다.)

② Either (of the two girls) is tall. (둘이 각각 키가 크다.)

③ Neither (of the two boys) appeared then. (그때는 둘이 각각 나타나지 않았다.)

(4) Both(복수), All(단수, 복수)

【예문】

① Both (of the two boys) came again. (《두 소년》양 쪽이 모두 다시 왔다.)

② All can play soccer well. (모두가 축구를 잘 할 수 있다.)

(5) Many, Few, much, Little

【예문】

① Many of us were happy. (우리 중에 많은 사람이 행복했다.)

② I understand a few of her poems. (나는 그녀의 시 가운데 약간의 시는 이해한다.)

③ She is much of a singer. (그녀는 가수 소질이 많다.)

④ We know little about the accident. (우리는 그 사고에 대해서 거의 모른다.)

(6) 부정(不定)대명사의 부정(否定)법

All, every, both 등의 부정대명사에 not 또는 다른 부정어(否定語)를 붙이게 되면 해당하는 모두를 부정하는 것이 아니고, 그중에 일부를 부정하게 되는

데 일부를 부정하는 것이라고 해서 부분 부정이라고 한다.

【예문】

① All of them are not bad. (그들의 전부가 나쁜 것은 아니다.)

② They do not know all of the lessons. (그들이 그 학과 모두를 모르는 것은
아니다.)

③ Everyone is not imprudent. (모두가 지각없는 것은 아니다.)

④ Both might not be alone. (양자가 모두가 혼자는 아닐지 모른다.)

(7) 형용사 또는 부사로 쓰이는 부정대명사

부정대명사로만 알고 있는 단어가 형용사나 부사로 쓰이게 되면 구문에 혼
란을 가지게 되는데 이런 당황함을 피하기 위해서 예문 몇 개를 들어 본다.

(가) 부정대명사가 형용사로 쓰인 경우

품사는 단어가 문장에서 쓰이는 기능에 따라 분류하는 것인데, 다른 기능으
로 쓰이게 되면 다른 품사로 쓰인 것이다. 부정대명사가 형용사로 쓰이는 때
도 있다.

【예문】

① The towers on either side were high and beautiful. (양쪽에 있는 탑들은
높고 아름다웠다.)

② Both parents are healthy. (양친이 다 건강하시다.)

③ Another good news will make them excited. (또 다른 희소식은 그들을
열광시킬 것이다.)

④ One man's food can be another man's poison. (어떤 이에게는 양식이 다
른 이에게는 독일 수 있다.)

⑤ We attend here every other week. (우리는 격주로 여기 참석한다.)

(나) 부정대명사가 부사로 쓰인 경우

【예문】

① The students should each sing a song by turns. (학생들은 각기 차례대로 노래 하나씩을 불러야 한다.)

② The two girls both work hard. (두 소녀는 양쪽 다 열심히 공부한다.)

마) 소유대명사

소유격이 소유하는 사물까지를 포함해서 표현하는 대명사를 소유대명사라 한다. 소유대명사는 대명사로써 독립적인 단어로 쓰이므로 독립속격이라고 부르기도 한다. 소유대명사는 인칭대명사의 소유격이 변형되어 나타난 것이다.

【소유대명사 표】

수＼인칭	1인칭	2인칭	3인칭	비고
단수	mine (나의 것)	yours (당신의 것)	his, hers (그의, 그 여자의 것)	his는 소유격과 소유대명사가 동형이다. 변형은 인칭별로 나타나지만, 그 인칭에 해당하는 소유물을 나타내는 대명사이므로 언제나 3인칭이다.
복수	ours (우리들의 것)	yours (당신들의 것)	theirs (그들의 것)	

※ 소유대명사 yours의 서신에 쓰이는 특별용법

편지 끝에 쓰는 'yours'를 말하는 것인데 Truly yours, Faithfully yours 등으로 관습적으로 쓴다.

다. 동사

동작이나 경험이나 상태를 진술하는 말을 동사라고 한다. 영어에서 동사는 문장을 구성하는 조건을 제시하는 주요한 역할을 한다. 동사가 제시하는 서술요소들의 어순은 격 기능을 부여해서 문장을 구성하는 근거가 된다.

1) 동사의 분류

동사를 성질에 따라 분류하는 방법으로 자동사와 타동사로 나누는 방법과 완전동사와 불완전동사로 나누는 방법이 있다. 동사가 주어가 행사하는 서술을 완성할 때 동작이나 경험과 같은 작위의 결과가 다른 제3의 대상에 미치는 것과 미치지 않는 것을 기준으로 해서 분류해서 자동사와 타동사로 나누게 된다.

가) 자동사와 타동사

(1) 자동사

주어가 행사하는 동작이나 동작의 영향이나 경험의 결과가 주어 자체에만 미치고 다른 대상에 미치지 않고 서술이 완성되는 동사를 자동사라고 한다.

(2) 타동사

동사가 주어가 행사하는 동작이나 동작의 영향을 서술할 때 주어에만 영향을 미치는 것이 아니고 제3의 대상을 끌어들여 그 대상에 작용을 줘서야 서술을 완성하는 동사를 타동사라고 한다. 동작이나 경험의 대상을 목적어라 하며, 목적어를 가지는 동사를 타동사라고 한다.

나) 완전동사와 불완전동사

동사가 서술하고자 하는 표현이 동사만으로 완전히 묘사되는지 또는 동사만으로 묘사가 명료하지 못해서 보어라는 보완적인 요소가 있어야 하는지를 기준으로 해서 동사를 분류할 때, 완전동사와 불완전동사로 나눈다. 특히 한국인 영어 학습자에게는 동사를 완전과 불완전으로 분류하는 방법을 터득하는 것이 필수적인데 이론적인 설명보다는 실제적인 사례를 많이 경험해서 그 기능에 대한 것을 체험적인 학습을 통해서 터득하는 방법이 확실한 학습 방법이 될 것이다.

(1) 완전동사

주어의 행태를 서술할 때 동사의 표현이 동사만으로 완전히 서술되는 동사를 완전동사라고 한다.

(2) 불완전동사

동사가 서술하려는 행태가 동사의 표현만으로 완전하지 않아서 보어라는 다른 요소의 도움을 받아서 서술이 완성되는 동사를 불완전동사라고 한다.

2) 동사의 성질과 5형식

영어 동사는 성질별로 자동사적인 성질과 타동사적인 성질을 가진 것으로 나눌 수도 있고, 동시에 같은 동사가 표현을 완성하는데 다른 요소의 도움의 필수 여부에 따라 표현의 성패가 가늠되는 것을 기준으로 해서 완전동사와 불완전동사로 나눌 수도 있다. 그래서 한 개의 동사는 자동사와 타동사 중에 하나에 해당도 되고, 동시에 완전동사와 불완전동사 중의 하나에도 해당하는 것이 된다. 한 개의 동사를 이렇게 두 가지 분류법에 동시에 적용해서 정리하면 다음과 같다.

가) 완전 자동사와 불완전 자동사

(1) 완전 자동사

주어가 행사하는 동작의 영향이 다른 대상에 미치지 않고 동사의 행사만으로 완전하게 표현하는 동사를 완전 자동사라고 말한다. 제 1형식 동사들이 이 동사에 해당한다.

【예】 bark, disappear, jump, live, run, stay, walk

① A dog barked at the animal. (개가 그 짐승에게 짖는다.)

② The beautiful girl disappeared in the crowd. (그 예쁜 소녀는 군중 속으로 사라졌다.)

③ They jumped over the wall. (그들은 그 담장을 뛰어넘었다.)

(2) 불완전 자동사

주어의 동작이나 행태를 표현하는데 다른 대상이 필요한 것은 아닌데 동사만으로는 주어 자신의 신원이나 상태 표현이 완전할 수 없어서 보어라는 다른 요소의 도움을 받아서 주어의 동작이나 신원이나 상태의 표현을 완전하게 서술하는 동사를 말한다. 이러한 동사들을 계사라고 하기도 하는데, 제 2형식 동사들을 지칭하는 것이다.

【예】 become, keep, prove, seem, sound

① They have become great scientists. (그들은 훌륭한 과학자가 되었다.)

② The kind woman seems that lady. (그 친절한 부인이 저 숙녀 같다.)

③ The speech sounds true. (그 연설이 사실 같이 들린다.)

나) 완전 타동사와 불완전 타동사

(1) 완전 타동사

주어가 행사하는 동작의 영향이 목적이라는 대상에서 미쳐서 완결되는 동사를 완전 타동사라고 한다. 제 3형식과 제 4형식 동사들이 이런 종류에 속하는 동사들이다. 완전 타동사에서는 목적어가 한 개인 3형식 동사와 목적어가 2개인 4형식 동사가 해당한다.

【예】 (3형식 동사의 예) catch, create, discover, do, have, love

　　　 (4형식 동사의 예) ask, give, tell, cast, award, lend, order

【3형식 동사의 예문】

① They caught a pickpocket in the bus. (그들은 그 버스에서 소매치기를 잡았다.)

② God created the universe in the beginning. (하나님이 태초에 우주를 창조했다.)

③ Who did this work? (누가 이 작업을 했어요?)

【4형식 동사의 예문】

① The teacher asked me a question. (선생님이 나에게 문제를 물었다.)

② She told me a interesting story. (그녀는 나에게 재미나는 이야기를 들려줬다.)

③ We gave the poor beggar a little food. (우리는 불쌍한 거지에게 약간의 음식을 주었다.)

(2) 불완전 타동사

주어가 행사하는 동작이 목적어에 미침으로 완성되지 않고 목적어의 상태나 형편까지 표현되어야 동사의 서술이 완성되는 동사를 말한다. 이러한 동사는 제 5형식을 구성하는 동사들이다.

【예】call, crown, dye, expect, let, vote

① My grandmother called me a cute puppy. (나의 할머니는 나를 귀여운 강아지라고 불렀다.)

② She will dye her hair blond soon. (그녀는 곧 그의 머리를 금발로 염색할 것이다.)

③ In 1981, they voted Henry Fonda the Best Actor for "On Golden Pond". (사람들은 1981도에 "황금 연못에서"라는 작품으로 헨리 폰다를 최우수 배우로 뽑았다.)

※ 동사의 성질과 5형식 구성 체제

위에서 분류한 동사 분류 방법에 따라 5형식의 생성 근거를 종합적인 체계로 정리하면 다음 표와 같다.

동사의 성질과 5형식 일람표

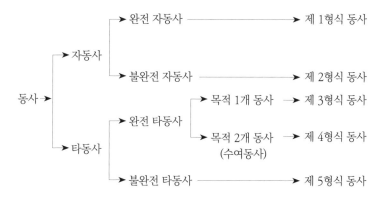

3) 동사의 규칙변화와 불규칙변화

영어의 동사는 원형에서 시간을 기준으로 현재형, 과거형으로 나뉘고 용도에 의해서 과거분사형, 현재분사형으로 분화된다. 한 개의 동사가 현재와 과거를 나타내고 과거분사를 나타낼 때 철자 변형이 나타나는 것을 볼 수 있다. 이때 동사의 철자 변형이 규칙적으로 일어나는 것과 불규칙적으로 일어나는 것이 있는데, 이 변화를 기준으로 규칙동사와 불규칙동사로 나눈다.

가) 규칙동사

동사가 원형에서 과거형이나 과거분사형으로 변형될 때 어미에 "d"나 또는 "ed"를 붙이게 되는 동사를 규칙동사라고 한다. 영어에서 be동사와 have동사를 제외하고 다른 동사는 원형과 현재형을 공통으로 함께 쓴다. 동사가 과거형이나 과거분사형이 되면서 "d"나 "ed"를 붙여서 만들어지는 규칙동사의 변화에는 몇 가지 모형이 있다.

(1) "e"나 '자음'으로 끝나는 동사 변화

규칙동사가 과거형이나 과거분사형이 될 때 "e"로 끝나는 동사에는 "d"만 붙여서 만들고 자음으로 끝나는 동사에는 "ed"를 붙여서 만든다.

【예시 표】

어미＼형별	원형	과거	과거분사
자음으로 끝나는 동사	walk record	walked recorded	walked recorded
e로 끝나는 동사	love live	loved lived	loved lived

(2) 단모음+자음으로 끝나는 동사 변화

동사의 음절이 단음절이거나 두 개의 음절일 때도 강세가 뒤 음절에 있는 동사에는 마지막 자음을 겹쳐서 "ed" 붙여서 과거나 과거분사형을 만든다.

【예시 표】

변형 어미	원형	과거형	과거분사형
단음절인 동사	hop tap	hopped tapped	hopped tapped
2음절인데 강세가 뒤에 있는 동사	omit refer	omitted referred	omitted referred

(3) 자음+"y"로 끝나는 동사의 과거형과 과거분사형

【예시 표】

변형 어미	원형	과거	과거분사	비 고
자음+y	study try	studied tried	studied tried	과거형과 과거분사형은 y를 i로 고쳐서 ed를 붙이고 현재분사에서는 원형에 ing를 붙인다.

나) 불규칙동사

동사의 원형이 과거나 과거분사가 될 때 "d"나 "ed"를 붙여서 변형하지 않고 다른
형태로 변하는 동사를 불규칙동사라 한다. 불규칙동사의 변화에도 일정한 모형이
있어서 그 모형에 따라 변하는 것과 영 엉뚱하게 변하는 것으로 분류할 수 있다.

【예시 표】

분사형 변형	원형	과거	과거분사	모형별 분류 내용
형이 다르게 변하는 동사	do begin write speak lie	did began wrote spoke lay	done begun written spoken lain	원형이 과거형과 과거분사형으로 변할 때 a, b, c 식으로 각기 다른 모양으로 변하는 부류의 동사들이다.
과거와 과거분사가 동일한 형	lay sit teach	laid sat taught	laid sat taught	원형이 과거형과 과거분사형이 될 때 과거와 과거분사형이 같은 모양인 a, b, b 식으로 변하는 동사들을 말한다.

원형과 과거분사가 동일한 형	come run	came ran	come run	원형과 과거분사형은 같은데 과거형만 다른 a, b, a 식으로 변하는 동사들이다.
원형/과거/ 과거분사가 똑같은 형	cut cost hurt	cut cost hurt	cut cost hurt	원형과 과거형과 과거분사형이 모두 같은 동사들을 말한다. a, a, a 식으로 철자가 변하지 않는 동사들이다.

4) 현재분사형 만들기

현재분사는 동사의 원형에 ing를 붙여서 만들어지며, 진행형을 만드는 것과 준동사로 활용된다. 현재분사형이 되는 변형에는 규칙동사나 불규칙동사나 차이 없이 동일하다. 현재분사형은 동사의 원형에 ing를 첨가해서 만들어지는 것이 기본인데 다음과 같은 약간의 규칙이 있다.

가) 동사의 마지막 철자가 무음으로 끝나는 e일 때는 e를 생략하고 ing가 붙는다.

【예】 love → loving, come → coming, like → liking

나) 동사가 단음절이고 자음으로 끝나거나 2개의 음절이지만 엑센트가 뒤 음절에 있으면 마지막 자음을 겹쳐서 ing를 붙인다.

【예】 stop → stopping, beg → begging, commit → committing,

occur → occurring

다) 어미가 ie로 끝나는 동사 ie를 y로 고쳐서 ing를 붙인다.

【예】 lie → lying tie → tying

5) 조동사

동사 중에는 서술 동사의 의미를 도와주는 일을 하거나 시제, 가정법, 진행형, 피동형, 의문형, 부정형 등을 표현하기 위해서 본동사의 표현을 도와주는 동사들이 있는데, 이들 동사는 본동사를 도와주는 일을 한다고 해서 조동사라고 한다. 조동사 중에는 전적으로 조동사로만 쓰이는 것들도 있고 본동사로 쓸 수 있는 의미를 가지고 있어서 본동사로 쓸 때가 있는 것들도 있다. 조동사로는 be, have, do, will과 shall, may, must, ought(to), need, dare, used(to) 등이 있는데, 각 조동사의 용법을 살펴 보기로 한다.

가) 조동사 be

be동사는 본동사로 쓰지만, 조동사로도 쓰여서 다음과 같은 문법적인 의미를 장 착해 내기도 한다. 진행형, 피동형, 관용어에서 조동사로 쓰이기도 한다.

(1) be+ing로 진행형(p.400 참조)을 구성

시제에서 설명한 대로 be동사는 현재분사와 결합해서 진행형을 만든다.

① They are going there. (그들이 거기 가고 있는 중이다.)

(2) be+pp로 피동형(p.407 참조)을 구성

be 동사는 과거분사와 결합해서 피동형을 만든다.

① It was achieved by you. (그것은 당신에 의해서 성취되었다.)

(3) be+to root의 구조

be동사와 to부정사가 결합해서 미래시제 대용, 의무, 당위, 능력, 의향 등을 나타내기도 한다.

① They are to come here. 〈예정〉 (그들이 여기 올 예정이다.)

② We are to pay all taxes. 〈의무〉 (우리는 세금을 모두 내야 합니다.)

나) 조동사 have

have 동사는 "가지다"라는 소유를 나타내는 의미의 본동사로 쓰지만, 조동사로 쓰여서 have+pp의 형태로 시제(p.401 참조)의 의미를 창출하기도 한다.

(1) 시제에 have

have 동사는 본동사의 과거분사와 결합해서 시제를 형성한다. 이 경우의 예 문은 시제를 설명하는 문단에 자세히 설명되어 있다.

① I have got up early every morning. (나는 매일 아침 일찍 일어났다.)

(2) have+to root의 용법

We don't have to attend there. (우리는 거기 참석할 필요 없다.)

(3) have 동사의 영미 영어 간에 용법 차이

미국영어에서는 Have동사가 "~가지다"라는 소유의 의미로 쓰일 때, 부정문이나 의문문에서 일반 동사처럼 조동사 do를 써서 만들지만, 영국 영어에서는 의문문이나 부정문에서 be 동사처럼 처리한다.

(가) 영국 영어에서 have동사의 활용법

have가 "~가지다"라는 소유의 의미로 쓰일지라도 의문문으로 만들거나 부정문으로 만들 때는 조동사 do를 쓰지 않고 be동사의 의문문이나 부정문을 만드는 방법과 같이 만들게 된다.

① Have you a book?　　　　No, I have not any.

　(당신은 책을 가지고 있습니까?)　(아뇨, 나는 아무 책도 가지고 있지 않습니다.)

② Have you a book ?　　　　Yes, I have one.

　(당신은 책을 가지고 있습니까?)　(예, 내가 책 한 권 가지고 있습니다.)

(나) 미국영어에서 have동사의 활용법

미국영어에서는 have동사를 본동사로 쓴 문장은 의문문이나 부정문을 만들 때 일반 동사와 같이 조동사 do를 써서 만든다.

① Do you have a book?　　　No, I do not have any.

　(당신은 책을 가지고 있습니까?)　(아뇨, 나는 아무 책도 가지고 있지 않습니다.)

② Do you have a book ?　　　Yes, I have one.

　(당신은 책을 가지고 있습니까?)　(예, 내가 책 한 권을 가지고 있습니다.)

다) 조동사 do

do동사는 "~하다"라는 의미의 본동사로 쓰이지만, 그에 못잖은 빈도로 조동사로도 쓰인다. 일반 동사를 의문문과 부정문을 만드는데 필요한 조동사로 쓰고 강조구문을 만들 때도 조동사로 do를 쓰기도 한다. do를 조동사로 쓰면 동사의 시간이나 수(數)는 조동사 do가 나타내며, 본동사는 원형을 쓰게 된다. 의문문 만들기, 부정문 만들기와 강조 구문에서 do의 용법에 대한 설명을 해두고 있다.

(1) 의문문 만들기

　서술 동사부가 조동사 없이 일반 동사로 구성하고 있는 문장을 의문문으로 만들 때 do동사를 사용해서 만든다.

《평서문》　　　　　　　　　　　《의문문》

① Mother works for her children. → Does mother work for her children?

(어머니는 자식들을 위해서 일한다.)　(어머니는 자식들을 위해서 일하니?)

② They went there last year.　→ Did they go there last year?

(그들이 지난해 거기 갔다.)　　　　(그들이 지난해 거기 갔나?)

(2) 부정문 만들기

　일반 동사가 본동사로 되어 있는 문장을 부정형으로 만들 때 do(es) not+동사를 써서 부정문을 만든다.

① You came here.　　　　　→　　You did not come here.

　(당신은 여기 왔다.)　　　　　　　(당신은 여기 오지 않았다.)

② The dog eats anything.　　→　　The dog does not eat anything.

　(그 개는 아무것이나 먹는다.)　　　(그 개는 아무것도 먹지 않는다.)

(3) 강조 구문 만들기

　조동사 do는 본동사 앞에 덧붙여 써서, 다른 의미 없이 다만 본동사의 의미를 강조하는 역할로 쓰기도 한다.

① Do reply it truly. (진실하게 대답해라.)

② We said that he should come and he did come. (우리는 그가 와야 한다고 말했더니 그가 왔다.)

라) 조동사 will, shall

조동사 will, shall은 일반적으로 미래시제를 나타낼 때 쓰는 조동사이다. 그런데 will, shall은 비단 미래시제에 쓸 뿐만 아니고 시제에 관련되지 않은 특수한 용법들도 있다. 조동사 will, shall의 특수 용법들을 설명하기로 한다.

(1) will, shall의 특수 용법

(가) 권위를 나타내는 shall

법령이나 종교적인 계율이나 잠언 등에는 청자의 의지와 관계없이 권위를 나타내기 위해서 shall을 쓴다.

① You shall not steal. (도둑질하지 말아야 한다.)

② You shall not bear false witness against your neighbor. (너는 이웃에게 거짓 증언하지 말아야 한다.)

③ East is East, and West is West, and never the twain shall meet. (동은 동이고 서는 서다, 이 둘은 결코 마주치지 아니할 것이다.)

(나) 목적의 shall

장차 발생할 것을 더 강조하는 데 쓴다.

① The truth shall make you free. (진리가 너를 자유케 하리라.)

(다) 습관의 will

현재의 상습적 행위에 will을 쓴다. 여기 해당하는 과거는 would나 used to를 쓴다.

① He likes the book, as a model student will. (그는 모범생이 하듯이 이 책을 좋아한다.)

(2) should의 특수 용법

should는 shall의 과거형인데도 should가 shall의 과거로 쓰이는 것이 아니고 should가 관용적으로 하나의 독자적인 조동사로 쓰이는 경우가 있는데 다음과 같은 용법들이다.

(가) 모든 인칭에 써서 의무를 표시한다.

① You should obey your parents. (너는 부모에 순종해야 한다.)

② Children should be taught to speak the truth. (아이들은 참말을 하도록 가르쳐져야 한다.)

(나) 가정법 미래시제에서 강한 의심을 표시한다.

① If she should not come, what shall we do? (만일에 그녀가 오지 않으면, 우리는 무엇을 할까?)

(다) 겸손한 말씨로 쓰는 should

① We should like to attend there. (우리가 거기 참석하고 싶은데요.)

(라) why, how, who 등 의문사와 같이 써서 의외, 놀라움, 이해 곤란의 뜻 등을 표시한다.

① Why in the world should I stay more? (도대체 왜 내가 더 있어야 해?)

　　※ in the world 도대체

② Why should they not go? (왜 그들이 안가?)

③ Who should do it besides us? (우리 외에 누가 그걸 할꼬?)

(3) would의 특수 용법

would는 will의 과거형인데, should의 독자적인 조동사 용법과 마찬가지로 will의 과거로 쓰이는 것이 아니고, would가 관용적으로 하나의 독자적인 조동사로 쓰이는 경우가 있는데 다음과 같다.

(가) 과거 일의 추측

① I suppose she would be about thirty-five when we met first. (나는 우리가 처음 만났을 때 그녀는 약 35세였을 것이라고 생각합니다.)

(나) 과거의 의지

① They promised that they would treat the boy as their son. (그들은 그

소년을 그들의 아들처럼 대하겠다고 약속했다.)

(다) 현재의 강한 욕망, 소원

① He who would pass the test must study hard. (시험에 합격하려는 사람은 열심히 공부해야 한다.)

(라) 과거의 불규칙적 습관

① I would go to the beach, doing nothing. (나는 일 없이 해변으로 나가곤 했다.)

(4) 미국영어에서 shall, will

미국영어에서는 권위의 shall과 의지의 shall 이외에는 의지나 단순을 구별하지 않고 will을 쓰는 경향이다.

※ 미국영어의 무의지 미래

인칭	평서문	의문문
제 1인칭 제 2인칭 제 3인칭	I (we) will.... You (you) will.... He (they) will.....	**Will I (we)....?** **Will you(you).....?** Will he (they)...?

위의 표에서 굵은 글자의 자리에 있는 will은 영국 영어로 표기하면 shall을 써야 하는 자리인데, 미국영어에서는 will과 shall을 구별하지 않고 쓰는 것을 알 수 있다.

① Will you be able to come tomorrow? (당신은 내일 올 수 있겠습니까?)

② Will I go if I do not say? (내가 말하지 않으면 가야 할까요?)

※ 일러두기: 미국영어로 쓴 예문들인데 영국영어로 쓰면 will이 들어간 자리에는 shall이 들어야 하는데 그냥 will로 썼다.

마) 조동사 may

(1) 허가 (~해도 좋다)

① May I go in? Yes, you may come in. (들어가도 됩니까? 예, 들어 와도 됩니다.)

② If you finished your work, you might go home. (네가 일을 마쳤다면 집에 가도 좋았을 것이었다.)

(2) 가능성에 대한 추측 (~할 듯하다, ~할지 모른다, ~함 직하다)

① The rumor may be true.　　The rumor may not be true.

(그 소문은 정말일지도 모른다.)　(그 소문은 정말이 아닐지도 모른다.)

② We thought the rumor might be true. (우리는 그 소문이 정말일지 모른다고 생각했다.)

(3) 능력의 의미 (~할 수 있다)

① Learn while you may learn. (배울 수 있는 동안에 배우라.)

(4) 기원의 의미 (~소원합니다, ~하옵소서)

기원문에서 기원을 나타내는 의미로 쓰인다.

① May God bless us! (하나님 우리에게 축복하소서!)

② May he rest in peace! (그가 평화롭게 쉬게 하소서!)

③ I wish you may succeed. (나는 당신이 성공하기를 원합니다.)

(5) 목적의 의미 (~하도록, ~하게)

목적 부사절에서 목적을 나타내는 의미로 쓰인다.

① He works hard that he may succeed. (그는 성공하기 위해서 열심히 공부한다.)

(6) 양보의 의미 (~하더라도, ~할지라도)

양보 부사절에서 양보를 나타내는 의미로 쓰인다.

① Though he may tell the truth, yet no one would believe him. (그는 참말을 할지라도, 아무도 그를 믿지 않을 것이다.)

바) 조동사 might

(1) 가능 (~일수 있다)

① I might be a few minutes late. (내가 몇 분 늦을지 모른다.)

(2) 추측 (~할 듯하다, ~할지 모른다, ~함 직하다)

　① If you need more information, you might try the internet. (당신이 더 많은 정보를 얻으려면, 당신이 인터넷을 해도 될 듯하다.)

(3) 추측 (~일지 모른다)

　① Might I borrow your pen? (내가 당신의 펜을 빌려도 될까요?)

사) 조동사 can

(1) 능력 (~할 수 있다)

　① Cats can see in the dark. (고양잇과 동물은 어둠에서 볼 수 있다.)

(2) 추측 (~일수 있다)

　① The news cannot be true. (그 소식은 정말 일 리 없다.)

　② They cannot have done so. (그들이 그랬을 리 없다.)

(3) 허락 (~해도 좋다)

　① You can go now. 《=you may go now》 (너는 지금 가도 좋다.)

(4) 겸손

　① Could you teach me the answer to the question? (당신은 나에게 그 문제의 답을 가르쳐 주실 수 있으시겠어요?)

　② Teacher, could you tell us it again? (선생님, 그것을 다시 말씀해 주실 수 있으시겠습니까?)

아) 조동사 must

(1) 의무 (~해야 한다)

　① All passengers must wear seat belts. (모든 승객은 안전띠를 매어야 한다.)

(2) 금지 (~하면 안 된다)

must는 부정문에서 금지의 의미를 가진다.

　① You must not smoke again. (너는 다시 담배를 피우면 안 된다.)

　② This book must not be removed from the library. (이 책은 도서관 밖으

로 반출하면 안 된다.)

(3) 강한 추측 (~ 틀림없다)

① The mountaineer must be nearly 90 years old. (그 등산가는 90세 가까움이 틀림없다.)

② There must be something wrong with the air of a tire. (어느 타이어에 바람이 잘못된 것이 틀림없다.)

(4) must의 시간

must의 과거형은 had+to infinitive로 쓰고, 미래는 shall(or will) have+to infinitive로 쓰는 것이 보통이다. 그러나 must를 과거로 쓰는 일도 있다

【예문】

The beast knew instinctively that a danger must be at hand.

(그 짐승은 위험이 틀림없이 바로 가깝다는 것을 본능적으로 알았다.)

자) 조동사 ought to

(1) 의무, 타당성 (~해야 한다)

① We ought to study hard. (우리는 열심히 공부해야 한다.)

② A man ought not to despise the old.

(인간은 노인들을 멸시해서는 안 된다.)

(2) 당연의 추측 (~당연하다)

① Such people ought to succeed. (그런 사람들은 당연히 성공한다.)

② He ought to speak Korean well because he has grown up in Busan.

(그는 부산에서 자랐기 때문에 한국어를 당연히 잘 한다.)

(3) Ought+완료 부정사 (to have+pp)

(가) 과거의 의무를 이행하지 아니한 것에 대한 유감 (~했어야 했는데)

① We ought to have consulted each other. (우리는 서로 상의했어야 했는데.)

(나) 현재완료의 사실에 대한 당연의 추측

① I said so, and I think I ought to have said so.

(내가 그렇게 말했고, 또 당연히 그렇게 말했어야 한다고 생각한다.)

차) 조동사 need

need는 의문문과 부정문에서 to가 없이 조동사로 쓰는데, 긍정문에서는 to 없는 부정사를 쓰면 안 되며 "need to"까지를 " ~할 필요가 있다."라는 의미의 조동사로 쓴다.

① We need not go in the evening. (우리는 저녁에 갈 필요 없다.)

② Why need he work? (그가 왜 일할 필요가 있나?)

※ 일러두기: need는 조동사, 본동사와 그리고 명사로도 쓰인다.

【need의 예문】

① You need not go there. 〈조동사〉(너는 거기 갈 필요 없다.)

② Need we go? 〈조동사〉 (우리가 갈 필요가 있나?)

③ She needs some money. 〈본동사〉 (그녀는 약간의 돈이 필요하다.)

④ She does not need any money. 〈본동사〉 (그녀는 돈이 조금도 필요 없다.)

⑤ A need is the mother of invention. 〈명사〉 (필요는 발명의 어머니이다.)

⑥ They felt the need of English education. 〈명사〉 (그들은 영어교육의 필요를 느꼈다.)

카) 조동사 dare

dare는 주로 의문문, 부정문 등에서나 의심이 가는 것에 대해서 "감히", "당돌하게", "외람하게" 등의 의미로 쓰이는 조동사이다.

【예문】

① Dare you jump up to the top of that wall? (저 높은 담 벽 꼭대기 위에 감히 뛰어오르겠나?)

② We dare not do it. (감히 그렇게 못 한다.)

라. 형용사

형용사는 사물의 성상을 묘사하는 품사로 명사를 수식해서 일반적으로 수식어로 쓰여서 종요소가 되는 품사이다. 그러나 제 2형식과 제 5형식에서 보어가 되어 주요소로 쓰이기도 한다.

1) 형용사의 종류

가) 대명형용사

원래 대명사인 것이 형용사로 쓰는 것이므로 이는 정확하게 말하면 대명사가 형용사 노릇을 하는 것이다. 그 나온 출처를 따라 분류하면 다음과 같다.

(1) 소유형용사

인칭대명사의 소유격을 가리키는 말인데, my (book), our, your, his, her, its, their 등이며 또 명사를 소유격으로 만들면 형용사적인 역할이 되는데 예로는 Kim's store(김씨 상점), today's paper(오늘 신문) 등이다.

(2) 의문형용사

의문대명사가 형용사로 쓰이는 것인데, which나 what은 바로 명사 앞에 쓰여서 의문형용사가 된다. which와 what은 의문대명사임과 동시에 공통으로 의문형용사로 쓴다. 의문대명사 who는 소유격이 whose로 따로 있어서 whose가 의문형용사로 쓰인다.

① Which note is yours? (어느 노트가 너의 것이냐?)

② Whose bag is it? (그것은 누구의 가방이냐?)

③ What car is this? (이것은 무슨 차이냐?)

(3) 지시형용사

지시대명사가 형용사적으로 쓰이는 용법을 말한다. this, these, that, those, the same, such 등이 이에 해당한다.

【예문】《의문형용사》　　　　　　　《의문대명사》

① We chose this ball among them. ← We chose this among the balls.

　　(우리는 그것들 중에서 이 볼을 골랐다.)　(우리는 그 공들 중에서 이것을 골랐다.)

② The girl sang the same song.　←　The other boys like the same.

　　(그 소녀는 같은 노래를 불렀다.)　　　(다른 소년들이 같은 것을 좋아한다.)

　　※ 풀이: 밑줄이 하나인 것은 의문형용사이며 밑줄이 두 개인 것은 의문대명사이다.

(4) 부정형용사

any, some, every, all, many, much, little, few 등의 단어가 명사적인 용법으로 쓰이면 부정대명사로 쓰인 것이며, 이런 단어가 형용사적으로 쓰이면 부정형용사로 쓴 것들이다.

【예문】

① Any one does not go in the afternoon. (누구도 오후에 가지 않는다.)

　　← Are any of the paintings for sale? (그림 중에 어떤 것이 팔 것이냐?)

② She gets angry over little things. (그녀는 무슨 일에 성내는 일이 거의 없다.)

　　← He knew little about the vehicle. (그는 그 운반체에 대해서 아는 것이 거의 없다.)

나) 수량 형용사

수(數)나 양(量)을 표현하는 형용사를 말한다.

(1) 수(數) 형용사

수 형용사는 세는 것이 가능한 수를 표시하는 형용사를 말한다. 수 형용사에는 기수(基數) 형용사와 서수(序數) 형용사와 배수(倍數) 형용사 등이 있다.

(가) 기수 형용사

기수는 우리가 셀 수 있는 1에서 10까지 수를 말한다. 이러한 기수들은 독자적으로 쓰여서 주어, 목적어, 보어 등으로 명사로 쓰이기도 하지마는 명사 앞에서 수를 나타내는 형용사로 쓰일 때는 기수 형용사이다. one(dollar),

eleven(dollars), twelve, twenty, thirteen, thirty, fourteen, forty 등과
many, few, some, all 등

(a) 숫자 읽기

【일반 숫자】

> 2,767,152,483.7098 = two thousand seven hundred and sixty-seven million, one hundred and fifty-two thousand, four hundred and eighty-three point seven zero nine eight.

【전화번호】

> 2130 = two one three O
> 전화번호는 낱개의 수로 읽는데, 영(0)의 수는 "ou" 또는 "zero"로 읽는다.

【연호】

> 2013 = twenty thirteen
> 연호는 4자리인데 십 단위씩 둘로 나누어서 읽는다.

(b) 분수 읽기

분수는 half는 1/2이라는 말이고, quarter는 1/4이라는 분수를 말하는데 그대로 읽으면 된다. 분수는 서수로 읽는 방법과 전명구로 만들어서 읽는 방법이 있다. 서수로 읽는 방법은 분모는 서수로 읽고 분자는 기수로 그냥 읽는다. 그런데 이때 주의해야 할 점은 분자가 단수이면 그냥 분모를 서수로 읽으면 되지만 만약 분자가 복수이면 분모를 나타내는 서수에 복수를 표시하는 "S"를 덧붙여 읽는다. 전명구로 읽을 때는 분자는 그냥 기수로 읽고 분모는 "over+분모"로 전명구를 만들어 분자 뒤에 놓아서 읽는다.

【서수로 읽기】

$\dfrac{1}{2}$ = one-half, 또는 a half	$\dfrac{1}{4}$ = a quarter, 또는 one(or a) fourth
$\dfrac{3}{4}$ = three-fourths	$2\dfrac{5}{7}$ = two and five sevenths

※ 분자는 기수로 읽고 분모는 서수로 읽는다.

※ 대분수에 자연수는 기수로 읽고 분수를 읽을 때는 and+로 해서 분수를 읽는다.

【전명구로 읽기】

$$\frac{3}{8} \begin{array}{l} = \text{ three over eight} \\ = \text{ three over eight} \end{array}$$

$$2\frac{37}{86} \begin{array}{l} = \text{ two and thirty-seven over eighty-six} \\ = \text{ two and thirty-seven over eighty-six} \end{array}$$

(c) 사칙(四則) 읽기

【덧셈】

| 4+7=11 | Four plus seven equals eleven. |

【뺄셈】

| 17-5=12 | Seventeen minus five is twelve |

【곱셈】

| 3×6=18 | Three times six is eighteen. |

【나눗셈】

| 9÷3= 3 | Nine divided by three is three. |

(나) 서수 형용사

서수도 기수의 용법과 같이 독자적으로 쓰여서 명사로 쓰이기도 하지마는 명사 앞에서 서수 형용사로도 쓴다.

the first(1st), the second(2nd), the third(3rd), the fifth(5th) of the month, the eleventh, the twelfth, the thirtieth of the month(그달의 30일째), the last of the month, the hundred and first(101st) boy, Jan. 1st (or Jan. 1)=January (the) first, the first of January.

【예문】

① Space is a third dimension. (공간은 3차원이다.)

② By the seventh day God finished what he had been doing.

　(일곱 번째 날까지 하나님은 그가 해왔던 것을 끝마쳤다.)

③ While two dogs fight for a bone, a third dog runs away with it.

　　(개 두 마리가 한 개의 뼈다귀를 두고 싸우면 제3의 개가 그것을 가지고 도망간다.)

(다) 배수 형용사

배수 형용사는 어떤 수의 배수를 나타내는 형용사들로 half, double. etc 이이에 속한다.

【예문】

① Only half of the guests could arrive on time. (그 시간에 단지 손님의 절반이 도착할 수 있었다.)

② Do not park your car on double yellow lines. (당신의 차를 이중 황색 선 위에 세우지 마라.)

(2) 양(量) 형용사

양 형용사는 개수로 셀 수 없는 것에 대한 양의 규모를 표현하는 형용사를 말한다. much, little, some, all 등이 이에 속한다.

※ many much와 few little에 대한 정리

수나 양을 표시하는 형용사 many, much와 few, little의 용법을 정리하면 다음과 같다.

(가) many와 few 또는 a few

many는 셀 수 있는 다수의 많은 양을 나타내는 형용사이고, few와 a few는 셀 수 있는 수에 소수를 표현한다. 그런데 few는 거의 없다는 의미이고 a few 는 조금은 있다는 의미를 나타낸다.

【예문】

① Many people think it right. (많은 사람이 그것을 옳다고 생각한다.)

② Many a man has understood her activity. (허다한 사람들이 그녀의 활동을 이해했다.)

　　※ 일러두기: Many a+단수 명사의 의미는 개별적인 사람이 많다는 의미이다.

③ We have few Arabic books. (우리는 아랍어책을 거의 가지고 있지 않다.)

　　※ 일러두기: few는 부정적인 작은 수 "거의 없는"의 의미이다.

④ I have a few French books. (나는 불어책 몇 권을 가지고 있다.)

　　※ 일러두기: a few는 긍정적인 작은 수 "조금은 있는"의 의미이다.

(나) much와 little 또는 a little

much는 낱개로 셀 수 없는 양의 대량을 의미하며, little 또는 a little은 셀 수 없는 양의 소량을 의미한다. little은 소량을 두고 거의 없다는 쪽으로 나타내는 의미이고, a little은 같은 소량을 약간은 있다는 소량의 의미를 나타낸다.

【예문】

① I do not have much money with me. (나는 내게 가진 돈이 많지 않다.)

② She earns little money there. (그녀는 거기서 돈을 거의 벌지 못했다.)

　　※ 일러두기: little은 부정적인 작은 양 "거의 없는"의 의미이다.

③ I would like to buy her a little something to thank her. (나는 그녀에게 감사하기 위해서 약간의 무엇을 사주고 싶다.)

　　※ 일러두기: a little은 긍정적인 작은 양 "약간은 있는"의 의미를 나타낸다.

다) 성상(性狀) 형용사

성상 형용사는 생물이나 무생물의 종류나 성질이나 상태 등을 나타내는 형용사로 a good girl에서 good이나 a honest boy에서 honest 등 말한다.

(1) 원래 성질 형상 등을 드러내는 형용사

brave(용기 있는), diligent(부지런한), honest(정직한), kind(친절한), new(새로운), young(젊은) 등

(2) 명사에 근거한 형용사

a gold star(금으로 된 별), a stone bridge(석조의 교량), a straw hat(밀집으

로 만든 모자), Korean rice(한국의 쌀), English grammar(영어의 문법),
French wine(프랑스의 와인)

(3) 동사에 근거한 형용사

  (가) 원형 동사의 어미에 접미사를 붙인 것

    ceaseless(끊임없는), forgetful(잘 잊는), lovely(사랑스러운), readable(읽을
만한)

  (나) 현재분사 형에서 온 것

    interesting(흥미 있는), living(살아 있는), puzzling(어리둥절하게 하는),
running(달리는)

  (다) 과거분사형에서 온 것

    broken(깨어진), fallen(떨어진), retired(은퇴한), interested(흥미를 가지고
있는)

2) 형용사의 용법

형용사가 가지는 두 가지 용법으로 (1)수식적 용법과, (2)서술적 용법이 있다. 서술적 용
법은 문장에 주요소로써 주격 보어나 목적격 보어로 쓰이는 것을 말한다. 형용사의 용
도에서는 수식적인 용법이나 서술적인 용법에서의 특성을 중심으로 설명하기로 한다.

【동일한 형용사의 수식적 용도와 서술적 용도의 비교표】

용도 형용사	수식적 용도	서술적 용도 (용도)
healthy	a healthy person(건강한 사람)	He looks healthy. (주격 보어) (그는 건강해 보인다.)
deserted	a deserted town(황량한 도시)	The town seems deserted. (주격 보어) (그 도시가 황량한 듯하다.)
good	the good man (선한 사람)	The Church made me good. (목적 보어) (그 교회는 나를 선하게 만들었다.)
green	a green door(푸른 문)	I painted the door green. (목적 보어) (나는 그 문을 푸르게 칠했다.)

가) 수식용법의 형용사와 위치

대개의 형용사는 수식하는 명사 앞에 놓여서 그 명사를 수식하지만, 어떤 경우에 수식하는 명사 뒤에 놓이기도 하는데 이런 것들을 잘 분별해서 익혀 두지 않으면 문장의 구조 파악에 혼돈을 가져올 수도 있다.

(1) 전위수식

형용사가 수식적인 용법으로 쓰일 때 명사 앞에서 수식하는 것을 전위수식이라고 한다. 전위수식은 일반적인 형용사의 수식 위치인데, 여러 개의 형용사가 한꺼번에 명사 하나를 수식하게 되면 명사 앞에 놓는 형용사들의 순서를 생각하게 된다.

(가) 소유형용사(소유격)나 지시형용사는 다른 형용사보다 먼저 쓴다.

소유나 지시형용사는 다른 형용사보다 먼저 놓지만, 소유 형용사와 지시형용사를 함께 써야 하는 때에는 다음의 예에서 보는 대로 소유격은 소유대명사로 해서 of 전명구로 만들어 쓰는 것이 일반적이다.

부자연스러움: this my bag, his that shoes

일반적인 용례: this bag of mine, that shoes of his

(나) 수량 형용사와 성상 형용사가 함께 쓰이면 수량 형용사는 성상 형용사보다 앞에 놓는다.

many little fishes, a few beautiful flowers

(다) 성상 형용사가 두 개일 때 두 개 사이에 접속사도 없이 A good(or great) many, pretty cold 등에서처럼 쓰이면 앞의 것이 뒤의 것의 정도를 표시하는 부사적인 의미를 나타내는 것이 된다.

① It is a nice cold day. (매우 추운 날이다.)

② We should spend a good long time. (우리는 꽤 오랜 시간을 써야 합니다.)

③ They all know her with great good nature.

  (그들 모두가 그녀가 아주 좋은 성품을 갖고 있는 것을 안다.)

(2) 후위수식

드물게 형용사가 명사의 뒤에서 수식하는 때도 있는데, 이를 후위수식이라고 한다. 형용사는 명사 앞에서 수식하는 것이 일반적인데 다음과 같은 예외적인 경우는 명사 뒤에서 수식하기도 한다.

(가) something, anything, everything, nothing, somebody, anybody 등의 부정대명사를 수식하는 형용사는 부정대명사의 뒤에서 수식하게 된다.

① The lady loves everything beautiful.

(그 숙녀는 아름다운 것은 무엇이든 좋아한다.)

② There is nothing so pretty, cheap, and proper to keep in hand.

(그렇게 예쁘고, 값이 싸고, 손에 지니기에 적당한 것은 없다.)

(나) 형용사가 자기를 수식하는 긴 수식 어구를 달고 있으면서 명사를 수식하면 수식하는 그 명사 뒤에서 수식한다.

① He writes the good poems proper to learn metaphor easily.

(그는 은유를 쉽게 배우기에 알맞은 좋은 시를 쓴다.)

② They did not know the numbers uncountable with their ten fingers.

(그들은 그들의 열 손가락으로 셀 수 없는 숫자를 알지 못했다.)

(다) 특수한 경우의 예

time immemorial (옛날)

나) 서술적 용법에 많이 쓰는 형용사

형용사 가운데는 주로 서술적 용법(보어)으로 쓰는 것이 있는데, content(~에 만족하는), exempt(면제된), glad(즐거운), ill(병든), sorry(유감스러운), unable(~할 수 없는), well(건강한), worth(~할 만한 가치가 있는) 등이다. 그리고 alone(고독한), afraid(두려워하는) 등과 또 동사에서 접두어 a를 붙여서 형용사화된 것으로 adrift(떠돌아다니는), afire(불타는), aflame(불타오르는), afoot(보행중인),

ahead(앞에 있는), alike(비슷한), alive(살아있는), amiss(~적합하지 않은), ashamed(부끄러이 여기는), aslant(비스듬한), asleep(잠든), astray(길잃은), aware(깨달은), awake(깨어있는) 등이 있는데, 이러한 형용사들은 서술용 형용사로 쓰이는 경우가 많다.

【예문】

① Ladies are exempt from the admission charges.

(숙녀들은 입장료가 면제이다.)

② We are content to accept the result.

(우리는 그 결과를 받아들이는 데 만족한다.)

③ They are ahead of us. (그들은 우리보다 우수하다.)

④ We are aware of the event. (우리는 그 행사를 안다.)

3) 형용사의 비교법

영어의 수식어에는 비교법이라는 것이 있는데, 비교법에서는 형용사의 원형을 원급이라 하고 원급보다 더 높은 급을 비교급이라 하고 최고의 상태를 최상급이라고 나눠서 활용한다. 원급은 사전적인 의미를 말하며, 비교급, 최상급은 원형의 변형으로 만들어진다. 사전에 쓰여 있는 형용사의 일반적 의미를 형용사의 원급이라고 말한다. 사전에 쓰는 형용사의 원급에 비교급 변형 규칙에 따라 "더 ~한"이라는 뜻으로 만들어 비교급이라고 하며 "가장(제일) ~한"의 의미로 만들어 형용사의 최상급이라고 말하는데, 최상급의 활용에는 몇 가지 특별한 용법이 있다.

가) 비교법

(1) 규칙적 비교급 만들기

비교급 만들기의 기본으로 원급의 어미에 "~er"을 붙여서 비교급을 만들고 "~est"를 붙여서 최상급을 만드는 것이 비교법 만들기 규칙이다. 비교급 만들기는 다음과 같다.

(가) er과 est를 붙여 만드는 비교법

규칙적인 비교법에는 비교급은 형용사의 어미에 er를 붙여 만들고 est를 붙여서 최상급을 만든다. 이때 e로 끝나는 말은 그냥 r과 st만 붙여서 만든다.

【예시 표】

원급	비교급	최상급
high (높은)	higher (더 높은)	highest (가장 높은)
fine (훌륭한)	finer (더 훌륭한)	finest (가장 훌륭한)
large (큰)	larger (더 큰)	largest (가장 큰)

(나) 단음절이고 자음으로 끝나는 말의 비교급

형용사가 단음절인데, 자음으로 끝나는 말은 마지막 자음을 중복으로 써서 er과 est를 붙인다.

【예시 표】

원급	비교급	최상급
big (큰)	bigger (더 큰)	biggest (가장 큰)
hot (뜨거운)	hotter (더 뜨거운)	hottest (가장 뜨거운)
thin (얇은)	thinner (더 얇은)	thinnest (가장 얇은)

(다) 자음+y로 끝나는 말의 비교급

자음+y로 끝나는 말은 y를 i로 고쳐서 er를 붙여서 비교급을 만든다.

【예시 표】

원급	비교급	최상급
easy (쉬운)	easier (더 쉬운)	easiest (가장 쉬운)
healthy (건강한)	healthier (더 건강한)	healthiest (가장 건강한)
heavy (무거운)	heavier (더 무거운)	heaviest (가장 무거운)

(라) 그 외 규칙적 변화

음절이 세 음절 이상 되는 긴 단어와 어미가 ~ive, ~ful, ~able, ~ous, ~ing,

~less 등으로 끝나는 단어는 more를 붙여 비교급을 만들고, most를 붙여서 최상급을 만든다.

【예시 표】

원급	비교급	최상급	비고
important (중요한)	more important (더 중요한)	most important (가장 중요한)	3음절 이상
affirmative (긍정적인)	more affirmative (더 긍정적인)	most affirmative (가장 긍정적인)	~ive
beautiful (아름다운)	more beautiful (더 아름다운)	most beautiful (가장 아름다운)	~ful
countable (계산할 수 있는)	more countable (더 잘 계산할 수 있는)	most countable (가장 잘 계산할 수 있는)	~able
famous (유명한)	more famous (더 유명한)	most famous (가장 유명한)	~ous
interesting (흥미 있는)	more interesting (더 흥미있는)	most interesting (가장 흥미있는)	~ing
senseless (무감각한)	more senseless (더 무감각한)	most senseless (가장 무감각한)	~less

(2) 불규칙 비교급

동사의 규칙변화에서 본 것처럼 비교급 만들기에도 전혀 규칙이 없이 변화하는 것들도 있다. 비교급이 불규칙하게 변하는 형용사 중에는 사용빈도가 아주 많은 것들이 많이 있기 때문에 유념해서 학습해 두어야 한다.

원급(의미)	비교급	최상급
many(수가 많은) much(양이 많은) →	more →	most
little(규모가 작은) →	less →	least
good(좋은) well(건강한) →	better →	best
old (나이) →	older	oldest
old (손위) →	elder	eldest
late (늦은) →	later (시간) →	latest
late (뒤에) →	latter (위치) →	last
near(가까운) → nearer (거리) →		nearest
near(가까운) → nearer (순서) →		next
far(먼) (거리) →	farther →	farthest
far(먼) (정도) →	further →	furthest

※ 일러두기: 위의 급의 변화 예시 표에서 원급에서 비교급으로 또는 비교급에서 최상급으로 변하는 과정에 두 가지로 분화하는 것은 같은 형용사가 의미가 다르게 쓰임에 따라 급 변화에서 분화되는 것들이다.

(3) 라틴어에서 온 비교급

원래 라틴어의 비교급에서 superior(더 우수한), inferior(더 열등한), prior(더 앞서는), anterior(더 앞의), posterior(더 뒤의), exterior(더 밖의), interior (더 안의) 등이 들어와 남은 것들인데 비교의 의미가 약해졌다. senior(손 위의), junior(손아래의), major(큰, 과반의, 중요한) 등은 비교의 의미가 매우 약해졌다.

※ 라틴어식 비교법에서 온 것 중에는 more~ than의 용법을 쓸 때 접속사 than을 쓰지 않고 than 대신에 전치사 to를 쓰는 것도 있다.

【예문】

① This is superior in contents to any other book. (이 책은 내용에서 다른 어떤 책보다도 우수하다.)

(×) This is superior in contents than any other book.

② She is six years senior to him. (그녀는 나보다 2년 더 손위이다.)

(×) She is six years senior than him.

③ I should prefer retirement to dishonour.

　　(나는 불명예보다 퇴직을 택하겠다.)

(×) I should prefer retirement than dishonour.

나) 비교법 활용

(1) 비교급의 용도

둘 중에 정도가 더 심한 것을 비교급으로 쓰며, 셋 이상 중에서 정도가 가장 심한 것을 나타낼 때는 최상급으로 쓴다.

① She is the prettier of the two ladies. (그녀가 그 두 여인 중에 더 예쁘다.)

② She is the prettiest of the three ladies. (그녀가 세 여인 중에 가장 예쁘다.)

③ I was later than John. (내가 존보다 더 늦었다.)

④ You were the last of our members. (너는 우리 회원 중에 가장 늦었다.)

⑤ This news is the latest one. (이 뉴스가 최근 것이다.)

(2) 비교급을 막연한 것과 비교하거나, nothing이나 no 등의 부정형 어구와 비교하면 최상급의 의미가 된다.

① Mr. Park is more diligent than any other student in the school.

　　(박군은 그 학교에서 어느 학생보다 부지런하다.)

② Nothing is more precious than honesty. (정직보다 더 귀중한 것은 없다.)

(3) 최상급이 부정의 의미를 드러내는 일이 있다.

① She is the last woman to behave so. (그녀는 그렇게 예절 바르게 처신하지 않을 부인이다.)

② The lady is the last person I would expect to meet in a disco. (그녀는

내가 디스코에서 만나리라고 예상하지 않았던 사람이다.)

(4) 최상급에는 양보의 의미(though, although 등 양보의 부사절과 같은 의미)를 나타내는 일이 있다.

① The honest man would have been puzzled. (아무리 정직한 사람일지라도 당황했을 것이다.)

② The smartest man did not solve this question. (아무리 머리 좋은 사람도 이 문제를 해결 못했다.)

4) 관사

영어에서는 문장에서 가장 중요한 요소로 쓰이는 명사를 쓸 때는 그 명사에 대해서 화자나 청자의 인지 정도에 따라 세 가지 단계로 나눠서 쓴다. 첫째는 특정되어 고유한 것, 둘째는 피차가 아는 것, 세 번째는 그 외의 것으로 나눠서 쓰게 된다. 관사는 이러한 인지의 정도를 표시하는 방법으로 쓰게 된다. 인지 여부와 관계없이 특정된 고유명사에는 관사를 쓰지 않는다. 화자나 청자가 피차 아는 명사에는 정관사를 쓴다. 그 외의 것에는 부정관사를 쓰는 게 일반적이다.

가) 부정관사

부정관사는 화자나 청자 간에 인지의 정도가 불명확한 명사에 쓰는 관사인데 부정관사에는 "a"와 "an"이 있다. a는 첫 발음이 자음으로 시작하는 명사(예: a boy[ə bɔi]) 앞에 쓰고 an은 첫 발음이 모음으로 시작하는 명사(예: an uncle[ən ʌ́ŋkəl])앞에 쓴다. "a"와 "an"의 용법은 앞의 예에서 본대로 첫 철자가 아니고 첫 발음을 기준으로 구분해서 쓴다. 부정관사의 용법은 다음과 같다.

(1) "한 개"라는 의미

① A bird in the hand is worth two in the bush. (손안에 있는 새 한 마리는 덤불 안에 있는 두 마리 가치이다.)

(2) "같은"이라는 의미

    ① Would you like a sandwich? (당신도 같은 샌드위치를 좋아합니까?)

    ② Birds of a feather flock together. (같은 깃털의 새들이 함께 무리를 짓는다.)

(3) "(모르는)어떠한"이라는 의미

    ① A girl whom I have never seen wants to meet you. (내가 전에 본 일 없는 어떤 소녀가 당신 만나기를 원한다.)

    ② She introduced me to a Mr. Park. (그녀는 나를 어떤 박씨라는 사람에게 소개했다.)

(4) "각각" 또는 "~마다"라는 의미

    ① They come here once a month. (그들 여기 매월 한 번씩 온다.)

    ② The monster appears from the surface of water on an hour. (그 괴물은 한 시간마다 수면 위로 나타난다.)

(5) "어떤(것이든지)~" 이라는 의미

    ① A child needs love and affection. (아이는 누구나 사랑과 호의가 필요하다.)

    ② A dog(=any dog) is a faithful animal. (개는 충성스러운 동물이다.)

(6) "단 한번의"라는 의미

    ① Let's take a talk. (대화 한번 합시다.)

    ② We had a rain last night. (지난밤에 비가 한 번 왔다.)

나) 정관사

정관사 the는 화자나 청자가 서로 인지하고 있는 명사 앞에 쓰는 것인데 자음 앞에서는 보통은 약 "ðə"로 발음하며 모음 앞에서는 강하게 "ði" 발음한다. 용도에 관해 설명하면 다음과 같다.

(1) 다시 나오는 명사

    앞서 먼저 나온 명사가 다시 나올 때 그 명사 앞에 쓴다.

① I had made a desk. I gave my son the desk. (나는 책상 하나를 만들었다. 나는 그 책상을 내 아들에게 주었다.)

② We ate a salad and a sandwich. The salad was good, but the sandwich was indigestible. (우리는 샐러드 하나와 샌드위치 하나를 먹었는데 샐러드는 좋았는데 샌드위치는 소화가 되지 않았다.)

(2) 정해진 사물

대화자 간에 서로 이미 알고 있는 지정된 명사에 쓴다.

① The crowd clapped and cheered. (관중들은 박수치고 환성을 질렀다.)

② They knew the boy well. (그들은 그 소년을 잘 알았다.)

(3) 오직 유일한 것

세상에 단 하나밖에 없는 것에 쓴다.

the sun(해), the moon(달), the earth(지구), the universe(우주), the world(세계), the sea(바다), the sky(하늘), the air(공중), the Lord(주님), the Devil(마왕, 사탄)

(4) 단수 보통명사에 써서 그 종을 대표

단수 보통명사에 the를 붙여서 그 종류의 대표하는 의미로 쓴다.

① The dog is a familiar animal. (개는 친근한 동물이다.)

② The lion is the king of animals. (사자는 동물의 왕이다.)

※ 예외: man과 woman에는 the를 붙이지 않고도 그 종류를 대표하기도 한다. man은 인간을 대표하는 데 쓰기도 한다.

① Man is smarter than computer. (인간은 컴퓨터보다 현명하다.)

② Man is a very comic creature. (사람은 대단히 희극적인 창조물이다.)

(5) 복수 보통명사에 써서 그 명사 전체의 의미

복수 보통명사에 the를 붙여서 그 종류 전부를 의미한다.

① These are the students of our class. (이들이 우리 학급의 전학생이다.)

② It is spring, and the plants revive. (계절은 봄이고, 모든 식물이 소생한다.)

(6) 자연현상, 계절, 방위에 씀

자연현상, 계절, 방위 등을 나타내는 명사에 the를 쓴다.

the rain(비), the north(북쪽), the east(동쪽), the right(오른편), the left(왼편)

(7) 계량의 단위

계량의 단위를 나타내는 명사에 the를 쓴다.

① Gasoline is sold by the liter. (휘발유는 리터 단위로 판다.)

② We buy gold by the gram. (우리는 금을 그램 단위로 산다.)

※ by the pound(파운드 단위로), by the gram(그램 단위로), by the hour(시간 단위로)

(8) 서수 앞에 씀

차례를 나타내는 서수 앞에 정관사 the를 쓴다.

the first(첫째), the second(둘째), the next(다음 차례), the last(최후)

(9) 최상급에 씀

최상급이나 오직 한 개뿐인 것을 표현할 때도 the를 쓴다.

the best condition(최상의 조건), the wisest man(가장 현명한 사람), the chief purpose(주목적), the only book(단지 그 책), the very lady(바로 그 숙녀), the main subject(주제)

(10) 관용구에 씀

in the morning(아침에), in the afternoon(오후에), in the evening(저녁에), in the day(낮에), in the night(밤에), in the dark(어두운 데서), in the light(밝은 데서), in the distance(먼 데서), all the year(일 년 내내), all the day(하루종일), on the way(하는 중에), by the way(그런데), on the contrary(반대로), on the whole(전체로)

(11) 고유명사에 쓰이는 the

고유명사에는 정관사를 쓰지 않는데, 정관사를 쓰게 되면 다음과 같은 의미가 된다.

(가) 국가에 정관사를 붙이면 국민 또는 종족

국가의 이름에 정관사를 붙이면 국민이나 종족을 의미한다.

the Korean(대한민국 국민) cf. Korean(한국말), the English(영국 국민), the Chinese(중국 국민)

(나) 당파나 종파에 쓰는 정관사

the Socialist(사회주의자), the Christians(기독교인)

(다) 반도

the Korean Peninsula(한반도), the Malay Peninsula(말레이반도)

(라) 공공건물

the National Theatre(국립극장), the Red Cross Hospital(적십자 병원), the City hall(시청)

※ 정거장, 공원, 다리, 교회, 궁전 등의 이름과 지명을 붙여 이름 지은 학교 이름 등에는 관사를 쓰지 않는 것이 보통이다.

London Station(런던 역), Seoul Station(서울역), Busan High School(부산 고등학교), Seoul National University(국립서울대학교) 등

(마) 선박 이름

the Victoria(빅토리아호), the Queen Mary(퀸마리 호), the Joanna(요나 호)

(바) 신문 잡지 이름

the Concise Oxford Dictionary, the New York Times 등

(사) 형용사가 붙은 이름

the respectable Robert Kim, the ambitious Caesar

※ 예칭이나 존칭에 쓰는 형용사 old, young, great, little, poor, dear 등과 같은 형용사 앞에는 쓰지 않는다.

(아) 복수의 지명, 기타 다음과 같은 고유명사에는 정관사를 쓴다.

(a) 산맥: the Alps(알프스 산), the Himalayas(히말라야 산맥) 등

(b) 군도: the Philippines(필리핀 군도), the West Indies(서인도 군도) 등

(c) 복수로 된 국명: the United States of America, the Netherlands

※ 단수로 된 산과 섬의 이름, 국명, 호수, 주의 이름에는 the를 쓰지 않는다.

Korea(대한민국), Mt. Namsan(남산), Lake Michigan(미시간 호), Province Kyeongsang(경상도)

(d) 하천, 운하, 해협, 해양: the Nakdong River(낙동강), the Korean Straits(대한 해협), the Pacific(태평양), the Suez Canal(수에즈 운하), the Yellow Sea(황해)

(12) 집합명사에 쓰는 관사

집합명사는 한 개의 집단으로 볼 때는 단수로 쓰며, 그 집단의 구성원을 개체로 볼 때는 복수로도 쓴다.

【예문】

① Her family has its farm. 〈집단 표현〉 (그녀의 가족은 농장을 가지고 있다.)

The family are in good health. 〈구성원 표현〉 (그 가족 구성원들이 건강하다.)

② The family now live in Seoul. 〈집단 표현〉 (그 가족은 지금 서울에 산다.)

The family all are tall. 〈구성원 표현〉 (그 가족 구성원 모두가 키가 크다.)

(13) 물질명사에 쓰는 관사

물질명사에는 관사를 쓰지 않는 것이 보통이지만 일정한 물질을 지정해서 의미할 때 또는 보통 명사화할 때는 관사를 쓰게 된다.

【예문】

① The meal we ate this morning was digestible.

(오늘 아침에 우리가 먹은 식사는 소화가 잘 되었다.)

② The water we brought yesterday was very good.

   (우리가 어제 가져온 물은 아주 좋다.)

(14) 추상명사에 쓰는 관사

추상명사는 관사를 붙여서 쓰지 않는 것이 원칙이다. 그러나 일정하게 지칭한 것을 의미하고자 할 때나 보통명사화할 때는 관사를 붙인다.

【예문】

① The weight of this bread is over two kilograms. (이 빵의 무게는 2킬로그램이 넘는다.)

② I am pleased at the diligence of my only grandson. (나는 나의 유일한 손자가 부지런해서 즐겁다.)

다) 관사의 생략

보통명사의 단수에는 관사를 붙여서 쓰고, 복수에는 일반적인 의미의 것은 그냥 쓰고, 정해진 것에 쓰는 명사에는 정관사를 붙여서 쓰는 것이 원칙이다. 그러나 다음과 같은 경우에는 관사를 생략하고 쓴다.

(1) 관사의미의 형용사가 있는 보통명사

보통명사에 이미 범주를 나타내거나 범주를 부정하는 의미를 가진 지시형용사나 부정형용사와 같은 형용사가 수식하고 있을 때는 관사를 붙일 필요가 없어진다.

one, this, these, that, those, my, your, his(등의 소유격 대명사), what, which, some, any, no, every, each, either, neither

【예문】

① That book is thinner than your dictionary. (저 책은 당신의 사전보다 더 얇다.)

② A bat, as well as a whale, is a kind of animal. (고래와 마찬가지로 박쥐는 짐승의 일종이다.)

③ I don't like that sort of man. (나는 그런 유의 사람을 좋아하지 않는다.)

　　※ a kind of, that sort of는 범주를 나타내는 형용사구에 해당한다.

(2) man과 woman이 일반적 사람

man이 일반 인간이나 남성을 의미하고 woman이 일반 여성을 의미할 때는 관사를 쓰지 않는다.

【예문】

① Man has stronger muscle than woman. (남자는 여자보다 더 강한 근육을 가지고 있다.)

② Man passes fast, but his name goes slowly. (인간은 빨리 지나지만, 그의 이름은 천천히 간다.)

(3) 신분, 자격, 관직, 혈족 관계

신분, 자격, 관직, 혈족 관계의 의미를 지니는 명사 보어에는 관사를 쓰지 않기도 한다.

【예문】

① He was secretary to chairman Jeong. (자격) (그는 정 회장의 비서였다.)

② Winston Churchill became Prime Minister. (관직) (윈스턴 처칠은 다시 수상이 되었다.)

③ Jesus Christ was son of a carpenter. (혈족) (예수 그리스도는 목수의 아들이었다.)

(4) 신분 관직의 직임 앞에 생략

사람의 이름 앞에서 관직, 신분, 혈족 관계를 나타내는 직임을 표시하는 명사 앞에는 관사를 생략한다.

King George(죠지 왕), admiral Lee(이 제독), pilot Park(박 조종사), president Kim(김 회장), uncle Tom(톰 아저씨)

(5) 친족을 나타내는 보통명사 앞에 생략

친족 명칭을 나타내는 다음과 같은 보통명사에는 관사를 생략한다.

father, mother, sister, brother, uncle, aunt, baby

【예문】

① Mother stays at home, but father went out. (엄마는 집에 남아 있지만, 아버지는 외출했다.)

② Uncle teaches me English every night. (아저씨는 매일 밤 나에게 영어를 가르친다.)

③ Baby is well always. (아기는 늘 건강하다.)

(6) 동격을 나타내는 명사 앞

동격을 나타내는 보통명사 앞에서 관사를 생략한다.

Victoria, Queen of England(영국 여왕 빅토리아). Kwansoon Yu, sister of Koreans(한국인들의 누나 유관순)

(7) 추상적인 전명구의 목적

다음과 같이 쓰는 명사는 구체적인 물건 그것을 의미하지 않고, 전치사와 합하여 추상적인 의미를 드러내므로 관사 없이 쓴다.

【예문】

① I sent it by mail. (나는 그것을 우편으로 보냈다.)

② Did she come by bus or by train? (그녀가 버스로 왔어요? 기차로 왔어요?)

③ Would you give me the information by letter or by telephone?
(당신은 내게 그 정보를 문자나 전화로 알려주시겠습니까?)

(8) 명사 두 개가 대조적으로 연결될 때

두 개의 명사가 대조적으로 또는 연속적으로 쓰일 때는 관사를 생략한다.

man and wife(사내와 아내), father and mother(아버지와 어머니), pen and ink(펜과 잉크), day and night(주야)

마. 부사

동사를 수식하거나 형용사를 수식하거나 다른 부사를 수식하거나 문장 전체를 수식하는 어휘를 부사라고 한다.

1) 부사의 종류

가) 단순 부사

단순히 한 단어 또는 한 어구나 문장을 수식하는 부사를 말한다.

① Walk often and exercise suitably. (종종 걷고 알맞게 운동하세요).

② She speaks very fast. (그녀는 매우 빨리 말한다.)

③ We ran almost five miles. (우리는 거의 5마일을 달렸다.)

나) 의문부사

직접 또는 간접으로 의문을 드러내는 의문을 나타내는 부사를 말하며, when, where, how, why, whence이다.

① When did he reply? (언제 그가 대답했나?)

② He told me where he did it. (그는 그가 그것을 어디서 했는지 나에게 말했다.)

③ Why didn't they come? (그들이 왜 오지 않았던가?)

다) 관계부사

형용사절을 이끌고 나와서 선행사를 수식하게 하고 자기가 소속한 형용절에서는 부사적인 기능을 하는 부사를 말한다. when, where, how, why 등은 물론 의문부사인데, 한편 형용절을 이끌어 선행사를 수식해서 관계부사의 역할을 할 때도 있다. 물론 이때는 관계 부사로 쓰인 것이다. 관계부사에 대해서는 형용사절을 설명하는 문단(p138 참조)에서 잘 설명해 있다.

라) 접속부사

부사의 직능과 더불어 접속사의 역할을 하는 말들을 말한다.

① However late you are, be sure to phone me. (아무리 늦더라도, 꼭 전화하도

록 하여라.)

② The rent is reasonable and moreover, the location is perfect. (임대료는 타당하고 거기다 위치가 완벽하다.)

2) 부사의 성질

부사가 수식하는 역할을 할 때 그 성질을 보면 다음과 같은 성질을 가진 것들이다.

가) 장소, 방향, 배열 부사

장소나 방향이나 배열 등을 나타내는 부사를 말한다.

here, there, in, out, up, down, around, firstly, secondly, where

① Is his mother in? Yes, his mother is in.

(그의 어머님 안에 계십니까?) (예, 그의 어머님은 안에 계십니다.)

② She arrived firstly. (그녀가 첫 번째로 도착했다.)

나) 시간 부사

when, now, then, immediately, before, after, today 등과 같이 시간을 나타내는 부사를 말한다.

① When is the lady in the house? (언제 그녀는 집에 있어?)

② He left yesterday. (그가 어제 떠났다.)

다) 태도, 방법 부사

태도, 방법을 나타내는 부사로 how, well, slowly, fast, thus, so 등을 말한다.

① How did you think it? (당신은 그것을 어떻게 생각합니까?)

② We walked slowly. (우리는 천천히 걸었다.)

라) 정도 부사

모자라고 알맞고 지나치고 하는 등의 정도를 나타내는 부사를 말한다.

very, much, too, almost, entirely, once, twice, often

① We are entirely satisfied with the result. (우리는 그 결과로 전적으로 만족하게 됐다.)

② They haven't seen her once. (그들은 한 번도 그녀를 본 일이 없다)

마) 원인 부사

이유와 원인을 나타내는 부사를 말한다.

① That's why he doesn't come. (그게 그가 오지 않은 이유이다.)

바) 추론, 결과 부사

앞에서 나타난 전제에 따르는 추측의 결과를 나타내는 부사를 말한다.

therefore, hence, so, thus

① I think, therefore I am. (나는 생각한다, 그러므로 내가 존재한다.)

② There was no one there, so I went away. (거기에 아무도 없었다. 그래서 나는 가버렸다.)

사) 긍정, 부정 부사

찬반, 가부 등을 나타내는 부사들을 말한다.

no, not, yes, surely, certainly, truly, indeed, perhaps, possibly, probably

① It is very cold indeed. (날씨 정말 매우 춥다.)

② We will surely succeed. (우리는 확실히 성공할 거다.)

3) 부사의 직능

부사의 기능은 동사와 형용사를 수식하는 것과 다른 부사를 수식하는 것과 어구 전체를 수식하는 것 등이 일반적이다. 말을 바꾸어 보면 형용사가 수식하는 기능을 제외한 모든 수식적인 기능을 하는 말을 한꺼번에 모아 부사라고 생각하는 것이 더 정확하다고 하겠다. 부사를 직능별로 살펴본다.

가) 동사 수식

① She sings well. (그녀는 노래를 잘 부른다.)

② Are your families in?　No, they have just gone out.

　　　(너의 가족들 안에 계셔?) (아뇨, 그들은 지금 막 외출했습니다.)

나) 형용사 수식

① She is very beautiful. (그녀는 대단히 아름답다.)

② His hair is quite thin. (그의 머리털은 아주 가늘다.)

다) 부사 수식

① The boy sings very well. (그 소년은 노래를 아주 잘 부른다.)

② He walked too slowly. (그는 아주 천천히 걸었다.)

라) 구(句) 수식

① The bird went quite out of sight. (그 새는 아주 시야 밖으로 사라졌다.)

② They failed only through our carelessness. (그들은 오로지 우리의 부주의로 실패했다.)

③ She left home just at seven. (그녀는 정확히 7시에 집으로 떠났다.)

마) 문장 수식

① Do you know him? (당신이 그를 압니까?)

Yes, I know him.　　　No, I don't know him.

(예, 나는 그를 압니다.)　　(아니요, 나는 그를 모릅니다.)

4) 부사의 비교법

부사에서도 형용사의 비교법처럼 비교법이 있는데, 형용사의 비교법과 같다.

가) 원급에 er를 붙여서 비교급을 만들고, est를 붙여서 최상급을 만든다.

fast → faster → fastest, hard → harder → hardest

나) 음절이 긴 것은 more, most를 붙여서 비교급과 최상급으로 활용한다.

beautifully → more beautifully → most beautifully

다) 불규칙적 활용

부사의 비교법에도 다음 예와 같이 독특하게 불규칙적인 것이 있다.

원급		비교급		최상급
much(매우)	→	more(더욱 더)	→	most(최고로)
well(잘)	→	better(더 잘)	→	best(가장 잘)
little(조금)	→	less(더 조금)	→	least(아주 조금)
ill(나쁘게) badly(나쁘게)	→	worse(더 나쁘게)	→	worst(가장 나쁘게)
far(멀리, 훨씬)	→	farther(더 멀리) further(더 훨씬)	→	farthest(가장 멀리) furthest(아주 훨씬)

※ 위의 예시에서 보는 대로 ill과 badly는 다른 단어임에도 불구하고 "나쁘게"라는 의미로 쓰일 때는 비교급과 최상급이 같으며 far의 경우는 한 단어인데, 다른 의미로 쓰일 때는 원급에서는 같지마는 "멀리"라는 의미와 "훨씬"이라는 의미에 따라 비교급과 최상급이 각기 다른 형태의 단어가 되는 예를 볼 수 있다.

5) 특정 부사의 용법

가) 유도 부사 there의 용법

there is(are, was, were, will be)에서 문두에 나오는 there는 장소를 표시하는 장소부사가 아니고 문장을 이끌어 나오는 일만 하는 것으로 해서 유도 부사라고 부르는 것으로 구문상으로는 독립적 요소로 처리한다.

① There were many girls there. (거기에는 많은 소녀가 있었다.)

※ 일러두기: 문두의 there는 유도 부사이고 문미의 there는 "거기"라는 의미를 지닌 장소부사다.

② There was none there, so we all went away. (거기에 아무도 없어서 우리 모두 가버렸다.)

나) only의 용법

only가 명사를 수식할 때는 "유일한, …만(뿐)의"라는 의미의 형용사로 쓰이며 부사로써 "바로, 단지, 다만"의 의미로 동사를 수식하기도 한다. 또 접속사로 "~하자마자"라는 의미로 쓰여서 혼란을 초래하는 경우가 있는데, 이때에는 사전을 통해서 확실한 의미를 파악하는 학습 습관을 들여야 한다.

① Naomi was only 19 when she became the head of her family. (나오미가 가장이 되었을 때 그녀는 겨우 19세이었다.)

② There were only a few cars in the parking area. (주차장에는 단지 몇 대의 차만 있었다.)

③ We would give you kindness, only we are really busy in this season. (우리가 당신에게 친절을 베풀고 싶은데, 다만 이 계절에는 우리가 워낙 바쁩니다.)

다) very와 much의 용법

much와 very는 둘 다 "아주, 대단히"라는 의미로 쓰여서 정도를 나타내는 부사로 쓰인다. 이때 그것들이 수식할 수 있는 대상이 다르다. much는 동사, 과거분사, 형용사의 비교급 및 최상급을 수식하고 very는 형용사(주로 원급), 부사, 현재분사를 수식한다. 그래서 very는 동사를 바로 수식하는 일은 없으며 much는 원급을 바로 수식하지 않는다.

(1) much의 수식 예

① We talk too much.《much 동사 수식》(우리는 말을 너무 많이 한다.)

② She is a much admired writer.《과거분사 수식》(그녀는 대단히 칭찬받는 작가이다.)

③ You look much better today.《비교급 수식》(당신은 오늘 아주 더 좋아 보인다.)

④ It is much the best way to learn it.《최상급 수식》(그것은 그 일을 배우기 위해서 아주 좋은 최선의 방법이다.)

(2) very의 수식 예

I am very happy.《형용사의 원급 수식》(나는 매우 행복하다.)

Thank you very much.《부사를 수식》(대단히 감사합니다.)

It is very interesting.《현재분사》(그것은 대단히 흥미롭다.)

※ much와 very의 부사적 용도 정리 표

much의 용도	very의 용도
동사	형용사(주로 원급)
과거분사	부사
형용사의 비교급 및 최상급	현재분사

라) ago와 before의 용법

ago와 before는 둘 다 시간 부사로 "전에"라는 의미로 쓰이는데, 한국어에서는 "전에"로 쓰지만 영어에서는 "전에"라는 말을 발화 시점 기준에서 지목 시점까지를 말하는 "전에"와 과거 시점 기준에서 기준 시점인 과거보다 더 앞선 과거의 지목 시점을 지적하는 "전에"로 구분해서 쓴다.

※ ago는 화자가 현재 시점을 기준에 과거 발생 시점까지를 말하는 것이며, before는 화자가 과거에 어떤 발화 시점을 기준에서 그 이전의 발생 시점까지를 말하는 것이다.

① His father has returned three years ago. (그의 아버지는 3년 전에 돌아왔다.)
② His mother said his father had left three years before. (그의 어머니는 그의 아버지가 3년 전에 떠났다고 말했다.)

바. 전치사

전치사는 명사(대명사, 동명사) 앞에서 그 명사와 결합해서 전명구를 구성하는 품사이다. 이때 전치사와 결합하는 명사(대명사)는 목적격을 쓰며 전치사의 목적어라 한다. 전치사와 명사가 구성한 전명구는 부사적으로 또는 형용사적으로 쓰인다.

1) 전명구

전치사는 명사와 결합해서 전명구를 구성해서 어구의 단위로 쓰는 것이 전치사의 본래의 역할이다. 전명구의 역할에 대해서는 이미 어구보완방식(p.35 참조)에서 설명하고 있으니 참고하기를 바라며 여기서는 긴 설명을 생략한다.

2) 전치사의 종류와 종류별 용법

사용빈도가 많은 전치사 중에는 한 개의 전치사가 여러 가지 용도로 쓰이는 것이 대부분이다. 같은 용도에 쓰이는 전치사들을 용도별로 구분해서 정리했다. 전치사 간에 의미의 차이를 비교 학습할 수 있다.

가) 장소 전치사

(1) aboard~ (~타고)

① We can get aboard a bus. (우리는 버스를 탈 수 있다.)

② They went aboard the plane. (그들은 그 비행기 타고 갔다.)

(2) about~ (~근처에)

① He lives somewhere about the station. (그는 역 부근 어디쯤 산다.)

(3) above~ (~위에, ~위쪽에<으로>)

① They flied high above the ocean. (그들은 바다 위를 높이 비행했다.)

② The satellite flies above the earth. (그 인공위성이 지구 위로 날고 있다.)

(4) across~ (~건너서)

① The little puppy walks across the street. (그 작은 강아지는 거리를 가로질러 건너간다.)

(5) along~ (~따라서)

① Marathoners ran along the blue line. (마라톤 선수들은 청색 선을 따라 달렸다.)

(6) among(amongst)~ (~가운데)

① That is among yours. (그것은 당신 것 중 하나이다.)

(7) around~ (~둘레에, ~주위에)

　　① We sat around the camp fire. (우리는 야영 불 둘레에 빙 둘러앉았다.)

　　② The members sat around a glass table. (그 회원들은 유리 탁자를 둘러싸고 앉았다.)

(8) at~ (~에)

　　① She lives at 24 Westway. (그녀는 웨스트웨이 24번지에 살고 있다.)

　　② The tall tree stands at the right corner of the hill. (그 키 큰 나무는 그 언덕 오른편 구석에 서 있다.)

(9) after~ (<순서·시간> ~뒤<후>에, ~다음에)

　　① He runs after the dog. (그는 그 개를 쫓아간다.)

　　② Come after me. (나를 따라와.)

(10) before~ (~앞에)

　　① Qatar will face Korea this afternoon before big Korean spectators. (카타르는 오늘 오후에 대단한 한국 관중 앞에서 한국을 맞닥뜨릴 것이다.)

(11) behind~ (~뒤에)

　　① He stayed behind us for two days. (그는 우리 뒤에 이틀 동안 더 머물렀다.)

(12) below~ (~밑에,~아래<로>)

　　① A major is below a lieutenant colonel. (소령은 중령의 아래다.)

　　② The sun sank below the horizon. (태양은 수평선 아래로 떨어졌다.)

(13) beneath~ (~바로 밑에)

　　① He found the key beneath his feet. (그는 그의 발밑에서 그 열쇠를 발견했다.)

　　② The ship sank beneath the water. (그 배는 물 아래로 가라앉았다.)

(14) beside~ (~옆에)

　　① The girl sat beside me. (그 소녀는 내 옆에 나란히 앉았다.)

(15) between~ (~사이에)

　① I can attend the seminar between Tuesday and Friday.

　　(나는 화요일에서 금요일 사이에 그 세미나에 참석할 수 있다.)

(16) beyond~ (~떠나서)

　① She lives beyond her income. (그 여자는 자기의 수입에 맞지않게 생활을

　　한다.)

(17) by~ (~옆에)

　① We sit by the camp fire. (우리들이 야영 불 곁에 앉는다.)

　② The castle stands by the lake. (그 성은 호수 옆에 서 있다.)

(18) down~ (~아래에)

　① The ball fell down the stairs. (그 볼은 계단 아래로 떨어졌다.)

(19) for~ (~향해서<목적지>)

　① He started for Busan. (그는 부산을 향해서 출발했다.)

　② This is the train for Busan. (이것은 부산행 기차이다.)

(20) from~ (~로<으로>부터)

　① A cat jumped down from the wall. (고양이 한 마리가 담에서 아래로 뛰어

　　내렸다.)

(21) in~ (~안에)

　① There are several characters in the novel. (그 소설 속에는 몇몇 개성적 인

　　물들이 있다.)

　② He lives in Seoul. (그는 서울에 산다.)

　③ The bird is in the cage. (그 새는 새장에 있다.)

(22) into~ (~안으로<밖에서>)

　① The dog goes into its house. (그 개가 개집 안으로 들어갔다.)

　② He jumped into the water. (그는 물속으로 뛰어들었다.)

(23) off~ (~떠나서)

　① Your remarks are off the point. (당신의 발언은 주제의 요점을 벗어나 있다.)

(24) on~ (~위에)

　① We could discover the book on the desk. (우리는 책상 위에서 그 책을 발견할 수 있었다.)

　② Ships sail on the water. (배는 물 위를 항해한다.)

(25) opposite~ (~반대쪽에)

　① I went to the post office opposite the hotel. (나는 호텔 반대편 쪽에 우체국에 갔다.)

(26) over~ (~위에, ~바로 위에<위쪽 방향 바로 위>)

　① Easily they reached the bridge over the river. (그들은 강에 걸려 있는 그 다리에 쉽게 도달했다.)

　② The branches spread over the roof. (가지들이 지붕 위로 퍼졌다.)

(27) near~ (~옆에)

　① We want to find a hotel near the station. (우리는 역에 가까운 호텔을 찾기 원한다.)

(28) round~ (~주위로)

　① They showed us round the town. (그들은 우리에게 그 마을의 주위를 보여 주었다.)

(29) to(unto)~ (쪽으로, 향해서, ~로)

　① The truck turned to the right. (그 트럭은 오른쪽으로 돌았다.)

　② They came to the city. (그들은 그 도시로 왔다.)

(30) toward~ (~향해서, ~쪽으로, ~쪽 방향으로)

　① They disappeared suddenly toward the river. (그들은 졸지에 강 쪽으로 사라졌다.)

② The army marched toward the city. (군대는 그 도시를 향해서 행진해 갔다.)

(31) under~ (~밑에, ~의 <바로>아래)

① The baby hid his face under the blanket. (그 아기는 담요 밑에 얼굴을 숨겼다.)

② There is a boat under the bridge. (그 다리 아래 보트 하나가 있다.)

(32) underneath~ (~밑으로)

① The blue Colorado River flows underneath the bridge. (푸른 콜로라도 강이 그 다리 아래로 흐른다.)

(33) up~ (~위쪽으로, 위로)

① Then the farmer climbed up the ladder. (그때 그 농부는 사다리 위로 올라갔다.)

(34) upon~ (~위에)

① Spring comes upon the ground. (봄이 지면에 온다.)

나) 시간 전치사

(1) at~ (~에)

① The film starts at 8 clock. (그 영화는 8시에 시작한다.)

② We go to Midnight Mass on Christmas. (우리는 성탄절에는 자정 미사에 간다.)

(2) after~ (~뒤에)

① We'll leave after supper. (우리는 저녁 식사 후에 떠나겠다.)

② He will be back after a week. (그는 일주일 후에 돌아올 것이다.)

(3) amid(amidst)~ (~가운데)

① The people sang amid tears. (그 사람들은 울면서 노래를 불렀다.)

(4) by~ (~까지<한계>)

① I should come back by six. (나는 6시까지 돌아와야 한다.)

(5) during~ (~동안<사건 중심의 기간>)

① She called upon me during my absence.

(그녀는 내가 없는 동안 나를 방문했다.)

(6) ere~ (~전에)

① The students should achieve their lessons ere graduation.

(학생들은 졸업 전에 그들의 학업과정을 성취해야 한다.)

(7) for~ (~동안<단위 중심의 기간>)

① He has been ill for a week. (그는 1주간 동안 앓았다.)

(8) in~ (~지나서, ~경과해서)

① He will be back in a week. (그는 한주 뒤에 돌아올 것이다.)

(9) past~ (~지나서)

① My son returned home past midnight. (나의 아들은 자정을 지나 집으로

돌아왔다.)

(10) since~ (~이래로)

① They have been very happy together ever since their marriage.

(그들은 결혼 후 함께 대단히 행복하게 지내고 있다.)

(11) through~ (~내내 동안)

① She stayed with us through the winter. (그녀는 겨우내 우리와 같이 지냈다.)

(12) until~ (~까지)

① I will wait until five o'clock. (내가 5시까지 기다리겠다.)

② I shall be here till(or until) six. (나는 6시까지 계속해서 있을 것이다.)

(13) within~ (~이내<기간·거리가>)

① She will come back within two hours.

(그녀는 두 시간 안에 돌아올 겁니다.)

다) 이유(원인), 목적전치사

  (1) after~ (~찾아, 추구하여)

　　① He hungers after knowledge. (그는 지식을 갈망한다.)

　　② Blessed are they that hunger and thirst after righteousness.

　　　(의에 주리고 목마른 자는 복이 있을지어다.)

  (2) for~ (~를 위해서)

　　① I have bought a present for her. (나는 그녀를 위한 선물을 샀다.)

　　② He went out for a walk. (그는 산책하러 나갔다.)

  (3) from~ (~으로)

　　① He suffered from gout. (그는 통풍으로 고생했다.)

　　② She did it from envy. (그녀는 질투로 그렇게 했다.)

  (4) of~ (~로 인해)

　　① He died of cholera. (그는 콜레라로 인해 죽었다.)

　　② His illness comes of eating too much. (그의 병은 너무 많이 먹어서 생긴 것이다.)

  (5) on~ (~으로, ~를 위해)

　　① He was imprisoned on suspicion. (그는 혐의로 갇혔다.)

　　② He stayed in London for two weeks on business. (그는 사업차 용무로 2주 동안 런던에 체재했다.)

　　③ They went on a trip. (그들은 여행을 갔다.)

  (6) through~ (~에 의해서)

　　① We failed through our carelessness. (우리는 우리의 부주의로 말미암아서 실패했다.)

  (7) to~ (~위해서)

　　① He came to my rescue. (그는 나를 구하러 왔다)

(8) with~ (~로, ~인해, 때문에)

　① He is ill with a fever. (그는 신열로 아프다.)

　② He shivered with cold. (그는 감기로 오한이 들었다.)

라) 관련 전치사

(1) about~ (~대해)

　① She is crazy about Robert. (그녀는 로버트에게 미쳐 있다.)

　② What are you about now? (about what?) (당신은 지금 무슨 일을 하고 있나?)

(2) against~ (~대항해서, 반대로)

　① I dashed against the clear glass door. (나는 투명한 유리문에 부닥쳤다.)

(3) at~ (~을 하고 있는, ~중에)

　① The Arabs are not at peace now. (아랍민족은 지금 평화롭지 못하다.)

　② We were at war against the north communists. (우리는 북쪽 공산주의자들에 대항해서 전쟁 중이었다.)

(4) barring~ (~없었다면)

　① They could meet here barring the accidents. (그들은 그 사고가 없었다면 여기 모일 수 있었다.)

(5) besides~ (~밖에)

　① Besides his crippled wife, he had an old mother to support. (그는 그의 불구된 부인 외에도 부양할 나이 많은 어머니가 있었다.)

(6) but~ (~제외하고 ,~밖에)

　① I can come any day but sunday. (나는 일요일 외에 아무 날이나 올 수 있다.)

(7) concerning~ (~관해서)

　① They had a talk concerning the matter. (그들은 그 일에 관해서 이야기 했다.)

(8) considering~ (~고려해서)

　① The child seems mature concerning his age. (그 아이는 나이에 비해서는

성숙한 것 같이 보인다.)

(9) on~ (~에 관<대>해서, ~에 관한)

① I have written a book on English syntax. (나는 영어 구성 방식에 관한 책 한 권을 썼다.)

② I had a lecture on English verbs. (영어 동사에 관한 강의를 했다.)

(10) regarding~ (~관해서)

① Regarding your offer inquiry, we enclosed our new brochure.

(당신의 오퍼 문의에 관해서 우리가 새로 나온 소책자를 동봉했다.)

(11) respecting~ (~관해서)

① A discussion took place respecting the provision of science teaching.

(토론은 과학 수업 준비에 관한 것으로 메웠다.)

(12) touching~ (~관해서)

① The matters touching school life are important. (학교생활에 관한 일들은 중요하다.)

(13) without~ (~없이, ~을 갖지 않고)

① After the storm we were without electricity for five days. (그 폭풍 후에 우리는 전기 없이 5일 동안 있었다.)

마) 결과 전치사

(1) into~ (~로, 으로, < >를 ~되게)

① They burst into laughter. (그들은 웃음을 터뜨린다.)

② She divides the cake into three pieces. (그녀가 케이크를 셋 조각으로 나눈다.)

③ Translate the following into Korean. (다음 것을 한국어로 번역하라.)

(2) to~ (~에 이르게, ~하게 되기까지, 그 결과~)

① The poor babies were starved to death. (가난한 아기들은 굶어 죽었다.)

② The audience were moved to tears. (청중들은 감동되어 울었다.)

바) 비교 전치사

   (1) like~ (~처럼<같이>)

      ① He works like a bee. (그는 벌처럼 일한다.)

   (2) than~ (~보다)

      ① My son is taller than me. (나의 아들은 나보다 키가 크다.)

   (3) unlike~ (~같지 않게)

      ① The picture is quite unlike him. (그 사진은 그와 닮은 데가 전혀 없다.)

   (1) to~ (~에 비해<비교·대조>, ~보다)

      ① This is superior to that. (이것은 그것보다 낫다.)

      ② That is inferior to this. (그것은 이것만 못하다.)

사) 양보 전치사

   (1) despite~ (~하지만)

      ① Despite all our efforts, the authorities decided to close the school. (우리의 모든 노력에도 불구하고, 당국은 그 학교를 폐쇄하기로 결정했다.)

   (2) notwithstanding~ (~불구하고)

      ① He is very active notwithstanding his old age. (그는 노령에도 불구하고 무척 활동적이다.)

아) 제외 전치사

   (1) except~ (~제외하고)

      ① We already earned our share except you. (너를 제외하고 우리는 이미 우리의 몫을 벌었다.)

   (2) save~ (~제외하고)

      ① She answered all the questions save it. (그녀는 그것을 제외하고 그 모든 질문에 대답했다.)

(3) without~ (~밖에)

① Without your help, I couldn't do anything. (너의 도움이 없다면, 나는 아무것도 할 수 없었다.)

자) 방법, 수단 전치사

(1) through~ (~통해서)

① I was seeing the street through a glass window. (나는 유리창을 통해서 거리를 보는 중이었다.)

(2) within~ (~이내에)

① The young man lives within his income. (그 젊은 사람은 수입의 테두리 안에서 살아간다.)

(3) by~ (~에 의해서)

① The city was destroyed by the enemy. (그 도시는 적군에 의해서 파괴되었다.)

② I will inform you about the matter by telephone. (당신에게 그 일에 대해서 전화로 알리겠소.)

(4) with~ (~으로)

① The city was destroyed with fire. (그 도시는 화재로 파괴되었다.)

② I was silent with shame. (나는 창피해서 조용했다.)

(5) through~ (~의해서, ~통해서)

① Through your help I have succeeded. (나는 당신의 도움으로 나는 성공했다.)

② She spoke through an interpreter. (그녀는 통역을 통해서 강연했다.)

차) 소유 전치사

(1) of~ (~의, ~로부터<기원·출처>, ~출신<태생>의)

① These are the wines of France. (이것들은 프랑스산 와인이다.)

② He was born of a noble family. (그는 귀족의 가족으로 태어났다.)

③ She comes of good stock. (그녀는 좋은 혈통으로 태어났다.)

(2) with~ (~가지고<함께>)

　　① Our team should have a competition with a strong rival. (우리 팀은 강한 경쟁자와 경기를 해야 한다.)

카) 재료에 관한 전치사

(1) from~ (~로<화학적 원료>)

　　① Beer is made from barley. (맥주는 보리로 만든다.)

　　② Wine is made from grapes. (포도주는 포도로 만든다.)

(2) of~ (~로<물리적 재료>)

　　① This house is built of stone. (이 집은 돌로 지어진다.)

　　② Many things are made of bamboo. (많은 물건이 대나무로 만들어진다.)

(3) in~ (~으로)

　　① You must not write a letter in red ink. (너는 붉은 잉크로 편지를 쓰지 않아야 한다.)

　　② She shouted my name in a harsh voice. (그녀는 거친 목소리로 내 이름을 소리쳐 불렀다.)

(4) into~ (~로<~의 재료로 된 제품으로>)

　　① Grapes are made into wine. (포도가 와인으로 만들어진다.)

　　② Bamboo is made into many things. (대나무는 많은 물건으로 만들어진다.)

(5) on~ (~를 먹고<근거재료>)

　　① We live on rice and kimchi. (우리는 밥과 김치를 먹고 산다.)

　　② Man cannot live only on bread. (사람은 빵 만으로 살 수 없다.)

3) 전치사의 관용적 용법

전치사가 다른 어휘와 결합해서 하나의 어구가 되어 관용적인 어구 단위가 되어 쓰이는 어구를 말한다. 이러한 어구를 숙어(관용구)라고도 하는데, 이런 어구의 종류를 한 문단으로 모아서 정리한다.

가) 전치사구

전치사구는 전치사와 다른 어휘가 결합해서 관용적인 어구가 구성되어서 그 어구가 한 개의 새로운 전치사의 단위로 쓰이는 어구를 말한다. 전치사구와 전명구는 전혀 다른 것으로 전명구는 한 개의 전치사가 명사와 결합해서 구가 되어 형용사적으로나 부사적으로 쓰이는 어구를 말하며, 전치사구는 몇 개의 낱말이 결합해서 전치사의 역할을 하는 어구를 말한다.

(1) according to ~ (~따라서)

① He came according to his promise. (그는 그의 약속대로 왔다.)

② You must live according to your income. (당신은 당신의 수입에 맞춰서 살아야 한다.)

(2) along with~ (~같이, ~더불어)

① Dune was saved, along with three friends. (던은 세 친구와 더불어 구조되었다.)

(3) apart from~ (~떠나서, ~외에는)

① We didn't see anyone all day, apart from a couple of kids on the beach. (우리는 그 해변에는 아이들 한 쌍을 제외하고는 온종일 아무도 보지 못했다.)

(4) as for(as to)~ (~은 어떠냐 하면<로 말한다면, 에 관해서는>)

① As for the money, it is ready. (돈에 관해서 말하면 그것은 준비된 거다.)

② There is no doubt as to what it is. (그것이 무엇인가에 관해서는 의심할 여지가 없다.)

(5) aside from~ (~은 차치하고<~을 제외하고>)

① I like all sports, aside from baseball. (나는 야구를 제외하고는 모든 운동을 좋아한다.)

(6) at the back of~ (~의 뒤에, 배후에<숨어서>)

① There is a woods at the back of the house. (숲이 그 집 뒤에는 있다.)

② He has the head of the department at the back of him. (그는 뒤를 봐주는 부서장을 가졌다.)

(7) at the mercy of~ (~마음대로 되어<에 좌우되어>)

① His life is at the mercy of your hands. (그의 생명은 당신의 손에 달려 있다.)

(8) because of~ (~ 때문에)

① He had to begin it again because of his ambition. (그는 그의 야망 때문에 그 일을 다시 시작해야 했다.)

(9) by dint of~ (~의해서<의 힘(덕)으로>)

① By dint of hard work and persistence she had got the job of manager. (그 여자는 열심히 노력하는 것과 버팀 덕으로 관리자의 직을 획득했다.)

(10) but for~ (~가 아니라면<없으면><가정법> ~을 별도로 하면<직설법>)

① I couldn't do it but for her help. (그녀 도움이 없으면 그건 할 수 없었다.)

② The words 'dog' and 'fog' are spelled alike but for one letter. (dog와 fog란 단어는 글자 한 자를 제외하면 철자가 같다.)

③ But for this interruption, the meeting would have finished earlier. (그 방해가 없었으면 그 회의가 더 일찍 마쳤을 거야.)

④ The scores have been high but for some excellent goalkeeping by Simon. (시몬에 의한 약간의 뛰어난 골 방어가 없었으면 점수는 더 높았다.)

⑤ I would never have got to university but for mother. (어머니가 아니었으면 나는 결코 대학에 가지 못했었을 것이다.)

(11) by means of~ (~의해서)

① The blocks are raised by means of pulleys. (블록은 도르래 방법에 의해 쌓아진다.)

(12) by reason of(because of)~ (~때문에)

　① He cannot go by reason of sickness. (그는 아프기 때문에 갈 수 없다.)

　② The children disqualified by reason of age. (그 아이들은 나이 때문에 자격을 박탈당했다.)

(13) by virtue of~ (~때문에)

　① She became a British resident by virtue of marriage. (그녀는 결혼으로 영국 거주자가 되었다.)

(14) by way of~ (~경유해서<의 대신으로, 할 셈으로>)

　① They will come by way of Hong Kong. (그들은 홍콩을 경유해서 올 것이다.)

　② I say it by way of apology. (나는 사과할 셈으로 그것을 말한다.)

(15) due to~ (~때문에<~로 인하여>)

　① The event was canceled due to bad weather. (그 행사는 악천후로 인하여 취소됐다.)

(16) except for~ (~을 제외하고는, ~말고는)

　① The dress was ready except for its buttons. (그 드레스는 단추 외에는 다 되었다.)

　② She felt fine except for being a little tired. (그녀는 조금 피로한 것 외에는 좋았다.)

(17) for the purpose of~ (~목적으로)

　① He works hard for the purpose of making money. (그는 돈을 벌 목적으로 열심히 일한다.)

　② The examples were exaggerated just for purposes of demonstration. (그 견본들이 바로 전시를 목적으로 과장되었다.)

(18) for the sake of~ (~을 위해<을 봐서>)

　① They fight for the sake of peace. (그들은 평화를 위해서 싸운다.)

② He argues for the sake of arguing. (for argument's sake). (그는 논쟁을 위해 논쟁을 한다.)

(19) for want of(for lack of)~ (~없어서)

① This plant is dying for want of water. (그 식물은 물이 부족해서 죽어가고 있다.)

② There are plants dying for want of rain. (비의 부족으로 죽어가는 식물들이 있다.)

(20) in accordance with~ (~에 따라<와 일치하여>)

① This product should be used only in accordance with the manufacture's instructions. (이 제품은 제조 지시에 따라 사용되어야 한다.)

(21) in behalf of~ (~위해서, ~대신해서)

① In behalf of everyone here may I wish you a very happy retirement. (여기 있는 모두를 대신해서 복된 퇴임을 기원합니다.)

② The Catholic Sisters did much in behalf of the prisoners. (가톨릭 수녀들은 그 죄수들을 위해서 많은 것을 했다.)

(22) in the case of~ (~경우에)

① In the case of rain, what shall I do? (비가 올 경우, 내가 뭘 해야 하지?)

② The amount of fruits in fruit juices must be 6% in the case of berries and 10% in the case of other fruits. (과일 주스 속에 든 과일의 총량은 딸기의 경우에는 6%가 되어야 하고 다른 과일의 경우에는 10%가 되어야 한다.)

(23) in connection with~ (~관련해서)

① Two men have been arrested in connection with the attack. (두 남자가 그 공격에 관련되어 체포되었다.)

(24) in consequence of(as the result of~)~ (~결과로)

① He was late in consequence of the storm. (그는 폭풍의 결과로 늦었다.)

② In consequence of its historical importance, the building has acquired protected status. (역사적인 중요성의 결과로 그 건물은 보존 자격을 획득했다.)

(25) in the course of (root)ing~ (~하는 가운데)

① In the course of researching customers' needs, we discovered how few families have adequate life insurance. (우리는 고객의 욕구를 조사하는 가운데 얼마나 형편없는 수의 가족들이 법적으로 적용이 되는 생명보험에 드는가를 발견했다.)

(26) in the event of(in case of)~ (~경우에)

① He left a letter for me to read in the event of his success.
(그는 내가 그의 성공에서 읽을 편지 하나를 남겼다.)

② The report outlines what would happen in the event of a nuclear war. (그 보고서는 핵전쟁의 경우에 생길 일의 윤곽을 설명한다.)

(27) in favour of~ (~위해서)

① Senior students spoke in favour of the proposal. (상급 학생들은 그 제안에 호의적으로 발언했다.)

(28) in front of~ (~앞에는, ~정면에는)

① There is a stream in front of the house. (그 집 앞에는 개울이 있다.)

② He walked along in front of me. (그는 내 앞으로 걸어갔다.)

(29) in honor of~ (~에게 경의를 표하여<~을 축하하여>)

① We held a party in honor of his success. (우리는 그의 성공을 축하하기 위해서 연회를 열었다.)

(30) in place of~ (~대신에)

① She went in place of her husband. (그녀는 자기의 남편을 대신해서 갔다.)

② In place of our advertised program, we will have live coverage of special memorial service. (우리는 광고한 프로그램을 대신해서 특별 기념 예배를 생중계할 것이다.)

(31) in preference to~ (~것보다)

① Use clear Korean in preference to technical language. (전문 용어보다 분명한 한국어를 써라.)

(32) in the process of~ (~진행 중에)

① She is in the process of penning a new romance novel. (그녀는 새로운 애정 소설을 쓰는 과정 중에 있다.)

(33) in proportion to~ (~비해서)

① The bird's eggs are unusually small in proportion to it's size. (그 새의 알은 새의 크기에 비해서 이상하게 작다.)

(34) in regard to~ (~에 관해서)

① Let's have a talk in regard to the subject. (그 주제에 관해서 얘기하자.)

② Specific difficulties remain, particularly in regard to taxation. (특정의 난제들이 특히 징세의 관점에서 남아 있다.)

(35) in respect to~ (~에 관해서)

① This is true in respect to the UK. (이것은 영국에 관해서는 사실이다.)

(36) in spite of~ (~불구하고<무릅쓰고>)

① They went out in spite of the rain. (그들은 비가 오는데도 불구하고 외출했다.)

② Kelly loved her husband in spite of the fact that he used to drink too much. (케리는 그녀의 남편이 습관적으로 술을 지나치게 마시는 것이 사실임에도 불구하고 그를 사랑했다.)

③ The picture made her laugh in spite of herself. (그 그림은 그 여자를 무심코 웃게 했다.)

※ in spite of (oneself)~ (~무심코)

(37) in view of~ (~로부터<이> 보이는 곳에, ~을 고려하여)

① He stands in full view of the crowd. (군중으로부터 환히 보이는 곳에 선다.)

② In view of the circumstances, it seems best to wait until tomorrow. (환경적인 점을 고려해서, 내일까지 기다리는 것이 최선일 것 같다.)

(38) in(by) virtue of~ (~<의 효력>에 의해, ~의 힘으로)

① He is a prince in virtue of his descent from King Edward. (그는 에드워드 왕의 가계인 왕자이다.)

② When I assert it, it is in virtue of my acquaintance with him. (내가 그것을 강력히 주장하는 데는 그것은 내가 그를 익히 아는 덕이다.)

(39) in want of~ (~없어서 곤란한<~을 필요로>)

① The house is in want of repair. (그 집은 수리가 필요하다.)

② He is in want of something. (그는 뭔가 좀 부족하다.)

(40) inside of~ (~안에)

① Something inside of me told me to trust her. (내 안의 무엇이 나에게 그 여자를 믿으라고 말했다.)

(41) instead of~ (~대신해서)

① Take the last one instead of the first. (첫 번째 것 대신에 마지막 것을 가져라.)

② You probably picked up my key instead of yours. (아마 당신은 당신 것 대신에 나의 열쇠를 집었다.)

(42) on account of~ (~<어떤 이유> 때문에, ~이므로)

① The picnic was put off on account of rain.
(소풍은 비 때문에 연기되었다.)

② We came on account of your sick mother. (우리가 자네 모친의 병환 때문에 왔네.)

(43) on behalf of~ (~의 대신으로, ~을 대표하여)

　① The captain accepted the cup on behalf of the team. (주장이 팀을 대표하여 우승배를 받았다.)

　② On behalf of everyone here, may I wish you happy birthday. (여기 있는 사람을 대표해서 당신의 생일을 축원합니다.)

(44) on board~ (~<배, 비행기, 우주선 등>에 타고>)

　on board가 전명구인데 이 전명구가 aboard와 같은 의미를 가진 전치사처럼 쓰여서 명사를 대동하는 독특한 형태의 용법이다. 잘 익혀두지 않으면 구문에 혼란을 느끼게 된다,

　① There are twenty children on board the ship. (그 배에 20명의 아이들이 타고 있다.)

　② On board the ship were several planes. (그 배 위에는 몇 대의 비행기가 탑재되어 있었다.)

　③ They went on board the ship. (그들은 배를 타고 갔다.)

(45) on the grounds of~ (~때문에)

　① Flying was ruled out on the grounds of cost. (비행기 여행은 비용 때문에 지장을 받아졌다.)

(46) out of~ (~외에<~밖에>, 내부에서->외부로)

　① The keys have fallen out of my pocket. (그 열쇠들은 내 주머니 밖으로 떨어졌다.)

　② The small village is about 5 miles out of Seoul. (그 작은 마을은 서울에서 5마일쯤 밖에 있다.)

(47) outside of~ (~밖에)

　① Several people were standing outside of his room. (몇 사람이 그의 방 밖에 서 있는 중이었다.)

(48) owing to~ (~인해서, ~ 때문에)

① Owing to the snow, we could not leave.

(눈 때문에 우리가 출발하지 못했다.)

(49) round about~ (~주위로)

① We got there round about half past nine.

(우리는 9시 반쯤에 거기 지나갔다.)

(50) up to~ (~까지)

① Count from one up to ten. (하나부터 열까지 세어라.)

(51) with reference to~ (~관해서)

① With reference to the report, we should not think more. (그 보고서에 대해서 우리가 더 생각 말아야 한다.)

(52) with regard to~ (~관해서)

① Modern drugs are better with regard to side-effects. (현대 약은 부작용이라는 관점에서 더 좋아졌다.)

(53) 재귀 대명사와 더불어 관용적인 의미를 생성하는 전명구

재귀 대명사와 더불어 관용적인 의미를 생성하는 전치사에는 by, for, of, in, beside 등이 있는데, 그 예는 다음과 같다.

(가) by oneself (홀로, 단독으로)

① He went there by himself. (그는 홀로 거기 갔다.)

② Will you let me be by myself for a little? (당신은 잠시 나 혼자 있게 해 줄래?)

(나) for oneself (자기의 힘으로, 단독으로)

① He has done this work for himself. (그는 이 일을 자기 힘으로 했다.)

(다) of oneself (자연히, 스스로, 저절로)

① The door opened of itself. (문이 저절로 열렸다.)

(라) in oneself (그 자체로, 본질적으로)

　① Advertising in modern times has become a business in itself.

　　(현대의 광고는 그 자체로 하나의 사업이 되어버렸다.)

　② Though ambition in itself is a vice, it is often the parent of virtues.

　　(본질적으로 야망은 악이지만 종종 그것은 미덕의 근원이다.)

(마) beside oneself (평상에서 벗어난)

　① The poor girl was almost beside herself. (그 가엾은 소녀는 거의 제정신이

　　아니다.)

나) 전치사가 동사와 결합해서 구성된 동사구

동사가 전치사를 대동해서 동사구로 쓰이는 것이 있다. 이런 종류의 동사구 중에
는 5형식 상의 형식 편성에서 다른 형식이 되는 경우들도 있다.

(1) abide by~ (~<약속·결의·규칙 등>을 지키다)

　① We should abide by school rules. (우리는 교칙을 지켜야 한다.)

　② You have to abide by the referee's decision. (너는 심판의 판정을 따라야

　　한다.)

(2) absent oneself from~ (~에 결석하다)

　① He absented himself from school. (그는 학교에 결석했다.)

　② She absents herself from this meeting. (그녀는 이번 모임에 불참이다.)

(3) abound in~ (~를 풍부하게 가지고 있다)

　① The lake abounds in fish. (그 호수는 물고기를 풍부히 가지고 있다.)

(4) abstain from~ (~을 금하다)

　① Pilots abstain from alcohol for 24 hours before flying.

　　(조종사들은 비행 전 24시간 동안 술을 금한다.)

(5) accuse < >of~ (< >를 ~로 고발하다)

　① They accused him of being a thief. (그들은 그 남자를 도적으로 고발했다.)

(6) act on (or upon)~ (~작용하다, ~따라 행동하다)

    ① Disinfectants act on bacteria in two main ways.

      (살균제들은 두 가지 중요한 방법으로 박테리아에 작용한다.)

(7) agree in<의견>~, with<사람>~ (~에 동의하다)

    ① We agree in your opinion. (우리는 당신의 의견에 동의한다.)

    ② Salty food does not agree with me. (짠 음식은 나에게 맞지 않는다.)

(8) apply to~, apply for~ (~<to>지원하다, ~<for>응모하다)

    ① I applied to two universities. (나는 두 대학에 지원했다.)

    ② She applied for a job with local broadcast. (그녀는 지방방송 일자리에 응모했다.)

(9) argue with<사람에>~, argue about<일에> (~을 의논하다)

    ① We argue with him about his book. (우리는 그의 책에 대해서 그와 의논한다.)

(10) ask after~, ask for~ (~<after> 안부를 묻다, ~<for> 청구하다)

    ① The teacher asked John for the report. (그 교사는 존에게 보고서를 요구했다.)

    ② James asked after you. (제임스는 당신의 안부를 물었다.)

(11) attend on~ (~돌보다, 간호하다)

    ① The nurses attended on the sick day and night. (간호사들은 주야로 환자를 간호했다.)

(12) bargain with~, bargain for~ (~<with>와 교섭하다, ~<for>를 협상하다)

    ① Women are bargaining with the merchant. (여자들이 상인과 흥정을 하고 있다.)

    ② Workers want to bargain for better pay. (근로자들이 더 나은 급료를 위해서 협상하기를 원한다.)

(13) be acquainted with~ (~을 알<고 있>다, 정통하<고 있>다)

    ① He is well acquainted with law. (그는 법률에 정통하다.)

(14) be annoyed with~ (~귀찮다, 애먹다<화가 나다>)

    ① I am annoyed with her because she forgot to buy bread for breakfast.

      (나는 그녀가 아침식사 거리로 빵 사는 것을 잊어서 애를 먹는다.)

(15) be born of~ (~로 태어나다)

    ① She was born of rich parents. (그녀는 부유한 어버이에게서 태어났다.)

(16) begin < > with~ (< >를 ~로 시작하다)

    ① Always he began his lecture with a humorous episode.

      (항상 그는 우스운 에피소드로 강의를 시작했다.)

(17) belong to~ (~에 소속하다)

    ① He belongs to our club. (그는 우리 클럽 소속 회원이다.)

(18) boast of~ (~ 자랑하다, 떠벌리다)

    ① He boasts of being rich. (그는 부자라고 자랑하고 있다.)

(19) break with~ (~과 헤어지다, ~파기하다)

    ① She had broken with her family years ago. (그녀는 수년 전에 그녀의 가
족과 헤어졌다.)

(20) burst into~ (~를 터뜨리다)

    ① The girl burst into laugh suddenly. (그 소녀는 갑자기 폭소를 터뜨렸다.)

(21) busy oneself with~ (~로 바쁘다)

    ① She busied herself with household chores in the morning.

    (그녀는 가사의 자질구레한 잡일로 오전 중은 바삐 보냈다.)

(22) beware of~ (~조심<주의>하다, 경계하다)

    ① Beware of the dog. (개 조심하세요.)

(23) call at~, on or upon~ (~<at 장소>, ~<on 사람>방문하다)

① He called at my house yesterday. (그는 어제 내 집에 들렀다.)

② I'll call on you on Sunday. (나는 일요일에 너를 방문하겠다.)

(24) charge< > with~ (< >에게 ~를 책임을 씌우다)

① People charged her with being a deceiver. (사람들은 그 여사에 사기꾼의 책임을 지웠다.)

(25) come across~ (~뜻밖에 만나다, 우연히 발견하다)

① I came across an old diary on her desk. (나는 그녀의 책상 위에서 오랜 일기장을 우연히 발견했다.)

(26) compare < > with~ (~과 < >를 비교하다)

① The police compared the suspect's fingerprints with those found at the crime scene. (경찰은 범죄 현장에서 발견된 지문과 용의자의 지문을 비교했다.)

(27) comply with~ (~좇다, 승낙하다, 따르다)

① I complied with her unreasonable request. (나는 그 여자의 비이성적인 요구를 승낙했다.)

(28) be composed of~ (~로 구성되다)

① The troop was composed entirely of American soldiers.
(그 부대는 전부 미국인 병사로 구성되었다.)

(29) condemn < > to~ (< >에게 ~의 유죄 판결을 내리다)

① The judge condemned her to imprisonment. (판사는 그 여자에게 금고형을 선고했다.)

(30) condole with < > on~ (~에 < >를 위로하다, 동정하다)

① All condoled with the student on his affliction. (모두가 그의 고통에 대해서 그 학생을 위로했다.)

(31) congratulate < > on~ (~에 대해서 < >에게 축하하다)

① We congratulated him on his success. (우리는 그에게 성공을 축하했다.)

(32) consist of~ (~<부분·요소로> 이루어져 있다)

① Water consists of hydrogen and oxygen. (물은 수소와 산소로 되어 있다.)

(33) convert < > into~ (< >를 ~로 전환하다, 바꾸다)

① They convert cotton into cloth. (그들은 면사를 천으로 가공하다.)

(34) cooperate with~, cooperate in~ (~<with>와 협력하다. ~<in>에 협력하다)

① I advise my client to cooperate fully with police.

(나는 나의 소송의뢰인에게 경찰과 완전히 협력하라고 충고한다.)

② Two universities are to cooperate in the development of a new industrial process. (두 대학교가 새로운 산업과정의 발전에 협력하려고 한다.)

(35) correspond with~, correspond to~ (~과 같다, ~에 해당하다)

① The peak on the graph in April corresponds with the Easter break. (사월의 그래프의 최고점은 부활절 휴가와 일치한다.)

② The broad lines on the map correspond to roads. (지도상의 넓은 선들은 도로에 해당한다.)

(36) count for~ (~로 되다)

① His overseas results count for nothing. (그의 해외 성과는 얻은 것이 없다.)

② His promises don't count for much. (그의 약속들은 대수롭지 않다.)

(37) cry for~ (큰소리로 ~를 찾다)

① The baby cries for his mama. (그 아기는 큰 소리로 엄마를 찾는다.)

(38) cure < > of~ (< >의 ~를 치료하다)

① The doctor cures the girl of a cold. (그 의사는 그 소녀의 감기를 치료한다.)

(39) cut in~ (~참견하다, ~끼어들다)

① The safety device cuts in automatically. (안전장치는 자동으로 가동한다.)

(40) deal with~, deal in~ (~<with 일, 사람>을 다루다, ~<in 물건> 취급하다)

① A detective deals with the suspect. (한 형사가 그 용의자를 다룬다.)

② The firm deals in wool. (그 상점은 털실을 취급한다.)

(41) decrease in~ (~줄다, ~감소하다)

① Population growth decreases in nowadays.

(인구 증가가 오늘날에는 줄고 있다.)

(42) defend < > against~ (~에서 < >를 방어하다, 지키다)

① The soldier defends his country against the enemy.

(군인은 적에게서 자기의 나라를 지킨다.)

(43) defraud < > of~ (< >에게서 ~를 사취하다)

① She defrauded her employers of thousands of dollars.

(그녀는 자기의 고용주들에게서 수천 달러를 사취했다.)

(44) deliver oneself of~ (~를 들려주다)

① He delivered himself of an anecdote. (그는 자기의 일화를 이야기했다.)

(45) despair of~ (~ 절망하다, 단념하다)

① He despairs of failing. (그는 실패를 단념한다.)

(46) die of~ (~로 죽다)

① They die of laughing. (그들은 우스워서 죽는다.)

(47) differ from~ (~와 다르다, 틀리다)

① Our country did not differ from the residents until politicians divided them in two. (우리나라는 정치가들이 둘로 나눌 때까지는 주민들은 다르지 않았다.)

(48) drink to~ (~를 위해서 건배하다)

① Let's drink to your success in your English study. (당신의 영어 학습의 성공을 위해서 건배합시다.)

(49) ease < > of~ (~를 < >에게서 제거하다)

① The counselor eased him of his weak mind. (그 상담자는 그의 약한 의지를 제거해 주었다.)

(50) empty into~ (~로 흐르다)

① The Han River empties into the Yellow Sea. (한강은 황해로 흐른다.)

(51) endeavour(endeavor) after~ (~를 위해서 노력하다, 애쓰다)

① Human endeavors after happiness. (인간은 행복을 추구한다.)

(52) enter into~ (~에 들어가다, 의 일부가 되다, 에 공감<동정>하다)

① The subjects do not enter into the main theme. (제목들이 주요 논지에 해당하지 않는다.)

② She entered into his feelings. (그 여인이 그의 감정에 공감했다.)

(53) envy < > for~ (~에 대해서 < >를 부러워하다, 시기하다)

① I envy him for his good fortune. (나는 그의 행운을 부러워한다.)

(54) fell for~ (~꾀이다)

① He is too smart to fall for that trick. (그는 너무 영리해서 그 속임수에는 꾀이지 않는다.)

(55) furnish < > with~ (~를 < >에 비치하다, 공급하다)

① The couple furnished their house with good furniture. (그 부부는 그들의 집에 좋은 가구를 비치했다.)

(56) get to~ (~에 이르다, <어떤 결과>가 되다)

① We got to Paris that evening. (우리는 그 저녁에 파리에 이르렀다.)

② Where can it have got to? (그건 대체 어떻게 되었을까?)

(57) go about~ (~돌아다니다, <소문·이야기 등이> 퍼지다.)

① If a ship goes about, it can turn to go in the opposite direction. (만약 배가 이리저리 다니면 반대 방향으로 가도록 돌 수도 있다.)

② A strange story is going about in the street.

(이상한 이야기가 거리에 퍼진다.)

(58) be graduated from~ (~를 졸업하다)

① The university graduates 10,000 students every year.

(그 대학은 매년 만 명의 졸업생을 배출한다.)

② She was graduated from Oxford. (그녀는 옥스퍼드를 졸업했다.)

(59) grieve for<사람>~, grieve after<사건>~ (~을 슬퍼하다)

① She left from me, every day since then I grieve for her.

(그녀가 나를 떠나서 그 뒤로 매일 나는 그녀를 슬퍼한다.)

② People need time to grieve after parting. (사람들은 이별을 슬퍼할 시간이 필요하다.)

(60) hear of~ (~에 찬성하다, 들어 주다)

① I will not hear of your going. (나는 네가 가는 것을 찬성하지 않겠다.)

(61) help < > to~ (< >에게 ~로 시중을 들다, 권하다)

① They help each other to the wine. (그들은 서로 술을 대작한다.)

② May I help you to some more meat? (제가 고기를 좀 더 드릴까요?)

(62) hunger after~ (~를 갈망하다)

① The children in the orphanage hunger after affection. (고아원에 있는 아이들은 애정을 갈망한다.)

(63) indulge in~ (~에 빠지다, 탐닉하다)

① Most of us were too busy to indulge in heavy lunchtime drinking. (우리들의 대부분은 너무 바빠서 점심시간 과도한 음주는 할 수 없었다.)

② The villagers indulged in a glass of wine. (마을 사람들은 잔 포도주를 마시며 즐겼다.)

(64) inform < > of~ (~를 < >에게 알리다)

① I informed him of her success. (나는 그녀의 성공을 그에게 알렸다.)

(65) inquire of < > about~ (~을 < >에게 묻다)

　① The lady inquires of a boy about the way to the church. (그 숙녀가 한 소년에게 교회로 가는 길을 묻는다.)

(66) interfere in~ (~를 중재하다)

　① He can't interfere in our labor strife. (그는 우리의 노동쟁의를 조정할 수 없다.)

(67) jeer at~ (~조소하다, 야유<조롱>하다)

　① She has not jeered at everyone's idea. (그녀는 모든 사람의 생각을 조롱한 일이 없다.)

(68) keep to~ (~따르다, 준수하다)

　① It's best to keep to the paths. (길을 따라가는 것이 최상이다.)

　② Keep to the speed limits. (속도 제한을 준수하세요.)

(69) know of~ (~알다)

　① Do you know of any good restaurants in the area? (당신은 그 지역의 좋은 음식점을 압니까?)

(70) listen to~ (~를 경청하다)

　① We sat around listening to music. (우리는 빙 둘러앉아서 음악을 듣고 있었다.)

(71) long for~ (~ 갈망하다)

　① She longed for the chance to speak to him in private. (그녀는 그에게 사적으로 말할 기회를 갈망했다.)

(72) look at~ (~를 바라보다)

　① The men all turned to look at her as she entered the room.

　(남자 모두가 그녀가 방으로 들어갈 때 그녀를 보기 위해서 돌아섰다.)

(73) make < > of~ (~를 < >로 만들다)

　① You have the skill to make a friend of an enemy. (당신은 적을 친구로

만드는 기술을 가지고 있다.)

(74) mourn for~ (~ 한탄하다, ~ 슬퍼하다)

　① They mourned for her misfortunes. (그들은 그녀의 불운을 슬퍼했다.)

(75) object to~ (~ 불평을 품다, 싫어하다)

　① I object to all this noise. (나는 이런 소란은 딱 질색이다.)

(76) part with~ (~<가진 것을> 내어놓다, 내주다)

　① He parted with his possessions. (그는 그의 재산을 내어놓았다.)

(77) pore over~ (~숙고하다, 곰곰이 생각하다)

　① He pored over the strange events of the preceding evening.
　(그는 전날 밤에 일어난 이상한 사건을 곰곰이 생각해 보았다.)

(78) prefer < > to~ (~보다 < >를 좋아하다)

　① I prefer tea to coffee. (나는 커피보다 차를 좋아한다.)

(79) preside at~ (~ 의장 노릇하다, 사회하다)

　① My daughter presided at the meeting. (나의 딸이 그 모임에 사회를 봤다.)

(80) prevent ~ from <root+ing> (~에게 <from root+ing>를 막다, 못 하게 하다)

　① Business prevented him from going. (일이 그가 가는 것을 막았다.)

(81) prey on~ (~ 잡아먹다)

　① The monster preys on only living animals. (그 괴물은 산 짐승만 잡아먹
　는다.)

(82) protect < > from~ (~에서 < >를 보호하다, 지키다)

　① Her hat protects her skin from the sun. (그녀의 모자는 그녀의 피부를 태
　양에서 보호한다.)

(83) protest against~ (~항의하다, 이의를 제기하다)

　① What were the students protesting against? (학생들은 무엇에 항의하고
　있었는가?)

(84) provide with~ (~를 주다, 공급<지급>하다)

① My elder sister provided me with kimchi every year. (나의 누나는 매년 나에게 김치를 줬다.)

(85) reason with~ (~ 설득하다, 논하다)

① They reasoned with me on the problem before. (그들은 그 문제에 대해서 전에 나와 의논했다.)

(86) rebel against~ (~에 모반하다, 반항하다)

① Every new generation has always been rebelling against the Establishment. (늘 새로운 세대마다 제도권에 반항해 왔다.)

(87) refrain from root+ing~ (~그만두다, 삼가다, 참다)

① I can refrain from weeping in case of my private sorrow.

(나는 내 개인적 슬픔에 대한 울음은 참을 수 있다.)

(88) rejoice at~ (~를 기뻐하다, 좋아하다, 축하하다)

① All people rejoiced at the news. (전 국민이 그 소식에 기뻐했다.)

(89) release < > from~ (~에서 < >을 풀어 놓다, 면제<해제>하다)

① She released her hair from pins. (그녀는 핀을 빼고 머리를 풀어 놓았다.)

② The article of the law released him from his heavy suffering.

(그 법조문은 그를 무거운 고통에서 면제해 주었다.)

(90) relieve < > of~ (~에서 < >를 해임하다, 해제하다)

① My conscience relieved me of mental suffering. (나의 양심은 나의 고뇌에서 나를 구했다.).

(91) rely on~, rely upon~ (~ 의지하다, 신뢰하다)

① Many people now rely on the internet for news. (지금은 많은 사람들이 뉴스는 인터넷에 의존한다.)

(92) remind < > of~ (< >에게~를 생각나게 하다, 깨닫게 하다)

① She reminds me of my mother. (그녀는 나에게 어머니를 생각나게 한다.)

(93) reprimand < > for~ (~에 대해서 < >를 견책<징계>하다, 호되게 꾸짖다)

① The captain reprimanded the sentry for leaving his post.

(대장은 자기 초소에서 이탈에 대해서 보초를 질책하였다.)

(94) revenge on~ (~원수를 갚다, 앙갚음하다)

① The terrorists group are to revenge itself on it's attackers.

(테러집단은 그들의 공격자들에게 복수하려고 한다.)

② He vowed to be revenged on those who had killed his father.

(그는 그의 아버지를 죽인 사람들에게 복수할 것을 맹세했다.)

(95) run after~ (~을 뒤쫓다, 추적하다)

① He is always running after younger women. (그는 항상 더 젊은 여자를 뒤쫓아 다닌다.)

(96) search for~, search after~ (~ 찾다)

① All men search after happiness. (모든 사람은 행복을 추구한다.)

② He who would search for pearls must dive into the sea. (진주를 찾는 사람은 바다에 잠수해야 한다.)

(97) see about~ (~를 처리하다, 고려하다)

① They should see about the accident in a hurry. (그들은 그 사건을 서둘러 처리해야 한다.)

(98) set about~ (~에 착수하다, 꾀하다)

① We set about talking them into consent. (우리는 동의케 하려고 그들과 대화에 착수했다.)

(99) sit at~ (~에 앉다)

① Jean sat at the desk writing a letter.

(진은 편지를 쓰면서 책상에 앉아 있었다.)

(100) speak of~ (~에 대해서 말하다)

　① It is the first time she had ever spoken of marriage. (그게 그 여자가 결혼에 대해서 말한 것이 처음이다.)

(101) stand by~ (~곁에 있다, ~을 지원하다)

　① She stood by me whenever I was in trouble. (내가 곤경에 처했을 때 언제나 그녀가 내 곁에서 나를 지원했다.)

(102) start at~ (~에서 시작하다)

　① The race will start at the town hall. (그 경주는 읍사무소에서 시작할 것이다.)

(103) strike at~ (~타격을 가하다, 침해하다)

　① Their demonstration strikes at the foundation of democracy. (그들의 데모는 민주주의의 기틀을 위태롭게 한다.)

(104) strive for~ (~ 노력하다, 싸우다, 고투하다)

　① All people strove for independence. (온 백성이 독립을 위해서 애썼다.)

(105) struggle for~ (~ 버둥거리다)

　① Millions of people struggled for survival. (수백만 사람이 생존을 위해 싸웠다.)

(106) subscribe < > to~ (~에 < >를 기부하다)

　① She subscribed a large sum to charities. (그 여자는 자선사업에 거액의 기부를 했다.)

(107) sympathize with~ (~ 동정하다, 위로하다)

　① All villagers sympathized with her. (모든 마을 사람들이 그 여자를 동정했다.)

(108) take after~ (~ 닮다)

　① Jennie really takes after her mother. (제니는 정말로 그녀의 엄마를 닮았다.)

(109) talk of~ (~에 관하여 이야기하다)

　① He talks of going abroad. (그는 외국에 갈 생각이라고 말한다.)

(110) think of~ (~에 마음을 쓰다, 관심을 보이다)

① You shouldn't think only of yourself. (너는 너 자신만 생각하면 안 된다.)

(111) throw < > at~ (~에 < >를 던지다)

① Someone threw a stone at the red car. (어떤 사람이 그 빨간 차에 돌을 던졌다.)

(112) tremble for~ (~ 조바심하다)

① All members of the team tremble for his safety. (그 팀의 모든 회원은 그의 안부를 염려한다.)

(113) wait for~ (~ 대기하다, 만나려고 기다리다)

① We waited for you to come. (우리는 자네가 오기를 기다리고 있었네.)

(114) want for~ (~ 부족하다)

① My kids never want for anything. (나의 아이들은 부족한 것이 없다.)

(115) warn < > of~ (< >에게 ~을 경고하다)

① He warned me of their terrible plot. (그는 나에게 그들의 무서운 음모를 경고해 주었다.)

(116) watch for~ (~살펴보다, 주의해 보다)

① The girl stepped outside to watch for the cab. (그 소녀는 택시를 살펴보려고 밖으로 발을 내디뎠다.)

(117) weep at~ (~를 슬퍼해서 울다)

① They wept at the sad news. (그들은 비보에 울었다.)

(118) wonder at~ (~ 놀라다, 경탄하다)

① I wonder at the fact that it came safe. (나는 그것이 안전하다는 사실이 놀랍다.)

(119) yield to~ (~ 지다)

① Don't yield to impulse. (충동에 지지 마라.)

② He yields to none in the appreciation of merits. (그는 장점으로 평가하자면 누구에게도 지지 않는다.)

다) 일정 형용사에 결합하는 전치사

특정 형용사에 특정 전치사가 결합해서 그 형용사나 부사가 수식하는 근거를 더 자세하게 풀어주는 일을 한다.

(1) afraid of~ (~를 두려워하는)

① Don't be afraid of your job. (너의 할 일을 겁내지 마라.)

② I'm afraid of snakes. (나는 뱀이 무섭다.)

(2) angry about~, angry at~ (~에게 화가 난)

① She was angry about her husband's error. (그 여자는 그의 남편의 잘못에 화가 났었다.)

② The policeman is angry at the person for coming late. (경찰관은 그 사람이 늦게 와서 화가 나 있다.)

(3) anxious about~, anxious for~ (~이 걱정스러운, 불안한, ~를 열망하는)

① Man are anxious about their health. (인간은 건강이 불안하다.)

② He is anxious for fame. (그는 명성 얻기를 열망한다.)

(4) aware of~ (~를 깨닫고, 의식하고)

① The children are aware of the danger of taking drugs. (그 아이들은 약을 먹는 것에 대한 위험을 깨닫고 있다.)

(5) busy with~ (~에 바쁜)

① Mr. Haynes was busy with a customer at the moment. (헤인즈 씨는 그 순간에 어떤 고객으로 바빴다.)

(6) careful with~ , careful about~ (~에 조심하는)

① The maid was being very careful with the coffee so as not to spill it. (그 아가씨는 쏟지 않기 위해서 커피에 대단히 조심하는 중이었다.)

(7) confident in~, confident of~ (~<in>자신 있는 , ~<of>를 확신하는)

    ① The young is confident in himself. (젊은이들은 자신이 있다.)

    ② The teacher was confident of the student's success. (그 교사는 그 학생의 성공을 확신했다.)

(8) conscious of~ (~를 의식하고 있는)

    ① He is conscious of his own faults. (그는 자기의 결함을 알고 있다.)

(9) contrary to~ (~에 반대하는)

    ① The government's actions were contrary to the public interest. (정부의 조치들은 공공의 이익에 반대되었다.)

(10) devoid of~ (~가 결여된)

    ① His face is devoid of any warmth or humor. (그의 얼굴은 어떤 온화함이나 유머가 없다.)

(11) disappointed in~, disappointed with~ (~에게, ~<일>에 실망한)

    ① I am disappointed in you. (나는 너에게 실망이다.)

    ② Local residents are disappointed with the result of this election. (지역 주민들은 이번 선거 결과에 실망한다.)

(12) distressed at~ (~에 고뇌에 지친)

    ① My client was very distressed at the treatment which she received from your officer. (나의 고객은 당신의 사무원으로부터 받은 대우에 대단히 고뇌했다.)

(13) doubtful of~ (~의심<의혹>을 품고 있는, 확신을 못 하는)

    ① I am doubtful of his failure. (나는 그의 실패를 확신하지 못한다.)

(14) dressed in~ (~로 입은)

    ① She was dressed in a two-piece suit. (그녀는 투피스 한 벌로 입었다.)

(15) due to~ (~지급 기일이 된, 응당 치러져야 할)

① This money is due to you. (이 돈은 네게 지급되는 돈이다.)

(16) eager for~ (~열망하는, 간절히 바라는)

① There are many fans eager for a glimpse of the singer. (그 가수를 얼핏 한번 보기를 열망하는 팬들이 많이 있다.)

(17) empty of~ (~이 없는, 결여된)

① We can easily find the rooms empty of furniture. (우리는 가구가 없는 방들을 쉽게 찾을 수 있다.)

(18) envious of~ (~를 샘<부러워>하는, 질투심이 강한)

① She is envious of his success. (그녀는 그의 성공을 (시)샘한다.)

(19) equal to~ (~같은)

① The supply is equal to the demand. (공급은 수요에 맞다.)

(20) familiar with~, to ~ (~와<물건> 친<밀>한)

① I am familiar with her. (나는 그녀와 친하다.)

(21) famous for~ (~로 유명한, 이름난, 잘 알려진)

① London was once famous for its fogs. (런던은 일찍이 안개로 유명했다.)

(22) gifted with~ (~타고난<천부의>, 재능이 있는)

① Gifted with superb voice, she finally became the Opera's leading soprano. (뛰어난 목소리로 태어나서 그녀는 마침내 그 오페라의 선도하는 소프라노가 되었다.)

(23) good for~ (~에 좋은)

① Ten o'clock is good for me. (열 시는 내게 좋다.)

(24) greedy of~ (~욕심 많은, 탐욕스러운)

① He is a man greedy of money. (그는 돈에 탐욕스러운 남자이다.)

(25) indebted to~ (~에 빚진, 은혜를 입은)

① We are deeply indebted to Dr. Park. (우리는 박 박사에게 깊이 빚졌다.)

(26) independent of~ (~에서 독립한)

　① He has a job and is independent of his parents. (그는 취직하여 부모에서 독립해 있다.)

(27) indifferent to~ (~ 무관심한, 마음에 두지 않는, 냉담한)

　① She was indifferent to him. (그녀는 그에게 무관심했다.)

　② How can you be so indifferent to the sufferings of these children? (당신들은 이 아이들의 고통에 어떻게 그토록 냉담할 수가 있는가?)

(28) indispensable to~ (~없어서는 안 될, 절대 필요한)

　① The information is indispensable to computer users. (그 정보는 컴퓨터 사용자에게 절대 필요한 것이다.)

(29) inferior to~ (~ 아래쪽의, 하위<하급, 하층>의, 하등의)

　① His position is inferior to mine. (그의 지위는 나보다 낮다.)

(30) interested in~ (~에 흥미 있는)

　① I'm very interested in music. (나는 음악에 많은 흥미를 갖고 있습니다.)

(31) jealous of~ (~에 질투심이 많은, 투기가 심한)

　① He is jealous of the winner. (그는 승자를 시기한다.)

(32) liable to~ (~책임을 져야 할, 지변<지급>할 책임이 있는)

　① We are liable to income tax. (우리는 소득세를 물어야 한다.)

　② All people are liable to military service. (모든 국민은 병역 의무를 진다.)

(33) loyal to~ (~에 충성스러운)

　① The army has remained loyal to the government. (군대는 그 정부에 충성을 유지해온다.)

(34) necessary to<for>~ (~에 필요한, 없어서는 안 될)

　① Exercise is necessary to health. (운동은 건강에 필요하다.)

② Medicine is necessary for treating disease.

(약은 병을 치료하는 데 필요하다.)

(35) negligent in~ (~ 소홀한, 태만한)

① The boy was negligent in carrying out his duties. (그 소년은 자기 직무를 소홀히 하였다.)

(36) preferable to~ (~ 차라리 나은, 바람직한)

① Poverty is preferable to ill health. (가난이 병이 난 건강보다 낫다.)

② Death is preferable to dishonour. (죽음은 불명예보다 차라리 낫다.)

(37) previous to~ (~ 앞의, 이전의)

① He left here the day previous to my arrival. (그는 내가 도착하는 전날 여기를 떠났다.)

(38) proficient in~ (~숙달된, 능숙한, 능란한)

She's very proficient in English. (그녀는 영어에 아주 능숙하다.)

(39) proof against~ (~ 검사필의, ~에 견디어내는)

① I am proof against temptation. (나는 유혹에 안 넘어간다.)

(40) superior to~ (~보다 나은, 우수한)

① South Korea is superior to North Korea in all aspects, without nuclear weapon. (남한은 핵무기 외에 모든 면에서 북한보다 우수하다.)

(41) tired of~ (~피로한, 물린, 싫증이 난)

① They are tired of boiled eggs. (그들은 삶은 달걀에 물린다.)

(42) weary of~ (~피로한, 지쳐 있는, 녹초가 된)

① I have never been weary of my job. (나는 내 일에 싫증 난 적이 없었다.)

(43) wrought in~ (~로 가공한, 만든)

① The tower is wrought in granite. (그 탑은 화강암으로 만들어져 있다.)

라) but, except, save 등의 전치사적 용법

except, but, save 등이 "제외하고"라는 의미를 가질 때 전치사나 접속사로 공통적으로도 쓰기도 한다. 전치사와 접속사에 대한 적용 기준은 전치사 다음에 목적으로 명사(대명사)가 오게 되면 전치사이고, 다른 어구와 결합해 있으면 접속사로 정리하면 된다. 전치사가 명사와 결합하는 것이 아니고 접속사에 준용하는 형태로 결합해서 관용적인 용법으로 쓰인 예들을 정리한다.

(1) but의 예문

(가) but의 전치사적 예문

보통 no one, nobody, none, nothing, anything, all, every one, who 등의 부정이나 의문 어구 뒤에 와서 except처럼 "~외에, ~을 제외하고"라는 의미의 전치사로 쓰인다.

① There was no one left but me. (나를 제외하고 남은 사람이 없었다.)

② I never wanted to be anything but a writer. (나는 작가 외에는 무엇도 되고 싶지 않았다.)

(나) but의 접속사적 예문

but은 등위접속사로 주로 쓰이지만, except처럼 "~을 제외하고는, (~라는 것<사실>)이 외에는"라는 의미의 종속접속사로도 쓰인다.

① You may not believe it, but it's true. (당신이 그것을 믿지 않을는지 모르겠으나 사실이다.)

② Nobody came but I (came). (나 외에는 아무도 안 왔다.)

③ But that I saw it, I could not have believed it. (나는 내가 보지 않고는 믿을 수 없었다.)

④ Nothing remains but to flee. (내빼는 것 외에는 길이 없다.)

⑤ I don't know, but it is all true. (내가 모르긴 해도 그것은 사실일 것이다.)

⑥ Nothing remains but to be saved. (하나도 남김없이 구해졌다.)

⑦ The baby does nothing but (to) cry. (그 아기는 우는 것 외에는 할 일이 없다.)

(2) except의 예문

(가) except의 전치사적 예문

① Everyone is ready except you. (너를 제외한 모두가 준비되었다.)

② Except me, all my friends hid behind the door. (나를 제외한 모든 친구들이 문 뒤에 숨었다.)

③ All villagers could hear the explosive sound except the deaf. (귀먹은 사람을 제외한 모든 마을 사람들이 그 폭발음을 들을 수 있었다.)

(나) except의 접속사적 예문

① Except that he speaks too fast, he is an excellent teacher.

(그가 말을 너무 빨리하는 것을 제외하고는 우수한 교사이다.)

② I would buy this watch, except (that) it's too expensive.

(나는 이 시계가 너무 비싼 것만 빼면, 사고 싶다.)

③ He won't work except when he is pleased.

(그는 마음이 내킬 때가 아니면 일을 하려고 하지 않는다.)

④ He's everywhere except where he ought to be.

(그는 어디고 얼굴을 내밀지만, 꼭 있어야 할 곳에는 없다.)

⑤ There was little I could do except wait.

(기다리는 것 외에 내가 할 수 있는 일은 없었다.)

⑥ He never came to visit except to borrow something.

(그는 무엇을 빌리기 위해서 오는 것 외에는 결코 방문하러 오지 않았다.)

⑦ There was little I could do except wait.

(기다리는 것 외엔 내가 할 일이 없었다.)

(3) save의 예문

(가) save의 전치사적 예문

① All my friends discussed the problem save me.

(나를 제외하고 나의 모든 친구들은 그 문제를 토론했다.)

② Save only her, everybody didn't know the principle of way.

　(단지 그녀를 제외하고는 누구도 그 방법에 대한 원리를 몰랐다.)

(나) save의 접속사적 예문

　save도 "~을 제외하고, ~이 아니면(unless)"이라는 의미의 접속사적으로 쓰이는 때도 있다.

① Save he be dead, he will return. (그가 죽지 않으면 돌아올 것이다.)

② I know nothing save that she loves you. (나는 그녀가 널 사랑한다는 것 외는 아무것도 모른다.)

③ He would have gone, save that he had no means. (그는 갔을 텐데 다만 자금이 없어서 못 갔다.)

④ They know little about his life save that Shakespeare left his house at the age of eighteen. (그들은 셰익스피어가 18살에 집을 떠났다는 것 외에 그의 생애에 대해서 거의 모른다.)

⑤ Little is known about his family, save he had a brother. (그가 한 형제를 가졌다는 것 외에는 그의 가족에 대해서는 알려진 거의 없다.)

(4) in that형으로 접속사에 준용한 예문

　전치사 in이 that과 결합해서 in that(…이라는〔하다는〕점에서, …한 이유로, …이므로<since, because>)으로 특별하게 쓰이는 것이 있다.

① They have been lucky in that they had never had to worry about money. (그들은 금전에 대해서 걱정하지 않아도 되는 점에서 행운이었다.)

② Men differ from brutes in that they can think and speak.

　(사람은 생각할 수 있고 말할 수 있다는 것에서 짐승과 다르다.)

③ In that he disobeyed, he was a traitor. (복종하지 않았다는 점에서 그는 반역자였다.)

※ 전치사와 부사

보통 전치사들은 대게 부사로도 공통으로 쓰이게 된다. 이럴 때 전치사로 쓰인 것인지 부사로 쓰인 것인지를 구별하는 기준은 간단하다. 전치사는 명사 앞에 쓰이므로 전치사라고 부르기 때문에 그 뒤에 전치사의 목적어인 명사가 반드시 따라온다. 전치사와 부사로 같이 쓰는 어휘에 명사가 따라와 있으면 전치사이고 명사가 없이 따로 나와 있으면 부사이다.

동일 어휘가 부사와 전치사로 쓰인 예문의 대조표

단어 \ 용도	부사로 쓰임	전치사로 쓰임
in	The dog came in. (그 개가 안에 들어왔다.)	The dog was in its house. (그 개는 개집 안에 있었다.)
up	She climbed up high. (그녀는 높이 기어올랐다.)	She climbed up the mountain. (그녀는 그 산을 올랐다.)
by	They live by. (그들은 가까이 산다.)	They passed by my house. (그들은 내 집을 지나쳐 갔다.)
outside	Students stood outside. (학생들은 밖에 서 있었다.)	They went outside the house. (그들은 집 밖으로 나갔다.)

사. 접속사

접속사는 말과 말을 연결해 주는 역할을 하는 말이다. 접속사에는 등위접속사와 종속접속사가 있다.

1) 등위접속사

등위접속사는 동등한 값의 어구끼리 서로 연결하는 접속사인데 등위접속사로 연결된 어구의 구조를 구성상으로 보면 그 구조는 복수구조가 된다.

가) 연결 등위접속사

(1) and (~과, ~그리고)

① You read and I write. 〈문장과 문장의 연결〉 (너는 읽고 나는 쓴다.)

② The girl and the boy studied English hard. 〈주어와 주어 연결〉

　　(그 소녀와 그 소년은 영어를 열심히 공부했다.)

③ She got up and went to the church. 〈서술부와 서술부 연결〉

　　(그녀는 일어나서 교회에 갔다.)

④ The lady is beautiful and kind. 〈보어와 보어 연결〉

　　(그 숙녀는 아름답고 친절하다.)

⑤ No one can live by and for oneself. 〈전치사와 전치사 연결〉

　　(혼자서 자력으로 살 수 있는 사람은 없다.)

(2) both~ and... (~과 그리고...)

① Both you and I live in the same village. 〈주어와 주어〉

　　(너와 나는 같은 마을에 산다.)

② She is both pretty and diligent. 〈보어와 보어의 연결〉

　　(그녀는 예쁘기도 하고 부지런하기도 하다.)

(3) not only~but(also)... (~뿐 아니고... 도)

① Not only I but also she is honest. 〈주어와 주어 연결〉

　　(나뿐 아니고 그녀도 정직하다.)

　　※ 일러두기: not only~ but also가 주어와 주어를 연결할 때는 주어와 동사의 수의 일치는 뒷 것
　　　　에 일치시킨다.

② She is not only honest but also faithful. 〈보어와 보어 연결〉

　　(그녀는 정직할 뿐만 아니고 성실하다.)

(4) as well as ~ (~와 마찬가지로)

① He as well as you is good. (당신처럼 그도 선하다.)

② He sends me money as well as advice. (그는 나에게 충고와 더불어 돈도

　　보내준다.)

나) 반대 뜻의 등위접속사

(1) but~ (그러나, 그렇지만)

① They are good, but they are poor. 〈문장과 문장의 연결〉

(그들은 착하지만 가난하다.)

② The questions are painful, but they bring them a chance. 〈문장과 문장의 연결〉 (문제들은 고통스럽다, 그러나 그것들은 그들에게 기회를 가져온다.)

(2) not~but... (~아니고 ...이다)

① It was not despair, but hope to them. 〈문장과 문장의 연결〉

(그것은 그들에게 절망이 아니고 희망이었다.)

(3) yet~ (그럼에도, 하지만)

① He became a beggar, yet many people admire him.

(그가 거지가 되었지만 그래도 많은 사람이 그를 칭찬한다.)

② It is growing warmer every day, yet they cannot prepare the air-conditioner.

(날씨가 날마다 더 더워지는데도 그들은 냉방기를 준비할 수가 없다.)

(4) nevertheless~ (그럼에도 불구하고, 그렇지만)

① She has faults, nevertheless I love her.

(그녀는 결점들을 가졌지만 나는 그녀를 사랑한다.)

② There was no news, nevertheless we went on hoping.

(새 소식이 없었지만 우리는 희망을 이어갔다.)

(5) whereas(while)~ (~임에 반대로)

① Wise men embrace honest money, whereas(while) fools do any money. (현명한 사람은 정당한 대가를 환영하지만 반대로 어리석은 자는 아무 돈이나 좋아한다.)

② The old system was fairly complicated, whereas the new system is really very simple. (낡은 체제는 아주 복잡한데 반대로 새 체제는 정말로 아주 쉽다.)

다) 선택 등위접속사

(1) or~ (~혹은, 또는 ~이나)

① Will you take a bus or taxi? (당신은 버스를 탈래 아니면 택시를 탈래?)

② She is dreamy or fantasied. (그녀는 꿈을 꾸든지 공상에 취한 거다.)

(2) either ~or... (~이나 ...도)

① Either my daughter or I am right. (나의 딸이나 내가 옳다.)

※ 일러두기: either~or...에서는 동사의 인칭이나 수는 or 뒤에 것 「...」에 일치함을 유념한다.

② We added either one or two cloves of garlic. (우리는 마늘 한 쪽이나 두 쪽을 더했다.)

(3) not ~, nor ... (~가 아니고, ... 도 아니다)

① I am not rich, nor do I wish to be. (나는 부자가 아니고, 부자이기를 원하지도 않는다.)

② You can't understand her, nor can I. (당신은 그녀를 이해할 수 없고 나도 그녀를 이해할 수 없다.)

(4) neither ~ nor... (~도 또한 …않다. <~그러나, 그렇지만>)

① Neither she nor I am wrong. (그녀나 나나 잘못이 아니다.)

※ 일러두기: neither~nor...에서도 동사의 인칭이나 수는 nor 뒤에 것 「...」에 일치함을 유념해야 한다.

② He can neither understand nor write poems. (그들은 시를 알 수도 쓸 수도 없다.)

라) 추리 등위접속사

(1) therefore~ (그런 까닭에, 따라서)

① I think, therefore I am. (나는 생각한다, 그러므로 나는 존재한다.)

② They married last month, therefore they dislike separating from each other. (그들은 지난달에 결혼해서 서로 떨어지기를 싫어한다.)

(2) so~ (그(이)와 같이, 그(이)렇게)

① I feel hungry, so I made myself a sandwich.

(나는 시장기를 느끼고 있어서 내가 먹을 샌드위치를 만들었다.)

② It must have rained much lately, so the river is so high.

(최근에 비가 많이 온 게 틀림없어, 그러기에 강 수위가 저렇게 높다.)

(3) then~ (그때, 그 당시)

① Juliet awoke and saw Romeo, then she hugged him tight.

(줄리엣이 깨어나 로미오를 보고 그녀는 로미오를 꼭 껴안았다.)

2) 종속접속사

종속접속사는 주절에 종속되는 문장을 이끄는 역할을 하기 때문에 종속접속사라고 한다. 종속접속사는 자기가 이끌고 있는 문장이 주절에서 할 역할을 부여한다. 종속접속사는 항상 접속하는 어구의 문두에 있으므로 종속접속사를 잘 학습해 두면 종속접속사가 이끄는 어구가 문장에서 할 역할을 제시해 주는 기호 표시의 역할이 되기도 한다. 종속접속사는 가) 명사절을 이끄는 종속접속사와 나) 부사절을 이끄는 종속접속사로 나눠진다.

가) 명사절을 이끄는 종속접속사

명사절을 이끄는 종속접속사 다음에는 명사절이 나오는데, 이때 종속접속사는 명사절이 나온다는 표지가 되는 셈이다. 명사절은 문장에서 명사처럼 쓰여서 문장의 주요소가 되며 명사절인 문장 전체가 체언으로 단위가 된다.

(1) 명사절을 이끄는 접속사 that (~라는 것)

that은 용도가 다양한 어휘이다. 지시대명사(저것, 그것)나 지시형용사(저~,

그~)로 쓰이기도 하고, 관계대명사로 쓰이기도 하고, 명사절을 이끄는 접속사로 쓰이기도 한다. 한 개의 어휘가 용도가 다양할 때는 각 용도마다 예문을 일일이 잘 학습해 두어야 구조를 확실하게 파악할 수 있다.

① That she is honest is clear. 〈주이가 된 that명사절〉 (그녀가 성직하다는 것은 분명하다.)

② My belief is that religion is necessary. 〈보어가 된 that명사절〉 (나의 신념은 종교가 필연적이다 라는 것이다.)

③ We know that he is faithful. 〈목적어가 된 that명사절〉 (우리는 그가 성실하다는 것을 안다.)

(2) 명사절을 이끄는 접속사 if (~인지)

① If the train had arrived is not certain here. 〈주어가 된 if명사절〉 (그 기차가 도착했는지는 여기서는 확실하지 않다.)

② I wonder if he is Mr. Kim. 〈목적어가 된 if명사절〉 (나는 그가 김씨인지를 생각한다.)

③ Ask him if she is his wife. 〈직접목적어가 된 if명사절〉 (그녀가 그의 아내인지를 그에게 물어라.)

(3) 명사절을 이끄는 접속사 whether(~인지 어떤지), whether~or... (~인지 ...인지), whether~ or not(~인지 아닌지)

(가) 접속사 whether (~인지 어떤지)

① Whether he is good is not certain. 〈주어가 된 whether명사절〉

(그가 착한지 어떤지는 불확실하다.)

② I don't know whether she is at home. 〈목적어가 된 whether명사절〉

(나는 그녀가 집에 있는지 어떤지를 모른다.)

(나) 접속사 whether~ or... (~인지 ...인지)

① Whether he will come or he won't come is not sure. 〈주어가 된

whether~or.. 명사절〉 (그가 올 것인지 오지 않을 것인지가 확실하지 않다.)

② He asked me whether I was Korean or Chinese. 〈직접목적어가 된 whether 명사절〉 (그는 나에게 내가 한국인인지 중국인인지를 물었다.)

(다) 접속사 whether ~or not (~인지 아닌지)

① Whether Holy Spirits exist or not is a problem that belongs to religion. 〈주어가 된 whether~or not 명사절〉
(성령이 존재하느냐 않느냐는 종교적인 문제에 속한다.)

② Whether he is reasonable or not is so important. 〈주어가 된 whether~or not 명사절〉 (그가 합리적인지 아닌지는 대단히 중요하다.)

③ This chemical should indicate whether the water contains lead or not. 〈목적어가 된 whether~or not 명사절〉 (이 화학약품이 그 물에 납이 포함되어 있는지 아닌지 알려 주어야 한다.)

④ Then we wondered whether or not we would stay there. 〈주어가 된 whether~or not 명사절〉
(그때 우리는 우리가 거기 머무를지 말지를 생각했다.)

나) 부사절을 이끄는 종속접속사

부사절을 이끄는 접속사가 문두에 있으면 그 접속사는 그 문장이 부사절임을 표시하는 표지인 셈이다. 부사절을 이끄는 접속사들의 용법을 잘 학습해 두면 그런 접속사가 먼저 나오는 문장은 구문상 그 문장이 부사절임을 이미 공표하고 있는 것이 된다.

(1) 시간 부사절을 이끄는 접속사

(가) as(so) long as~ (~하는 한, ~하는 동안)

① As long as I live, you shall have a friend in me.
(내가 사는 동안, 당신은 나를 한 친구로 가질 것이다.)

② I will take care of her as long as she lives.

(나는 그녀가 사는 동안 그녀를 돌보겠다.)

③ Any book will do, so long as it is interesting.

(어떤 책이든 재미가 있는 한 그 책은 유용할 것이다.)

(나) as(so) soon as~ (~하자마자, ~하자 곧)

① As soon as I go in a mountain path, fresh air welcomes me.

(내가 산 오솔길에 들어가자마자 신선한 공기가 나를 맞이한다.)

② She left the school as soon as I entered it.

(내가 그 학교에 입학하자마자 그녀는 그 학교를 떠났다.)

(다) no sooner than~ (~하자마자, ~한 순간에)

① I had no sooner (No sooner had I) left home than it began to rain.

(내가 집을 나서자마자 비가 오기 시작했다.)

② No sooner had I entered the room than he left it. (내가 그 방에 들어가
자마자 그는 방을 떠났다.)

③ No sooner had the nation met I.M.F. than all churches prayed to
God. (국가가 I.M.F.를 만나자마자 모든 교회들은 하나님께 기도했다.)

(라) scarcely~when~ (~하자마자(하기가 무섭게)~하다, ~함과 거의 동시에~하다)

① I had scarcely said a word when he entered. (내가 그 말을 말하자마자
그가 들어왔다.)

(마) as often as~ (~할 때마다(whenever), ~할 만큼 자주)

① Please come as often as you can. (당신이 할 수 있는 대로 자주 와 주세요.)

② She brushes her teeth as often as five times a day. (그녀는 하루 다섯 번
씩 이를 닦는다.)

(바) once~ (~하면, ~해버리면, ~의 때는 언제나, ~하자마자)

① Once you start, you must finish it. (일단 시작하면 마쳐야 내야 한다.)

② Once you learn the basic syntax, English sentences are easy.

(당신이 기본 구성법을 배우면, 영어문장은 쉽다.)

③ Once I was back in business, I became active with the work.

(내가 업무에 복귀하자 나는 의욕적이 되었다.)

(사) immediately~, directly~ (~하자마자)

immediately~, directly~는 부사와 접속사로 공통으로 쓰이고 있는 접속사 들로 한쪽 용법만 알고 있어서 다른 쪽의 용법을 적용해보지 않고 한쪽 용법 으로만 적용하게 되면 이해에 차질을 가져오게 된다.

① Immediately the button is pressed, the mine explodes.

(버튼이 눌려지자마자 그 갱도가 폭발한다.)

② Directly I uttered these words there was a dead silence.

(내가 이런 말을 하자마자 죽음 같은 침묵이 있었다.)

(아) the moment~ (~하자마자)

moment는 명사로 잘 쓰이는데 the moment는 「~하자마자」라는 접속사로 도 쓰이니 주의가 필요하다.

① She went away the moment he came home. (그가 집에 오자마자 그녀는 가버렸다.)

② The moment she read the news, she cried. (그녀는 그 뉴스를 읽자마자 소리 내어 울었다.)

(2) 이유 부사절을 이끄는 접속사

(가) as~ (~하여서, ~ 때문에)

① As I am healthy, I will do it. (나는 건강하니 그것을 하겠다.)

② We didn't go, as it rained hard. (비가 몹시 쏟아져서 우리는 가지 않았다.)

(나) because~ (~ 때문에, ~이므로)

① The river has risen because it has rained much of late.

(늦게 비가 많이 와서 강의 수위가 올랐다.)

② Because I trust him, I have appointed him. (내가 그를 신임하기 때문에 나는 그를 임명했다.)

(다) since~ (~하므로(이므로), ~까닭에: ~인(한) 이상(~라는 것))

　Since she wanted to go, I let her. (그녀가 가고 싶이 힘으로, 가게 했다.)

(라) now(that)~ (~이니(까), ~인(한) 이상은(~라는 것))

now도 부사로 많이 쓰지만, 접속사로도 쓰는 경우가 있으니 잘 익혀 두어야 한다.

① I am going to relax now the school year is over.

　(나는 한 학년이 끝났으니까 긴장을 풀려 한다.)

② Now we have read the bible, let's go into the world with the gospel.

　(우리가 성경을 읽어봤으니 복음을 들고 세상으로 나가자.)

(마) whereas~ (~인 까닭에, ~라는 사실에서 보면(~라는 것))

① The old system was fairly complicated, whereas the new system is really very simple. (구 체계는 아주 복잡했는데 반면에 새 체계는 진짜 아주 간단하다.)

② Whereas traditional databases have some structure to them, a hypertext databases has no regular structure. (전통적인 자료기지가 그 것들에 어떤 체계를 가졌기 때문에 하이퍼텍스트 자료기지가 표준 체계를 갖지 못한다.)

(바) considering(that)~ (~임을 생각하면, ~임에 비해서, ~이니까(~라는 것))

① She was a traitor, considering that she deceived me.

(그녀가 나를 속인 것을 생각하면 그녀는 배신자이다.)

(3) 목적 부사절을 이끄는 접속사

(가) lest~ (~하지 않도록, ~하면 안 되므로(for fear that~)(~라는 것))

① Be careful lest you (should) fall from the tree.

(나무에서 떨어지지 않도록 조심해라.)

(나) so that~ (~하기 위해(서), ~하도록(~라는 것))

① Talk louder so that I may hear you. (내가 들을 수 있도록 더 큰 소리로 말해라.)

② I eat so that I may not die. (우리는 죽지 않기 위해서 먹는다.)

(4) 조건 부사절을 이끄는 접속사

(가) if~ (만약 ~이면(하면), 만일 ~라고 하면, ~하면(만약~이면, 만약~라고 하면))

① If you are tired, you should have a rest. (만약 당신이 피곤하면 쉬어야 한다.)

② If it rains tomorrow, I will go playing with friends. (만일 내일 비가 온다면 나는 친구들과 놀러 가겠다.)

(나) provided~ (~을 조건으로, 만약~이면))

① She will go shopping provided (that) it is fine tomorrow. (내일 날씨가 좋으면 그녀는 쇼핑하러 갈 거다.)

(다) in case~ (~ 만일에 대비하여, ~할 때를 대비하여)

① You had better take an umbrella in case it rains. (비가 올 때를 대비하여 우산을 갖는 게 좋다.)

(라) on condition that~ (~이라는 조건으로, 만약 ~이라면)

① I agreed to the plan on condition that he should participate in it.
(나는 그가 그 계획에 참여하는 조건으로 그 계획에 동의한다.)

(5) 양보 부사절을 이끄는 접속사

(가) though~ (~이긴 하지만, ~이지만, 하긴 ~하지만)

① Though I live near the sea, I like to climb mountains. (나는 바다 근처에 살고 있지만, 등산을 좋아한다.)

② Though he was very tired, he went on studying. (그는 몹시 피곤했지만, 공부를 계속했다.)

(나) although~ (비록 ~일지라도, ~이긴 하지만, ~이라 하더라도)

① Although he is rich, he is not happy. (그는 비록 부자일지라도 행복하지 않다.)

② He is active although he is very old. (그가 비록 늙었으나 활동적이다.)

(다) no matter what(how, who, when, where, which) (비록 무엇이(어떻게, 누가, 언제, 어디에서, 어느 것이) ~한다 하더라도)

① I decided to tour Europe no matter what it costs. (경비가 어떻든 나는 유럽 관광을 결정했다.)

② Feeding cattle is a messy job no matter how clean you keep the farm. (당신이 아무리 축사를 청결하게 한다 할지라도 축산을 하는 것은 너절한 일이다.)

(6) 결과 부사절을 이끄는 접속사 so (that) ~ (그러므로, 그래서, ~해서)

① She told me to go so (that) I went. (그녀가 내게 가라고 해서 갔다.)

② The hens are so hungry that they must feed them instantly. (닭이 너무 굶주리고 있으므로 그들이 당장 닭에게 모이를 주어야 한다.)

(7) 비교 부사절을 이끄는 접속사 than~ (<비교급과 함께> ~보다, ~에 비하여, ~와 비교하여)

① You will arrive there earlier than he will do.

(그가 거기 도착하는 것보다 당신이 먼저 도착할 겁니다.)

② She loves you more than you love her.

(당신이 그녀를 사랑하는 것보다 그녀가 당신을 더 사랑합니다.)

THE WAY ENGLISH WORDS ARE
ARRANGED TO FORM A SENTENCE

색 인

영문 색인

색인 **631**

1. syntax의 개념정리 (# 별첨ㅣ ≪영영사전 참고≫)

syntax의 개념을 대표적 영영사전 ≪Longman≫에서 찾아보면 『낱말들이 문장이나 구를 구성하기 위해서 배열되는 방식이나 또는 그걸 관장하는 문법규칙(the way words are arranged to form sentences or phrases, or the rules of grammar which control this.)』이라고 설명하고 있다. syntax에 대한 사전별 정의는 설명의 폭을 조금씩 달리할 수 있어서 해석의 스펙트럼(spectrum)이 다를 수 있지마는 영영사전들이 제시하는 일관된 의미는 『문장이나 어구를 구성하기 위해서 낱말이 배열되는 방식』이라는 것이다.

syntax의 개념을 교착어인 한국어적인 관점에서 풀이하면 영어는 일정 어순의 자리에 주격, 동사격 등의 격조사적인 문법 기능을 미리 정해두고 그 어순에 어휘를 배열해서 문장이나 어구를 구성하는 syntax라는 체제를 가진 언어라는 것이다. 구체적으로 예를 들면 첫 번째 자리는 주어격 기능, 둘째 자리는 동사격 기능, 셋째 자리는 동사에 따라 보어격 또는 목적격 기능 등으로 정해서 그 자리에 어휘를 배열함으로 문장의 의미가 조립되도록 하는 문장 구성 체제를 말하는 것이다. 참고를 위해서 사전별 해당 부분을 발췌해서 첨부한다.

※ 사전별 syntax의 정의의 요약

article dictionary	definition of syntax
Longman	the way words are arranged to form sentences or phrases, or, the rules of grammar which control this.
American heritage	the pattern of formation of sentences or phrases in language.
Google	the way in which linguistic elements (such as words) are put together to form constituents (such as phrases or clauses)
Oxford	The arrangement of words and phrases to create well-formed sentences in a language
Merriam Webster	the way in which linguistic elements (such as words) are put together to form constituents (such as phrases or clauses)

※ syntax와 grammar의 구분

syntax는 어순의 문법적 기능으로 문장을 구성하는 체제를 말하는 것이고 grammar는 바른 문장을 구성하기 위한 규칙을 말한다.

※ 영영 사전들의 syntax와 grammar 설명 요약 발췌

article dictionary	definition of syntax	definition of grammar
Longman	the way words are arranged to form sentences or phrases, or, the rules of grammar which control this.	the rules by which words change their forms and are combined into sentences or the study or use of these rules.
American heritage	the pattern of formation of sentences or phrases in language.	the system of inflection , syntax and word formation of a language.
google	the way in which linguistic elements (such as words) are put together to form constituents (such as phrases or clauses)	the study of the classes of words, their inflections (see inflection 3), and their functions and relations in the sentence

	The arrangement of words and phrases to create well-formed sentences in a language.	[mass noun] The whole system and structure of a language or of languages in general, usually taken as consisting of syntax and morphology (including inflections) and sometimes also phonology and semantics.
Oxford		
Merriam Webster	the way in which linguistic elements (such as words) are put together to form constituents (such as phrases or clauses)	the characteristic system of inflections (see inflection 3) and syntax of a language

2. syntax의 번역이 가져온 문제

가) syntax 개념의 번역

syntax라는 영어를 영한(훈컴)사전에는 '통어(법)' 또는 '구문(론)'이라고 번역 하고 있다. '통어'와 '구문'을 한국어(훈컴)사전에서 찾으면 '통어'는 '통역'이라고 되어 있으며 '구문(론)'은 '글의 짜임'이라고 되어 있다. 영영 사전이 설명하는 '문장 구성을 위한 낱말의 배열 양식'이라는 말의 의미와 한국어 사전이 설명하는 '통역'이나 '글의 짜임'이라는 말과는 전혀 다른 의미이다.

나) syntax 개념 오역이 가져온 문제

위에 영한사전이나 그 풀이를 국어사전에서 보면 영어의 syntax라는 단어가 한국어에서는 제대로 이해가 되지도 않았고 옳게 번역이 되어 있지 않다는 것이다. 이렇게 되었으니 일반적 교육현장에 syntax의 개념이 명료하게 파악 되어 전달되지 않고 있다고 보는 것이 맞을 것이다.

3. 형식 분류의 종류

syntax체제의 형식의 분류는 5형식으로만 분류하는 것이 아니고 7형식 또는 더 많게 10형식으로 까지도 분류하기도 한다. 7형식 분류와 10형식 분류를 간략히 소개한다.

가) 7형식 분류

A comprehensive grammar of English language (by Randolph Quirk, Sidney Greenbaum, Geoffrey Leech, Jan Svartvik) 책에서는 다음과 같이 7형식으로 분류 한다. (#별첨Ⅲ 참고)

type I	(S)	+	(V)				
type II	(S)	+	(V)	+	(O)		
type III	(S)	+	(V)	+	(SC)		
type IV	(S)		(V)	+	(A)		
type V	(S)	+	(V)	+	(IO)	+	(DO)
type VI	(S)		(V)		(O)		(OC)
type VII	(S)	+	(V)	+	(O)	+	(A)

(S)=subject, (V)=verb, (O)=object, (C)=complement, (A)=adverbial

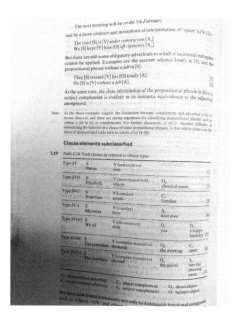

2-5. (A COMPREHENSIVE GRAMMAR OF THE ENGLISH LANGUAGE p.56)

나) 10형식 분류

grammar by diagram(by Cindy L. Vitto) 책에서는 10형식으로 까지 분류하고 있다.

10 basic sentence patterns at the page45 in

형식별	Subject		Verb		Others			
pattern I	(S)	+	be	+	adverb of time or place			
pattern II	(S)	+	be	+	predicate adjective			
pattern III	(S)	+	be	+	predicate noun			
pattern IV	(S)	+	link verb	+	predicate adjective			
pattern V	(S)	+	link verb	+	predicate noun			
pattern VI	(S)	+	intransitive verb					
pattern VII	(S)	+	transitive verb	+	direct object			
pattern VIII	(S)	+	transitive verb	+	indirect object	+	direct object	
pattern IX	(S)	+	transitive verb	+	direct object	+	adjective	
pattern X	(S)	+	transitive verb	+	direct object	+	noun	

were pieces of a jigsaw puzzle. In the late nineteenth century, scholars developed a number of ways to sketch out a sentence visually. Eventually the Reed-Kellogg system of diagramming, now known as traditional diagramming, became the most popular visual representation of a sentence and the only nineteenth-century system to endure to the present. Alternative methods of diagramming have since been developed. Currently a popular method is "tree diagramming" (illustrated below), in which a sentence is split into smaller and smaller branches to reflect the relationship of each branch to the rest of the "tree":

Diagramming is logical and especially helpful for visual learners, who can see the sentence in non-linear fashion, with sentence elements spatially related to one another. In addition, kinetic learners, puzzle lovers, and those with a penchant for putting things in their place typically find diagramming simultaneously challenging and satisfying. Diagramming forces us beyond rote memory of grammar definitions, beyond repetitive grammar and usage exercises, into the realm of application, where every word in a sentence must take its place in the diagram.

In this text we will concentrate on traditional diagramming. Although it does have some limitation, traditional diagramming is a sophisticated tool for sentence analysis. Manipulating individual words forces us to analyze each word as a part of speech, to isolate the essential sentence parts, and to determine the relationship of the essential sentence parts to one another. A distinct advantage of traditional diagramming is that it is the method most often used in schools. You may find it familiar, even if you had limited exposure to it as a student, and it will be helpful to prospective and practicing teachers (including parents helping children with homework) as another tool for language instruction. Even if the official curriculum does not require it, teachers and students often find that traditional diagramming is an excellent supplementary tool for understanding how sentences are constructed.

Our method in this chapter will be to integrate all three methods of sentence analysis. We begin by categorizing a sentence into its basic sentence pattern, describing its essential parts, and diagramming it. However, you do not need to follow the steps in this order for accurate sentence analysis. Many students begin by diagramming the sentence, using that as a tool for determining the essential sentence parts, and then pinning down the sentence pattern. Here, for handy reference, is an overview of the ten basic sentence patterns, along with an example for each:

1. **subject – be verb – adverb of time or place**
   The king is here.

2. **subject – be verb – predicate adjective (subjective complement)**
   The king will be generous.

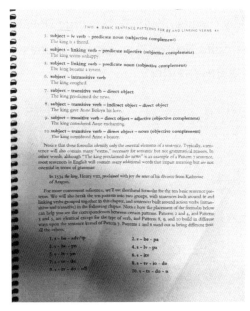

3. **subject – be verb – predicate noun (subjective complement)**
   The king is a friend.

4. **subject – linking verb – predicate adjective (subjective complement)**
   The king seems unhappy.

5. **subject – linking verb – predicate noun (subjective complement)**
   The king became a tyrant.

6. **subject – intransitive verb**
   The king coughed.

7. **subject – transitive verb – direct object**
   The king proclaimed the news.

8. **subject – transitive verb – indirect object – direct object**
   The king gave Anne Boleyn his love.

9. **subject – transitive verb – direct object – adjective (objective complement)**
   The king considered Anne enchanting.

10. **subject – transitive verb – direct object – noun (objective complement)**
    The king considered Anne a beauty.

Notice that these formulas identify only the essential elements of a sentence. Typically, a sentence will also contain many "extras," necessary for semantic but not grammatical reasons. In other words, although "The king proclaimed the news" is an example of a Pattern 7 sentence, most sentences in English will contain many additional words that impart meaning but are not essential in terms of grammar:

In 1534 the king, Henry VIII, proclaimed with joy the news of his divorce from Katherine of Aragon.

For more convenient reference, we'll use shorthand formulas for the ten basic sentence patterns. We will also break the ten patterns into two groups, with sentences built around be and linking verbs grouped together in this chapter, and sentences built around action verbs (intransitive and transitive) in the following chapter. Notice how the placement of the formulas below can help you see the correspondences between certain patterns. Patterns 2 and 4, and Patterns 3 and 5, are identical except for the type of verb, and Patterns 8, 9, and 10 build in different ways upon the sentence kernel of Pattern 7. Patterns 1 and 6 stand out as being different from all the others.

1. s – be – adv/tp	2. s – be – pa
3. s – be – pn	4. s – lv – pa
5. s – lv – pn	6. s – itv
7. s – tv – do	8. s – tv – io – do
9. s – tv – do – oc	10. s – tv – do – n

4. diagram 도해법

1868년에 Alonzo Reed and Brainerd Kellogg 교수의 "ELEMENTARY ENGLISH GRAMMAR" 복사본 사진

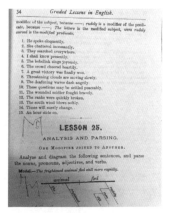

2-1. (ELEMENTARY ENGLISH GRAMMAR p.34)

도해법은 syntax체제 교육에 효과가 탁월해서 현재도 미국에서는 "GRAMMAR by DIAGRAMMING(by Cindy L. Vitto)"과 "Sentence DIAGRAMMING(by Marye Hefty, Sallie Ortiz, SaRa Nelson)"과 "sister Bernadette's barking dog(by Kitty burns Florey)" 등 별첨 사진과 같다.

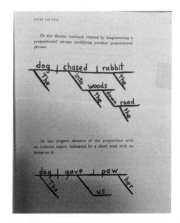

2-2. (SISTER BERNADETTE'S BARKING DOG p.7)

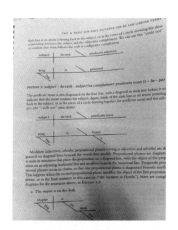

2-3. (GRAMMAR BY DIAGRAM p.49)

5. tree diagram 도해법

언어학에서 문장에 쓰인 어휘 또는 어구 간에 상하의 유대관계 표시 연구를 위해서 tree diagram 도해법이 있었다. diagram 도해법은 영어의 syntax체제의 어순의 문법적 기능 해석을 위해서 연구한 것이고 tree diagram 도해법은 언어에서 어휘나 어구 간에 상하의 문법적 기능 관계를 연구하는데 쓰이도록 착안 된 것으로 활용에 착오가 없어야 할 것이다.

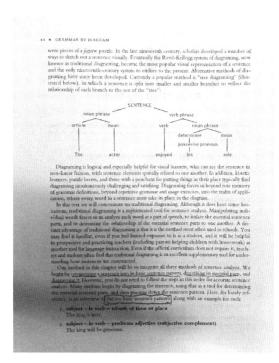

2-3. (GRAMMAR BY DIAGRAM p.44)

영어 구성 방식

THE WAY ENGLISH WORDS ARE ARRANGED
TO FORM A SENTENCE

초판인쇄 2023년 1월 11일
초판발행 2023년 1월 27일

지은이 박윤기
발행인 조현수
펴낸곳 도서출판 프로방스
기획 조용재
마케팅 최관호, 최문섭
교열 · 교정 이승득

주소 경기도 고양시 일산동구 백석2동 1301-2
　　　 넥스빌오피스텔 704호
전화 031-925-5366~7
팩스 031-925-5368
이메일 provence70@naver.com
등록번호 제2016-000126호
등록 2016년 06월 23일

정가 32,000원
ISBN 979-11-6480-295-1 (13740)